Führen an der Leistungsgrenze

Susanne Basler · Klaus Gattinger

Führen an der Leistungsgrenze

Instrumentarium für Führungskräfte

Susanne Basler
Darmstadt
Deutschland

Klaus Gattinger
Riederau am Ammersee
Deutschland

ISBN 978-3-658-04315-5   ISBN 978-3-658-04316-2 (eBook)
DOI 10.1007/978-3-658-04316-2

Die Deutsche Nationalbibliothek verzeichnet diese Publikation in der Deutschen Nationalbibliografie;
detaillierte bibliografische Daten sind im Internet über http://dnb.d-nb.de abrufbar.

Springer Gabler
© Springer Fachmedien Wiesbaden 2014

Gedruckt auf säurefreiem und chlorfrei gebleichtem Papier

Springer Gabler ist eine Marke von Springer DE. Springer DE ist Teil der Fachverlagsgruppe
Springer Science+Business Media
www.springer-gabler.de

Inhaltsverzeichnis

Die Autoren

Susanne Basler (geboren 1967, Diplompsychologin) ist Expertin für schwierige Führungssituationen. Seit 1998 arbeitet sie als Beraterin und Coach für Mitglieder des oberen und mittleren Managements. 2001 gründete sie das Unternehmen enaris Organisationsentwicklung & Beratung. Dort steht sie Führungskräften aller Managementebenen mit einem interdisziplinären Team aus Wirtschaftspsychologen, Betriebswirten und z. B. Theaterregisseuren zur Verfügung. Ihre Kunden wenden sich in anspruchsvollen Berufs- und Lebensphasen oder mit komplexen Führungsfragen an sie. Neben ihrer wirtschaftspsychologischen Ausrichtung hat sie eine Ausbildung als systemische Einzel-, Paar- und Familientherapeutin (IGST).

Klaus Gattinger (geboren 1965, Dipl. Betriebswirt, FH) ist Geschäftsführer der CONVENDO Akademie und der Seminarschiff Ammersee GbR. Er hat mehr als 18 Jahre Erfahrung als Trainer, Berater und Coach in großen und mittelständischen Unternehmen. Sein Schwerpunkt ist der unternehmerische Blick. Er arbeitet mit seinen Kunden an strategischen Konzepten und berät diese im Wettbewerb und bei komplexen Verhandlungsprozessen. Als Professional Speaker gibt er Führungskräften und Teilnehmern auf Tagungen, bei Firmenevents und auf Kongressen neue Impulse und relevante Informationen für ihre anspruchsvolle Arbeit in den Führungsetagen. Auf dem Ammersee führt er an Bord eines Zweimaster-Segelschiffs Seminare und Coachings durch.

Die Führungscoaches Gemeinsam betreiben die beiden Autoren das Beratungsunternehmen „Die Führungscoaches". Zu ihren Kunden zählen die Führungsetagen internationaler Konzerne genauso wie Manager mittelständischer Firmen und Inhaber von Familienunternehmen. Die Führungscoaches haben besondere Praxiskompetenz für schwierige und komplexe Problemstellungen. Sie betrachten die Themen sowohl aus der Perspektive des Einzelnen als auch des Gesamtsystems. Ihr Fokus liegt dabei auf der Leistungsfähigkeit und Wirksamkeit in der Führungsverantwortung sowie auf dem Erreichen von Spitzenleistungen. Die Beratungen und Coachings finden am Ammersee statt, wo die Möglichkeit besteht, die dortige Landschaft einzubeziehen, eine konstruktive Auszeit zu nehmen und einen klaren Blick aus dem Perspektivenwechsel auf dem See zu gewinnen. *www.dieführungscoaches.de*

Ausgangspunkt und Einstieg

An seine persönliche Leistungsgrenze zu kommen und dort Leistung zu erbringen, ist etwas Fantastisches. Können Sie sich an Ihren letzten großen Erfolg erinnern? Rufen Sie sich dieses besondere Ereignis ins Bewusstsein. Erinnern Sie sich an das grandiose Gefühl, es geschafft zu haben, der Moment, in dem alle Anspannung abgefallen ist. Wenn sich die unbeirrbare Sicherheit einstellt, dass alles gut gegangen ist und nichts mehr schiefgehen kann, dass alles getan ist. Erinnern Sie sich an den Moment, in dem deutlich wurde, dass Sie sich mit dieser Leistung von Ihrer Konkurrenz abgesetzt haben. Alles ist gelungen, Sie können sich zurücklehnen und uneingeschränkt genießen.

Wer in unserer Gesellschaft etwas erreichen will, Relevanz haben will, muss sich einem Ziel verschreiben und ihm alles andere unterordnen. Der allgemeine Hunger nach Erfolg, der ausufernde Wettbewerb und die existenzielle Bedeutung der Arbeit haben aber auch die Schattenseite der Leistungserbringung gestärkt. Je mehr Menschen bereit sind, sich zu verausgaben, desto mehr muss der Einzelne bereit sein, noch eins drauf zu setzen. Leistung scheint unmenschlich geworden zu sein, weil sie, so wie wir sie alltäglich erleben, scheinbar die Selbstaufgabe verlangt. Die mediale Debatte um Burnout und wie man ihn verhindern kann, hat zudem viele Führungskräfte paralysiert. Die Folgen einer entgrenzten Leistungsforderung sind ernst zu nehmen. Die Mechanismen unserer Leistungsgesellschaft stehen in Verruf.

Und trotzdem dürfen wir uns den Umkehrschluss nicht zu einfach machen. Es sind bereits deutliche Tendenzen erkennbar, wo wir uns als Gesellschaft der Leistungserbringung gegenüber verweigern oder zumindest ein gestörtes Verhältnis zu ihr entwickeln. Führungskräfte, die von ihren Mitarbeitern Höchstleistungen erwarten, stehen per se unter Verdacht, an deren möglichem Burnout schuld zu sein. Manager und Mitarbeiter werden ungeduldig beobachtet, wenn sie sich mehr als üblich für ihren Job einsetzen – wann kommt der zu erwartende Zusammenbruch? Der Gegentrend zur Leistungsgesellschaft heißt „Slow Living" oder Entschleunigung. Berufliche Anstrengung wird hinterfragt und alles Glück in die Freizeit gepackt. In der Freizeit scheint das möglich zu sein, was sich im beruflichen Alltag nicht mehr findet – emotionale Erfolgserlebnisse, persönliche Zufriedenheit und Menschlichkeit.

S. Basler, K. Gattinger, *Führen an der Leistungsgrenze*,
DOI 10.1007/978-3-658-04316-2_1, © Springer Fachmedien Wiesbaden 2014

Aber wo liegt jetzt die Lösung? Von der wirtschaftlichen Perspektive aus betrachtet, gestaltet und verantwortet das Management den Prozess der Leistungserbringung. Es ist deshalb sinnvoll – neben der politischen und gesellschaftlichen Verantwortung – genau dort in Lösungsansätze zu investieren. Die Führungsebene eines Unternehmens muss fähig sein, den Konflikt dort zu lösen, wo er stattfindet – im Umfeld der Leistungserbringung. Es ist aus unserer Sicht falsch, wenn die Antwort auf den zunehmenden Leistungsdruck ein vereinfachtes Verständnis der „Work-Life-Balance" ist und dem Einzelnen damit die Gesamtverantwortung einfach wieder zurückgegeben wird. Denn der Konflikt wird nicht dadurch gelöst, dass die Freizeit und das Privatleben missbraucht werden, um Druck und Stress im Job durch persönliche Erfüllung auszugleichen. Es ist uns deshalb ein Anliegen, mit Ihnen genau dort hinzugehen, wo der Konflikt entsteht, und Ihnen dort Handlungsmöglichkeiten anzubieten – nämlich auf der Gradwanderung zwischen wirtschaftlichem Erfolg und menschlichem Handeln, an der Leistungsgrenze.

1.1   Drei Einstiegsthesen zum Führen an der Leistungsgrenze

Wir möchten mit diesem Buch mit der einseitigen, risikobehafteten Betrachtung von Leistung im Arbeitsumfeld aufräumen, das scheinbar unvermeidliche Schreckensszenario unserer Leistungsgesellschaft entmystifizieren und Leistung wieder ins rechte Licht rücken. Zu Beginn der Arbeit an diesem Buch haben wir deshalb drei zentrale Thesen aufgestellt:

1. Leistung ist ein zutiefst menschliches Bedürfnis.
2. Burnout ist ein ernst zu nehmendes Phänomen unseres gesellschaftlichen Leistungsverständnisses.
3. Beim Führen an der Leistungsgrenze dürfen sich wirtschaftlicher Erfolg und menschliches Handeln nicht ausschließen.

Dabei geht es uns nicht darum, die destruktiven Folgen unmenschlichen Leistungsdrucks zu verharmlosen. Im Gegenteil, wir betrachten diese Entwicklung ebenfalls mit Sorge und wir unterstützen ausdrücklich die Slow-Bewegung. Aber wir wollen einen sehr genauen, differenzierenden Blick auf das Wesen von Leistung im beruflichen Umfeld und die damit zusammenhängenden Chancen und Risiken werfen. Aus unserer Sicht laufen wir Gefahr, das Kind mit dem Bade auszuschütten, wenn wir Leistung unter den Generalverdacht stellen, dass dahinter – zumindest im freien Wettbewerb – unmenschliche Anstrengung stehen muss und immer eine irgendwie geartete Ausbeutung damit einhergeht.

Lassen Sie einmal die folgenden Annahmen der Leistungserbringung auf sich wirken:

1. Leistungsdruck ist überall spürbar und unmenschlich.
2. Burnout ist eine Folge der Leistungsgrenze.
3. Leistungssteigerung braucht Druck.
4. Erfolgreiche Manager müssen sich durchsetzen und mit harter Hand führen.
5. Der Wettbewerb erfordert die Bereitschaft, über Leichen zu gehen.

Verspüren Sie unter diesen Annahmen Lust, an die Leistungsgrenze zu gehen oder andere Menschen dort hinzuführen? Angehende Führungskräfte sehen sich häufig mit diesen Überzeugungen konfrontiert und fragen sich dann, ob sie in diesem Spiel mitspielen wollen. Und glücklicherweise fragen sie sich das. Wir arbeiten oft mehrere Coachingsitzungen an diesen Themen, bevor ein Mensch auf dem Weg in die Verantwortungsübernahme hier eine authentische Position einnehmen und diese mit den eigenen Werten und persönlichen Bedürfnissen vereinbaren kann. Aber auch langjährige gestandene Führungskräfte machen es sich hier oft schwer und kämpfen gegen ihre inneren Überzeugungen an, um sich den vorweg genannten Annahmen anzupassen und im Haifischbecken zu überleben.

Wenn Leistung also scheinbar grenzenlos abgerufen werden muss und wenn der Mensch sich bedingungslos unterordnen muss, um als Unternehmen erfolgreich im globalen Wettbewerb zu bestehen. Und wenn man als Führungskraft dabei eine zentrale Rolle spielen muss, um nicht am möglichen Misserfolg schuld zu sein, nicht durchs Raster zu fallen. Kann dann Leistung überhaupt noch unter menschlichen Bedingungen erfolgen bzw. gesteigert werden?

Stellen Sie sich einmal vor, die folgenden Annahmen der Leistungserbringung würden im Vordergrund stehen. Wie fühlt es sich aus dieser Sicht an?

1. Leistung zu erbringen, ist ein tiefes menschliches Bedürfnis.
2. An der Leistungsgrenze entsteht Energie, Wachstum und Erfolg.
3. Leistungssteigerung generiert sich aus Kompetenzaufbau.
4. Erfolgreiche Manager führen nicht, sie sind Auftraggeber.
5. Den Wettbewerb gewinnt der, der sich einmal mehr das Scheitern zutraut.

Unter welchen Bedingungen hätten Sie mehr Lust auf Leistung? Welche Thesen vertreten Sie? Und welche Konsequenzen ergeben sich daraus für Ihr Handeln und das der von Ihnen geführten Mitarbeiter? Zumindest auf die letzte Frage möchten wir Ihnen in diesem Buch ein paar Antworten und Gedanken anbieten.

Traditionell beschäftigen wir uns als Ansprechpartner für Führungskräfte mit der Leistungssteigerung. Die Überlegungen zu diesem Buch entstanden aber aus einem Projekt heraus, in dem wir von der Tochter eines führenden DAX-Unternehmens beauftragt wurden, ein Konzept zur frühzeitigen Erkennung und Vermeidung von stressbedingtem Leistungsabfall bzw. Leistungsausfall bis hin zu Burnout zu entwickeln und zu implementieren. Erst beide Perspektiven gemeinsam – die der Leistungssteigerung und die der Vermeidung von Burnout – eröffneten uns einen differenzierten Blick auf die Dynamik der Leistungsgrenze. Die Antworten, die sich für uns daraus ergeben haben, finden sich in diesem Buch durchgängig wieder.

Zunehmend hat sich in den letzten Monaten zu diesem Thema aber auch die Wahrnehmung der Öffentlichkeit und Fachpresse verändert. Es geht nicht mehr allein darum, den Schuldigen für das Thema Burnout zu finden, das Phänomen nur zu verstehen, sondern es geht inzwischen auch darum, Lösungen zu finden, ohne in der folgenden Systematik hängen zu bleiben.

▶   Denn wenn ich entweder den Menschen als zu schwach für das Leistungssystem
     erachte oder die Belastung der Unternehmen im Rahmen der Globalisierung als
     zu groß, bleibt dem einfachen Menschen nur der Ausweg des Ausfallens, sprich
     der Burnout.

Ich muss Leistung dann verurteilen, weil sie scheinbar unter den gegebenen äußeren Umständen nicht zu erbringen ist. Diese auf den ersten Blick logische Sicht auf die Leistung ist
deprimierend. Aber sie ist glücklicherweise auch falsch, weil sie einseitig ist.

Es geht nun darum, wieder zu einem vernünftigen Verhältnis zur Leistung zu kommen,
d. h. nicht die Mitarbeiter aus falsch verstandener Fürsorge zu schonen, nur um Burnout
zu vermeiden. Es heißt aber auch, nicht dem Leistungsdruck Tür und Tor zu öffnen. Es
geht darum, ein ganz anderes, ein positives Verständnis von Leistung zu entwickeln.

Leistung braucht keine Ausbeutung. Ich darf Leistung einfordern, Grenzerfahrungen
ermöglichen, Scheitern zulassen, weil ich dann weiß, dass die Grenze erreicht ist. Es geht
darum, Leistung durch Kompetenzaufbau zu entwickeln. Nur durch Kompetenzaufbau
kann eine nachhaltige und qualitative Leistungssteigerung gelingen – ansonsten findet
man sich im Feld der ausgebeuteten Masse wieder.

Denn es muss erlaubt sein, Leistung zu erbringen und einzufordern. Leistung zu erbringen, ist ein echtes menschliches Grundbedürfnis und kann zutiefst befriedigen. Die
Lösung unserer Leistungsgesellschaft liegt weder im Leistungsdruck noch im Verwöhnen
und Päppeln. Wir zeigen den gangbaren Weg, der wirtschaftlichen Erfolg ermöglicht, ohne
die Menschlichkeit zu verraten.

Wir möchten deshalb zuerst einmal mit ein paar Missverständnissen und Irrtümern
aufräumen. Wir möchten Ihnen Lust am Führen an der Leistungsgrenze vermitteln und
Ihnen einen Weg aufzeigen, wie Sie Mitarbeitern den Frust an der Belastungsgrenze ersparen können. Wir geben Ihnen dazu ein Versprechen.

1.2   Unser Versprechen

Dieses Buch sagt Ihnen nicht, was richtig und was falsch ist – denn darum geht es nicht.
Das wäre zu kurz gegriffen und würde die Komplexität der Leistungserbringung nicht abbilden. Es zeigt Mechanismen, Perspektiven und Aspekte auf, die das Thema Leistungserbringung für Sie als Führungskraft handhabbar und steuerbar machen. Und es liefert Instrumente und Techniken. Es ist kein Buch für Führungsrezepte, sondern es fordert Verantwortung. Verantwortung in dem Sinne, dass Menschen sich reflektieren und ihr Handeln
in einen größeren Bezug stellen. Das bedeutet für Sie als Leser, eine neue Perspektive auf
die Dinge einzunehmen, Ihre Haltung und auch Ihr Selbstverständnis als Führungskraft
infrage zu stellen und zu überprüfen. Wir sind überzeugt davon, dass Sie damit maximale
Wirkung erzielen können, und haben deshalb für Sie ein Versprechen formuliert.

▶   Mit den Prinzipien zum Führen an der Leistungsgrenze wird es leichter. Nicht
    einfacher aber leichter.

Einfacher, im Sinne von trivialer, wird es nicht werden. Im Gegenteil. Sie werden sich viele neue Kompetenzen aneignen und sich in den folgenden Kapiteln mit anspruchsvollen
Themen auseinandersetzen. Aber **leichter**, im Sinne von leichtfüßig, darf die Führungsarbeit an der Leistungsgrenze sein.

Es wird Themen geben, an denen Sie spüren werden, ob sich für Sie etwas verändert
oder nicht. Während der Arbeit an den Inhalten des Buches haben wir uns mit Führungskräften und Personalverantwortlichen unterschiedlicher Unternehmen ausgetauscht. Dabei haben wir immer wieder festgestellt, dass sich Aha-Effekte ergeben haben, die sich als
besonders entscheidend herauskristallisiert haben. Diese Aha-Effekte können völlig neue
Handlungsmöglichkeiten eröffnen.

Die in diesem Buch vorgestellten Modelle und Mechanismen beruhen auf unseren Erfahrungen und Beobachtungen im Rahmen unserer Arbeit als Berater und Coaches für
Führungskräfte. Sie kommen aus der Praxis und sind für die Praxis gedacht. Das Modell
ist empirisch entwickelt worden und bietet daher den Freiraum, es situationsgerecht anzu-
wenden und sich nicht in seinem Erleben dem Modell starr unterordnen zu müssen. Wenn
Sie dieses Buch lesen, werden Sie immer wieder die Möglichkeit haben, relevante Themen
neu zu betrachten, sie in einem anderen Licht zu sehen. Es kann sein, dass bei Ihnen daraus die Lust entsteht, es einfach mal auf diesem Weg zu versuchen.

1.3   Der Überblick über das Buch

Sie können nun entweder gleich in die Kapitel eintauchen, oder sich hier einen ersten
Überblick verschaffen.

Gleich zu Beginn begeben wir uns mit Ihnen in das Spannungsfeld, in dem Sie sich
als Führungskraft bewegen und das sich aus den beiden Polen Wirtschaftlichkeit und
Menschlichkeit ergibt. Die Kraft, die in diesem Spannungsfeld entsteht, ist wertvoll. Wir
werden Ihnen im Kapitel **„Das Spannungsfeld der Führungskraft"** aufzeigen, wie Sie die
damit verbundene Energie nutzbar machen können. Um als Führungskraft Wirkung zu
erzielen, müssen Sie außerdem schuldfähig sein. Was genau das in Ihrem Kontext heißt,
arbeiten wir in diesem Buch heraus. Wir setzen uns damit auseinander und entwickeln für
Sie dazu eine stabile Position.

Aus unserer Sicht prägt der Blick, den Sie in Bezug auf andere Menschen einnehmen,
Ihr Verhalten ihnen gegenüber. Das heißt, schon allein die Veränderung dieser Perspek-
tive gibt Ihnen erheblich mehr Handlungsoptionen als Führungskraft. Diesen immensen
Nutzen stellen wir Ihnen im Kapitel **„Die verändernde Kraft des Menschenbildes"** vor.

In der detaillierten Betrachtung der Unterschiede zwischen der Leistungs- und Belastungsgrenze liegt verborgenes oder blockiertes Potenzial von Mitarbeitern, das durch Sie
gehoben und freigesetzt werden kann. Das Kapitel **„Der Irrtum an der Leistungsgrenze"**

stellt Ihnen hier die Dynamik und die Auswirkungen des Kräftespiels an den Grenzen Ihrer Mitarbeiter vor. Es beschreibt, was es heißt, Leistungspotenziale durch Führung zu erobern.

Wir haben für Sie das Powerline-Modell entwickelt, das Ihnen als Landkarte zur Orientierung dient, um Ihre Mitarbeiter individuell und kontrolliert an ihre Leistungsgrenze zu führen und an der Belastungsgrenze zu schützen. Die Beschreibung dieser Landkarte finden Sie im Kapitel „**Das Powerline-Modell**". Es ist die Grundlage zum Verständnis und zur Anwendung der im darauffolgenden Kapitel dargestellten Instrumente und Mechanismen zum Führen an der Leistungsgrenze.

Daraus haben wir für Sie ein umfassendes Instrumentarium entwickelt. Es soll Sie praxisnah in der täglichen Führungsarbeit beim Führen an der Leistungsgrenze unterstützen. Mit der Ausstattung des Kapitels „**Das Instrumentarium zum Leistungsoptimum**" sind Sie fähig, Mitarbeiter an ihr optimales Leistungsniveau zu bringen und dort nachhaltig zu führen. Sie erhalten für vier Positionen im Powerline-Modell maßgeschneiderte Herangehensweisen und einen Leitfaden zum Umgang.

Wir werden dann im Kapitel „**Die Mechanismen zur Spitzenleistung**" noch einmal einige Aspekte bewusst auf den Kopf stellen. Wir nehmen Sie quasi mit auf den Weg zur Spitze des Mount Everest. Denn ähnlich wie bei der Besteigung eines Achttausenders bleiben auch bei der Eroberung von Spitzenleistung die zentralen Aspekte der Leistungserbringung die gleichen. Auch bei einer ganz normalen Bergtour müssen Sie Ihr Herzkreislaufsystem belasten und atmen. Aber ab einer gewissen Höhe bekommt dieser Aspekt eine ganz neue Bedeutung – er wird zum alles entscheidenden Erfolgskriterium. Sauerstoff wird dann in seiner Bedeutung existenziell. Darauf aufbauend können Sie sich dem Thema Spitzenleistung zuwenden. Die Spitzenleistung fordert von Ihnen als Führungskraft ein erweitertes Verständnis der Mechanismen zur Leistungserbringung und diese müssen in einem völlig neuen Zusammenhang gebracht werden. Sie werden bei der Bearbeitung der Führungsmechanismen erkennen, inwieweit sich Ihr bisheriges Führungsverständnis dazu bewährt hat bzw. sich entwickeln muss.

Der Auslöser für dieses Buch zum Thema der Leistungsgrenze waren die Erfahrungen und Erkenntnisse aus unserem Projekt zur Vermeidung von Burnout. Dieses Projekt ermöglichte uns einen Blick auf die Leistungsgrenze von der Seite des Zusammenbruchs aus. Diese Perspektive hat uns geholfen, mit vielen Vorurteilen und verbreiteten Meinungen zum Thema Burnout und Leistungsdruck aufzuräumen. Wir nehmen das Phänomen Burnout sehr ernst und möchten Ihnen deshalb unser Verständnis und unser fundiertes Wissen dazu sowie den Zusammenhang zur Leistungserbringung vermitteln. Im Kapitel „**Die Dynamik von Burnout**" bieten wir Ihnen einen systemischen Blick auf das Phänomen Burnout, der es Ihnen auch ermöglicht, ein neues Verständnis und neue Lösungen zu finden.

Wir konzentrieren uns mit dem Powerline-Modell und den zugehörigen Instrumenten und Mechanismen in erster Linie auf Sie in Ihrer Rolle als Führungskraft und Ihre Mitarbeiter. Sie bewegen sich aber im Unternehmen selbstverständlich in einem erweiterten Kräftefeld, das täglich Einfluss auf Ihre Führungsarbeit nimmt. Deshalb zeigen wir im

Kapitel **„Das Kräftefeld im Unternehmen"** exemplarisch auf, mit welchen Kräften und Dynamiken Sie dort rechnen müssen, wenn Sie mit Ihren Mitarbeitern an die Leistungsgrenze gehen. Sie selbst werfen in Ihrer Rolle als Führungskraft täglich Steine ins Wasser und erhalten daraus die entsprechende Resonanz.

Abschließend bieten wir Ihnen im Kapitel „Die 13 ½ Prinzipien zum Führen an der Leistungsgrenze" noch einmal einen Überblick. Hier finden Sie zusammengefasst die Prinzipien wieder, die aus unserer Sicht den größten Veränderungseffekt haben. Und hier finden Sie auch unser Versprechen wieder, dass Sie es sich leichter machen werden, auch wenn es nicht einfacher wird.

Und noch ein paar kurze Anmerkungen:

1. Im Folgenden sprechen wir Sie als Leser vorwiegend in der Rolle einer Führungskraft an. Selbstverständlich dient dieses Buch auch als Ratgeber für alle Ansprechpartner von Führungskräften, z. B. Gesellschafter, Vorstände, Unternehmer, Personalleiter, Führungskräfteentwickler, Trainer, Berater und Coaches. Wir gehen aber davon aus, dass es in jedem Falle sinnvoll ist, sich dem Thema aus der Perspektive der Akteure – sprich der Führungsverantwortlichen – zu nähern.
2. Wir betrachten jeweils die Dynamik, die sich zwischen einer Führungskraft und ihrem Mitarbeiter ergibt, und so benennen wir auch die beiden Hauptakteure. Mitglieder des mittleren und gehobenen Managements, die wiederum Führungskräfte führen, sind darunter ebenso zu verstehen. Der Mitarbeiter ist dann die von der Führungskraft geführte Führungskraft.
3. Wir haben oft zum leichteren Verständnis Praxissituationen eingebaut. Alle dargestellten Beispiele beruhen auf konkreten Situationen aus unserem Arbeitsalltag als Berater und Coaches. Sie sind aber so verfremdet, überarbeitet und teilweise vereinfacht, dass kein Bezug mehr zu wirklichen Personen hergestellt werden kann.
4. Aus Gründen der besseren Lesbarkeit sprechen wir stets in der männlichen Form – vom Mitarbeiter und den Mitarbeitern. Selbstverständlich verstehen wir darunter immer auch die weibliche Form.

Wir wünschen Ihnen nun viel Spaß beim Lesen, und dass Sie zwischen den Zeilen immer wieder Lust darauf verspüren, sich an die Leistungsgrenze zu begeben und dort zu führen.

Als Führungskraft stehen Sie in einem spezifischen Spannungsfeld, in dem unterschiedliche Interessen und Zielsetzungen aufeinander wirken. Zum einen ist dies z. B. das unternehmerische Interesse nach dem Erwirtschaften von Ertrag, zum anderen das Interesse Ihrer Mitarbeiter nach einem Umfeld, in dem sie wertschätzend und mit Achtung vor ihrer Persönlichkeit und im Hinblick auf ihre Gesundheit behandelt werden. In den meisten beruflichen Situationen widersprechen sich diese beiden Pole nicht, sondern ergänzen sich gegenseitig. Die Mitarbeiter erleben eine Steigerung ihres Selbstwertes, Freude und Motivation, indem sie die von ihnen geforderte Leistung erbringen und die entsprechende Anerkennung erhalten.

Wird aber die Forderung nach Leistungserbringung zu stark, weil das Unternehmen sich gegebenenfalls in einer Krise befindet oder die Aufgaben zunehmend in einem komplexen und belastenden Umfeld erledigt werden müssen, so beginnt dieses Spannungsfeld ins Ungleichgewicht zu geraten und Überlastung und Stress, bis hin zu Burnout, können eine daraus resultierende Folge sein. Dann ist der Leistungsausfall die wirtschaftliche Konsequenz, der körperliche und psychische Zusammenbruch die menschliche Katastrophe.

Als Führungskraft haben Sie die Möglichkeit und die Verantwortung, dieses Spannungsfeld zu gestalten, auszutarieren und zu steuern. Ihr Ziel ist es dabei, Wertschöpfung für das Unternehmen zu generieren und Leistungen bei den Mitarbeitern abzurufen. Dabei stehen Sie sowohl dem Unternehmen als auch den Menschen, die die wirtschaftliche Leistung erbringen, gegenüber in der Pflicht.

Dieses Kapitel beschreibt das genannte Spannungsfeld im Detail und liefert Möglichkeiten der Gestaltung, die Ihnen als Führungskraft zur Verfügung stehen.

2.1 Die Kräfte des Spannungsfeldes

In einem Spannungsfeld wirken Kräfte – gegenläufige und aufeinander zulaufende. Wir beschreiben in der Folge die beiden zentralen Pole, die das Kräfteverhältnis im Spannungsfeld einer Führungskraft darstellen: Wirtschaftlichkeit und Menschlichkeit.

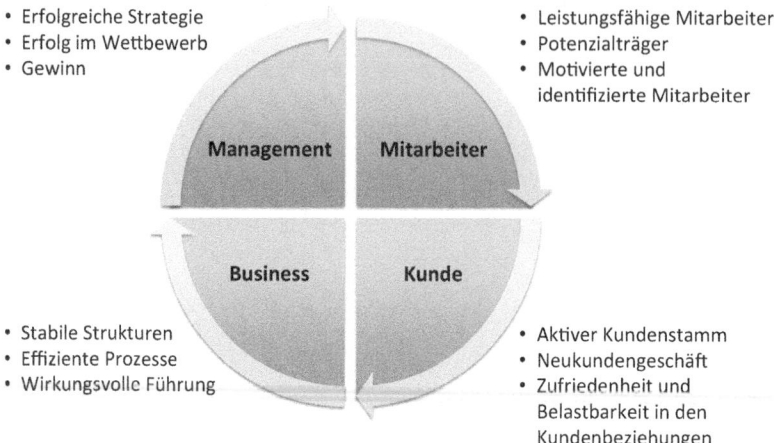

Abb. 2.1 Wertschöpfungsdimension „Wirtschaftlichkeit"

Beide Seiten des Spannungsfeldes sind dabei in sich wertfrei, d. h. weder konstruktiv noch destruktiv, sondern erfüllen, jeweils für sich betrachtet, einen nachvollziehbaren Sinn und Zweck.

2.1.1   Die Wirtschaftlichkeit

Unter **Wirtschaftlichkeit** verstehen wir im unternehmerischen Kontext das Erzeugen von Ertrag oder Gewinn, bei einem möglichst geringen Einsatz von Ressourcen. Das Erzielen von Gewinn hat für das Unternehmen eine zentrale Bedeutung. Es schafft Möglichkeiten des Wachstums, der Innovation und stellt die Existenz sicher.

Dieses Interesse kann nun in vier Wertschöpfungsdimensionen der Wirtschaftlichkeit gegliedert werden: Management, Mitarbeiter, Kunde und Business (siehe Abb. 2.1). Als Führungskraft gehört es zu Ihren zentralen Aufgaben, Wirtschaftlichkeit bezogen auf diese vier Wertschöpfungsdimensionen zu erzielen und sicher zu stellen. Sie tragen dabei unternehmerische Verantwortung.

Unter der Prämisse der Wirtschaftlichkeit ist es für Sie daher ein durchaus nachvollziehbares unternehmerisches Ziel, die Einnahmenseite zu steigern, indem Sie z. B. konkrete Leistungen einfordern. Gleichzeitig geht es aber auch darum, die Kostenseite zu senken, um den Gewinn zu maximieren. Unter diese Kosten fallen auch die Gehälter, über die die Mitarbeiter ihren Lebensunterhalt bestreiten und einen angestrebten Lebensstandard verwirklichen können. Dies ist einer der Interessenkonflikte, die sich aus dem Spannungsfeld ergeben können.

- Arbeitsplatzsicherheit
- Berufliche Perspektive
- Gehalt

- Arbeitsumfeld
- Arbeitsbedingungen
- Gesundheitsprävention
- Freizeit

Wirtschaftliche Existenz/ Sicherheit

Gesundheit/ Unversehrtheit

Persönliche Weiterentwicklung/ Entfaltung

- Weiterbildung & Coaching
- Berufliche Herausforderungen
- Karrierechancen

Abb. 2.2 Wertschöpfungsdimension „Menschlichkeit"

2.1.2 Die Menschlichkeit

Unter **Menschlichkeit** verstehen wir im unternehmerischen Kontext eine Haltung dem Mitarbeiter gegenüber, die auf Achtung, Respekt und Wertschätzung basiert. Dabei stehen seine persönlichen Bedürfnisse nach Anerkennung, Zugehörigkeit und Entfaltung sowie seine Gesundheit und existenzielle Sicherheit im Vordergrund. Es ist ein legitimes, menschliches Interesse, dass Mitarbeiter auf sich achten, ihren eigenen Bedürfnissen gerecht werden, persönliche Ziele verfolgen und versuchen, Belastungen möglichst gering zu halten.

Die Wertschöpfungsdimensionen der Menschlichkeit gliedern sich in die drei Bereiche: Sicherheit, Unversehrtheit und Entfaltung (siehe Abb. 2.2). Als Führungskraft gehört es zu Ihren zentralen Aufgaben, Mitarbeitern eine Umgebung zur Verfügung zu stellen, in der diese Bedürfnisse erfüllt werden können. Sie tragen dabei menschliche Verantwortung.

Das Spannungsfeld der Führungskraft beschreibt also den Interessenkonflikt, der sich aus Ihrer unternehmerischen und menschlichen Verantwortung ergibt. Die Energie aus diesem Konflikt kann nun von Ihnen konstruktiv dazu genutzt werden, um für beide Seiten ein optimales Leistungsergebnis zu erzielen.

Höchstleistungen in einem Unternehmen sind dann möglich, wenn sich der Interessenkonflikt in einer optimalen Balance befindet. Verschiebt sich die Balance in Richtung Menschlichkeit, kann die mögliche Leistungserbringung sinken. Die Atmosphäre ist dabei angenehm und spannungsfrei, das Unternehmen schöpft dann aber unter Umständen nicht mehr die vorhandenen Leistungspotenziale aus. Im Extremfall kann dies die unternehmerische Existenz bedrohen.

Verschiebt sich das Gleichgewicht in Richtung Wirtschaftlichkeit, steigt zwar die Leistung, allerdings stehen die Mitarbeiter dann unter einem zunehmend hohen Druck. Übersteigt dieser Druck die Belastungsgrenze des Mitarbeiters mehrfach oder dauerhaft, überfordert er sich und kommt in die Gefahr, seine Ressourcen zu verbrennen. Im Extremfall drohen dann Leistungseinbußen bis hin zum Zusammenbruch und Leistungsausfall in Form von Krankheit wie z. B. Burnout.

Ihre Aufgabe als Führungskraft ist es nun, Mitarbeiter in diesem Spannungsfeld derart zu führen, dass sie zu einer konstant verfügbaren Hochleistung fähig sind und darüber hinaus noch Potenzial für punktuelle Spitzenleistungen verfügbar haben.

Damit sind Sie als Führungskraft mit dem Coach oder Trainer eines Leistungssportlers vergleichbar. Die Exzellenz eines Leistungssportlers liegt darin, dass er seine Bestleistung im Wettkampf punktgenau abrufen und umsetzen bzw. noch übertreffen kann. Dazu braucht er das Selbstbewusstsein, dass ihm diese Leistung verfügbar und möglich ist, und er braucht die Kraftreserven, die dazu mobilisiert werden müssen. Es ist die Kunst des Trainers, den anvertrauten Sportler genau so aufzustellen und zu trainieren, dass er sich sicher auf seinem persönlichen Hochleistungsniveau bewegt. Von dort ausgehend ist er dann in der Lage, seine persönliche Bestleistung im Wettkampf noch zu übertreffen und Spitzenleistungen zu erzielen. Dabei darf er nicht verschleißen oder in seiner Leistung zu stark abfallen.

2.1.3   Die Energie der Leistungserbringung

Neben den primären Kräften setzen an den Spannungspolen auch Interessen an, die aufeinander zulaufen. So hat das Unternehmen im Rahmen seiner Wirtschaftlichkeit auch ein starkes Motiv in Richtung der Mitarbeiter: Nämlich qualifizierte Mitarbeiter zu haben, die mit einer hohen Eigenmotivation nachhaltig leistungsfähig und -willig sind.

Auf der anderen Seite haben Mitarbeiter ein starkes Motiv in Richtung des Unternehmens. Sie wollen an einem wirtschaftlich gesunden Unternehmen partizipieren, das Ihnen Sicherheit bietet in Bezug auf ihre Einkommenssituation, wirtschaftliche Stabilität sowie die Möglichkeit der Weiterentwicklung in beruflicher, persönlicher und finanzieller Hinsicht.

▶   Leistungserbringung ist also ein erstrebenswertes Ziel für beide Seiten.

Die Energie, die sich aus dem Spannungsfeld ergibt, ist dabei der Quell der Leistungserbringung und durch Sie als Führungskraft zu nutzen. Ihre Aufgabe ist es also, diese aufeinander zulaufenden Interessen bewusst aufzugreifen und miteinander zu verknüpfen. So entsteht die Möglichkeit, in konkreten Situationen eher in Richtung Wirtschaftlichkeit oder in Richtung der Mitarbeiterinteressen zu steuern. Dadurch kann sowohl persönliches als auch wirtschaftliches Wachstum entstehen.

2.2   Der Umgang mit Schuld

Warum ist nun das Austarieren dieses Kräfteverhältnisses im Spannungsfeld so schwierig und in der beruflichen Praxis eine Herausforderung für jeden Führungsverantwortlichen?

Wenn Sie als Führungskraft aktiv und wirkungsvoll in diesem Spannungsfeld agieren, werden Sie Reaktionen erhalten. Sie werden sichtbar und spürbar bzw. erleben Reibung und Dynamik. In der Konsequenz ergeben sich daraus bei der Abwägung der verschiedenen Interessenslagen immer „Preise", die gezahlt werden müssen. Bewegen Sie sich stärker auf die Seite des Unternehmens, beschneiden Sie die Interessen der Mitarbeiter. Agieren Sie eher aus der Perspektive der Mitarbeiterinteressen, wird das Unternehmen gefordert, den „Preis" zu zahlen. Wie auch immer Sie sich positionieren, Sie gehen in eine „Verschuldung" gegenüber der jeweils anderen Seite.

Auch in anderen Zusammenhängen wird dieses Verhältnis deutlich. Letztendlich ist unser gesamtes Leben ein Aushandeln von „Preisen".

In der westlichen, humanistisch aufgeklärten Welt sind Werte verankert, die das Wohl des Einzelnen herausstellen. Schwächere zu schützen, ist eine Errungenschaft der Zivilisation und zeigt die Fähigkeit der Gesellschaft zur Empathie. Diese wird einerseits durch die Globalisierung der Welt und das gestiegene Wissen um die Zusammenhänge und die Komplexität von Wachstum, Wissen und Kultur erst ermöglicht, gleichzeitig aber auch erschwert. Aus den Medien wissen wir, dass in Indien und Pakistan günstige T-Shirts eventuell durch Kinderarbeit hergestellt werden. Bei jedem Kauf solcher T-Shirts wird uns nun dieser Umstand bewusst und muss mit unserem Gewissen ausgehandelt werden.

Hier kommt der Begriff der „Schuld" ins Spiel. Was genau bedeutet „Schuld" aber in diesem Zusammenhang?

Wir betrachten Schuld hier einmal ohne moralischen Anspruch bzw. ohne die charakteristische Täter- und Opferperspektive. Schuld besitzt auch eine funktionale Komponente und diese ist für uns hier interessant. Als Menschen können wir kein Leben führen, ohne Schuld auf uns zu laden.

Beispiel „Bio-Huhn"

Wenn wir im Supermarkt vor dem Kühlregal stehen und uns entscheiden müssen, ob wir das konventionelle Hühnchen für 3,99 € kaufen oder eben das artgerecht gehaltene Bio-Huhn für 11,99 €, dann wird der Preis schnell spürbar. Wir haben vermutlich bereits mehrfach Berichte gesehen, die uns zeigen, wie Hühner in der Massentierhaltung aufwachsen und leben. Entscheiden wir uns für das günstigere Huhn, wissen wir, dass wir damit auch die „Schuld" auf uns laden, eine nicht-artgerechte Haltung zu unterstützen. Entscheiden wir uns dagegen für das Bio-Huhn, geht dies zulasten unserer finanziellen Möglichkeiten, da wir den dreifachen Preis ausgeben müssen.

Eine Führungskraft steht vor demselben Problem. Wenn sie über ihren Tellerrand hinausschaut, weiß sie, dass ihr Unternehmen in einem zermürbenden weltweiten Wettbewerb steht und einem brutalen Preiskampf ausgeliefert ist. Gleichzeitig trägt sie Verantwortung für das Wohl ihrer Mitarbeiter und die Arbeitsbedingungen in ihrem direkten Umfeld. Beugt sie sich dem Druck des Wettbewerbs und macht die Augen gegenüber ihren Mitarbeitern zu, lädt sie Schuld auf sich, für Verschleiß und Verluste in den Reihen der Mitarbeiter. Stellt sie sich schützend vor ihre Mitarbeiter, bekommt sie Druck von der Unternehmensseite und zahlt entweder selbst den Preis, indem sie alles abfängt und sich persönlich dem Druck entgegenstellt. Oder sie fordert diesen Preis in Form von z. B. Wettbewerbsnachteilen, Umsatzverlusten oder Gewinnreduzierung von ihrer Unternehmensführung ein.

Ein reifes Schuldbewusstsein führt dazu, dass wir rücksichtsvoll mit unserem Teil an der Schuld umgehen. Wir müssen die Ambivalenz akzeptieren, dass alles einen Preis hat. Wenn ich mich für etwas entscheide, entscheide ich mich immer gleichzeitig auch gegen etwas. Und selbst wenn ich mich „nicht entscheide", entscheide ich mich dafür, mich „nicht zu entscheiden". Wir können also der Schuld-Frage gar nicht aus dem Weg gehen – aber wir können sie annehmen und gestalten.

Eine verantwortungsvolle Führungskraft ist sich der damit verbundenen Herausforderung bewusst und bereit, die Ambivalenz dieser Rolle wahrzunehmen, zu akzeptieren und zu leben. Eine souveräne Führungskraft muss schuldfähig sein und sich dem inneren Konflikt bewusst stellen. Dazu gehört ein verantwortungsvoller Umgang mit der Schuld bzw. die Fähigkeit, den Preis angemessen zu verteilen. In diesem Sinne ist eine eindeutige Positionierung der Führungskraft erforderlich. Und die Umsetzung dieser Position fordert Kraft und Standhaftigkeit, aber auch die Fähigkeit, zu unterscheiden, welcher Teil der Verantwortung wo hingehört.

Eine Führungskraft, die nicht oder nicht mehr weiß, wo die Verantwortung hingehört, ist anfällig für Fehler – gegenüber sich selbst, ihren Mitarbeitern oder dem Unternehmen.

Stellen Sie sich vor, Herr Martin, Projektleiter eines komplexen IT-Projektes wird von seiner Geschäftsleitung angewiesen, zusätzliche Forderungen des Kunden mit seinem Team ohne zusätzliche Zeit und Ressourcenausweitung zu realisieren. Das Team befindet sich gerade in einer heißen Phase des Projektes und steht am Rande seiner Belastbarkeit. Herr Martin fordert von seinen Mitarbeitern trotzdem, neben den ohnehin geleisteten Überstunden, zusätzlich die kommenden Samstage ein.

Damit lässt er seine Mitarbeiter den „Preis" dafür zahlen, dass weder die Geschäftsleitung gegenüber dem Kunden, noch er gegenüber seiner Geschäftsleitung die Verantwortung für die Machbarkeit dieser Forderung übernommen hat.

Ein Projektleiter, der nicht mehr weiß oder es nicht wissen will, dass die Verantwortung für die Überlastung seiner Mitarbeiter unter Umständen nicht bei den Mitarbeitern oder ihm liegen sondern vielleicht bei seinen Vorgesetzten, der macht vielleicht den Fehler, wegzuschauen, statt mit seinem Vorgesetzten an einer wirkungsvollen Lösung zu arbeiten.

2.3 Führen zwischen Wirtschaftlichkeit und Menschlichkeit

Die im Vorfeld dargestellte zentrale Verantwortung, der Sie nun als Führungskraft gerecht werden sollen, ist die optimale Steuerung des Spannungsfeldes mit dem Ziel, wirtschaftliche Ergebnisse nachhaltig zu erzeugen und die Leistungsfähigkeit der Mitarbeiter zuverlässig zur Verfügung zu stellen.

In Ihrer Rolle als Führungskraft sind Ihnen zwei hohe Werte anvertraut: der unternehmerische Erfolg sowie das Wohlergehen Ihrer Mitarbeiter. Damit dieses System dynamisch bleibt und seinen Zweck erfüllt, ist es Ihre Aufgabe, die beiden Werte füreinander einzusetzen. Das bedeutet, um Wirtschaftlichkeit nachhaltig zu erzielen, wird es immer notwendig sein, einen Teil des Wertes Menschlichkeit zur Verfügung zu stellen. Und umgekehrt, einen Teil des Wertes Wirtschaftlichkeit wieder in die Menschen zu investieren.

Ihre Aufgabe ist es, in jeder Situation den jeweiligen Anteil des Wertes festzulegen und zu transferieren. Es gibt dabei nicht den Idealpunkt, an dem eine Spannung einmal austariert ist und dann gilt. Vielmehr geht es darum, die situationsbezogene Belastung und Herausforderung für jeden einzelnen Mitarbeiter so zu definieren, dass ein ideales Verhältnis von Wirtschaftlichkeit und Menschlichkeit erreicht wird.

Felix von Cube beschreibt es als Naturgesetz der Führung, dass Mitarbeiter Lust an Leistung haben. Er plädiert dafür, stabilen Mitarbeitern auch etwas zuzumuten, damit sie ihre vollen Leistungspotenziale ausschöpfen können (Cube, von 1999).

Wie in Kap. 3, „Die verändernde Kraft des Menschenbildes" dargestellt, schließen wir uns dieser Meinung an und gehen davon aus, dass Mitarbeiter aus der Erbringung von Leistung Selbstbewusstsein und Selbstwertgefühl gewinnen können. Menschlichkeit und Wirtschaftlichkeit stehen also nicht in einem Widerspruch, sondern bedingen sich gegenseitig.

Wie kann eine Führungskraft nun in der Alltagspraxis den sich daraus ergebenden Anforderungen gerecht werden bzw. hier agieren?

Um Leistung zu generieren, müssen Ressourcen eingesetzt werden. Die Tab. 2.1 beschreibt Möglichkeiten des Ressourcentransfers zwischen einem Unternehmen und den Mitarbeitern. Dieser Transfer wird vom Management, d. h. von Ihnen als Führungskraft, aktiv gesteuert.

Eine Führungskraft, die diese Herausforderung nicht wahrnimmt oder nicht aktiv austariert, sondern die Kräfte ungesteuert wirken lässt, geht das Risiko des wirtschaftlichen Scheiterns oder des menschlichen Zusammenbruchs ein. Die Wirkungsweise und die Konsequenzen im Extremfall zeigt Tab. 2.2.

2.3.1 Die eigene Position im Spannungsfeld

Ihre eigene Position im Spannungsfeld zwischen Wirtschaftlichkeit und Menschlichkeit hat eine große Bedeutung für die Frage, wie Sie den Ressourcentransfer steuern und wie

Tab. 2.1 Gesteuerter Ressourcentransfer

	Ressourcen des Unternehmens	Gesteuerter Ressourcentransfer	Ressourcen des Mitarbeiters	
Unternehmensentwicklung	Steigerung der Wertschöpfung ⇐	Überstunden anordnen ⇐	Investition von Freizeit und Arbeitskraft	Mitarbeiterentwicklung
	Investition von Gewinn und Infrastruktur ⇒	Personalentwicklung Training/ Coaching ⇒	Steigerung von Motivation und Kompetenz	
	Teilhaben an Einfluss, Macht und Verantwortung ⇒	Delegation von Verantwortung ⇒	Aufbau von Erfahrung	
	Steigerung von Innovationskraft ⇐	Herausforderungen und Aufträge ⇐	Zur-Verfügung-Stellen von Kompetenz	
	Teilen von Geltung, Hierarchie und Macht ⇒	Erfolg und Image ⇒	Steigerung von Selbstwert, Stolz und Identifikation	
	Unternehmerische Risikobereitschaft ⇒	Vertrauensvorschuss geben ⇒	Entwicklungspotenziale und Selbstvertrauen	

Tab. 2.2 Ungesteuerter Ressourcentransfer

	Ressourcen des Unternehmens	Ungesteuerter Ressourcentransfer	Ressourcen des Mitarbeiters	
Wirtschaftliches Scheitern	Sämtliche wirtschaftliche Ressourcen werden ohne Kontrolle und Zielvorgaben zur Verfügung gestellt ⇒	Bedingungsloses Zur–Verfügung-Stellen der Unternehmensressourcen ⇒	Kurzfristiges maximales Wohlbefinden mit hohem Freiheitsgrad	Ungenutzte Leistungspotenziale
Keine Nachhaltigkeit	Kurzfristige Leistungsspitzen werden erreicht ⇐	Erwartungserfüllung ohne Beachtung der eigenen Belastbarkeit ⇐	Sämtliche persönliche Ressourcen werden ohne Rücksicht auf Verluste zur Verfügung gestellt	Risiko des Verschleißes z. B. Burnout

sich Ihre Mitarbeiter an Ihnen orientieren. Daher ist es sinnvoll, zu reflektieren, wie Sie selbst mit den beiden Perspektiven umgehen und mit welcher Präferenz Sie führen.

Haben Sie eher Verständnis für die Unternehmensseite und argumentieren Sie gerne von den wirtschaftlichen Interessen aus? Oder erkennen Sie sich eher im Verständnis für die einzelnen Mitarbeiter, d. h. der menschlichen Interessen, wieder?

Egal, wo Sie stehen, Ihre Position wird in jedem Fall handlungsleitend für Ihr Führungsverhalten sein. Eine Führungskraft, die sich stark den unternehmerischen Interessen verpflichtet fühlt, wird sich leichter damit tun, Mitarbeitern einschneidende Konsequenzen abzuverlangen, um Zielsetzungen zu erreichen. Eine Führungskraft, die sich stark den Menschen verpflichtet fühlt, wird in einer vergleichbaren Situation vielleicht eher unter Druck und Stress geraten und sich nicht genügend durchsetzen.

Eine Führungskraft, die in erster Linie wirtschaftlich agiert, wird sich in einer anderen Situation vielleicht schwer tun, Verantwortung zu delegieren, weil sie dann Vertrauen aufbauen und Kontrolle abgeben müsste. Eine eher menschlich orientierte Führungskraft würde in der gleichen Situation vielleicht eine belastbare Beziehung aufbauen und die Mitarbeiter durch Vertrauen motivieren.

Beispiel „Führungskraft im Spannungsfeld"

Herr Kracht hatte vor wenigen Jahren einen verdienten Mitarbeiter, Herrn Berger, gegen dessen Bedenken und mit Unterstützung eines Coachings zum Teamleiter gemacht. Herr Berger war sich damals nicht sicher, ob er die Verantwortung tragen könnte oder ob er sich z. B. mögliche Konflikte zu sehr zu Herzen nehmen würde und dann nicht mehr schlafen könnte. Nach Abschluss eines erfolgreichen Coachings sagte er trotzdem zu und stellte sich der Aufgabe eines Teamleiters. Die Abteilung war erfolgreich und vergrößerte sich. Auch das Team von Herrn Berger wurde von drei auf insgesamt zwölf Mitarbeiter vergrößert. Eines Tages stand er dann aber plötzlich wieder bei seinem Vorgesetzten und erklärte unter großer Not, dass er jetzt entweder seinen Teamleiterposten zurückgeben oder sich erst mal krankmelden müsste. Er wüsste nicht mehr weiter, es sei alles zu viel für ihn. Die veränderten Rahmenbedingungen hatten ihn überfordert und seine Sorge hatte sich doch bewahrheitet – er konnte die Konflikte und den Druck eines sich zunehmend vergrößernden Teams nicht mehr alleine bewältigen.

Eine Führungskraft, die alleine die unternehmerischen Interessen betrachtet, müsste jetzt entweder den Teamleiter ersetzen oder ihn so unter Druck setzen, dass er trotz aller Bedenken weitermachen würde. Eine Führungskraft, die die menschlichen Interessen in den Vordergrund stellt, würde vielleicht die Krankmeldung annehmen und sofort alles tun, um den Teamleiter zu entlasten und zu schützen.

Herr Kracht, in unserem Beispiel, entschied sich in dieser Situation dazu, an seinem Teamleiter festzuhalten und das Team so aufzuteilen, dass für Herrn Berger wieder eine bewältigbare Führungsspanne entstand.

Uns ist in diesem Zusammenhang wichtig, deutlich zu machen, dass es bei Ihrer Positionierung im Spannungsfeld nicht um „richtig" oder „falsch" geht. Der Vorgesetzte hätte sich auch dafür entscheiden können, den Teamleiter zu ersetzen oder ihn zu unterstützen. Es geht für Sie im Spannungsfeld zwischen Wirtschaftlichkeit und Menschlichkeit einzig und allein darum, eine eigene klare Position zu beziehen, um bewusst handlungsfähig zu sein.

Finden Sie nun heraus, wo Sie sich selbst in diesem Spannungsfeld aus Wirtschaftlichkeit und Menschlichkeit befinden. Daraus ergeben sich bestimmte Handlungsrichtungen, um Mitarbeiter in ihren optimalen Leistungsbereich zu führen. Diese stellen wir in einem späteren Kapitel (Kap. 6, Das Instrumentarium zum Leistungsoptimum) ausführlich dar.

Damit Sie Ihre eigene Position im Spannungsfeld finden können, haben wir einen Fragebogen entwickelt, der Ihnen Orientierung bietet (siehe Fragebogen 1). Aus der Gegenüberstellung der beiden Perspektiven „Wirtschaftlichkeit" und „Menschlichkeit" ergibt sich später Ihre persönliche Position im Spannungsfeld.

Fragebogen 1: Die Position im Spannungsfeld

Nr.	Positionen zur Wirtschaftlichkeit	0–10	Positionen zur Menschlichkeit	0–10
	0 = „niedrigster Wert, trifft nicht zu" bis 10 = „höchster Wert, trifft voll zu"		0 = „niedrigster Wert, trifft nicht zu" bis 10 = „höchster Wert, trifft voll zu"	
1	Ich habe ein sehr gutes rationales Verständnis und finde die Logik von Zahlen, Daten und Fakten bestechend	z. B. 2	Ich kann mich sehr gut in die Gefühlslage meiner Mitarbeiter hineinversetzen und deren Bedürfnisse verstehen	z. B. 6
2	Ich suche immer den Erfolg und messe mich gerne mit anderen Menschen – ich will gewinnen		Ich arbeite gerne mit anderen Menschen zusammen und tausche mich aktiv aus – ich will gemeinsam vorankommen	
3	Ich weiß, was ich erreichen will, und gehe dafür auch schon mal an persönliche Grenzen bzw. fordere Leistung ein		Ich gewähre gerne Freiräume und habe Respekt vor der Privatsphäre anderer Menschen	
4	Erfolg und Einfluss sind mir wichtig		Menschliche Anerkennung ist mir wichtig	
5	Ich habe klare Zielsetzungen, nach denen ich mich und meinen Verantwortungsbereich ausrichte		Ich habe viele Ideen und tausche diese mit meinen Kollegen und Mitarbeitern aus	
6	Ich gebe Unternehmensziele nie ohne Kampf auf		Ich treffe Entscheidungen nie gegen meine Mitarbeiter	
7	Ich investiere, um Umsatz und Erfolg zu maximieren		Ich investiere, um Menschen zu entwickeln und zu motivieren	
8	Ich bin verbindlich, kontrolliere Ergebnisse und fordere Einsatz. Kontrolle ist besser …		Ich motiviere, ermutige und vertraue den Menschen. Vertrauen ist besser …	

Nr.	Positionen zur Wirtschaftlichkeit	0–10	Positionen zur Menschlichkeit	0–10
9	Ich möchte gerne am Erfolg des Unternehmens beteiligt sein und daraus für mich Vorteile erlangen		Ich sehe meinen Erfolg als gemeinsames Resultat und lasse daher meine Mitarbeiter gerne daran teilhaben	
10	Letztendlich ist jeder für sich selbst verantwortlich und muss die Konsequenzen daraus tragen		Als Führungskraft empfinde ich Verantwortung für meine Mitarbeiter und eine moralische Fürsorgepflicht	
	Gesamtwert		*Gesamtwert*	

Bitte bewerten Sie nun in einem ersten Schritt die einzelnen Aussagen des Fragebogens und vergeben Sie je Aussage einen Wert zwischen 0 (trifft nicht zu) und 10 (trifft vollständig zu). Wir haben die Aussagen je Zeile bewusst so gewählt, dass sie die Energie des Spannungsfeldes abbilden. Zwar schließen sie sich nicht komplett aus. Sie bilden jedoch Gegenpole und erfordern in der Umsetzung jeweils Kraft und Anstrengung. Bitte bedenken Sie dies bei der Entscheidung zu den entsprechenden Aussagen. Addieren Sie in einem zweiten Schritt die Ergebnisse je Spalte, teilen Sie diese durch die Anzahl der beantworteten Aussagen (im Normalfall 10) und übertragen Sie die Gesamtwerte später in die Abb. 2.3 in Abschn. 2.3.3. Bevor wir uns aber der Bedeutung der möglichen Positionen für das Führungshandeln widmen, möchten wir Ihnen hier noch ein paar Gedanken zum Umgang mit der Spannung vorstellen.

2.3.2 Der Umgang mit der Spannung

In dem Verhältnis, in dem Sie sich nun hinsichtlich der beiden Pole „Wirtschaftlichkeit" und „Menschlichkeit" sehen, werden Sie eine individuelle Spannung erfahren. Dabei stehen Ihnen zwei übergeordnete Optionen des Umgangs damit zur Verfügung. Sie können der Spannung ausweichen oder sich ihr bewusst stellen.

2.3.2.1 Der Spannung des Spannungsfeldes aus dem Weg gehen

a. *Verleugnen*

Wenn Sie die unangenehmen Folgen der Spannung verleugnen, werden Sie vielleicht zunächst ein angenehmes Gefühl der Erleichterung und Entspannung erleben. Es werden sich daraus aber auch Konsequenzen ergeben, die einerseits wirtschaftlicher Natur (Verfehlen von Zielen, Misserfolg etc.) und andererseits menschlicher Natur (Ungeduld im Team, fehlende Motivation etc.) sein können. In dieser Phase wird deutlich, dass die Verleugnung des Spannungsfeldes nicht nur die Potenziale ungenutzt lässt, sondern auch Probleme nach sich zieht. Sie verhindern mit der Verleugnung eine wirkungsvolle Auseinandersetzung mit der Spannung und lassen die verfügbare Energie ungenutzt. In der Kon-

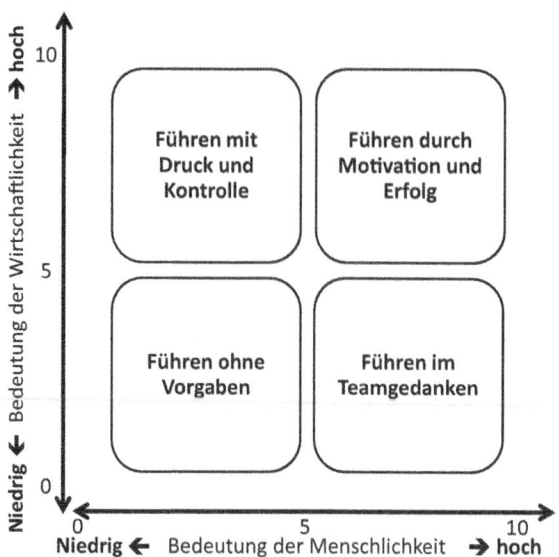

Abb. 2.3 Führungsansätze im Spannungsfeld

sequenz verhindern Sie damit das Erreichen von Höchstleistungen, da die beiden Kräfte nicht miteinander verknüpft werden, sondern wirkungslos brach liegen.

b. *Künstliche Eindeutigkeit schaffen*

Sie können sich aber auch ganz und gar einer Seite des Spannungsfeldes zuwenden und die gegenüberliegende Seite komplett ignorieren. Mit dieser Technik hebeln Sie die natürliche Ambivalenz aus und wiegen sich in der Eindeutigkeit der einen Seite scheinbar in Sicherheit. Zunächst ergibt sich für Sie daraus ein Zustand klarer Positionierung und Überzeugung. Die Seite, für die Sie sich entschieden haben, erhält aber eine unnatürlich große, dogmatische Bedeutung. Das Spannungsfeld gerät dadurch aus dem Gleichgewicht und kippt im schlimmsten Fall. Dann steht die konstruktive Energie der Gegensätze nicht mehr zur Verfügung. In der Konsequenz verzerren Sie damit die Realität und berauben sich der Möglichkeit, im Wettbewerb eine wirkungsvolle Rolle zu spielen.

2.3.2.2   Sich der Spannung des Spannungsfeldes stellen

Wenn Sie die Kraft und Energie, die sich aus Ihrer Position im Spannungsfeld ergeben, wahrnehmen und sich ihnen stellen, entsteht ein Handlungsimpuls. Lust, Motivation, emotionaler Druck oder z. B. Konflikte fordern Sie heraus, etwas zu tun. Sie haben nun verschiedene Möglichkeiten zu agieren, um diese Handlungsimpulse zu managen.

a. *Die gesamte Spannung selbst übernehmen*

Sie übernehmen die gesamte Spannung selbst, weil Sie entweder andere Personen schützen bzw. nicht belasten wollen, oder weil Sie Macht und Einfluss nicht abgeben wollen. In dieser Situation stehen Sie im Risiko, sich selbst zu überfordern. Die Möglichkeiten und Chancen der Führung, die sich aus dem Spannungsfeld für Sie ergeben, bleiben ungenutzt. In der Konsequenz werden Sie selbst zum Risiko für das System, da Sie alles alleine auf sich konzentriert haben. Bei einem Ausfall Ihrerseits stehen keine alternativen Leistungsreserven zur Verfügung.

b. *Die Spannung angemessen verteilen*

Wenn Sie die Spannung und den dazugehörigen Handlungsimpuls wahrnehmen, können Sie sich dazu entscheiden, Ihre Mitarbeiter und Kollegen einzubeziehen und die Last und Verantwortung sinnvoll aufzuteilen. Sie werden Rückmeldungen erhalten, Auseinandersetzungen provozieren und im besten Fall einen konstruktiven Austausch initiieren. Mitarbeiter und Kollegen fühlen sich ernst genommen und wertgeschätzt. Damit bringen Sie die Energie des Spannungsfeldes in das System zurück und damit zu einer positiven Wirkung.

Aus diesen verschiedenen Blickwinkeln wird nun deutlich, dass Sie als Führungskraft ein gut funktionierendes Wahrnehmungssystem für die Dynamik des Spannungsfeldes benötigen. Sie können daraus wertvolle Schlüsse für ein erfolgreiches Führungshandeln ziehen. Deshalb macht es Sinn, sich als Führungskraft dem Spannungsfeld auszusetzen und den Handlungsimpulsen Raum zu geben.

Aber warum unterdrücken wir diese Handlungsimpulse oft, statt sie uns genauer anzusehen, und vertrauen stattdessen lieber vermeintlich erfolgversprechenden Techniken und Leitfäden? Weil wir hier unserer eigenen Verantwortung gegenüber stehen und die „Schuld" verteilen müssen. Das ist anstrengend und birgt das Risiko des Scheiterns.

2.3.3 Die Führungsansätze im Spannungsfeld

Auf welcher Position befinden Sie sich nun im Spannungsfeld? Wie gehen Sie mit der Energie, die sich dort für Sie ergibt, um und was bedeutet das für Ihre Mitarbeiter? Welche Handlungsrichtungen können Sie daraus ableiten, um Ihre Mitarbeiter zu einem optimalen Leistungsniveau zu führen?

Die möglichen Führungsansätze, die sich aus der jeweiligen Position im Spannungsfeld ableiten lassen, veranschaulicht Abb. 2.3.

2.3.3.1 Führen mit Druck und Kontrolle
Ist für Sie die Bedeutung eines wirtschaftlichen Erfolges sehr hoch und steht der Mensch dabei weniger im Mittelpunkt Ihres Führungsverständnisses, werden Sie vermutlich ein Umfeld schaffen, das von Regeln, Perfektion und Kontrolle geprägt ist. Vielleicht sind Sie in einem Umfeld aktiv, das Genauigkeit und Präzision verlangt, in dem Sie an Zahlen, Daten und Fakten gemessen werden. Leistung ist hier möglich, auch Spitzenleistungen. Das Risiko besteht in der Wertschöpfungsdimension „Mitarbeiter", bezogen auf dessen Unversehrtheit und Entfaltung.

2.3.3.2   Führen ohne Vorgaben

Ist für Sie weder die Bedeutung der Wirtschaftlichkeit noch der Menschlichkeit ausschlaggebend, dann schaffen Sie vermutlich ein Umfeld, in dem Mitarbeiter ohne klare Vorgaben und Ziele ihre alltägliche Arbeit verrichten. Hier werden Sie als Führungskraft die Leistungspotenziale Ihrer Mitarbeiter nicht genügend ausschöpfen. Außerdem kann es sein, dass Ihnen leistungsstarke Mitarbeiter verloren gehen, weil sich diese nicht genügend gefordert und wertgeschätzt fühlen und sich daher anders orientieren. In der Konsequenz geht Ihnen dort sowohl der wirtschaftliche Erfolg als auch die Motivation und Energie Ihrer Mitarbeiter verloren.

2.3.3.3   Führen im Teamgedanken

Wenn die Bedeutung der Menschlichkeit für Sie an oberster Stelle steht, dann werden sich Ihre Mitarbeiter vermutlich aufgehoben und wohlfühlen. Dann schaffen Sie Zugehörigkeit und Loyalität. Damit gehen Sie aber auch das Risiko ein, Leistungspotenziale der Mitarbeiter nicht zu nutzen und so der Wertschöpfungsdimension „Wirtschaftlichkeit" nicht zu genügen, z. B. bezogen auf den Erfolg im Wettbewerb und die Gewinnmaximierung.

2.3.3.4   Führen durch Motivation und Erfolg

Sie können mit einer motivierten Mannschaft Hoch- und Höchstleistungen erreichen. Aber der Grat zwischen Wirtschaftlichkeit und Menschlichkeit ist schmal und erfordert eine gute Wahrnehmungsfähigkeit. Selbst wenn Sie beide Dimensionen als gleichwohl bedeutend ansehen, sind Risiken vorhanden, für z. B. menschliche Überforderung und wirtschaftliche Fehlentscheidungen. Auch – oder insbesondere – hier sind Misserfolge durchaus möglich und müssen bewältigt werden.

Jede Führungskraft besitzt eine natürliche Position, die sich aus den eigenen persönlichen Bedürfnissen, Überzeugungen und Motiven ergibt. Diese Position kann gesteuert und bewusst verändert werden.

Wenn Sie sich über Ihre persönliche Position im Klaren sind, stehen Ihnen verschiedene Strategien zur Verfügung, um sich in die eine oder andere Richtung zu entwickeln (siehe Abb. 2.4).

Die Position „Führen ohne Vorgaben" hat dabei zwei Richtungen:

a. *Die Bedeutung der Wirtschaftlichkeit steigern*: Die zentrale Strategie hier ist das „**Einfordern von Leistung**". Dazu ist es notwendig, eigene Klarheit zu erlangen und Orientierung zu bieten, unternehmerische Ziele transparent zu machen und Erwartungen an die Leistung eindeutig zu adressieren, zu kommunizieren und einzufordern.
b. *Die Bedeutung der Menschlichkeit steigern*: Die zentrale Strategie hier ist die „**Beteiligung**". Damit diese umgesetzt werden kann, ist es wichtig, Mitarbeiter in ihren Bedürfnissen und Fähigkeiten wahr- und ernst zu nehmen. Ein starkes Motiv ist hier die Anerkennung und die Zugehörigkeit. Es gilt, Gemeinsamkeiten zu schaffen und ein echtes Interesse an den einzelnen Personen und deren Bedürfnissen zu zeigen. Dies

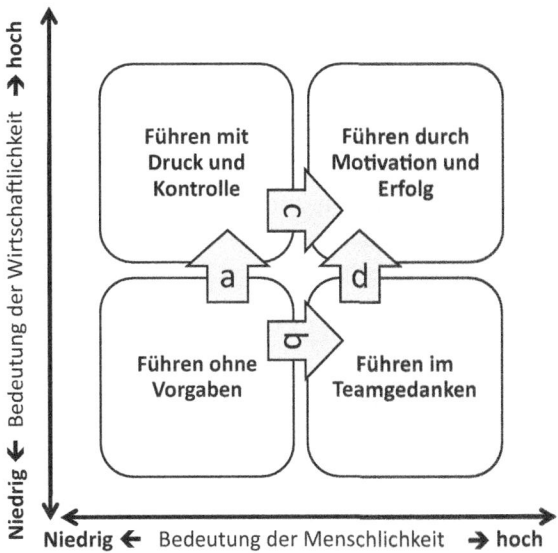

Abb. 2.4 Handlungsstrategien im Spannungsfeld

gelingt über den Aufbau von persönlichen Beziehungen und die Verarbeitung von Ideen und Impulsen der Mitarbeiter.

Die Position „Führen mit Druck und Kontrolle" kennt eine Entwicklungsrichtung:

c. *Die Bedeutung der Menschlichkeit steigern*: Die zentrale Strategie ist hier das „**Loslassen und Vertrauen**". Mitarbeiter, die bereits Leistung unter hohem Druck und Kontrolle erbringen, können weitere Potenziale in Form von Eigenmotivation, Identifikation und Verantwortung freisetzen. Die Führungskraft muss dazu einen Teil ihrer Kontrolle aufgeben und durch Vertrauen ersetzen.

Die Position „Führen im Teamgedanken" kennt ebenfalls eine Entwicklungsrichtung.

d. *Die Bedeutung der Wirtschaftlichkeit steigern*: Die zentrale Strategie ist hier die „**Konfrontation**". Mitarbeiter, die untereinander bereits vertraut sind und wertschätzend miteinander umgehen, können von einer konstruktiven Streitkultur profitieren. Dazu konfrontiert die Führungskraft die Mitarbeiter mit wirtschaftlichen Herausforderungen, mutet ihnen Belastung zu und sorgt für einen gesunden Wettbewerb untereinander.

Die besondere Bedeutung des hier dargestellten Spannungsfeldes findet sich im Faktor Mensch. Für andere Menschen empfinden wir im besten Fall eine tiefe Verantwortung und

Empathie. Anders als bei fachlichen Themen gehen wir hier nicht so einfach über die Konsequenzen und Rahmenbedingungen unseres Handelns hinweg, sondern erhalten direkte Rückmeldungen und Beziehungsaussagen. Deshalb spüren Führungskräfte auch den Teil ihrer Verantwortung hier sehr deutlich.

Wie und in welchem Maße Sie selbst dieses Spannungsfeld erleben, welche Haltung Sie dabei den jeweiligen Menschen, sich selbst und den Beziehungen gegenüber einnehmen und welche Handlungen Sie daraus ableiten, hängt auch davon ab, über welches Menschenbild Sie verfügen, welchen Prämissen Sie folgen und welche Hypothesen Sie daraus ableiten.

Die verändernde Kraft des Menschenbildes

3

Das Menschenbild beschreibt die Perspektive, die ein Betrachter in Bezug auf andere Menschen einnimmt. Jeder Blick ist dabei individuell und einzigartig und kann in jeder Situation neu eingestellt werden. Damit ein Mensch jedoch effizient entscheiden und handeln kann, braucht er ein inneres System, das routiniert und zuverlässig abläuft. Die Erfahrungen, die ein Mensch im Laufe seines Lebens macht, werden deshalb verarbeitet, konserviert und gespeichert und sind jederzeit wieder abrufbar. Eines dieser inneren Systeme ist unser Menschenbild. Es stellt uns unsere Erfahrungen im Umgang mit Menschen zu Verfügung. Es ist geprägt durch unsere persönlichen Erlebnisse und orientiert sich außerdem an dem Menschenbild der Gesellschaft, der wir uns zugehörig fühlen.

Der Entwicklungsprozess unseres Menschenbildes läuft die meiste Zeit unbemerkt und automatisch in uns ab. Wir spüren diesen Prozess nur dann, wenn die Routine und die Gültigkeit der konservierten Erfahrungen nicht mehr passend erscheinen, wenn wir in unbekannten Situationen aufgefordert werden, unser Menschenbild zu hinterfragen und anzupassen, oder wenn wir uns mit Kulturen beschäftigen, die ein Menschenbild pflegen, das sich eklatant von unserem unterscheidet.

Aber in unserem Menschenbild liegt noch eine ganz andere wesentliche Kraft verborgen, die wir uns nutzbar machen können. Wir können uns gezielt mit unserem Menschenbild auseinandersetzen, unsere Überzeugungen bewusst reflektieren und neue Sichtweisen entwickeln. Wenn wir andere Menschen nun aus dieser neu justierten Perspektive betrachten, können sich daraus Erfahrungen ergeben, die sowohl die Situation als auch die beteiligten Personen, inklusive uns selbst, verändern.

Wir möchten die verändernde Kraft des Menschenbildes hier spürbar machen.

► Durch die Art und Weise, wie Sie andere Menschen betrachten, lösen Sie Veränderungen beim betrachteten Menschen aus.

Sie haben die Freiheit, zu entscheiden, wie Sie andere Menschen betrachten. Sobald Sie Ihren gewohnten Blick auf Menschen verändern, können Sie damit die gesamte Situation verändern und die Reaktionen und das Verhalten der betroffenen Personen beeinflussen.

S. Basler, K. Gattinger, *Führen an der Leistungsgrenze,*
DOI 10.1007/978-3-658-04316-2_3, © Springer Fachmedien Wiesbaden 2014

3.1   Die Freiheit in der Betrachtung des Menschen

Wir haben dieses Buch vor dem Hintergrund unseres persönlichen Menschenbildes und unserer professionellen Haltung in der Rolle als Berater und Coaches geschrieben. Wir haben dabei viele Themen diskutiert, hinterfragt und aus unterschiedlichsten Perspektiven betrachtet. Es war dabei stets unser Ziel, zentrale Begriffe wie z. B. das Scheitern, den Leistungsdruck, die Menschlichkeit und die Verantwortung in einen sinnvollen und wertschöpfenden Zusammenhang mit dem Führen an der Leistungsgrenze zu bringen.

Wenn Sie dieses Buch lesen, werden Sie deshalb nicht nur dessen Inhalt, sondern auch uns kennenlernen.

Wir mögen Menschen. Wir finden die persönliche Geschichte eines jeden Menschen interessant und spannend, da sich darin eine Quelle für Erkenntnis befindet. Wir glauben, dass Menschen logisch handeln, d. h. ihre Bedürfnisse, ihre Impulse und ihre Handlungen sind logische Folgen ihrer Geschichte und ihrer Erfahrungen. Wir haben Achtung und Respekt vor der Leistung eines Menschen, weil wir davon ausgehen, dass jeder Mensch, wenn er fair behandelt wird, sein Bestes einbringt. Wir glauben daran, dass es ein Wesensmerkmal von Menschen ist, Leistung zu erbringen und dadurch zu wachsen. Und wir glauben, dass Menschen (heraus)gefordert werden wollen, dass sie gesehen, wahrgenommen und gebraucht werden wollen. Wir sind überzeugt davon, dass Menschen Grenzerfahrungen suchen, um sich zu entwickeln. Fehler, Defizite, Krisen, Scheitern, Erfolg und Misserfolg sind solche Grenzerfahrungen. Wir glauben, dass es einen Unterschied macht, ob wir wertschätzend und verantwortungsbewusst unser Umfeld gestalten oder mit einer negativen Haltung unseren Mitmenschen begegnen. Das ist unser Menschenbild.

Unser Menschenbild ist positiv, optimistisch und unvoreingenommen. Aber nicht einfach nur deshalb, weil wir Harmonie suchen und Glück versprechen wollen. Es entsteht aus der tiefen Überzeugung, dass Menschen, denen man etwas zutraut und die unvoreingenommen betrachtet werden, Kraft und Energie freisetzen können. Diese Energie hat eine große Wirkung und ermöglicht erst nachhaltiges Wachstum und Entwicklung. Ohne diese Ressource aus den Menschen selbst könnten wir unseren Teil der Arbeit als Berater und Coaches nicht leisten. Wir verstehen uns in dieser Rolle als Partner, die dabei helfen, selbstorganisierende Kräfte freizulegen und nutzbar zu machen.

Wenn Sie in Ihrer Rolle als Führungskraft Mitarbeiter an deren persönliche Leistungsgrenze führen, sollten Sie sich ebenfalls darüber bewusst sein, mit welcher inneren Haltung Sie das tun und was Sie bei Ihrem Gegenüber auslösen bzw. erreichen wollen. Jemand, der an der Leistungsgrenze verantwortungsvoll Einfluss nimmt, braucht ein stabiles und reflektiertes Menschenbild. Die dort gemachten Erfahrungen können Menschen bestärken und erfolgreich machen oder belasten und zerstören. Als Führungskraft haben Sie Verantwortung für andere Menschen übernommen. Sie sollten daher genau wissen, nach welchen psychologischen Mustern Sie entscheiden und handeln.

Leitfragen zur Selbstreflexion

- Aus welcher tiefen Überzeugung heraus betrachten Sie Ihre Mitarbeiter? Sind Ihre Beziehungen zu anderen Menschen von Vertrauen und Offenheit geprägt oder sind Sie eher vorsichtig und zurückhaltend?
- Welche Kräfte setzen Sie damit bei Ihren Mitarbeitern frei? Schaffen Sie eher eine Aufbruchsstimmung oder ein Sicherheits- bzw. Kontrollbedürfnis?
- Wie gehen Sie mit Fehlern, Defiziten, Krisen und Misserfolg anderer Menschen um?

Da wir Menschen soziale Wesen sind, die sich hauptsächlich an Beziehungen orientieren, kommt dem individuellen Menschenbild eine große Bedeutung für unser Handeln, unsere Kommunikation und die sich daraus ergebende Lebensqualität zu. Dazu ein Beispiel:

Beispiel zur „Betrachtung des Menschen"

In einer Coachingsitzung bearbeiten zwei Geschäftsführer, Herr Maas und Herr Dr. Löscher, ein konkretes Problem, das beide mit einer ihrer führenden Mitarbeiterinnen beschäftigt. Die Mitarbeiterin wirkt stets überfordert, ihre Arbeitsweise ist chaotisch und an manchen Tagen scheint sie fast außerstande, konzentriert an einer Aufgabe zu arbeiten. Nicht selten blickt sie auf einen langen Leidensweg zurück und trägt diesen auch nach außen. Es vergehen oft viele Stunden im Büro, bis in die späten Abendstunden hinein, bevor sie dann mit einem guten Ergebnis aufwartet.

Während Herr Maas dieses Verhalten als chronisch und deshalb als untragbar ansieht und der Mitarbeiterin am liebsten kündigen würde, lässt sich Herr Dr. Löscher immer wieder dazu verführen, in solchen Akutsituationen der Mitarbeiterin Unterstützung in Form zusätzlicher Ressourcen, Zeit und Aufmerksamkeit zukommen zu lassen.

Herr Maas betrachtet Menschen generell eher kritisch und misstrauisch. Er sieht in der Mitarbeiterin einen eher unfähigen und verantwortungslosen Menschen und befürchtet, ausgenutzt zu werden. Sein Handlungsimpuls geht in Richtung Kündigung. Herr Dr. Löscher nimmt einen eher wohlwollenden, aber defensiven Blick auf andere Menschen ein. Er sieht die Mitarbeiterin daher als Opfer der Arbeitsbelastung und sich selbst in der Schuld. Er will ihr Unterstützung und Zuwendung angedeihen lassen.

Hier wird bereits deutlich, dass die Betrachtung ein und derselben Situation bzw. die Einschätzung ein und desselben Menschen durch zwei grundsätzlich verschiedene Menschenbilder zu völlig anderen Schlüssen und Handlungsoptionen führen kann. Unser Beispiel ist sicher holzschnittartig ausgemalt, zeigt aber die verändernde Kraft des Menschenbildes deutlich auf. Denn nehmen wir einmal an, dass es im Verlauf des Coachings den beiden Geschäftsführern gelingt, ihre Haltung zu hinterfragen und ihre Perspektive neu zu justieren.

Welche Konsequenzen könnten sich daraus ergeben?
Betrachten wir aus der neuen Perspektive hier einmal nur zwei Aspekte:

1. Beide Geschäftsführer sehen in der Mitarbeiterin das große Interesse, das diese daran hat, ihre Sache gut zu machen.
2. Beide Geschäftsführer erkennen in der Mitarbeiterin die erwachsene Frau, die fähig ist, für sich Verantwortung zu tragen.

Aus dieser Betrachtung heraus können sich neue Handlungsoptionen ergeben. Die Mitarbeiterin muss nun nicht mehr aufgrund falscher Schuldgefühle geschützt werden. Sie braucht aber auch nicht aus langfristig aufgebautem Frust entlassen werden. Vielleicht gelingt es den beiden Geschäftsführern, mit ihrer neuen Haltung stattdessen ein offenes und verbindliches Gespräch mit ihr zu führen. In dessen Verlauf könnte herausgearbeitet werden, wie viel Belastung die Mitarbeiterin aus ihrer eigenen Sicht stabil verarbeiten kann und wie viel Belastung ihr die beiden Geschäftsführer unter Berücksichtigung aller Rahmenbedingungen zutrauen können. Im Hinblick auf die Anforderungen der Position könnte nun eine differenzierte Bewertung erfolgen, in welchem Maß die Mitarbeiterin den Anforderungen gewachsen ist. Und je nachdem, wie diese Bewertung ausfällt, könnten die beiden Geschäftsführer nun entweder Unterstützung für die fachliche oder persönliche Entwicklung der Mitarbeiterin anbieten. Oder sie könnten ihr kündigen bzw. eine neue Aufgabe für sie suchen, mit dem Wissen, dass sie die Situation als erwachsene Frau gut verarbeiten kann.

Die verändernde Kraft des Menschenbildes hat hier also völlig neue Handlungsoptionen ermöglicht und die beiden Geschäftsführer aus einer mentalen Sackgasse herausgeführt.

3.1.1 Die Psychologie des Menschenbildes

Die Geschichte bietet uns unterschiedliche Entwürfe von Menschenbildern der jeweiligen Kulturen und Gesellschaften an. Diese sind auf der einen Seite das Selbstverständnis der diese Gesellschaft bildenden Menschen. Andererseits dient das definierte Menschenbild als Orientierung und zur Abgrenzung gegenüber anderen Kulturen und Gemeinschaften.

Aristoteles' Menschenbild baut darauf auf, dass der Mensch handelt, um glücklich zu werden. Das Menschenbild stellt das Streben nach Glück in den Mittelpunkt. Nach Aristoteles versucht jeder Mensch, ein „gutes Leben" zu erhalten und er richtet seine Handlungen auf dieses Ziel aus. Die Tugenden dienen der Erreichung dieses Ziels. Die „Tugenden" sind ein Begriff, der von Aristoteles verwendet wurde und den wir heute mit „Werte" übersetzen können. Sie sind nach Aristoteles in jedem Menschen gleichermaßen angelegt und reifen mit seiner Entwicklung. Der Grad der Reifung hängt nach dem Philosophen wesentlich von der Erziehung und dem wiederholten Einüben der Haltungen und der Tugenden ab.

Jeder Mensch trägt in sich eine ganz individuelle Beschreibung der Welt. Das Menschenbild ist ein Teil davon und geprägt von Lebenserfahrungen, theoretischem und praktischem Wissen, Persönlichkeitseigenschaften und Überzeugungen. Es repräsentiert damit die Summe unserer Überzeugungen in der Auseinandersetzung mit anderen Menschen. Besonders prägend sind dabei die frühkindliche Zeit und die Erfahrungen in der Beziehung zu unseren primären bzw. ersten Bezugspersonen – im Normalfall die Eltern. Wir haben mit unseren Menschenbildern Matrizen zur Verfügung, die wir in ähnlichen Situationen heranziehen können, um daraus eine – in unserem Verständnis – erfolgreiche Handlungsstrategie abzuleiten.

Wir haben am Anfang des Kapitels geschrieben, dass wir daran glauben, dass Menschen logisch handeln. Es gibt eine Reihe von Psycho-Logiken, die dafür sorgen, dass wir überhaupt miteinander kommunizieren können, dass wir verstehen, was uns ein anderer Mensch mitteilen möchte, und dass wir uns orientieren können. So ist es z. B. eine grundlegende psycho-logische Fähigkeit, zu kategorisieren, d. h. ähnlichen Phänomenen und Dingen zusammenfassende Begriffe zuzuordnen. Damit schaffen wir es, uns in einer komplexen Welt überhaupt erst einigermaßen sicher zu bewegen. Wir wissen, was unser Gesprächspartner meint, wenn er z. B. davon spricht, eine Strategie auszuarbeiten. Wir haben dafür eine gemeinsame Vorstellung des abstrakten Begriffes „Strategie" abgespeichert.

Um handlungs- und entscheidungsfähig zu sein, müssen wir die Welt verstehen, sie uns erklärbar machen. Wir erklären uns die Welt, indem wir sie wahrnehmen, Ursachen und Zusammenhänge herausfinden, Vorhersagen anstellen und überprüfen – ähnlich einem Wissenschaftler. So begegnen wir der Welt und in ihr den Menschen. Um zu verstehen, welchen Einfluss unser Menschenbild auf unser Handeln hat, beschäftigen wir uns hier einmal kurz mit der Psychologie der Wahrnehmung.

3.1.2   Wahrnehmen – Bewerten – Handeln

Wenn wir uns in unserem Alltag bewegen, schwierige Herausforderungen bewältigen oder einfach nur den Feierabend genießen, folgen wir einem psychologischen Mechanismus, der ununterbrochen in uns abläuft. Was uns auch immer begegnet, womit wir auch immer konfrontiert werden oder uns auf irgendeine Art und Weise beschäftigen, wir verarbeiten die entsprechenden Informationen stets zuverlässig nach der gleichen, sehr komplexen Systematik, die wir hier vereinfacht darstellen:

▶   **W**ahrnehmen – **B**ewerten – **H**andeln (W–B–H).

3.1.2.1   Wahrnehmen (W)
Als Lebewesen und Mensch sind wir darauf angewiesen, uns stets mit unserer Umwelt auseinanderzusetzen. Dazu haben wir fünf bzw. neun Sinne, die uns die Wahrnehmung unserer Umwelt ermöglichen (nach Aristoteles die fünf Sinne Sehen, Hören, Riechen,

Schmecken und Tasten – und im Verständnis des neurophysiologischen Ansatzes zusätzlich noch Temperaturempfinden, Schmerz, Gleichgewicht und Tiefensensibilität). Bereits
hier, bei der Aufnahme von Informationen über unsere Sinnessysteme, unterscheiden wir
uns jedoch. Unsere Wahrnehmung ist selektiv und damit äußerst subjektiv.

Stellen Sie sich vor, Sie begegnen am Morgen auf dem Weg in ein Meeting einem Ihrer
Mitarbeiter. Dieser ist sehr intensiv in ein Gespräch mit einem Mitglied des Betriebsrates
verwickelt. Ihr Mitarbeiter wirkt sehr ernst und grüßt nicht. Ihnen fällt spontan ein, dass es
erst vor Kurzem zwischen Ihnen und Ihrem Mitarbeiter einen Disput wegen der Urlaubsplanung gegeben hat.

Das, was Sie als Führungskraft in diesem Moment wahrnehmen, sind scheinbar Fakten.
Einer Ihrer Mitarbeiter spricht mit dem Betriebsrat und ist dabei sehr ernst, er grüßt nicht.
Vielleicht hätte ein Kollege von Ihnen in dieser Situation aber etwas ganz anderes wahrgenommen. Vielleicht hätte er die Blicke Ihres Mitarbeiters gar nicht bemerkt, weil er ihn
nicht kennt und darum nicht besonders beachtet. Vielleicht hätte er stattdessen festgestellt,
dass Ihr Mitarbeiter ein großes Pflaster auf dem Unterarm hat und etwas blass wirkt.

Unsere Wahrnehmung ist also sehr unterschiedlich ausgeprägt, je nachdem, welche
Faktoren einer Situation unsere Aufmerksamkeit binden. Gehen wir einen Schritt in diesem komplexen Wahrnehmungsprozess weiter.

3.1.2.2 Bewerten (B)

Das selektiv Wahrgenommene wird in einem nächsten Schritt von uns individuell bewertet. Dabei hinterfragen wir zwei wesentliche Aspekte. Zum einen, inwieweit das Ereignis
für uns relevant ist bzw. welche existenzielle Bedeutung es für uns hat. Und zum anderen,
wie wir diesem Ereignis begegnen bzw. wie wir es bewältigen können, sprich, ob wir die
notwendigen Kompetenzen und Mittel zur Verfügung haben.

Bleiben wir bei Ihrer Begegnung mit dem Mitarbeiter. Sicher werden Sie nun Hypothesen aufstellen und sich fragen, welche Bedeutung z. B. der ernste Blick Ihres Mitarbeiters
hat, oder die Tatsache, dass er nicht gegrüßt hat. Sie werden sich vielleicht fragen, warum
er gerade mit dem Betriebsratsmitglied gesprochen hat. Sie interpretieren vielleicht im
Zusammenhang mit Ihrer spontanen Erinnerung an die missglückte Urlaubsplanung, dass
es da noch ein Nachspiel geben wird. Die Bewertung dessen, was Sie gerade beobachtet
haben, wird deshalb vielleicht eher besorgniserregend sein, schließlich hat Ihr Mitarbeiter
noch nicht einmal gegrüßt. Vielleicht haben Sie ein ungutes Gefühl und rechnen damit,
dass es Ärger geben wird oder Sie ärgern sich selbst über den Mitarbeiter, weil sich dieser
an den Betriebsrat wendet, statt offen mit Ihnen zu sprechen.

Ihr Kollege bewertet die Situation vielleicht ganz anders. Er hat ja das Pflaster wahrgenommen und kennt Ihren Mitarbeiter gar nicht, d. h. hat gar keine Beziehung zu ihm.
Er wird sich vielleicht fragen, welche Bedeutung das Pflaster hat und ob die Situation ernst
ist. Er wird sich selbst erst einmal nicht betroffen sehen und daher die Situation auch nicht
als für ihn existenziell oder bedrohlich einschätzen. Vermutlich wird er deshalb auch nicht
verärgert sein, sich keine Sorgen machen, sondern einfach nur menschlich neugierig sein.

Aufgrund der unterschiedlichen Bewertungen der Situation werden Sie und Ihr Kollege vermutlich nun zu unterschiedlichen Handlungsimpulsen kommen und sich in der Situation unterschiedlich verhalten.

3.1.2.3   Handeln (H)

Je nachdem, was wir in einer Situation wahrgenommen und wie wir es bewertet haben, danach handeln wir. Das, was ein Mensch tut, ist die Folge eines komplexen, mehr oder weniger bewussten psychologischen Verarbeitungsprozesses.

Ihr Kollege wird jetzt vielleicht gezielt auf die beiden Personen zugehen und sich nach dem Befinden des Mitarbeiters erkundigen, weil er ja das Pflaster gesehen hat. Oder er wird ruhig an den beiden vorbeigehen, um nicht zu stören und nicht neugierig zu erscheinen. Während Sie vielleicht ärgerlich an den beiden vorbeigehen und sich gerade vornehmen, mal ein ernstes Wort mit Ihrem Mitarbeiter zu sprechen. Oder Sie ziehen sich innerlich zurück und sind für den Rest des Tages schlecht gelaunt.

Das dargestellte Beispiel kann in der Realität noch in unzähligen anderen Varianten ablaufen. Sie können sich sicherlich vorstellen, welche Alternativen es hier noch gibt und vermutlich hätten Sie selbst in einer vergleichbaren Situation diese ganz anders wahrgenommen, bewertet und entsprechend gehandelt.

Der dargestellte Prozess (W–B–H) läuft in die meiste Zeit unseres Lebens unbewusst und als Routine ab. Diese Tatsache ist für uns überlebensnotwendig und vereinfacht viele Situationen. Nur so sind wir überhaupt in der Lage, unmittelbar und sinnvoll zu handeln. Ähnlich wie im IT- oder Technikbereich sind Routinen aber andererseits nur solange nützlich, solange sie anschlussfähig sind, d. h. zu den Anforderungen der Situation passen. Es ist also sinnvoll, sich die eigenen Routinen immer wieder bewusst zu machen, sie zu hinterfragen und auf ihren Nutzen für die aktuelle Lebenssituation hin zu überprüfen.

Die Entwicklung, die daraus entsteht, nennen wir die Reifung des Menschen. Ein „innerlich reifer" Mensch zeichnet sich dadurch aus, dass er sich immer wieder mit seinen inneren Haltungen und seinen persönlichen Überzeugungen auseinandersetzt. Seine Antworten auf die Herausforderungen des Lebens sind gekennzeichnet durch ein breites Wissen um die Zusammenhänge und Wirkweisen seiner Rolle im Geschehen. Der innerlich reife Mensch kann auf einen breiten Fundus von Handlungsoptionen zurückgreifen und gewinnt daraus seine Freiheit im Handeln.

3.2   Sich als Führungskraft verstehen

Unser Menschen- und Weltbild stellt also eine der Grundlagen für die Entstehung von Verhaltensmustern dar. Im Menschenbild ist gespeichert, welche Erfahrungen wir z. B. in Beziehungen gemacht haben und welche Schlüsse wir daraus gezogen haben. Ein Menschenbild ist leitend für unser Handeln in der Gegenwart und der Zukunft.

Würden wir Sie in einem Coachingprozess oder als Teilnehmer eines Seminars, z. B. zur Persönlichkeitsentwicklung, kennenlernen, würden wir vermutlich sehr schnell und früh in diesem Prozess mit Ihnen, an Ihren persönlichen Verhaltensmustern arbeiten. Die Erkenntnis dieser Muster und das bewusste Wahrnehmen und Verstehen ihrer Funktionalität ist eine reiche Quelle für persönliches Wachstum. Die konstruktive Auseinandersetzung mit den eigenen Motiven, Persönlichkeitsanteilen, Werthaltungen und Lebensüberzeugungen führt zu persönlicher Reifung und Souveränität. Die Verhaltensmuster sind oft ursächlich mit den Problemstellungen bzw. dem Auftrag im Coaching verknüpft und bergen oft bereits einen pragmatischen Lösungsansatz in sich. Es geht dabei nicht um richtig oder falsch, sondern darum, zu verstehen, warum man in einer gegebenen Situation bzw. gegenüber einem bestimmten Menschen genau so handelt wie man es gerade tut. Erst dann hat man die Möglichkeit, sich erneut zu entscheiden und entweder sein Verhalten zu bestätigen oder alternative Wege zu gehen. Dabei bietet jede Rolle, die man in seinem Leben einnimmt, neue Erfahrungen und die Chance, sich neu zu definieren. Die Verantwortung, die z. B. Ihre Rolle als Führungskraft umfasst, ist eine reiche Quelle der Selbsterkenntnis und bietet vielfältige Entwicklungsmöglichkeiten.

▶   Entwicklung ist das Erweitern von (Handlungs-)Optionen.

Um die Kraft von Verhaltensmustern und deren stabilisierende Wirkung auf unser Handeln zu verstehen, betrachten wir einmal deren Entstehung. Verhaltensmuster haben ihren Ursprung in unserer frühesten Kindheit. Wenn wir einmal mit einem Verhalten erfolgreich waren, werden wir es in vergleichbaren Situationen erneut anwenden – ein sinnvolles System. Sinnvoll solange, wie wir uns immer wieder in vergleichbaren Situationen befinden. Ändern sich die Rahmenbedingungen, kommen neue Informationen ins Spiel oder ändern sich die eigenen Absichten und Ziele, müssen sich Verhaltensmuster erweitern bzw. angepasst werden. Unter Umständen sind ganz andere Verhaltensmuster gefragt.

Beispiel „Entstehung von Verhaltensmustern"

Stellen Sie sich ein Kind vor, das in einem Elternhaus aufwächst, in dem ein Elternteil chronisch krank ist, nehmen wir einmal an, es handelt sich um eine ausgeprägte Migräne. Dieses Kind macht vielleicht die Erfahrung, dass es ständig dazu aufgefordert wird, Rücksicht zu nehmen, nicht laut zu sein, keine Ansprüche zu stellen, möglichst unauffällig und problemlos zu funktionieren. Seine Eltern sind liebevoll, aber auch sehr mit sich selbst beschäftigt. Die Erfahrungen, die dieses Kind macht, prägen sein Verhalten. Eines der ersten erlernten Verhaltensmuster entwickelt sich und kann in unserem Beispiel dann vielleicht folgende Überzeugung zur Grundlage haben: Sei brav und falle anderen nicht zur Last, dann wirst du geliebt. Im Zuge der Entwicklung vom Kind zum Jugendlichen ändern sich dann aber die Rahmenbedingungen. Der Jugendliche erweitert seinen Radius, ist oft mit Freunden unterwegs und beginnt vielleicht mit 16 Jahren eine Lehre als Industriemechaniker. Um sich in diesen außerfamiliären Umfeldern zu behaupten, braucht er nun Durchsetzungsstärke, muss für seine Bedürfnisse einstehen und sich anderen auch mal mitteilen. Hinterfragt er sein bisheriges Verhaltensmuster der Rücksichtnahme und des Gefälligseins nicht, wird er vielleicht stets davon abhängig sein, dass andere seine Bedürfnisse wahrnehmen, nachfragen und dieses von sich aus respektieren. Vielleicht wird er des Öfteren übersehen und unterschätzt, weil er sich nicht selbst bemerkbar macht und keine eigenen Anforderungen stellt. Gelingt es ihm stattdessen, sein Verhaltensmuster zu hinterfragen und auf die damalige Situation als Kind zu reflektieren, kann es auch sein, dass er lernt, zu unterscheiden, wann es sinnvoll ist, Rücksicht zu nehmen und wann es gut für ihn ist, seine eigenen Bedürfnisse einzufordern.

Beispiele dieser Art gibt es unzählige. Sie werden vermutlich auch aus Ihrer Kindheit bzw. Biografie viele prägende Erlebnisse und Erfahrungen aufzählen können. Glücklicherweise sind wir Menschen dabei jedoch keine mathematisch berechenbaren und vorhersehbaren Wesen, die als Sklaven ihrer Vergangenheit existieren. Vielmehr haben wir ein großes Maß an Freiheit. Wir können aus unserer Vergangenheit Erklärungen herleiten, wir können lernen, uns zu verstehen, und wir können uns immer wieder neu entscheiden. Es gibt in diesem Zusammenhang einen sehr schönen Satz:

▶ Das Leben ist eine immerwährende Werkstatt der Kindheit.

Damit ist gemeint, dass wir im Laufe unseres Lebens immer wieder zurückschauen und Hinweise und Erklärungen für unser heutiges Verhalten finden können. Die Vergangenheit, und insbesondere unsere Kindheit, ist ein reicher Fundus für unser aktuelles und unser zukünftiges Leben. Wenn wir die Zusammenhänge verstehen, können wir diese neu bewerten und daraus neues Handeln ableiten. Es macht also Sinn, sich mit seinen Werten, Überzeugungen und Emotionen vertraut zu machen. In unserem Menschenbild steht uns ein Teil davon praktisch zur Verfügung.

Wir stellen Ihnen mit diesem Buch ein Handbuch bzw. Instrumentarium zum Führen an der Leistungsgrenze zur Verfügung. Unser erstes Anliegen ist dabei nicht die Logik des Modells bzw. die technische Umsetzung des Instrumentariums und der Mechanismen, sondern Ihre persönliche Auseinandersetzung mit Ihrer Rolle als Führungskraft. Wir sind davon überzeugt, dass alles Handeln einer inneren Haltung folgt und dass wir bewusst oder unbewusst eine innere Landkarte kreieren, in deren Rahmen wir uns bewegen. Diese innere Landkarte bauen wir jeden Tag ein Stückchen weiter aus und integrieren unsere Erlebnisse, unsere Erfahrungen und unsere Meinungen darin. Dabei sind frühere „Entwicklungs-Abschnitte" meist die Grundlage für die spätere Architektur. Wir tendieren dazu, bereits gemachte Erfahrungen zu bestätigen und neue Erkenntnisse daran abzugleichen. So entstehen Identität und Stabilität.

▶ Ein wesentlicher Teil unserer inneren Landkarte ist unser Welt-und Menschenbild.

Menschen sind lebenslang darauf ausgerichtet, sich zu entwickeln und neue Erkenntnisse zu verarbeiten. Wir sind dazu fähig, uns immer wieder infrage zu stellen und uns neu zu definieren. Dazu ist es aber Voraussetzung, dass uns die bisherige persönliche Architektur und individuelle Entwicklung unseres Welt- und Menschenbildes bewusst ist. Wenn wir uns z. B. aus der Metaperspektive von außen betrachten, können wir uns in unserer Persönlichkeit erkennen. Wir können Persönlichkeitsaspekte neu bewerten, Bestehendes bestätigen und daraus Selbstbewusstsein schöpfen. Oder wir stellen Aspekte unseres Selbstbildes infrage und entwickeln neue Leitideen und neue innere Haltungen. Daraus folgen dann neue Handlungen.

3.3   Der Einfluss des Menschenbildes auf die Führung

Welchen Nutzen hat ein Menschenbild beim Führen an der Leistungsgrenze?

Als Führungskraft sollten Sie Einfluss auf Situationen haben, in denen Ihre Mitarbeiter Führung brauchen. Und Sie sollten genau unterscheiden können, wann und in welchem Maße dies erforderlich ist und wann Sie sich besser nicht engagieren sollten. Wenn es so ist, dass unsere Erfahrungen, unsere Überzeugungen und Werte in unserem Menschenbild gespeichert sind, dann ist es ein entscheidender Vorteil, sich damit auseinanderzusetzen und seine Motive zu kennen. Wir leiten daraus unsere Hypothesen ab, die wir für das gegenseitige Verständnis und den Umgang mit anderen Menschen brauchen. Im Grunde genommen treffen in einem Kontakt nicht nur zwei Menschen aufeinander, sondern immer auch zwei komplexe Menschenbilder.

Wir werden Ihnen zum Führen an der Leistungsgrenze Modelle, Instrumente und Mechanismen zur Verfügung stellen. Diese sollen aber nicht davon ablenken, dass der eigentliche Akt beim Führen an der Leistungsgrenze ein zutiefst menschlicher ist. Die Qualität der persönlichen Führungsleistung kann durch Instrumente und Techniken professionalisiert – aber niemals ersetzt werden. Das heißt, dass es in letzter Instanz immer darauf ankommt, von welcher Persönlichkeit diese angewendet und umgesetzt werden.

Eine Führungskraft, die von Ihren Mitarbeitern Höchstleistungen erwartet, sollte über ein differenziertes Menschenbild verfügen, das es ihr ermöglicht, Menschen in ihren Stärken und Schwächen gleichermaßen wahrzunehmen und anzunehmen. Und es sollte so gestaltet sein, dass sie sich selbst gegenüber wohlwollend und verständnisvoll sein kann.

Im folgenden Kapitel werden wir anhand einer – zugegebenermaßen groben – Gegenüberstellung beschreiben, welche Konsequenzen sich aus einer unterschiedlichen Haltung ergeben können.

3.3.1   Optimistische und pessimistische Menschenbilder

Verdichtet man die individuellen Unterschiede, die die persönlichen Menschenbilder unseres Kulturkreises aufweisen, kann man zwei grundlegende Differenzierungen vornehmen.

Zum einen die Unterscheidung, ob die innere Haltung gegenüber anderen Menschen eher positiv oder eher negativ ausgeprägt ist. Eine negative, problemorientierte Haltung kann man daran festmachen, dass der Betreffende sich in Beziehungen eher unterlegen, ausgeliefert, angegriffen oder kritisiert, sprich nicht angenommen fühlt. Ein solcher Mensch wird sich in Kontakten eher schützen und verteidigen, wenn nicht sogar diesen aus dem Weg gehen. Eine positive, lösungsorientierte Haltung anderen Personen gegenüber ist dagegen geprägt von Vertrauen, Offenheit, der Erwartung angenehmer Ereignisse im Zusammensein. Ein Mensch mit dieser Grundhaltung wird gerne in Kontakt gehen, sich austauschen und auch in schwierigen zwischenmenschlichen Situationen eher zugewandt bleiben.

Die zweite Unterscheidung bezieht sich darauf, ob der betreffende Mensch eher auf sich selbst oder auf andere fokussiert ist. Menschen, die eher auf sich selbst bezogen sind, sehen sich in einer Eigenverantwortung, sie nehmen ihre eigenen Bedürfnisse wahr und beziehen Ereignisse eher auf sich, d. h. verstehen sich als zentralen Bestandteil des Geschehens. Menschen, die eher auf andere bezogen sind, fühlen sich dagegen oft abhängig vom Verhalten der anderen, orientieren sich an ihnen und nehmen ihre eigenen Bedürfnisse entweder zu wenig wahr oder stellen diese zurück und setzen sich nur wenig dafür ein.

Aus diesen inneren Haltungen heraus, kann man nun in der Kombination vier Grundtypen ableiten, die jeweils ganz unterschiedliche Folgen für die zwischenmenschliche Beziehungsgestaltung und die persönliche Beziehung zur Leistungserbringung haben (siehe Abb. 3.1).

Jede der Positionen in diesem Portfolio hat sowohl Chancen als auch Risiken. Machen wir uns diese einmal bewusst und versuchen wir daraus Führungshandeln vorherzusagen.

Beginnen wir mit einer eher negativen, ichbezogenen Haltung, dem **Egoismus** bzw. der Egozentrik. Personen mit dieser Haltung machen sich von Beziehungen unabhängig, sie stellen eigene Ziele, Bedürfnisse und Vorstellungen über die der anderen. Daraus ergibt sich eine Positionierung, die es erlaubt, eigene Vorteile zu suchen und diese durchzusetzen. Die Chance liegt hier im Entwickeln einer Machtposition aus der sich wiederum Erfolg ableiten lässt. Der Preis und das Risiko zeigen sich auf der Beziehungsebene. Es droht bei einem Ausleben der Machtoptionen und der eigenen Bedürfnisse Beziehungsverlust und Einsamkeit.

Ein Mensch, der ebenfalls eher ichbezogen ist, dagegen aber eine positive Haltung anderen Menschen gegenüber hat, zeichnet sich durch **Verantwortlichkeit** aus. Er sieht seine Möglichkeiten und ist interessiert daran, diese gemeinsam mit anderen umzusetzen. Seine Positionierung erlaubt es ihm, aktiv Einfluss zu nehmen und andere in seinem Sinne zu steuern. Er nimmt sich heraus, Richtungen vorzugeben und Diskussionen anzustoßen, sucht aber dabei stets den Bezug zu den anderen. Letztendlich arbeitet er auf einen Kon-

Abb. 3.1 Das Menschenbild

sens hin, in dem sich alle Beteiligten wiederfinden können. Sein Risiko liegt darin, sich in der Rolle des Verantwortlichen zu sehr zu gefallen. Dann übernimmt er unter Umständen Verantwortung für Themen, die nicht seine sind. In der Konsequenz kann dies dazu führen, dass Konflikte entstehen und Energien nicht optimal eingesetzt werden. Verantwortung wirkt dann konstruktiv, wenn sie adäquat zugeordnet ist und eigenverantwortlich ausgeführt werden kann.

Betrachten wir nun eine positive innere Haltung, die eher andere in den Fokus stellt, den **Altruismus**. Personen mit dieser Haltung engagieren sich vorrangig für andere. Dadurch entstehen zuverlässige und wertschätzende Beziehungen. Anerkennung und Zugehörigkeit ist dabei die zentrale Währung im Miteinander. Eigene Bedürfnisse werden aber hinten angestellt, um Problemlösungen und Unterstützung anbieten zu können. Hier liegt auch das Risiko dieser inneren Haltung, die persönliche Selbstaufgabe hinsichtlich eigener Bedürfnisse und Wünsche.

Und noch eine innere Haltung ist als Menschenbild vorstellbar – die des **Schuldzuweisenden**. Diese Haltung kennzeichnet sich dadurch, dass bei einer grundsätzlich negativen Betrachtung von Beziehungen ebenfalls die anderen Personen in den Fokus gerückt werden. Da Personen mit dieser inneren Haltung sich eher nicht als Akteur ihrer Möglichkeiten sehen, sondern ihr Schicksal am Verhalten anderer Menschen festmachen, wird eine Schuldsuche initiiert. Ziel dieser inneren Haltung ist der Selbstschutz. Das Risiko liegt in einem Verlust an Entwicklungschancen, in einer möglichen Verbitterung und Feindschaft.

Es ist demnach nicht schwer, sich vorzustellen, wie unterschiedlich sich eine Führungskraft verhalten würde, wenn sie aus den jeweiligen inneren Haltungen heraus agiert. Und auch das Menschenbild der geführten Mitarbeiter hat auf das Führungsverhalten Einfluss.

Je nachdem, welcher inneren Haltung eine Führungskraft begegnet, wird sie unterschiedlich gefordert sein. Wir werden sehen, dass dabei insbesondere die Frage der Verantwortungszuordnung und der Selbst- bzw. Fremdsteuerung eine große Rolle spielen.

3.3.2 Menschenbild und Führungshandeln

Stellen wir uns folgende Situation vor: Ein Mitarbeiter kommt montags oft nicht zur Arbeit und meldet sich krank. Es kann nun sein, dass er es sich, auf Kosten anderer, den Arbeitsalltag bequem macht, sprich „blau macht". Es kann aber auch sein, dass dieser Mitarbeiter kurz vor einem Zusammenbruch bzw. Burnout steht und sich jeden Sonntagabend erneut fragt, ob er der Belastung überhaupt noch gewachsen ist. Montags reicht seine Kraft dann oft nicht aus, er bleibt zu Hause.

Die impliziten Hypothesen, die sich hinter den Vermutungen verstecken, können richtig und falsch sein. Und dabei ist es egal, welche Hypothese die richtige ist, sie wird in jedem Fall für ihren Besitzer handlungsleitend sein. Eine Führungskraft, die einen vermeintlich faulen Mitarbeiter hat, wird vielleicht Druck machen, ein Drohszenario aufbauen oder gleich kündigen. Eine Führungskraft, die einen vermeintlich überlasteten Mitarbeiter mit Tendenz zum Burnout hat, wird sicherlich unterstützend agieren und sehr vorsichtig vorgehen. Wie gesagt, beide Hypothesen können im Einzelfall richtig oder falsch sein.

Fassen wir noch einmal zusammen: Hypothesen generieren sich aus unserem Menschenbild und den Beobachtungen, die jemand macht und dann bewertet (W – B – H). Durch unser implizites Menschenbild gestalten und beeinflussen wir unsere Umwelt. Wenn wir anderen Menschen generell eher Schlechtes zutrauen, werden wir keine positiven Aktionen erwarten, uns eher bedroht fühlen. Dann verteidigen wir uns schnell oder flüchten aus einer Situation. Der Preis dafür ist das Risiko, irgendwann ausgeschlossen zu werden, sich zurückzuziehen, verbittert zu sein. Wenn wir von den Menschen eher Gutes erwarten, sind wir vielleicht aufgeschlossener, nehmen gerne an gemeinsamen Veranstaltungen teil und suchen den Kontakt, von dem wir dann ja positive Gewinne erwarten. Der Preis dafür ist das Risiko, ausgenutzt zu werden und Enttäuschungen zu erleben.

3.4 Das systemische Menschenbild

Wir haben Ihnen unser Menschenbild, mit dem wir als Coaches und Berater von Führungskräften arbeiten, innerhalb dieses Kapitels bereits vorgestellt. Es orientiert sich an einer systemisch lösungsorientierten Sicht. Zwei grundsätzliche Überzeugungen sind dabei zentraler Bestandteil:

1. Der Mensch trägt alles, was er für seine Entwicklung und zum Überleben braucht, bereits in sich.
2. Krisen und Probleme sind Lösungsversuche und entwicklungsrelevant.

Wenn wir einem Menschen begegnen, der uns ein Problem schildert, gehen wir davon aus, dass er sich bereits in einem kreativen Lösungsprozess befindet, allerdings noch nicht ausreichende Handlungsoptionen zur Verfügung hat. Es mag schwer nachvollziehbar sein, wenn wir sagen, dass sich z. B. ein depressiver Mensch bereits in einem Lösungsprozess befindet – er hat doch ein Problem und kann es nicht lösen. Wir gehen aber stattdessen davon aus, dass nicht die Depression das Problem ist, sondern bereits ein diesem Menschen möglicher Lösungsversuch, und dass das eigentliche Problem dahinter liegt, nämlich z. B. in der Unfähigkeit, zu trauern oder von einem Wunschbild loszulassen.

Wir werden später, in Kap. 8, Die Dynamik von Burnout, darstellen, warum wir davon ausgehen, dass auch Burnout bereits einen Lösungsversuch darstellt. Und wir werden Ihnen anhand der Burnout-Thematik erklären, welche konstruktive Einstellung Sie daraus gewinnen können. Sie können mit einem systemischen Verständnis dem Problem eines Menschen wertschätzend begegnen und nach erweiterten Lösungsansätzen forschen. Das bietet den unschätzbaren Vorteil, dass Sie nicht **gegen** ein Problem ankämpfen müssen, sondern sich **für** eine Handlungsoption einsetzen können. Gegen etwas zu kämpfen, löst oft Widerstand aus und verstärkt das Problem. Sich für etwas einzusetzen, setzt oft neue Energie frei und schafft Lösungskreativität.

Wir möchten Ihnen anhand einiger Beispiele darstellen, wie sich die Umsetzung eines positiven, lösungsorientierten Weltbildes auswirken kann:

- Mit der Vorstellung, dass Menschen stets ein eigenes Interesse daran haben, Leistung zu erbringen und dadurch zu wachsen, nehmen wir Sie als Leser dieses Buches und als Führungskraft in der Verantwortung für Ihre Mitarbeiter ernst. Wir gehen davon aus, dass Sie Verantwortung tragen und dieser auch gerecht werden wollen und dass Sie ein echtes Interesse daran haben, Ihre Perspektive und Ihre Handlungsoptionen zu erweitern. Wir sind überzeugt davon, dass Sie bis hierher in Ihrer Führungsarbeit im Rahmen Ihrer Möglichkeiten alles richtig gemacht haben. Wir verstehen unseren Beitrag als Angebot, nicht als besser wissende Korrektur. Mit diesem Blick haben wir dieses Buch geschrieben.
- Mit der Vorstellung, dass Menschen vollständig sind und Defizite, Scheitern und Krisen zu einer Entwicklung und Reifung notwendig sind, dürfen Sie Ihre Mitarbeiter als verantwortliche Gestalter ihres Lebens betrachten und müssen sie nicht als Opfer einer belastenden Arbeitswelt sehen. So können Krankheit, Stress und sogar Burnout als Lösungsansätze von Menschen verstanden werden, denen aus ihrer aktuellen Perspektive heraus andere Optionen noch nicht verfügbar sind.
- Wenn Sie Leistung und den Wunsch zu wachsen bzw. sich zu entwickeln als ein Wesensmerkmal von Menschen betrachten, dürfen Sie als Führungskraft aus dieser Überzeugung heraus Leistung fordern und Menschen die Möglichkeit geben, sich zu beweisen und an ihre Grenzen zu kommen.

In der Praxis bedeutet das dann, dass Sie sich und Ihr Handeln – auch wenn es erfolglos war – nicht ablehnen müssen, sondern als einen Versuch würdigen dürfen, Ihre Problemstellung zu lösen. Sie dürfen dann daran arbeiten, sich neue Optionen zu erschließen. Genauso dürfen Sie Ihre Mitarbeiter betrachten. Dann können Sie sich als Orientierung von Mitarbeitern verstehen, nicht als deren Richter.

Wir haben bis hierher darüber gesprochen, dass Sie sich als Führungskraft in einem spürbaren Spannungsfeld bewegen, das von Ihnen verlangt, Schuld zu tragen und sich seiner natürlichen Ambivalenz zu stellen. Wir haben aufgezeigt, wie Erfahrungen und innere Überzeugungen zu Verhaltensmustern kristallisieren können und wir haben Ihnen ein öffnendes und optimistisches Menschenbild vorgestellt. Wir möchten Ihnen nun einen weiteren Gedanken mitgeben, der es Ihnen erleichtert, Menschen an ihre Leistungsgrenze zu führen. Das folgende Kapitel beschäftigt sich mit dem Irrtum an der Leistungsgrenze.

Der Irrtum an der Leistungsgrenze

4

Die Leistungsgrenze ist ein hoch attraktives Areal. Bei der Arbeit an diesem Buch haben wir die Erfahrung gemacht, dass schon allein der Begriff der Leistungsgrenze bei unseren Gesprächspartnern auf allen Führungsebenen ein breites emotionales Echo hervorgerufen hat. Wir wurden mit Reaktionen wie z. B. Interesse, Neugier, Ängsten, Befindlichkeiten und Ablehnung konfrontiert. Wir bekamen den Tipp, den Buchtitel doch etwas konflikt-freier und positiver zu gestalten, vielleicht durch einen zusätzlichen konstruktiven bzw. erklärenden Untertitel.

Wir waren aber sehr glücklich über diese kontroversen Rückmeldungen und haben uns stattdessen ganz bewusst dafür entschieden, alle diese begleitenden Gefühle und Reaktio-nen bei unseren Lesern genau so zuzulassen. Sie stellen nämlich exakt das Spektrum der möglichen Beziehungen zur Leistungsgrenze dar. Es gibt keine richtige oder falsche Aus-gangsposition dazu, sondern relevant sind alleine die individuellen Positionen und das, was der jeweils Einzelne daraus für sich ableitet und gewinnt. Vermutlich haben Sie eben-falls irgendeine persönliche, vielleicht auch emotionale Verbindung zu diesem Begriff der Leistungsgrenze und haben sich daher zur Lektüre dieses Buches entschieden. Wir sind überzeugt davon, dass genau dieser erste Impuls Ihnen sehr viel Aufschluss darüber geben kann, welche Bedeutung das Thema für Sie hat und wie Sie sich selbst und Ihre Mitarbei-ter bislang der Leistungsgrenze genähert haben. Bleiben wir deshalb einen Moment bei diesem ersten ausgelösten Gefühl bzw. bei Ihrer ersten Reaktion auf den Titel des Buches.

Leitfragen zur Selbstreflexion:

- Welche Gefühle und welche begleitenden Gedanken hat der Titel des Buches bei Ihnen ausgelöst?
- Haben Sie eher daran gedacht, dass Ihnen dieses Buch dabei helfen kann, etwas Un-angenehmes zu vermeiden – z. B. Stress und Leidensdruck – oder etwas Angeneh-mes zu gewinnen – z. B. Erfolg und Selbstbestätigung?
- Sehen Sie sich selbst als Betroffener Ihrer eigenen Leistungsgrenze oder betrachten Sie die Leistungsgrenze eher aus Ihrer Rolle als Führungskraft heraus, d. h. sehen Sie Ihre Mitarbeiter dort im Fokus?

S. Basler, K. Gattinger, *Führen an der Leistungsgrenze,*
DOI 10.1007/978-3-658-04316-2_4, © Springer Fachmedien Wiesbaden 2014

Je nachdem, wie Sie diese Fragen hier beantworten, erhalten Sie bereits erste Hinweise darauf, wie Sie mit dem Thema der Leistungsgrenze umgehen. Vielleicht sind Sie motiviert und haben Lust darauf, Ihre Leistung noch zu steigern, oder Sie wollen sich eher absichern und vor einer Überforderung schützen. Vielleicht sehen Sie sich selbst der Belastung an der Leistungsgrenze ausgeliefert oder Sie verstehen sich als Gestalter der Leistungsgrenze Ihrer Mitarbeiter.

Emotionale Reaktionen zeigen sich in jedem Falle immer dort, wo wir als Menschen einer für uns relevanten Thematik gegenüberstehen, wo wir persönlich gefordert sind. Wir machen dadurch eine Beziehungsaussage – nicht notwendigerweise zu einem Menschen sondern gleichsam zu einer Situation und einem Phänomen. Wenn Sie sich z. B. von dem Begriff der Leistungsgrenze neugierig angezogen fühlen, dann vielleicht deshalb, weil Sie glauben, dass dort für Sie etwas Wertvolles zu erreichen ist. Oder Sie haben dort bereits erste positive Erfahrungen gesammelt, sind sich allerdings nicht sicher, ob Sie diese so einfach wiederholen können. Vielleicht suchen Sie auch noch nach einem Geheimrezept oder einfach einer guten Erklärung, warum Sie bisher an der Leistungsgrenze erfolgreich waren. Oder Sie gehen gerne an Ihre Leistungsgrenze heran und haben dort bislang überwiegend positive Erfahrungen gemacht, fragen sich aber, wie Sie diese Erfahrungen auch auf Ihre Mitarbeiter übertragen können.

Ängste und Widerstand gegen den Begriff der Leistungsgrenze können daher rühren, dass vielleicht eher unangenehme Erfahrungen und Stress bzw. Konflikte Ihre bisherige Annäherung an die Leistungsgrenze begleitet haben. Vielleicht haben Sie dort kritische Rückmeldungen erhalten, sind gescheitert und haben keine zweite Chance wahrnehmen können. Oder aber Sie haben Leistung bisher stets unter einer sehr hohen Belastung erbracht und empfinden eine negative persönliche Bilanz zwischen Ihren Investitionen und dem Erfolg, den Sie sich daraus versprochen haben.

Aber selbst wenn Sie bislang eher unangenehme Erfahrungen gemacht haben und der Begriff der Leistungsgrenze bei Ihnen vielleicht negativ belegt ist, strahlt er vermutlich doch einen gewissen Reiz für Sie aus, dem Sie sich nicht entziehen können. Immerhin beschäftigen Sie sich gerade damit. Vielleicht auch deshalb, weil Sie instinktiv wissen oder zumindest die Hoffnung haben, dass es auch andere Erfahrungen an der Leistungsgrenze gibt und dass sich der Aufwand und das Risiko lohnen.

Was macht nun diesen Reiz aus und warum fasziniert uns die Leistungsgrenze so sehr, dass wir immer wieder bereit sind, uns dorthin zu bewegen und neue Erfahrungen zu sammeln? Warum erbringen Menschen überhaupt Leistung? Ist es alleine die Aussicht auf die vereinbarte Entlohnung? Oder steckt in der Leistung auch ein Wert an sich?

Widmen wir uns deshalb in einer ersten Annäherung einmal den Erfahrungen, die Menschen generell machen, wenn sie in Grenzsituationen geraten.

4.1   Gewinnen und Verlieren an der Grenze

Wenn wir im Alltag Menschen begegnen, die nicht mehr können oder die vielleicht bereits zusammengebrochen sind, dann sprechen wir oft umgangssprachlich davon, dass diese Menschen „an ihrer Grenze" sind. Die Bewertung der Erfahrungen dort ist meist negativ und der Betroffene wird als Opfer belastender Umstände gesehen. Als Führungskraft begegnen Sie einem zusammengebrochenen Mitarbeiter vielleicht sogar noch mit einem gewissen Schuldgefühl, weil Sie nicht genau wissen, wie viel Sie selbst dazu beigetragen haben und ob Sie etwas Wichtiges übersehen haben, was den Zusammenbruch unter Umständen hätte verhindern können. Sie sorgen sich um den Menschen, wissen aber auch, dass es letztendlich ja darum geht, die vereinbarte Leistung im Sinne des Unternehmens zu erbringen. Und dazu müssen Sie als Führungskraft selbstverständlich eine gewisse Leistungsfähigkeit voraussetzen und Menschen abverlangen, dass sie sich dort – nämlich an ihrer Leistungsgrenze – selbst einschätzen können und ihrer Verantwortung gerecht werden.

Pauschal wird oft proklamiert, dass Menschen nicht bis an ihre Leistungsgrenze gebracht werden dürfen, sondern dass sie davor bewahrt werden müssen, um sie vor einem Zusammenbruch zu schützen.

Aber dies ist ein fataler Irrtum.

> ► Denn wenn ein Mensch zusammenbricht oder aussteigt, weil er nicht mehr kann, ist er meist gar nicht an seiner Leistungsgrenze. Er ist stattdessen fast immer an seiner Belastungsgrenze.

Und dort ist Ihre Sorge berechtigt. Leider bringen trotzdem einige Führungskräfte ihre Mitarbeiter viel zu oft an ihre Belastungsgrenze, weil sie den Unterschied zur Leistungsgrenze nicht kennen oder nicht wissen, wie sie die Leistung ihrer Mitarbeiter anders als mit Druck steigern können.

Andererseits gibt es auch viele Führungskräfte, die ihre Mitarbeiter nicht an die Leistungsgrenze führen, weil sie glauben, dass sie dazu noch mehr Druck aufbauen müssten und daraus menschlicher Schaden entstehen könnte, den sie nicht verantworten wollen.

Beide unterliegen sie dem Irrtum und verwechseln die Leistungs- mit der Belastungsgrenze. Wir sind es nicht gewohnt, im Alltag eine entsprechende Differenzierung der beiden Grenzen vorzunehmen. Wir verwenden mal den einen, dann wieder den anderen Begriff, ohne uns bewusst zu machen, welche Konsequenzen sich daraus ergeben. Bleibt der Irrtum unaufgeklärt, kann das nämlich einen hohen Preis haben. Entweder ergibt sich daraus an der Belastungsgrenze menschliches Leid, in Form von Stress und Krankheit, bis hin zu Burnout oder es entstehen, wenn die Leistungsgrenze nicht erreicht wird, unnötige Leistungseinbußen, d. h. wirtschaftlicher Erfolg wird nicht abgerufen.

Wenn Sie als Führungskraft also Verantwortung für einen Mitarbeiter haben, der den Anforderungen nicht mehr standhält, sollten Sie sehr differenziert hinschauen und analysieren, ob dieser gerade an seiner Leistungsgrenze **scheitert** oder aber an seiner Belastungsgrenze **verschleißt**.

Die Konsequenzen in Form von Risiken und Chancen sowie der Handlungsbedarf an den beiden unterschiedlichen Grenzen sind nämlich nicht vergleichbar. Während es an der Belastungsgrenze meist nur noch um das existenzielle Bestehen und Überleben geht, wird an der Leistungsgrenze etwas aufgebaut und eine Perspektive geschaffen. Während ein Mitarbeiter an seiner Belastungsgrenze auf Schutz und Regeneration angewiesen ist, braucht er an seiner Leistungsgrenze Förderung und Unterstützung.

Warum das so ist und was sich daraus ergibt, werden wir in diesem Buch immer wieder beleuchten und herleiten. In diesem Kapitel haben wir für Sie erst einmal die Grundlagen und Zusammenhänge erarbeitet, die aus unserer Sicht für ein Verständnis im Umgang mit der Leistungserbringung und dem Führen an der Leistungsgrenze notwendig sind. In erster Linie brauchen Sie dazu ein fundiertes Wissen zu den jeweiligen Grenzbereichen – der Leistungs- und der Belastungsgrenze. Wenn Sie den Unterschied kennen und die darin enthaltene Logik nachvollziehen können, wird es für Sie leichter sein, im beruflichen Alltag die beiden Grenzen differenziert wahrzunehmen, Ihre Mitarbeiter adäquat einzuschätzen und ihnen gegenüber die richtigen Entscheidungen zu treffen.

Wie kann man nun unterscheiden, ob ein Mensch an seiner Leistungs- oder an seiner Belastungsgrenze steht? Betrachten wir in einem ersten Schritt die Funktionalität und die Logik der jeweiligen Grenze.

In unserem Verständnis – und in der Logik unseres Powerline-Modells, das wir Ihnen in Kap. 5, Das Powerline-Modell, vorstellen – ist die Leistungsgrenze an die Kompetenz eines Menschen gekoppelt, an seine Fähigkeiten, sein Wissen und seine Erfahrung und die Tatsache, wie er diese miteinander verknüpft. Die Belastungsgrenze dagegen ist in erster Linie an die Kraftreserven und die Widerstandsfähigkeit eines Menschen gekoppelt.

4.1.1   Die Leistungsgrenze

Die Leistungsgrenze liegt dort, wo ein Mitarbeiter, von den an ihn gestellten Anforderungen derart überfordert ist, dass auch bei einer optimalen Ausnutzung der verfügbaren Kompetenzen eine qualitative Leistungssteigerung nicht mehr möglich ist.

Ein Mitarbeiter, der an seiner Leistungsgrenze ankommt, kann dort bestehen oder scheitern. Wenn er besteht, wird er stolz sein. Er wird sich spüren und Erfolg erleben. Wenn er scheitert, wird er frustriert sein. Er muss sich dann entscheiden, ob er einen erneuten Versuch startet oder ob er das Scheitern, und somit seine individuelle Leistungsgrenze, akzeptiert.

Der Reiz, den die Leistungsgrenze auf einen Menschen ausübt, spiegelt sich u. a. in folgenden Aspekten wider:

- der Möglichkeit qualitativer Erfahrungen (Reifung)
- dem Aufbau von Kompetenzen (Weiterentwicklung)
- der direkten Rückmeldung zu Erfolg und Misserfolg (Gewinnchancen)
- der Entscheidung der beruflichen Zukunft und Karriere (Perspektive)

Wir unterscheiden vier Stufen bei der Definition der individuellen Leistungsgrenze.

a. Die tatsächliche Leistungsgrenze
Wenn es dem Mitarbeiter unter bestmöglichen Bedingungen gelingt, seine kompletten verfügbaren Kompetenzen abzurufen, miteinander zu verknüpfen und in Leistung zu übersetzen, befindet er sich an seiner tatsächlichen Leistungsgrenze. Dann ist keine Leistungssteigerung mehr möglich, ohne neue Kompetenzen zu erwerben.

Beispiel zur „tatsächlichen Leistungsgrenze"

Frau Knaup arbeitet seit zwölf Jahren als Verkäuferin in einem großen Bekleidungsgeschäft. Hier werden exklusive Modelabels angeboten, die Kunden sind zahlungsstark und entsprechend anspruchsvoll. An guten Tagen kann es sein, dass gleich mehrere Kunden gleichzeitig eine Beratung suchen. Frau Knaup verfügt über eine langjährige Erfahrung, ein zugewandtes Wesen und ein ausgeprägtes Gespür für die Bedürfnisse ihrer Kunden. Es gelingt ihr daher sehr gut, einen persönlichen Kontakt zu mehreren Kunden gleichzeitig zu halten, sich die jeweiligen Wünsche zu merken und jedem Kunden das Gefühl zu vermitteln, dass sie nur für ihn allein da ist. Wenn alles passt, kann sie bis zu drei Kunden gleichzeitig bedienen und erhält von jedem ein positives Feedback und macht einen guten Umsatz.

b. Die situative Leistungsgrenze
Sie beschreibt die aktuelle Leistungsfähigkeit eines Menschen, die sich auf die Ausschöpfung der in einer konkreten Situation möglichen und verfügbaren Kompetenzen bezieht. Dabei haben die Situationsaspekte selbst, wie z. B. Ablenkungen, Stimmung, Tageszeit etc. einen entscheidenden Einfluss darauf, ob und wieweit die Kompetenzen eines Menschen abgerufen werden können. Es kann daher sein, dass eine Leistung nicht erbracht werden kann, obwohl der Mitarbeiter über die erforderlichen Kompetenzen verfügt, weil diese in der spezifischen Konstellation der Situation nicht eingesetzt werden können.

Beispiel zur „situativen Leistungsgrenze"

Stellen Sie sich vor, dass Frau Knaup – unsere Verkäuferin aus dem vorangegangenen Beispiel – nun an einem Tag, kurz vor Weihnachten, gerade ihre pubertierende Tochter mit dem Auto in die Schule gebracht hat und sich auf dem Weg dorthin furchtbar mit ihr gestritten hat. Wer selbst eine pubertierende Tochter hat, kann sich nun vermutlich bildhaft vorstellen, wie anstrengend es sein kann, den Abgrenzungsversuchen einer 16-Jährigen souverän zu begegnen und sich selbst dabei nicht dauernd infrage zu stellen. Frau Knaup gelingt dies normalerweise ganz gut, an diesem Morgen aber beschäftigt sie das Streitgespräch weiter und sie kann sich auch während der Arbeit nicht ganz davon lösen. Das Weihnachtsgeschäft führt nun viele – ebenfalls gestresste – Kunden in den Laden. Aufgrund ihres emotionalen Aufgewühltseins passiert es ihr deshalb heute, dass sie den Kunden gegenüber nicht mit der gewohnten Aufmerksamkeit begegnet. Einige Kunden verlassen bereits ohne Beratung das Haus wieder und auch das Feedback der anderen Kunden fällt heute nur mittelmäßig aus. Am Ende des Tages liegt Frau Knaup gut 10 % unter ihrem Umsatzziel, sie ist geschafft und innerlich unzufrieden.

c. **Die potenzielle Leistungsgrenze**

Jeder Mensch hat Potenziale, d. h. latente Fähigkeiten, auf die er vielleicht aufgrund mangelnder Erfahrung, fehlenden Bedarfes oder unvollständiger Entwicklung noch nicht zugreifen kann. Er kann sich diese aber aneignen bzw. zu eigen machen. Ein Mitarbeiter kann unter Ausschöpfung von latent verfügbaren Ressourcen und Kompetenzen unter idealen Bedingungen theoretisch und praktisch Spitzenleistungen erbringen. Realisiert ein Mensch eine Spitzenleistung, resultiert diese Leistung aus einem Zusammenspiel bereits entwickelter Kompetenzen (Erfahrungswerte) und abgerufener latent vorhandener Kompetenzen (Versuche). Spitzenleistung ist also immer mit einem gewissen Unsicherheitsfaktor belegt und erfordert Risikobereitschaft.

Beispiel zur „potenziellen Leistungsgrenze"

Frau Knaup hatte heute ihr alljährliches Mitarbeitergespräch mit ihrem Vorgesetzten. Dieser ist hochzufrieden mit ihrer Einsatzbereitschaft und ihrem persönlichen Engagement. Eine Leistungssteigerung ist unter den gegebenen Rahmenbedingungen kaum vorstellbar. Trotzdem hat sich ihr Vorgesetzter zum Ziel gesetzt, die Leistung von Frau Knaup noch zu verbessern. Er bietet ihr ein spezielles betriebswirtschaftliches Seminar an, mit der Hoffnung, dass Frau Knaup sich zukünftig bei der Beratung ihrer Kunden auch an den jeweiligen Deckungsbeiträgen der Ware orientiert und so den Ertrag noch steigern kann. Frau Knaup freut sich über das Lob und die Anerkennung ihrer bisherigen Leistung. Auch sie kann sich vorstellen, dass sie ein noch besseres wirtschaftliches Ergebnis erzielen kann, wenn sie über das entsprechende Wissen und den betriebswirtschaftlichen Background verfügt. Hoch motiviert startet sie den Versuch, ihre Kunden nicht nur zu deren persönlicher Zufriedenheit zu beraten, sondern ihre Beratung zudem am wirtschaftlichen Erfolg des Unternehmens auszurichten.

d. Die absolute Leistungsgrenze

Neben der tatsächlichen, der situativen und der potenziellen Leistungsgrenze existiert – zumindest theoretisch – eine absolute Leistungsgrenze. Sie ist erreicht, wenn ein Mensch alle seine latent vorhandenen Kompetenzen ausgeschöpft hat. Die absolute Leistungsgrenze ist für uns hier von untergeordneter Bedeutung, da sie keinen Mehrwert für die Entwicklung und das Wachstum eines Menschen bietet. Sie hat in der Logik der Leistungsgrenze aber eine Bedeutung, weil sie deutlich macht, dass Leistungssteigerung endlich ist.

Beispiel zur „absoluten Leistungsgrenze"

Wir können uns vorstellen, dass Frau Knaup, hoch motiviert, voll konzentriert und im besten Einklang mit ihrer pubertierenden Tochter, auch nach Abschluss eines betriebswirtschaftlichen Studiums, an eine – zumindest theoretische – Obergrenze in ihrer Leistungserbringung gelangt.

4.1.2 Die Belastungsgrenze

Die Belastungsgrenze liegt dort, wo ein Mitarbeiter von den an ihn gestellten Anforderungen derart überfordert ist, dass auch durch eine Zunahme von Belastung bzw. Druck eine quantitative Leistungssteigerung nicht mehr möglich ist.

Belastung an sich ist erst einmal positiv und sogar notwendig, um Leistung überhaupt zu ermöglichen. Dabei darf diese funktionale Komponente der Belastung und die Grenze der Belastbarkeit selbst nicht vermischt werden. Denn es gibt ein Belastungsniveau, ab dem sich der positive Effekt umkehrt und auf eine Ressourcenentleerung zuläuft. Die Aussicht an der Belastungsgrenze ist daher nicht reizvoll sondern besorgniserregend, denn dort erreicht man das Ende seiner Ressourcen und seiner Kraft. Hier wird kein konstruktives Zukunftsszenario vermittelt, sondern hier entscheidet sich, ob der Mensch einer äußeren Belastung standhalten kann oder ob er daran zerbricht. Aber bis hierher zu kommen, heißt auch, dass man sich einiges zutrauen darf, etwas leisten kann und widerstandsfähig, sprich belastbar, ist. Auch die Belastungsgrenze ist erweiterbar und es macht absolut Sinn, sich hier immer wieder zu messen und seine Widerstandsfähigkeit zu trainieren. Ausdauer und Antrieb sind die Voraussetzung für eine Leistungssteigerung.

Der Reiz, den die Belastungsgrenze auf einen Menschen ausübt, spiegelt sich u. a. in folgenden Aspekten wider:

- dem persönlichen Gefühl, dass man alles gegeben hat (Entschuldung)
- der Möglichkeit, durch Kraft zu beeindrucken (Stärke)
- im Bewusstsein des persönlichen Limits (Selbstvertrauen)
- der Erfahrung des Aushaltens (Widerstandsfähigkeit)

Bei Menschen, die jedoch gezwungen sind, sich schutzlos und dauerhaft Belastungen auszusetzen, entsteht eine Überlastung, die schließlich – in Annäherung an die Belastungsgrenze – in Ausbeutung mündet. Dabei kann die Ausbeutung von außen erfolgen, wenn z. B. immer wieder mit Verlagerungen von Unternehmensbereichen ins Ausland gedroht wird, um so den Druck auf die bestehende Mannschaft zu erhöhen und Leistung durch Belastung abzurufen. Oder die Ausbeutung geschieht durch den betroffenen Menschen selbst, wenn dieser z. B. die Signale seines Körpers nicht wahrnimmt und trotz eindeutiger Stresssymptome seine Anforderungen nicht reduzieren, Verantwortung nicht teilen kann und Unterstützung nicht annimmt – sich selbst ausbeutet.

Leitfragen zur Selbstreflexion:

- Befinden Sie sich selbst eher an Ihrer Belastungs- oder an Ihrer Leistungsgrenze?
- Wie viele Ihrer Mitarbeiter befinden sich eher an der Belastungsgrenze und wie viele Ihrer Mitarbeiter befinden sich eher an der Leistungsgrenze?
- Welchen Einfluss können Sie an den jeweiligen Grenzen aus Ihrer Sicht nehmen?

An den Grenzen selbst, sprich an der Leistungs- und der Belastungsgrenze, ist es also spannend. Grenzen sind für uns Menschen interessant, weil wir hier relevante Unterschiede sehr deutlich erleben, z. B.: „Liege ich über dem Durchschnitt oder unter dem Durchschnitt?", „habe ich die Latte gerissen oder habe ich sie übersprungen?", „bin ich drinnen oder muss ich draußen bleiben?". So haben wir klare Anhaltspunkte, wo wir im Verhältnis zu anderen stehen. Wir können uns orientieren und gewinnen an Sicherheit.

Grenzbereiche bieten zudem ein großes Erfahrungspotenzial. Gelingt es uns, Grenzen zu erreichen und zu überwinden, können wir neues Terrain erobern. Gelingt uns das nicht, bleiben uns Erfahrungen verschlossen und mit ihnen die Chance auf Entwicklung und Veränderung. Grenzüberschreitungen bergen aber auch Risiken und Gefahren. Wir können uns überfordern oder aufgrund fehlender Kompetenzen scheitern. An Grenzen gibt es also etwas zu gewinnen und etwas zu verlieren.

Beide Grenzbereiche haben einen tiefen Sinn aber auch Schattenseiten. An der Belastungsgrenze zeigt sich die Widerstandsfähigkeit, droht aber auch der Zusammenbruch. An der Leistungsgrenze begegnet man dem Erfolg, muss sich aber auch mit der realen Möglichkeit des Scheiterns auseinandersetzen. Es ist die Kunst, diese Ambivalenz zu erkennen, zu akzeptieren und dann daraus Leistung zu generieren. Aus diesem reifen Blick heraus können dann professionelle Entscheidungen und Handlungen abgeleitet werden.

▶   Denn es wäre zu einfach, zu sagen, dass die Leistungsgrenze den Erfolg garantiert und die Belastungsgrenze den Zusammenbruch.

4.2   Leistung als menschliches Bedürfnis

Wir werden im Folgenden oft von Leistung sprechen. Damit meinen wir jeweils das, was ein Mitarbeiter im Rahmen seiner Arbeitstätigkeit schafft und erwirtschaftet. Es gibt vereinbarte Leistungen im Sinne einer Zielerreichung und es gibt darüber hinaus freiwillige Leistungen, die als solche vorab nicht definiert, aber als Output verfügbar gemacht werden und so ebenfalls in die persönliche Bilanz einfließen können.

Aber warum haben Menschen überhaupt ein Interesse an Leistung? Eine Antwort findet sich vielleicht darin, dass Leistung zu erbringen, gleich mehrere Grundbedürfnisse eines Menschen befriedigt:

- **Erfolg** zu haben, als erfolgreich wahrgenommen zu werden
- **Macht** zugeschrieben zu bekommen, Einfluss zu besitzen
- **Anerkennung** entgegengebracht zu bekommen
- dazuzugehören, soziale **Bindung** zu erleben
- existenzielle **Sicherheit** zu haben, Kontrolle zu behalten
- persönliches **Wachstum** zu erleben, sich weiterzuentwickeln

Leistung zu erbringen, ist also einer der zentralen Schlüssel – sozusagen die Währung – in einem komplexen Zusammenspiel menschlicher Bedürfnisse. Es gibt etwas zu gewinnen, aber es gibt eben genauso gut auch etwas zu verlieren. Darin liegen die Spannung und der Reiz. Je mehr ein Mensch sich seiner Leistungsgrenze annähert, desto unmittelbarer wird dieser Effekt spürbar – Scheitern ist dann eine Option. Vielleicht haben Sie in Ihrem beruflichen Leben schon einmal eine Situation erlebt, bei der Sie bereits im Vorfeld wussten, dass Sie an Ihre Leistungsgrenze kommen würden. Und vielleicht haben Sie dabei auch das Risiko des Scheiterns gespürt und Sie wussten, dass das entweder gehörig schiefgehen oder Sie einen Ritterschlag erhalten würden.

Beispiel „Leistung erbringen als menschliches Bedürfnis"

Herr Rust, ein junger interner Consultant, wurde damit beauftragt, eine – in den Worten seines Vorgesetzten – ganz einfache Moderation zu übernehmen. Im Laufe der Vorbereitungen wurde jedoch immer klarer, dass es sich bei dieser Moderation um eine hochgradig politische und strategisch bedeutsame Thematik handelte, die nur auf den ersten Blick unverfänglich erschien. Da Herr Rust noch unerfahren, aber auch sehr ehrgeizig war, stellte er sich der Herausforderung und ging erhobenen Hauptes in die Arena, bereit, geköpft oder auch geadelt zu werden. Ihm war intuitiv klar, dass er sich hier an seiner ganz persönlichen Leistungsgrenze befand. Ein Scheitern könnte hier das Ende seiner bisherigen Karriere bedeuten. Bei einem Erfolg könnten sich für ihn Türen öffnen, die er bislang noch nicht einmal im Traum betrachtet hatte. Mit Intuition, dem Mut des Verzweifelten und viel Trotz bestand er die Herausforderung mit Bravour und konnte anschließend die reiche Ernte aus Erfolg, Anerkennung und Zugehörigkeit genießen.

Es kann jedoch auch vorkommen, dass ein Mensch Leistung „missbraucht", um alleine dadurch seine Bedürfnisse, z. B. nach Macht und Anerkennung, zu befriedigen. Wenn Leistungserbringung die einzige Quelle für die Erfüllung eines Bedürfnisses wird, gerät das System ins Ungleichgewicht und der dann maßlose Bedarf an Leistung wird zum Risikofaktor. Dieser Aspekt kann zu einer Ursache von Burnout werden. Betroffene brauchen dann berufliche Erfolgserlebnisse, um sich anerkannt und wertgeschätzt zu fühlen. Leistungsfreie Wertschätzung und einfache menschliche Anerkennung werden nicht mehr wahrgenommen. Wir werden später, in Kap. 8, Die Dynamik von Burnout, darauf zurückkommen.

Wir verstehen Leistung im normalen Maß als einen wirtschaftlich und menschlich erstrebenswerten Faktor. Als Führungskraft geht es für Sie darum, diese beiden Aspekte in ein ausgewogenes Verhältnis zueinander zu bringen und die gewünschte Leistungserbringung zu steuern. Setzen wir uns also deshalb noch einmal mit den Wesensmerkmalen von Leistung auseinander.

4.2.1   Messbarkeit und Vergleichbarkeit von Leistung

Eines der zentralen Merkmale von Leistung ist ihre Messbarkeit. Dadurch können Vergleiche angestellt werden, die es ermöglichen, in der Folge Leistungsträgern gerecht zu werden. Zudem sollte sie einem oder mehreren Verursachern direkt zugeordnet werden können. Den Begriff der Leistung findet man entsprechend insbesondere im Arbeitsumfeld und im Sport wieder, weniger in Bereichen, in denen Vergleiche eine eher untergeordnete Bedeutung spielen, wie z. B. der Familie und der Freizeit. Hier wird selbstverständlich auch Leistungen erbracht, sie wird aber kaum funktionalisiert und daher auch weniger gemessen und verglichen. Im weltweiten Geschehen werden der Begriff der Leistung und das damit verbundene Wertesystem häufig dazu herangezogen, soziale Ungleichheit und Machtverhältnisse zu argumentieren. Es scheint eine tief in uns verankerte Überzeugung zu geben, dass jemand, der eine größere Leistung erbringt als ein anderer, diesem überlegen ist und vorgezogen werden darf. Er darf sich mehr herausnehmen und wird eher an der Macht beteiligt. Im Sport ist das Leistungsprinzip relativ einfach und unmittelbar erlebbar. Wer schneller läuft, höher springt oder weiter kommt als der Wettbewerber, erhält den Pokal oder die Medaille.

Im Arbeitsleben finden wir das Leistungsprinzip ebenfalls. Leistung ist hier aber komplexer strukturiert und es ist schwieriger, sie eindeutig zu definieren. Sie lässt sich, je nach Kultur und Anforderungen, variabel auslegen und an die jeweiligen gesellschaftlichen Maßstäbe anpassen. Zudem ist sie meist abhängig von subjektiven oder wenig vergleichbaren Wertesystemen. Diese Schwierigkeit findet sich in der – häufig instrumentalisierten – Leistungsbeurteilung in Unternehmen wieder. Zwar werden hier mit viel Engagement Kriterien zur Leistungsbeurteilung definiert, diese sind jedoch häufig verhaltensbasiert oder so wenig trennscharf, dass ein großer Spielraum für die Beurteilung verbleibt.

Der Komplexität von Leistungen im wirtschaftlichen Sinne und die häufig damit verbundene Subjektivität der Beurteilungssysteme können zu Ungerechtigkeit führen und sind mit dem Risiko der Manipulation verbunden. Aus diesem Grund ist es sinnvoll und notwendig, die zur Beurteilung herangezogenen Kriterien transparent zu machen.

4.2.2   Abgrenzung von Leistung zu Beschäftigung und Aushalten

Wir unterscheiden Leistung von Beschäftigung. Unter einer Beschäftigung verstehen wir in diesem Zusammenhang eine Aktion, die man ohne vereinbartes Ziel durchführt. Es geht dabei nicht um ein definiertes Ergebnis, das geschaffen werden soll, um etwas zu erreichen bzw. jemandem etwas zu übergeben. Vielmehr dient die Beschäftigung demjenigen, der sie ausführt, als Selbstzweck. In der Freizeit kann die Beschäftigung einen großen Raum einnehmen. Man kann sich z. B. mit einem Hobby beschäftigen, dem Müßiggang nachgehen oder sich mit Informationen beschäftigen. Eine Beschäftigung wird im Normalfall nicht gemessen und verglichen. Sie ist per se erst einmal nicht werthaltiger oder nichtiger als Leistung.

Darüber hinaus unterscheiden wir Leistung vom Zustand des Aushaltens. Darunter verstehen wir in diesem Zusammenhang das Aufrechterhalten einer scheinbaren Leistungsfähigkeit ohne Return of Invest (ROI), d. h. ohne Gegenwert. Es geht allein darum, nicht aufzugeben oder aus einer belastenden Situation aussteigen zu müssen. Die Leistungserbringung scheint weiter möglich zu sein, wird aber nicht umgesetzt.

Sowohl die Beschäftigung als auch das Aushalten können viel Zeit und Energie verbrauchen – beide liefern aber daraus keine verwertbare Leistung im hier verwendeten Sinne. Stellen Sie sich einen Mitarbeiter vor, der unterfordert ist und aus lauter Langeweile Zeit totschlägt, ein bisschen im Internet recherchiert, Grafiken für eine längst vorbereitete Präsentation koloriert und Kollegen Mails zu lustigen Videoclips schickt. Dieser Mitarbeiter ist in unserem Sinne beschäftigt, bringt aber keine wirtschaftliche Leistung zum Nutzen des Unternehmens. Oder denken Sie an einen Mitarbeiter, der vor völliger Überlastung bereits einen geistigen Blackout hat, auf seinen Bildschirm stiert und Anfragen von Kollegen nur noch inhaltsleer beantwortet. Dieser Mitarbeiter ist in unserem Sinne nur noch darauf ausgerichtet, einen Zustand aufrechtzuerhalten, in seiner Rolle zu bestehen.

Versuchen wir weiter, wirtschaftliche Leistung von Beschäftigung und Aushalten abzugrenzen, indem wir die Leistung noch einmal selbst betrachten. Wirtschaftliche Leistung ergibt sich aus einem komplexen Prozess, bei dem eine Anforderung gegeben sein muss. Belastung und Kompetenzen stehen dabei in einem konstruktiven Zusammenhang. Beide Elemente fungieren als Gegenpart des jeweils anderen. Reibung und adäquater Widerstand führen zu einem Ergebnis, das in Bezug gesetzt werden kann, z. B. zu einem vereinbarten Ziel – die Leistung ist messbar. Fehlt die Anforderung, entsteht keine oder zu wenig Reibung bzw. Widerstand. Dann kann kein Output erfolgen – der Mitarbeiter beschäftigt sich. Geht die Belastung aber über ein gewisses Maß hinaus, kann aus der Reibung bzw. dem Widerstand ebenfalls kein adäquates Ergebnis resultieren. Die aufgewendete Energie verpufft dann bzw. fließt allein in das Überstehen der Krise – der Mitarbeiter hält die Situation aus.

Beispiel „Beschäftigung und Aushalten"

Herr Voss arbeitet in einer Behörde und ist verantwortlich für das Archiv. In den letzten Jahren wurde die Archivierung zunehmend auf elektronische Dokumentationen umgestellt. Da Herr Voss bereits kurz vor seiner Pensionierung steht, wurde er in die neuen IT-Prozesse nicht mehr verantwortlich eingearbeitet. Sein jüngerer Kollege hat diesen Part übernommen. Die letzten Monate verbrachte Herr Voss nun damit, Inventur zu machen, Unterlagen zu sichten und aufzuräumen. An diese Aufgaben wurden keine Ziele geknüpft, es wurden keine Arbeitsergebnisse vorgegeben und keine Bedeutung kommuniziert. Herr Voss war beschäftigt, blieb damit aber weit unter seiner möglichen Leistungsgrenze. In Pausen erinnerte sich Herr Voss deshalb gerne an Zeiten, in denen das Archiv Dreh- und Angelpunkt für die Kollegen war, die sich dort ihr Wissen holten und sich informieren konnten. Insbesondere der Aufbau des Archivs war sehr stressig und Herr Voss verbrachte mehrere Monate fast Tag und Nacht dort, um die umfangreiche Infrastruktur und die komplizierte Systematik einzurichten. Damals war er oft an seiner Belastungsgrenze und manchmal ging es nur noch darum, die Situation irgendwie auszuhalten und dabei nicht unterzugehen. Aufgrund dieser Erfahrung waren spätere Herausforderungen für ihn häufig ein Klacks gewesen und Kollegen bewunderten immer wieder seine Ruhe, seine Klarheit und Souveränität, wenn sie unter Druck Entscheidungen treffen mussten oder die Belastung ins schier Unermessliche zu steigen drohte.

An diesem Beispiel kann nachvollzogen werden, dass beide Erfahrungen – die an der Leistungsgrenze und die an der Belastungsgrenze relevant sind. Beide Grenzen haben ihren Sinn und Nutzen. Der Auftrag an der Leistungsgrenze muss heißen, diese zu überwinden, um daraus Wachstum zu gewinnen. Der Auftrag an der Belastungsgrenze heißt dagegen, sich dort auszukennen, seine Widerstandsfähigkeit einschätzen zu können und Belastbarkeit zu trainieren. Die Belastungsgrenze muss ausgelotet, darf aber nicht einfach ausgehalten bzw. überschritten werden.

4.2.3 Quantitative und qualitative Leistung

Um Leistung zu bewerten und vergleichbar zu machen, braucht es Kriterien, die eine Differenzierung möglich machen. Diese Kriterien sind frei wählbar, müssen aber zwischen den Leistungserbringern vereinbart und akzeptiert sein. Sonst kann es vorkommen, dass eine Führungskraft einen Mitarbeiter anhand seiner geleisteten Überstunden bewertet und nicht anhand inhaltlicher Kriterien. Dann würde ein Mitarbeiter, der für einen Vorgang sehr viel länger braucht als sein Kollege und daher stets Überstunden macht, besser bewertet werden als z. B. sein schnellerer Kollege.

Wir geben Leistung hier eine grundsätzliche Differenzierung, indem wir Menge und Qualität unterscheiden. Diese Unterscheidung wird sich später im Verlaufe des Buches, z. B. im Powerline-Modell, wiederfinden. Sie ermöglicht es, sich relativ schnell zu orientieren und erste Einschätzungen vorzunehmen.

4.2.3.1   Qualitative Leistung

Eine Leistung, die anspruchsvoll ist, also in unserem Verständnis eine qualitativ hochwertige Leistung, basiert auf einem komplexen Zusammenspiel von Kompetenzen, Fähigkeiten und Erfahrung. Oder andersherum ausgedrückt: Wenn ein Mensch eine schwierige Aufgabe lösen will, muss er dazu seine gesamten Bewältigungskompetenzen einsetzen. Je mehr Optionen er hier zur Verfügung hat, desto eher wird er dabei erfolgreich sein und die Anforderungen positiv bewältigen. Aber nicht nur die Anzahl der verfügbaren Kompetenzen ist dabei entscheidend, sondern darüber hinaus die Fähigkeit, diese sinnvoll zu verknüpfen. Je anspruchsvoller sich eine Aufgabenstellung darstellt, desto komplexer sind meist auch die erforderlichen Lösungsansätze. Qualitative Leistung wird sich demnach eher an der Leistungsgrenze wiederfinden, die sich ja an den Kompetenzen bemisst.

4.2.3.2   Quantitative Leistung

Eine mengenbezogene Leistung, also eine in unserem Verständnis quantitativ fordernde Leistung, basiert auf Routine und Energie. Oder andersherum ausgedrückt: Ein Mitarbeiter, der z. B. im Akkord arbeitet, braucht Ausdauer und Belastbarkeit. Leistung kann hier auf einem gleichbleibenden Qualitätsniveau durch Forderung und Druck gesteigert werden. Allerdings werden die Ressourcen dabei auch verbraucht und müssen sich wieder regenerieren können. Es kann eine sehr anspruchsvolle Aufgabe sein, die Taktzahl zur Leistungserbringung hier so umzusetzen, dass ein ideales Verhältnis zwischen Ergebnis und Nachhaltigkeit erreicht wird. Um Quantität zu schaffen, muss Belastbarkeit verfügbar sein. Quantitative Leistung wird sich demnach eher an der Belastungsgrenze wiederfinden.

4.3   Führen heißt Leistungspotenziale zu erobern

Der Wille zur Leistung und die direkte Erfahrung der Leistungsfähigkeit sind ein wesentlicher Bestandteil in der persönlichen Weiterentwicklung von Menschen und letztendlich in der Erzeugung von Lebensqualität. Leistungsmotivation ermöglicht persönliche Grenzerfahrungen und dort das Erleben von Erfolg und Misserfolg. Wichtig dabei ist, dass die Leistungsanforderung mit der verfügbaren Leistungsfähigkeit und -bereitschaft des Individuums korrespondiert. Es geht darum, Mitarbeitern zu ermöglichen, eigene Erfolge zu erleben und mit Niederlagen konstruktiv umgehen zu können. Daraus entwickeln sich stabile, optimistische und motivierte Menschen.

▷   Wenn es Ihnen gelingt, Ihre Mitarbeiter zukünftig vor ihrer Belastungsgrenze
    zu schützen, sie aber an ihrer Leistungsgrenze zu fördern und zu fordern, dann
    werden Sie mit Ihrem Team eine neue Dimension der Leistung gewinnen.

Es kann nun sein, dass die persönliche Leistungsgrenze eines Menschen mit den Anforderungen, die an ihn gestellt werden, nicht korrespondiert – er ist dann entweder unterfordert oder den Anforderungen nicht gewachsen. Wird ihm dies bewusst, wird er versuchen,
ein adäquates Verhältnis zu seiner individuellen Leistungsgrenze zu gewinnen. Mindestens vier Möglichkeiten stehen ihm dabei zur Verfügung:

1. Herausforderungen suchen (Offensivstrategie bei empfundener Unterforderung)
2. Zustand akzeptieren (Defensivstrategie bei empfundener Unterforderung)
3. Anforderungen reduzieren – Misserfolg vermeiden (Defensivstrategie bei Überforderung)
4. Kompetenzen entwickeln – Erfolg suchen (Offensivstrategie bei Überforderung)

Der Mitarbeiter spürt in diesem Zusammenhang einen Handlungsimpuls, dem er entweder folgen will oder den er verdrängen muss. Die Motivation bzw. die Energie, die sich
dahinter findet, kann dabei von Ihnen als Führungskraft genutzt werden. Denn das erfolgreiche Leistungsmanagement Ihrer Mitarbeiter an deren Leistungs- und Belastungsgrenze
ist ein Teil Ihrer Führungsverantwortung.

▷   Führen an der Leistungsgrenze heißt, den Raum zu erobern, den Ihnen ein Mit-
    arbeiter im Rahmen seiner Leistungsgrenze zur Verfügung stellt.

Viele Führungskräfte scheuen sich aber davor, von ihren Mitarbeitern, ausgehend von
der aktuell ersichtlichen Leistungsgrenze, mehr Leistung abzurufen. Sie befürchten Widerstand, Verluste und trauen sich die Verantwortung an dieser sensiblen Stelle nicht zu.
Damit vergeben sie die Chance, Mitarbeiter entlang ihrer Leistungsgrenze zu einer Spitzenleistung zu führen und zu entwickeln.

    Andere Führungskräfte schicken Mitarbeiter unkontrolliert immer wieder weit über
ihre Belastungsgrenze hinaus und machen Druck, ohne sich mit den möglichen Konsequenzen auseinanderzusetzen – frei nach dem Motto „Augen zu und durch". Damit gehen
Führungskräfte das Risiko ein, Mitarbeiter an ihrer Belastungsgrenze zu verschleißen.

    Wieder andere Führungskräfte übernehmen alle Konsequenzen und den gesamten
Druck selbst und „opfern" sich so für ihre Mitarbeiter auf, um ihnen die eigene Grenzerfahrung zu ersparen. Damit riskieren sie ihren persönlichen Zusammenbruch und nehmen gleichzeitig den Mitarbeitern die Chance, an der Leistungsgrenze zu wachsen (siehe
dazu auch Kap. 2, Die Führungskraft im Spannungsfeld).

    Um zu verstehen, wie Leistung überhaupt entsteht und wie sie systematisch gesteigert
werden kann, nehmen wir einmal Anleihe aus der Sportwelt.

4.3.1 Leistungssteigerung durch den Effekt der Superkompensation

Wie Menschen Leistung erbringen und zur Verfügung stellen, können wir in zwei Bereichen besonders gut beobachten – im sportlichen Wettkampf und bei Extremsportarten. Im ersten Fall treten Menschen gegeneinander an und versuchen, ihre Kräfte zu messen. Im zweiten Fall treten sie gegen sich selbst bzw. gegen äußere Extrembedingungen an.

Um seine Leistungsfähigkeit zu steigern, braucht es eine Form der Anstrengung, die an Grenzerfahrungen gekoppelt ist. Befindet sich z. B. ein Sportler im Training, wird er immer wieder an seine Leistungsgrenze gehen. Und genau an dieser Stelle – der aktuellen Leistungsgrenze – entsteht dann ein Trainingseffekt, den die Sportler „Superkompensation" nennen. Der Körper merkt sich die Anforderung und stellt in einem angemessenen Umfang für eine wiederholte Belastungssituation einen Puffer zur Verfügung. Das heißt, im wiederholten Fall der Anstrengung führt das dazu, dass zusätzliche Kraftreserven mobilisiert werden. Arbeitet ein Sportler klug und bewusst mit diesem Effekt, kann er daraus eine anhaltende Leistungssteigerung gewinnen. Dazu müssen verschiedene Rahmenbedingungen beachtet werden. Erstens ist dieser Trainingseffekt nicht beliebig steigerbar, d. h. er hat eine natürliche Grenze nach oben. Zweitens braucht die Realisierung der Leistungssteigerung ein ideales Verhältnis von Belastungs- und Regenerationsphasen. Wird der Körper aber mehrfach und ohne ausreichende Erholungspausen „überfordert", kann der positive Effekt der Superkompensation nicht mehr umgesetzt werden. Die andauernde Überforderung führt zu chronischem Stress und senkt die Leistungsgrenze allmählich. Kommen jetzt zudem noch Aspekte dazu, die ein Aussteigen nicht mehr möglich machen, kann es sein, dass Menschen krank werden oder zusammenbrechen. Dann ist die Belastungsgrenze überschritten.

Leistungssteigerung durch „Superkompensation"

Das **Prinzip der Superkompensation** besagt, dass der Körper nach einer Trainingsbelastung nicht nur die Bereitschaft zur Erbringung des gleichen Leistungsniveaus wiederherstellt, sondern im Verlauf der Erholung (Regeneration) die Leistungsfähigkeit über das ursprüngliche Niveau hinaus steigert und über einen bestimmten Zeitraum auf diesem Niveau hält.

Wird dieses höhere Leistungsniveau jeweils für die neue Trainingseinheit genutzt, kommt es zu einer kontinuierlichen, aber nach oben begrenzten Leistungssteigerung. Ist die Regenerationsphase zwischen Trainingsbelastungen zu groß, geht der Trainingseffekt wieder verloren. Wird hingegen zu viel oder/und zu intensiv trainiert, hat der Körper nicht genügend Zeit zur Regeneration und das Leistungsniveau sinkt ab (Übertraining).[1]

---

[1] Quelle: http://de.wikipedia.org/wiki/Superkompensation.

Ein Leistungssportler muss also ein ausgefeiltes Leistungsmanagement betreiben, um punktgenau Spitzenleistungen abliefern zu können, kontinuierlich Hochleistungspotenziale zur Verfügung zu haben und leistungserhaltende Regenerationsphasen zu nutzen.

Im allgemeinen Sprachgebrauch des Leistungssports wird normalerweise nicht zwischen der Belastungs- und der Leistungsgrenze unterschieden. Jedoch passt das Prinzip auch hier und lässt sich nachvollziehen. Nehmen wir an, ein Sportler erreicht bei einem 100-Meter-Lauf eine Leistung von 10,8 s und ist damit an seiner persönlichen tatsächlichen Leistungsgrenze angelangt. Je häufiger er diese Leistung in einem definierten Zeitabschnitt aber wiederholen will oder muss, desto näher kommt er auch seiner Belastungsgrenze. Und je näher er seiner Belastungsgrenze kommt, desto unwahrscheinlicher kann er dort seine Leistungsgrenze wiederholt erreichen. Trotzdem braucht der 100-Meter-Läufer auch die Erfahrung der Belastung, damit er in Wettkämpfen ausreichend Kraft und Reserven zur Verfügung hat bzw. weiß, was er sich zumuten kann, und seine Kräfte deshalb optimal einteilt.

4.3.2   Leistungsmanagement als Führungsauftrag

An der Leistungsgrenze zu führen, ist attraktiv. Denn in der Spitzenleistung werden Erfolg und Misserfolg sichtbar, hier wird der Wettbewerb entschieden. Die Leistung, die hier erzielt wird, ist überdurchschnittlich. Sie liefert Wertschöpfung und Sicherheit für Unternehmen und Mitarbeiter. An die Belastungsgrenze zu führen, bedeutet dagegen möglicherweise ein höheres Leistungsvolumen abzuschöpfen, mit dem Risiko des Mitarbeiterverschleißes und dem Preis einer niedrigen Leistungsqualität.

Bereits 1998 proklamierte Felix von Cube in seinem Buch „Lust an Leistung", nicht Leistung und Lust zu entkoppeln, sondern im Gegenteil, die Verknüpfung der beiden Aspekte wieder zu entdecken und neu zu beleben. Wir werden hier darstellen, warum das auch aus unserer Sicht genau so richtig ist und welche Rolle dabei die Unterscheidung der Leistungsgrenze von der Belastungsgrenze spielt.

Denn wenn es stimmt, dass Mitarbeiter an der Leistungsgrenze Erfolg und Misserfolg erleben, dann sind dort eher Lust und Motivation die zentralen Kräfte bis hin zum Erleben von Flow, d. h. dem Gefühl der völligen Hingabe in eine Tätigkeit. Und wenn es stimmt, dass an der Belastungsgrenze oft kein Maß und Ziel gefunden wird, dann ist es möglich, Frust dort zu verhindern, indem Ausbeutung unterbunden wird.

Dann haben Sie als Führungskraft mit dem Wissen über die Wirkweise und Funktionalität der beiden Grenzen und der Dynamik, die dort herrscht, alle Möglichkeiten und viele Joker in der Hand, verantwortungsvoll Einfluss zu nehmen und entgegen des Irrtums, der in weiten Teilen Bestand hat, Mitarbeiter mit Lust an die Leistungsgrenze zu führen und dort Erfolge zu verbuchen. Dann wird es Ihnen gelingen, die Macht der Belastung zu erkennen und dieses Schwert so professionell zu führen, dass damit Nutzen gewonnen wird und kein Unheil aus Unwissenheit und Unprofessionalität angerichtet wird.

Sie werden im Laufe der folgenden Kapitel Modelle, Instrumente und Mechanismen an die Hand bekommen, die Ihnen ein professionelles Leistungsmanagement mit Ihren

Mitarbeitern ermöglichen. Es geht darum, den Gestaltungsraum, den ein Mitarbeiter zwischen der situativen, der tatsächlichen und der potenziellen Leistungsgrenze zur Verfügung stellt, auszuloten und ihn zu nutzen. Wachstum und Erfolg in Form von Spitzenleistungen können so abgerufen werden.

An dieser Stelle des Buches sollten Sie für sich nachempfinden und spüren, welche begleitenden Emotionen Sie selbst im Hinblick auf die Leistungsgrenze aufweisen. Und es sollte Ihnen bewusst sein, welchen Unterschied es macht, Mitarbeiter an der Belastungsgrenze oder der Leistungsgrenze zu führen.

▶ Denn es ist einfach, einen Mitarbeiter an seine Belastungsgrenze zu führen
    oder ihn von seiner Leistungsgrenze fernzuhalten. Aber es ist eine Kunst, ihn
    an seine persönliche Leistungsgrenze zu führen und dort Spitzenleistungen zu
    erhalten.

Aber woran können Sie den Unterschied festmachen und woher sollen Sie wissen, ob und wenn ja, an welcher Grenze Ihre Mitarbeiter sich befinden?

Dazu möchten wir Ihnen in der Folge das Powerline-Modell als Instrument zur Verfügung stellen. Es liefert Ihnen Informationen darüber, in welchem spezifischen Leistungszustand der jeweilige Mitarbeiter steht und welche Handlungsoptionen Ihnen für diesen Zustand zur Verfügung stehen. Das Powerline-Modell ist ein wichtiges Mess- und Steuerinstrument, um auch die individuellen Schwankungen in der Leistungsfähigkeit frühzeitig zu erkennen und darauf adäquat zu reagieren.

Das Powerline-Modell

5

Um Ihre Mitarbeiter an der Leistungsgrenze erfolgreich – d. h. im Sinne der Wirtschaftlichkeit und Menschlichkeit (Kap. 2, Die Führungskraft im Spannungsfeld) zu führen, brauchen Sie eine handhabbare Landkarte. Diese Landkarte erhalten Sie hier in Form des Powerline-Modells. Die Systematik des Modells erlaubt es Ihnen, Positionen zu bestimmen, eine Strategie für das Leistungsmanagement Ihrer Mitarbeiter zu entwickeln und daraus Sicherheit in der Führung zu gewinnen. Gepaart mit dem dazugehörigen Instrumentarium (Kap. 6, Das Instrumentarium zum Leistungsoptimum) sowie den weiterführenden Mechanismen (Kap. 7, Die Mechanismen in die Spitzenleistung) sind Sie dann umfassend ausgestattet, um Mitarbeiter verantwortungsvoll an ihr Leistungsoptimum bzw. in die Spitzenleistung zu führen.

5.1 Die Parameter im Powerline-Modell

Ein Mensch nimmt, bezogen auf seine Leistungserbringung, eine individuelle Bewertung bezüglich zweier Parameter vor: Zum einen Art und Umfang der an ihn herangetragenen Belastungen und zum anderen die ihm zur Verfügung stehenden persönlichen Bewältigungskompetenzen.

Die Individualität in der Bewertung führt dazu, dass beide Parameter nur subjektiv verstanden werden können. Im Folgenden meinen wir deshalb in diesem Zusammenhang stets die „subjektiv empfundene Belastung" und die „subjektiv empfundene Bewältigungskompetenz". Die Bedeutung der Subjektivität spielt in der Logik des Powerline-Modells eine entscheidende Rolle und wird im Abschn. 5.3 ausführlich erläutert und erklärt.

Aus Gründen der besseren Lesbarkeit gebrauchen wir die Begriffe hier aber häufig auch ohne den Zusatz „subjektiv", meinen aber immer die „subjektiv empfundene" Variante.

S. Basler, K. Gattinger, *Führen an der Leistungsgrenze*,
DOI 10.1007/978-3-658-04316-2_5, © Springer Fachmedien Wiesbaden 2014

5.1.1 Subjektiv empfundene Belastung

Die Belastungssituation eines Menschen ergibt sich aufgrund des Zusammenspiels beruflicher und persönlicher Ereignisse, in Form von z. B. Begebenheiten, Aufgaben und Problemstellungen. Diese werden von der betroffenen Person entsprechend der bereits dargestellten Psychologik (Kap. 3.1.2, Wahrnehmen – Bewerten – Handeln) eingeschätzt. Dabei sind folgende Varianten denkbar:

a. Die Situation stellt keine bis eine leichte Belastung dar.
b. Die Situation stellt eine leichte bis mittlere Belastung dar.
c. Die Situation stellt eine mittlere bis schwere Belastung dar.
d. Die Situation stellt eine schwere bis unendliche Belastung dar.

Für die Bewertung der Gesamtsituation hinsichtlich der Belastung sind sowohl die Menge (parallel auftretende Ereignisse) als auch die Qualität (unbedeutend bis hin zu existenziell bedeutend) der einzelnen Ereignisse ausschlaggebend.

Die subjektiv empfundene Belastung hat im Powerline-Modell keine definierte Obergrenze, d. h. sie kann zu jedem Zeitpunkt ins Unermessliche steigen. Auf die Belastung muss ein Mensch stets in irgendeiner Art und Weise reagieren. Dies kann er tun, indem er ihr ausweicht, sich ihr entgegenstellt oder die Energie der Belastung annimmt und nutzt. Im Modell ist die Belastung deshalb die treibende Kraft und schnell flexibel justierbar, d. h. kann gesteigert oder reduziert werden.

5.1.2 Subjektiv empfundene Bewältigungskompetenz

Bei der Bewertung einer Situation wird ein Mensch zudem immer seine zur Verfügung stehenden Kompetenzen, Fähigkeiten und Möglichkeiten einbeziehen. Dabei stehen ihm sowohl externe Ressourcen als auch personenspezifische Faktoren und Lebenserfahrung zur Verfügung. Er wird eine neue Aufgabe dementsprechend bewerten und daraus seine Haltung ableiten – bewältigbar oder nicht bewältigbar.

Bewältigungskompetenzen sind die Summe aller einem Menschen zur Bewältigung seiner Belastung verfügbaren Kompetenzen. Dazu zählen z. B. fachliches Wissen, Berufserfahrung, Anwendungsmöglichkeiten von Hilfsmitteln, berufliche Netzwerke (Beziehungen), Lebenszeit, Persönlichkeitseigenschaften (Kreativität, Durchsetzungsvermögen, Selbstbewusstsein etc.), Energie und Motivation. Folgende Einschätzungen, bei der Bewertung einer Aufgabe bzw. Situation, sind dabei denkbar:

a. Für diese Aufgabe/Situation habe ich ausreichend Bewältigungskompetenzen und Energiereserven zur Verfügung.
b. Für diese Aufgabe/Situation habe ich nur begrenzt Bewältigungskompetenzen und Energiereserven zur Verfügung.

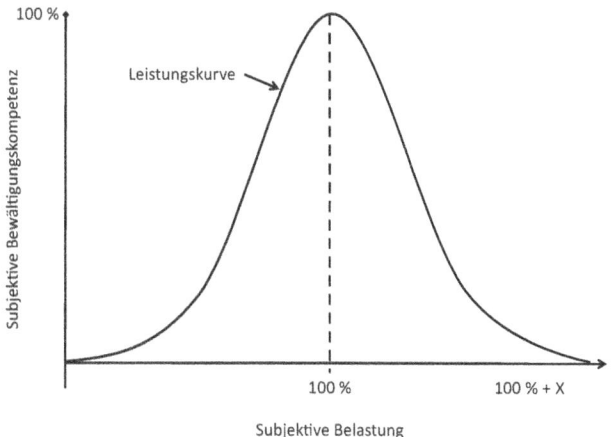

Abb. 5.1 Die Powerline mit den Parametern Belastung und Bewältigungskompetenz

c. Für diese Aufgabe/Situation habe ich keine ausreichenden Bewältigungskompetenzen und Energiereserven zur Verfügung.

Die subjektiv empfundene Bewältigungskompetenz wird im Powerline-Modell als endlich definiert, d. h. sie hat nach oben eine natürliche Grenze – ähnlich wie bei einem Leistungssportler. Die Möglichkeiten und Fähigkeiten, die sich ein Mensch aneignet, sind, trotz möglicher Entwicklungen, nicht beliebig steigerbar. Die Bewältigungskompetenzen nehmen aber nach oben in ihrem Wert auch zu und sind schwieriger zu erschließen. Das heißt, je mehr Kompetenzen einem Menschen zur Verfügung stehen, desto komplexer können sie in ihrem Zusammenspiel eingesetzt werden und desto anspruchsvollere Aufgaben können bewältigt werden. Im Modell ist die Bewältigungskompetenz die absichernde und kontrollierende Kraft und damit eher konstant (siehe Abb. 5.1).

5.1.3   Die Leistungskurve oder Powerline

Mit den beiden Parametern (subjektive Belastung und subjektive Bewältigungskompetenz) lässt sich nun im Powerline-Modell die individuelle Leistungskurve eines Menschen abbilden.

Im Idealfall treffen die beiden Parameter „Belastung" und „Bewältigungskompetenz" in einem für diesen Moment optimalen Verhältnis aufeinander. Sie beschreiben dann den jeweils für den Einzelnen in dieser Situation optimal möglichen Wert der Leistungserbringung. Diese Positionen befinden sich im Powerline-Modell exakt auf der Kurve, die wir im Folgenden als Leistungskurve bzw. Powerline bezeichnen. Dabei ist die Belastung der flexible, die Bewältigungskompetenz der konstante Aspekt. Erstere kann innerhalb kürzester Zeit gemindert oder gesteigert werden. Das heißt, mit zunehmender oder abnehmender Belastung kann Leistung kurzfristig beeinflusst bzw. gesteuert werden. Die Bewältigungskompetenz dagegen baut sich langsamer auf, ist dann aber stabiler verfügbar. Während Spitzenleistung insbesondere aufgrund einer differenzierten und ausgebauten Bewältigungskompetenz möglich ist, wird durch steigende Belastung eher Quantität in der Leistungserbringung geschaffen.

Stehen die beiden Parameter in einem ungleichen Verhältnis zueinander, ergeben sich vier mögliche Zustände für die betroffene Person. Diese können sich als Unterforderung, Herausforderung, Überforderung oder Gefährdung zeigen. Wir gehen in diesem Kapitel darauf später noch differenzierter ein.

Für die Leistungsfähigkeit und -erbringung eines Mitarbeiters in einem Unternehmen hat die subjektive Einschätzung dieser beiden Parameter also eine enorme Relevanz. Verändert sich deren Einschätzung, hat das direkte Auswirkungen auf die Leistungserbringung.

Die Powerline bietet Ihnen für das Leistungsmanagement Ihrer Mitarbeiter die notwendige Orientierung.

Beispiel „Medizinerprüfung"

Frau Brandt kam in eine Coachingsitzung und berichtete, dass sie lähmende Ängste – vermutlich Prüfungsängste – hätte. Sie hatte gerade ihr Abitur hinter sich und wollte nun Medizin studieren. Aufgrund der speziellen Berechnungen des Numerus Clausus brauchte sie dringend eine bestandene Medizinerprüfung, um an einer Universität ohne nennenswerte Wartesemester zugelassen zu werden.

Im Verlauf der Sitzung wurde deutlich, dass Frau Brandt sehr intelligent und bei sonstigen Prüfungen eher mit geringem Aufwand ein gutes Ergebnis erzielen konnte. Die Bedeutung des Medizinstudiums wurde von ihr allerdings so existenziell bewertet, dass sie keinerlei Alternativen zu diesem beruflichen Werdegang sah. Gepaart mit dem hohen Schwierigkeitsgrad und der beachtlichen Durchfallquote des Medizinertests entstand in den Augen von Frau Brandt eine unüberwindbare Hürde, mit verheerenden Konsequenzen bei Nichtbestehen. Ihr drohte das existenzielle Scheitern. Ohne Medizinstudium konnte sie sich keine Zukunft vorstellen.

Die Wendung ergab sich erst, als ihr bewusst wurde, welche Daumenschrauben sie sich mit der Ausschließlichkeit des Medizinstudiums auferlegt hatte. Die daraus resultierende Neubewertung der Belastung und der ihr zur Verfügung stehenden Bewältigungskompetenzen ergaben nun neue Handlungsmöglichkeiten. Sie konnte sich der Situation stellen, da sie auch bei einem Nichtbestehen des Testes alternative Zukunftsperspektiven sah. Damit sank die subjektiv empfundene Belastungssituation und die ihr üblicherweise zur Verfügung stehenden Bewältigungskompetenzen in Form von z. B. Konzentrationsfähigkeit und Auffassungsgabe konnten wieder genutzt werden.

5.2   Die Bedeutung der Subjektivität

Im Powerline-Modell wird die Leistung eines Mitarbeiters anhand der Fläche unterhalb der Powerline ausgewiesen. Diese besteht, wie bereits dargestellt, aus den beiden Komponenten „subjektiv empfundene Belastung" und „subjektiv empfundene Bewältigungskompetenz".

Die Subjektivität ist dabei der entscheidende Faktor. Für Sie als Führungskraft ist es irrelevant, wie sie selbst die Belastung und Bewältigungskompetenz Ihrer Mitarbeiter einschätzen. Alleine die Wahrnehmung und die Bewertung, die Ihre Mitarbeiter selbst anstellen, schaffen die Realität in der diese arbeiten.

Was bedeutet Subjektivität in diesem Zusammenhang? Als Menschen können wir die Welt nur subjektiv wahrnehmen. Unsere Sinnessysteme erlauben keine objektive Wahrnehmung. Jeder Mensch nimmt die „Realität" ein bisschen anders wahr. Bei der Betrachtung der Welt durch den einzelnen Menschen spielt die persönliche Perspektive eine wesentliche Rolle. Insofern ist der Versuch, die Welt mithilfe der Naturwissenschaften objektiv zu beschreiben „nur" ein Modell und eine Theorie, die es uns ermöglicht, zu vergleichen, zu analysieren und zu begreifen. Wir reduzieren die Komplexität der Wirklichkeit, indem wir Ähnlichkeiten zusammenfassen und Regeln daraus ableiten. Kleine Unschärfen verschwinden zugunsten der Verständlichkeit und der Handlungsfähigkeit.

In der Subjektivität bildet sich die individuelle Position des einzelnen Menschen in seiner Umwelt ab. Subjektive Wahrnehmungen brauchen deshalb den Austausch. Sie fordern und ermöglichen uns, über Dinge zu sprechen, um mehr zu begreifen und zu verstehen als uns in unserer eigenen Betrachtung verfügbar ist. Durch den Austausch mit anderen erweitern wir unsere Sicht und können die Sichtweise der anderen bereichern.

Als Führungskraft haben Sie „objektiv" betrachtet eine formale Rolle übernommen, die in ihrer Verantwortung ganz klar definiert werden kann. Es existieren rechtliche und unternehmensspezifische Rahmenbedingungen, die es ermöglichen, Führungspositionen zu vergleichen und Bewertung von Führungsleistung anzustellen. Zwar sind auch diese Aspekte nicht wirklich objektiv, wurden aber zwischen den Beteiligten vereinbart und haben dadurch Gültigkeit.

Sobald Sie nun im Alltag Ihrer Führungsverantwortung gerecht zu werden versuchen, spielen plötzlich nicht mehr nur die formalen Bedingungen eine Rolle. Ihre persönliche Sicht der Dinge und die Sicht der betroffenen Mitarbeiter gestalten die Situationen, in denen Sie agieren. Ihre Rolle ist nicht mehr per se die der definierten Führungskraft. Sie sind gefordert, sich zu bewähren, sich den Respekt und die Achtung der Mitarbeiter zu verdienen. Dabei ist entscheidend, wie Sie die Umwelt einschätzen, welche Bewertungen Sie anstellen und welche Handlungen Sie daraus ableiten. Ihre subjektive Sicht bestimmt also, wie Sie Ihre Führungsrolle ausgestalten und welche Handlungen Sie daraus ableiten. Zwar gibt die „objektive Definition" eine Orientierung, die Umsetzung der Führungsrolle ist aber wesentlich von Ihrem subjektiven Verständnis abhängig. Und gleichzeitig stellen Ihre Mitarbeiter, Kollegen und Vorgesetzten genau zu diesen Überzeugungen und Handlungen wiederum subjektive Bewertungen an, die dann ebenfalls für Ihre Position und Aktion entscheidend sind.

Alles was wir – selektiv – wahrnehmen, erfährt durch uns eine Bewertung. Wir schreiben den Dingen, den Erfahrungen und den Menschen in unserer Umgebung Bedeutung zu. Und je nachdem, welche Bedeutung bzw. Bewertung wir anstellen, dementsprechend handeln wir.

Wir haben diesen psychologischen Verarbeitungsprozess bereits in Kap. 3.1.2, Wahrnehmen – Bewerten – Handeln, ausführlich dargestellt. Er führt dazu, dass eine Situation – die erst einmal neutral, also völlig unbewertet ist – von Menschen unterschiedlich wahrgenommen werden kann und daraus individuelles Verhalten entsteht.

Beispiel „Subjektivität beim Bungeesprung"

Menschen mit einem ausgeprägten Hang zur Grenzerfahrung finden einen Sprung von einer 100 m hohen Brücke an einem Bungeeseil spannend und aufregend, während dieselbe Situation für einen eher sicherheitsorientierten Menschen in höchstem Maße bedrohlich erscheint und zu vermeiden gilt. Es spielt keine Rolle, wie komplex oder belastend eine Situation objektiv sein mag. Erst durch die individuelle Bewertung durch den Einzelnen entsteht die empfundene Belastung, die für den Betroffenen die Realität ist. Aus dieser Realität heraus leitet der Betroffene dann seine Handlungen ab, d. h. in unserem Beispiel, mit Freude springen oder die Flucht zu ergreifen – beides Formen von Leistung.

Lebenserfahrung ist nichts anderes als die Summe der enormen Anzahl bewerteter Wahrnehmungen, zumindest derjenigen, die wir in unserem Bewusstsein abgespeichert haben. Unsere Persönlichkeit entwickelt sich, neben genetisch bedingten Aspekten, entsprechend der gemachten Erfahrungen. Die Welt entsteht also im Kopf. Wir kreieren einen großen Teil unserer Umwelt selbst und daraus die Bedingungen für unsere Schaffenskraft und Leistungsfähigkeit.

Aufgrund der Subjektivität ist Führen also kein einfacher organisatorischer Managementakt, sondern braucht die persönliche Auseinandersetzung mit den betroffenen Menschen und das Reflektieren der eigenen Position.

5.3 Die Dynamik im Powerline-Modell

Das Powerline-Modell bildet eine Dynamik ab. Diese entsteht durch die Beziehung der beiden Parameter – Belastung und Bewältigungskompetenz – zueinander. Befinden sich beide in der Einschätzung durch die betroffene Person in einem optimalen Verhältnis, entsteht nachhaltige Handlungs- und damit Leistungsfähigkeit.

Stehen die beiden Einschätzungen dagegen in einem ungünstigen Verhältnis zueinander, wird das Leistungspotenzial nicht abgerufen bzw. eingeschränkt. Daraus ergeben sich verschiedene Phasen bzw. Zustände, die wir im Folgenden beschreiben.

5.3.1   Die aufsteigende Dynamik

Die Phase der aufsteigenden Dynamik ist dadurch charakterisiert, dass die individuelle Leistung eines Mitarbeiters auf ein theoretisch mögliches Maximum zuläuft – die Spitzenleistung. Befindet sich ein Mitarbeiter in dieser aufsteigenden Dynamik genau auf der Powerline, kann er die für ihn in diesem Moment optimal mögliche Leistung erbringen. Befindet er sich ober- oder unterhalb der aufsteigenden Leistungskurve, agiert er entweder unter seinen Möglichkeiten oder er befindet sich in einer herausfordernden Situation.

5.3.1.1   Unterforderter Mitarbeiter (1)
Der unterforderte Mitarbeiter verfügt über Bewältigungskompetenzen, die jedoch nicht abgerufen werden, da die Anforderung (Belastung) dazu fehlt. Der Mitarbeiter beschäftigt sich und erbringt in diesem Zusammenhang keinen Wertschöpfungsbeitrag.

Beispiel „unterforderter Mitarbeiter"

In einem großen, weltmarktführenden Unternehmen der Telekommunikationsbranche fiel eines Tages Herr Mittermann auf, dem nach einer Umstrukturierung und dem entsprechenden Wechsel der Führungskraft keine passenden Aufgaben zugeordnet werden konnten. Die Leistungen seiner letzten Monate waren undokumentiert und neue Projekte standen nicht an. Im Gespräch fand die aktuelle Führungskraft nun heraus, dass Herr Mittermann zwar sehr gut qualifiziert war, jedoch nicht aktiv nach Herausforderungen gesucht hatte. Seine Leistung lag deutlich unter seinem Potenzial, Herr Mittermann war deutlich unterfordert. In der Anonymität und durch den häufigen Wechsel in der Führung war er eines Tages einfach durch das Raster gefallen und nicht mehr als belastbare Ressource wahrgenommen worden. Er hatte sich in der Situation eingerichtet und nebenberuflich einen erfolgreichen Onlinehandel aufgebaut.

5.3.1.2   Herausgeforderter Mitarbeiter (2)
Der herausgeforderte Mitarbeiter kann ein latent vorhandenes Leistungspotenzial aufgrund fehlender Bewältigungskompetenzen noch nicht realisieren. Aufgrund der erlebten Belastung fühlt sich der Mitarbeiter aber herausgefordert. Dieser Herausforderung begegnet er, indem er Bewältigungskompetenzen aufbaut, seine Leistungspotenziale können realisiert werden.

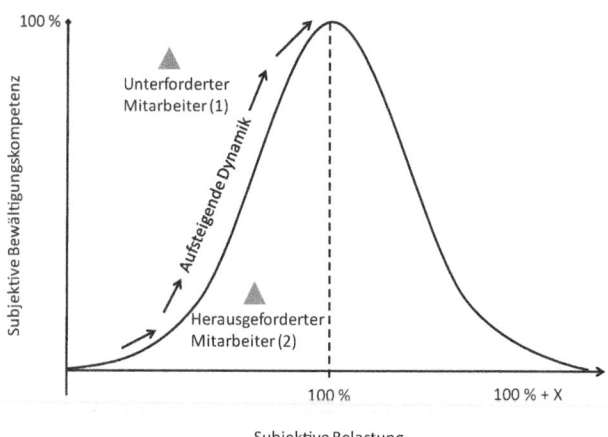

Abb. 5.2 Die aufsteigende Dynamik

Beispiel „herausgeforderter Mitarbeiter"

In einem Kurs für Nachwuchsführungskräfte befand sich Herr Mangei, ein sehr präsenter und smarter junger Mann, der aufgrund seines Auftretens schnell als kompetent und belastbar wahrgenommen wurde. Ihm wurden häufig sehr anspruchsvolle und fordernde Projekte zugeteilt. Seine mangelnde Berufserfahrung – Herr Mangei war branchenfremd – führte dazu, dass er zwar schnell „ja" zu den spannenden Aufträgen sagte, jedoch dann stets vor komplexen Problemen stand, die er nur mit großem Aufwand – z. B. durch Aneignen von fachspezifischem Wissen und dem Aufbau geeigneter Netzwerke – lösen konnte.

In der aufsteigenden Phase sind die zentralen Aspekte der Dynamik „das Wachstum" und „die Entwicklung" (siehe Abb. 5.2). Leistung kann maximiert werden indem entweder Kompetenzen aufgebaut oder Belastung in Form von Anforderungen gestellt werden.

5.3.2 Die absteigende Dynamik

In der Phase der absteigenden Dynamik ist die persönliche Grenze der Bewältigungskompetenz bereits erreicht. Gleichzeitig steigt die subjektiv wahrgenommene Belastung weiter kontinuierlich an. Dadurch erfolgt entweder eine Überforderung oder ein Verschleiß von Ressourcen. Ein Mitarbeiter in der absteigenden Dynamik verliert mit zunehmender Belastung seine dafür zur Verfügung stehenden Bewältigungskompetenzen. Dies geschieht dadurch, dass die verfügbaren Kompetenzen und Ressourcen entweder auf die zunehmende Belastung durch z. B. eine erhöhte Anzahl von Anforderungen (Projekten) aufgeteilt werden müssen, oder dadurch, dass die Kompetenzen tatsächlich schwinden, z. B. die Kompetenz „Selbstsicherheit" durch vermehrte Misserfolge geschwächt wird oder Konzentrationsmängel auftreten. Je stärker das Missverhältnis der beiden Parameter nun ausgeprägt ist, desto mehr entwickelt sich der betroffene Mensch vom einem überforderten zu einem gefährdeten Mitarbeiter.

5.3.2.1 Überforderter Mitarbeiter (3)

Der überforderte Mitarbeiter kann eine geforderte Leistung alleine mit seinen verfügbaren, für die Arbeitsleistung vorgesehenen Bewältigungskompetenzen nicht mehr realisieren. Steigt die Belastung nun weiter, muss der Mitarbeiter alternative Ressourcen mobilisieren und z. B. Freizeit opfern.

Beispiel „überforderter Mitarbeiter"

Die Teamleiterin Debitoren, Frau Seltmann, führte ein Team von acht Mitarbeitern in der Buchhaltung eines Konzerns. Aufgrund der beständigen Veränderungen der Konzernstrukturen, des Wettbewerbsdrucks ausländischer Tochterunternehmen (die sich ebenfalls für die Ausführung der Buchhaltung beworben haben) und häufiger Ausfälle durch Krankheiten im Team übernahm Frau Seltmann nun neben ihren eigenen Aufgaben noch die Vertretungen der Kollegen, Sonderprojekte und Terminsachen. Längst reichte dazu die vorgesehene Arbeitszeit nicht aus und sie musste Überstunden machen und private Bedürfnisse hintanstellen. So konnte sie aufgrund einer Terminenge nicht zu der Hochzeit eines befreundeten Paares fahren und würde auch an Weihnachten bis zum 23. Dezember durchhalten, statt, wie geplant, eine Woche vorher in Urlaub zu fahren. Frau Seltmann glaubte zwar, dass es sich jeweils um temporäre Probleme handelte, die kurzfristig mit etwas Aufwand zu lösen seien. Nach mehreren Monaten musste sie sich jedoch eingestehen, dass ein einfacher Ausgleich ihrer Mehrleistung nicht in Sicht war. Frau Seltmann zog die Reißleine, informierte ihren Vorgesetzten und bat um Unterstützung bzw. um die Lösung des Problems auf übergeordneter Ebene.

5.3.2.2 Gefährdeter Mitarbeiter (4)

Dem gefährdeten Mitarbeiter stehen aufgrund steigender Belastung keine ausreichenden Bewältigungskompetenzen mehr zur Verfügung. Die Gefährdung ergibt sich daraus, dass der Mitarbeiter aber seine tatsächlichen Bewältigungskompetenzen überschätzt bzw. von seiner Führungskraft überschätzt wird und sich fatalerweise der Belastung weiter aussetzt.

Beispiel „gefährdeter Mitarbeiter"

Ein Vertriebsmitarbeiter, Herr Pfeiffer, hatte aufgrund guter Erfolge aus den letzten Jahren ein großes Maß an privater finanzieller Belastung zugelassen. Seiner Familie gab er das Gefühl, auf einem hohen Niveau von Lebensqualität gut abgesichert zu sein. Die vergangenen Monate liefen schlecht. Der Markt hatte sich verändert, Herr Pfeiffer konnte an seine Vertriebserfolge der letzten Jahre nicht mehr anknüpfen. Herr Pfeiffer arbeitete nun Tag und Nacht, steckte Rückschläge und Absagen ein und nahm Erfolge kaum noch wahr. Von den betriebsbedingten Kündigungen blieb er bislang verschont,

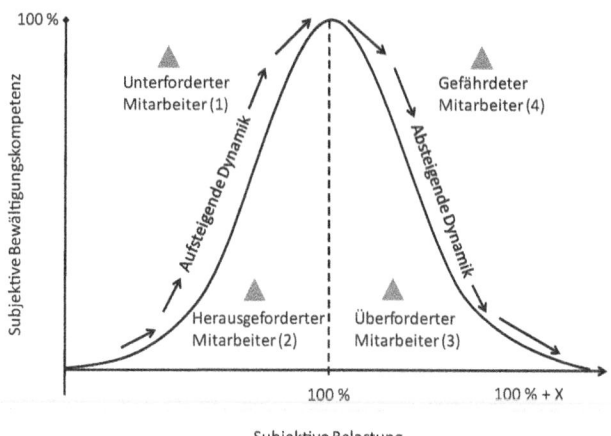

Abb. 5.3 Die aufsteigende und die absteigende Dynamik

aber die „Einschläge" kamen immer näher. Herr Pfeiffer vernachlässigte seine Familie, hatte immer öfter Streit wegen seiner vielen Überstunden und wenn er manchmal mit dem Auto unterwegs war, wünschte er sich, einen Unfall zu haben, um endlich aus dem Hamsterrad aussteigen zu können.

Bei zunehmender, subjektiv empfundener Belastung an der Obergrenze der Bewältigungskompetenz entsteht eine umgekehrte, d. h. negative Entwicklung – die verfügbare Bewältigungskompetenz nimmt mit zunehmender Belastung im Verhältnis und tatsächlich kontinuierlich ab. Die Powerline verzeichnet dadurch eine absteigende Form (siehe Abb. 5.3).

In der absteigenden Phase sind die zentralen Aspekte der Dynamik „der Erhalt" und „die Absicherung". Leistung kann zurückgewonnen werden, indem entweder Belastung reduziert oder Kompetenzen, d. h. Ressourcen, aufgebaut werden. Der Rückgang der subjektiv empfundenen Bewältigungskompetenz kann auch als ein Schutzmechanismus verstanden werden, der dafür sorgt, dass aus einer Überforderung keine Gefährdung wird.

Dazu muss allerdings die entsprechende Grenze wahrgenommen und akzeptiert werden. Gelingt es dem Mitarbeiter dabei, aus der absteigenden Dynamik auszusteigen, kann er sich vor einem Verschleiß schützen. Andernfalls droht Krankheit bis hin zu Burnout (siehe Kap. 8, Die Dynamik von Burnout).

5.3.3   Die Mittellinie und der Wendepunkt

Der Wendepunkt, an dem sich die aufsteigende in die absteigende Dynamik umkehrt, kennzeichnet im Modell den Punkt, an dem der maximalen Ausprägung subjektiv empfundener Bewältigungskompetenz eine „theoretisch" maximale Belastung gegenübersteht. Erreicht ein Mensch diesen Punkt, entspricht seine realisierte Leistung seiner persönlichen

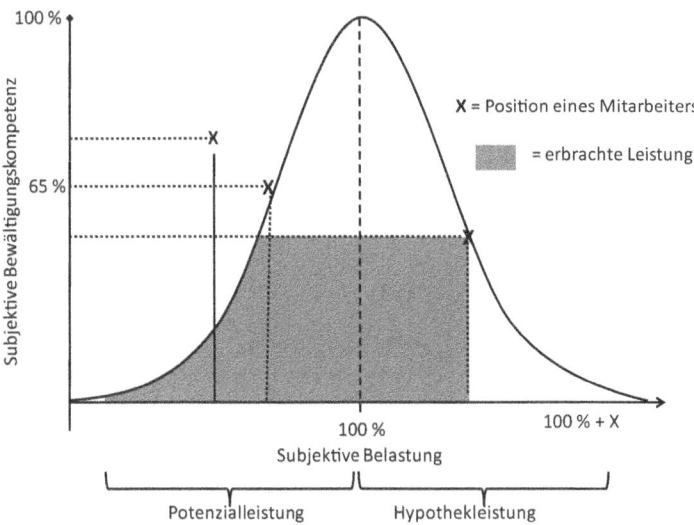

Abb. 5.4 Die Potenzial- und die Hypothekleistung

Spitzenleistung. Wird der Punkt dadurch überschritten, dass die Belastung steigt, reduziert sich die subjektiv verfügbare Bewältigungskompetenz. In diesem Zusammenhang verstehen wir unter der Spitzenleistung nicht maximale Leistung im Sinne der Quantität, sondern die anspruchsvollste und hochwertigste Leistung im Sinne der Qualität. Die Belastung, die dem individuellen Maximum der Bewältigungskompetenz gegenüberstehen muss, um eine Spitzenleistung abzurufen, kennzeichnet dabei die 100-Prozent-Marke, d. h. die Mittellinie. An diesem Punkt der Powerline findet eine entscheidende und sehr kritische Veränderung statt. Tritt nun eine weitere Erhöhung der subjektiv empfundenen Belastung auf, d. h. steigt sie über 100 %, steht dem nun keine ausreichende subjektiv empfundene Bewältigungskompetenz mehr gegenüber. Es entsteht eine Überforderung, die die subjektiv empfundene Bewältigungskompetenz, bei andauernder oder weiter steigender Belastung, zunehmend schmälert. Statt Entwicklung und Aufbau von Bewältigungskompetenz, wie in der aufsteigenden Dynamik, entstehen Stress und Verschleiß von Ressourcen.

Die Mittellinie zeichnet also die definierte Soll-Belastung (100 %) des jeweiligen Mitarbeiters ab, um diesen zu seiner individuellen Spitzenleistung zu führen.

5.3.4 Potenzialleistung und Hypothekleistung

Die Leistung, die ein Mitarbeiter tatsächlich erbringt bzw. potenziell erbringen kann, wird im Powerline-Modell als Fläche unterhalb der Leistungskurve abgebildet (siehe Abb. 5.4).

Leistung, die links von der Mittellinie in Abb. 5.4 unterhalb der Leistungskurve realisiert wird, ist Potenzialleistung. Das Potenzial der möglichen Leistung kann entweder

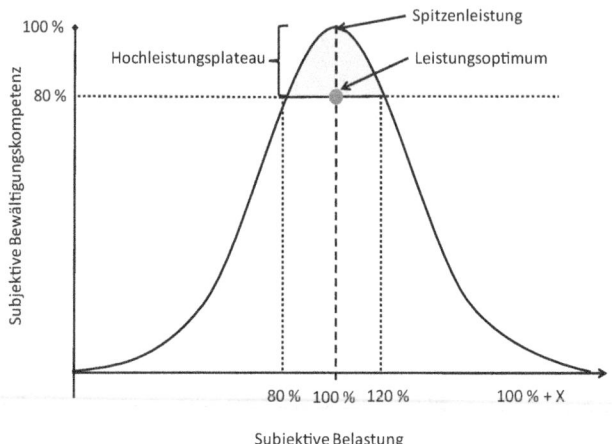

Abb. 5.5 Das Hochleistungsplateau

durch eine Steigerung der Belastung und/oder durch eine Erhöhung der Bewältigungs-kompetenz erreicht werden. Die Potenzialleistung ist die Leistung, die durch eigene Kraft und Nutzung der vorhandenen Ressourcen erbracht werden kann.

Leistung, die rechts von der Mittellinie realisiert wird, ist Hypothekleistung. Die Leistung, die hier geschaffen wird, folgt den gleichen Gesetzmäßigkeiten. Allerdings erbringt der betroffene Mitarbeiter die Leistung hier nicht mehr alleine aus den arbeitsbezogenen Ressourcen, sondern nimmt Anleihe aus Ressourcen, die eigentlich zur Erfüllung seiner persönlichen Bedürfnisse vorgesehen sind. Der Preis dafür wird in Form von Freizeit, Wohlbefinden, sozialen Kontakten, Gesundheit, erhöhten Risiken und Verschleiß bezahlt. Diese Ressourcen werden als Darlehen gewährt und müssen „zurückgezahlt", d. h. ausgeglichen, werden.

5.3.5 Das Hochleistungsplateau

In Abb. 5.5 ist das Hochleistungsplateau dargestellt. Im oberen Segment der Leistungs-kurve befindet sich der entscheidende Bereich der Leistungserbringung, den wir im Po-werline-Modell als Hochleistungsplateau bezeichnen. Das Hochleistungsplateau liegt auf Höhe der 80-prozentigen Bewältigungskompetenz und damit im Rahmen der 80 bis 120 % Belastung. Dazu ist noch einmal wichtig zu wissen, dass sich die Komplexität der Bewälti-gungskompetenzen, wie bereits erläutert, mit steigenden Werten erhöht. Das heißt in der Konsequenz, dass die letzten 20 % der Bewältigungskompetenz auf dem Hochleistungs-plateau schwieriger zu erschließen sind, aber auch qualitativ hochwertigere Leistungen er-möglichen, die sich durch Qualität statt Quantität auszeichnen.

Am Übergang zum Hochleistungsplateau ist ein betroffener Mensch sehr gut in der Lage, ausreichend Bewältigungskompetenz abzurufen, um eine anspruchsvolle Situation derart zu gestalten, dass sie kontrollierbar bleibt.

In dem Raum oberhalb des Hochleistungsplateaus, links der Mittellinie, macht der betroffene Mitarbeiter wertvolle Grenzerfahrungen in Bezug auf die Erschließung komplexer und anspruchsvoller Bewältigungskompetenzen. Hier wird deutlich, was genau ihm fehlt, um zu seiner individuellen Spitzenleistung zu gelangen. Grenzerfahrung deswegen, weil das Risiko des Scheiterns bezogen auf die Kompetenz sehr hoch ist. In diesem Bereich bewegen sich nur noch wenige Menschen, die sich dieser Grenzerfahrung stellen. Der Wert liegt hier in der Exklusivität der Leistungsfähigkeit auf diesem Niveau.

In dem Raum oberhalb des Hochleistungsplateaus, rechts der Mittellinie, macht der betroffene Mitarbeiter wertvolle Grenzerfahrungen in Bezug auf seine Belastbarkeit. Hier wird deutlich was er zur Erweiterung seiner Widerstandsfähigkeit aufbringen muss und was der Preis dafür ist. Grenzerfahrung deswegen, weil das Risiko der Gefährdung und des Ausfalls/Zusammenbruchs hoch ist. Der Wert, sich dieser Grenzerfahrung zu stellen, liegt darin, im Wettbewerb der Ausdauerndere zu sein.

Diese Grenzerfahrungen können also positiv wirken und dafür sorgen, dass Belastbarkeit und Kompetenz aufgebaut werden (siehe Kap. 4.3.1, Leistungssteigerung durch den Effekt der Superkompensation). Die geforderte Leistung kann, nach einer erfolgreichen Bewältigung, zukünftig stabiler erbracht werden.

Wird die Erfahrung negativ bewertet, sinkt die subjektiv empfundene Bewältigungskompetenz. In den Vordergrund treten Vermeidungstendenzen bzw. ineffiziente Bewältigungsstrategien, wie z. B. Aushalten oder Flucht, die sich bezogen auf die Leistungserbringung negativ auswirken. Der Mensch fühlt sich zunehmend hilflos und ausgeliefert.

5.3.6 Das Leistungsoptimum

Auf dem Plateau der Hochleistung befindet sich auch das Leistungsoptimum. Die theoretisch optimale Leistung findet bei einer 100-prozentigen Belastung und einer 80-prozentigen Bewältigungskompetenz statt. Hier verbleiben 20 % Bewältigungskompetenzen als Puffer für Spitzenleistungen. Das heißt, bei gleichbleibender Belastung kann die Leistung weiter erhöht werden, indem die Kompetenzen ausgeschöpft werden. Ein Optimum beschreibt dieser Punkt deshalb, weil ein Mitarbeiter an diesem Punkt ein sehr gutes Verhältnis von Aufwand und Ertrag aufweist und nachhaltig von diesem Punkt aus agieren kann, ohne Risiko, dabei zu verschleißen.

Grafisch ergibt sich aus dem Leistungsoptimum und den Bereichen kurz davor und kurz dahinter, d. h. dem Hochleistungsplateau, ein wichtiger Gestaltungsraum für Sie als Führungskraft. Das Hochleistungsplateau ist deshalb interessant, weil hier hochwertige attraktive Leistung abgerufen werden kann, jedoch unter anspruchsvollen Bedingungen. Ist die Belastung noch nicht ausgereizt (< 100 %), empfindet sich der Mitarbeiter auf einem hohen Leistungsniveau in einem guten Verhältnis von geforderter Belastung und verfügbarer Bewältigungskompetenz. Hier ist dauerhaft eine hohe Leistungserbringung möglich. Im Bereich direkt um den Wendepunkt herum sind Leistungen nur noch unter erhöhtem Risiko (z. B. unvorhergesehene zusätzliche Aufgaben, mangelnde Ressourcen, persönliche

Schwächen, Krankheit etc.) abrufbar. Mitarbeiter, die sich in diesem Feld bewegen, empfinden sich an ihrem persönlichen Limit, teilweise auch bereits darüber hinaus. Kurzfristig sind hier Höchstleistungen realisierbar. Dauern diese Bedingungen aber an, wird das Eintreten der Risiken wahrscheinlich. Steigt die Belastung weiter kontinuierlich an, wird Leistung in einem Zustand hoher Überforderung mit entsprechend hohem Verschleiß erbracht. In diesem Bereich steht die Leistung in einem kritischen Verhältnis zum Risiko des Ausfalls oder der nachhaltigen Schädigung.

Um Mitarbeiter nachhaltig in einem Zustand hoher Leistungserbringung zu halten, ist es wichtig, das Potenzial der subjektiven Bewältigungskompetenz nicht vollständig auszuschöpfen. So bleibt immer eine Reserve zur Bewältigung von Risiken erhalten. Nur so können Überforderung und Verschleiß verhindert werden.

Und hier liegt eine der wesentlichen Einflussgrößen, über die Sie als Führungskraft verfügen. In der konstruktiven Auseinandersetzung mit der subjektiven Sicht der Mitarbeiter auf deren Situation und die alltäglichen Herausforderungen liegt eine Ressource für die Schaffung von Leistungsfähigkeit. Gelingt hier eine vertrauensvolle und von echtem Interesse geleitete Kommunikation, kann ein optimales Verhältnis von subjektiv empfundener Belastung und subjektiv empfundener Bewältigungskompetenz hergestellt sowie können maximale Belastungsgrenzen entwickelt werden.

5.4 Das Zusammenspiel der Leistungs- und der Belastungsgrenze im Powerline-Modell

Als Führungskraft wissen Sie, dass Sie mit Ihren Mitarbeitern an der Leistungsgrenze wertvolle Punkte für den Wettbewerb sammeln können. Aber hier liegen auch Risiken und Gefahren, die schnell auf einen Verlust von Ressourcen und damit von Leistung hinauslaufen können. Deshalb lohnt es sich, Grenzerfahrungen zu machen, aber gleichzeitig für die notwendige Sicherheit zu sorgen.

Um an der Leistungsgrenze kontrolliert und sicher zu führen, ist es entscheidend, die individuell mögliche Spitzenleistung eines Mitarbeiters genau zu kennen. Die Leistung eines Menschen orientiert sich an der von ihm subjektiv wahrgenommenen Belastung und der ebenfalls subjektiv wahrgenommenen Bewältigungskompetenz. Anhand dieser beiden Parameter definiert sich, inwieweit ein einzelner Mitarbeiter sein Leistungspotenzial abrufen kann, ohne dabei überfordert oder verschlissen zu werden.

In Kap. 4, Der Irrtum an der Leistungsgrenze, haben wir bereits die Leistungs- und die Belastungsgrenze beschrieben. Wir wollen hier noch einmal diese Beschreibung auf die Systematik des Powerline-Modells übertragen und das Zusammenspiel bzw. die Abhängigkeiten zwischen den beiden Grenzen sowie der dazugehörigen Parameter beschreiben.

Im Vertrauen darauf, dass die Funktionalität beider Grenzen, der Belastungs- und der Leistungsgrenze, Sinn machen und wertvolle Erkenntnisse und Erfahrungen bieten, gehen wir hier noch einen Schritt weiter und betrachten das Zusammenspiel der beiden spezifischen Grenzen (siehe Abb. 5.6).

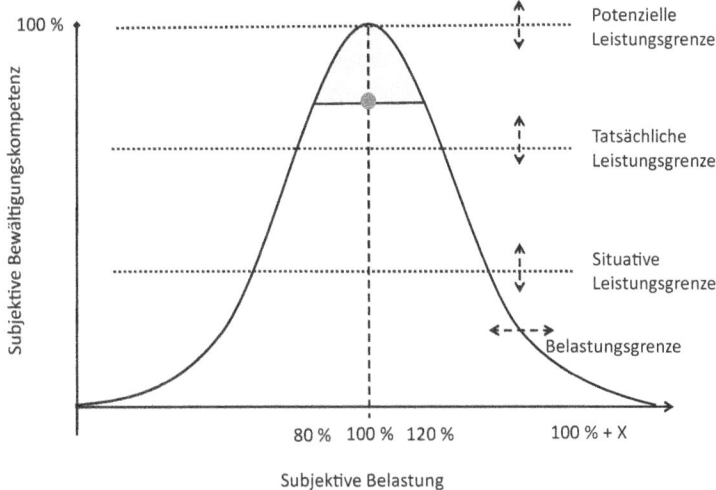

Abb. 5.6 Die Leistungs- und die Belastungsgrenze

Obwohl nicht identisch, hängen die Belastungsgrenze und die Leistungsgrenze logisch und funktional zusammen.

a. Die Ausschöpfung der Belastungsgrenze frisst Bewältigungskompetenzen und reduziert damit die qualitative Leistungsfähigkeit, die situative Leistungsgrenze sinkt.
b. Je niedriger die Leistungsgrenze ist, d. h. je weniger Kompetenzen zur Verfügung stehen, desto mehr Druck muss aufgebaut werden, um Leistung zu generieren.
c. Neu erworbene Kompetenzen durch Überschreiten der Leistungsgrenze erhöhen die Leistungsfähigkeit und schonen die Belastungsgrenze.
d. Zunehmende Belastung macht den Bedarf an Kompetenzen deutlich und initiiert Weiterentwicklung.
e. Die Erfahrung an der Belastungsgrenze kann zu einer Steigerung der Widerstandsfähigkeit führen.

▶   Belastung ohne adäquate Kompetenzen ist Ausbeutung. Kompetenzen ohne adäquate Belastung sind Verschwendung.

So kann die Belastungsgrenze das Niveau der tatsächlichen Leistungsgrenze reduzieren, wenn z. B. Kraftreserven bereits verbraucht wurden und kurzfristig keine Regeneration mehr möglich ist. Im Sport können wir das dann erleben, wenn ein Sportler zu Beginn eines Wettkampfs Hochleistungen erbringt, diese aber im Verlauf der fortschreitenden Veranstaltung nicht halten kann, weil ihm vielleicht die Kraftreserven fehlen – seine Belastungsgrenze ist erreicht, seine gewohnte Leistung nicht mehr abrufbar.

Die Erfahrungen an der Belastungsgrenze dienen aber auch dem Durchhaltevermögen an der Leistungsgrenze. Ohne die Sicherheit, belastbar zu sein, kann sich ein Mensch keinem größeren (existenziellen) Risiko an der Leistungsgrenze aussetzen. Der Betroffene muss sich seiner Kraft und Widerstandsfähigkeit bewusst sein und aus den Erfahrungen an der Belastungsgrenze heraus wissen, dass er einiges bewältigen und aushalten kann. Und er muss gleichzeitig auch wissen, dass er noch Reserven hat und Kraft und Energie noch zur Verfügung stehen. Wenn ein Mensch beständig an seiner Belastungsgrenze steht, hat er irgendwann definitiv keine Energiereserven mehr. Wenn er aber nie an seiner Belastungsgrenze war, weiß er gar nicht, was er sich alles zutrauen kann und wann seine Reserven zur Neige gehen. Daher ist es entscheidend, seine Belastungsgrenze zu kennen, um einschätzen zu können, wie viel Reserve noch verbleibt. Man sollte die Belastungsgrenze nur im Notfall ausreizen. Die Leistungsgrenze darf ausgereizt werden.

Wenn alle Ressourcen verbraucht sind, frisst die andauernde bzw. steigende Belastung Kompetenzen. Das heißt, die Qualität der erbrachten Leistung sinkt, es kommt zu Leistungseinbußen. Hier minimiert die Belastungsgrenze die tatsächliche Leistungsgrenze und korrigiert diese nach unten in Richtung der situativen Leistungsgrenze. Es kann aber auch sein, dass ein Überschreiten der Belastungsgrenze zu einem kompletten Ausfall führt und keinerlei Leistung mehr erbracht werden kann. Dies wäre dann z. B. der Fall, wenn ein Mitarbeiter einen Burnout erleidet. Man kann grundsätzlich sagen, dass ein Burnout niemals an der Leistungsgrenze, sondern ausschließlich an der Belastungsgrenze stattfindet. Wobei beide zeitgleich aufeinandertreffen können.

5.5   Leistungsmanagement im Führungsprozess

Aus der Logik des Powerline-Modells heraus lassen sich nun Regeln für das Leistungsmanagement im Führungsprozess ableiten. Diese Regeln können in Form einer Handlungsstrategie, bestehend aus drei zentralen Schritten, dargestellt werden. Zur Abrundung des Kapitels „Das Powerline-Modell" möchten wir Ihnen nun einen kurzen Überblick dazu geben. Im nachfolgenden Kap. 6, Das Instrumentarium zum Leistungsoptimum, haben wir dann für die einzelnen Positionen, die Ihre Mitarbeiter im Powerline-Modell einnehmen können, Instrumente und Führungsansätze entwickelt, die sich auf diese Handlungsstrategien beziehen und Sie bei der Umsetzung unterstützen. In diesem Zusammenhang gehen wir auch noch einmal ausführlich auf die einzelnen Schritte der Handlungsstrategie ein.

> **Die Handlungsstrategie zum Leistungsmanagement im Führungsprozess – drei Schritte zur Spitzenleistung**
>
> **1. Schritt: unter die Leistungskurve**
>   Im Powerline-Modell entsteht Leistung unterhalb der Kurve. Daher ist die erst logische Ableitung für den Führungsprozess, alle Mitarbeiter unter die Leistungskurve zu bringen.

2. Schritt: zum Leistungsoptimum
Die attraktivste und stabilste Position zur Leistungserbringung unterhalb der Kurve ist das Leistungsoptimum. Hier wird bereits hochwertige Leistung erbracht und von hier ausgehend sind Spitzenleistungen möglich. Die zweite logische Ableitung für den Führungsprozess ist deshalb die Erreichung des Leistungsoptimums.

3. Schritt: in die Spitzenleistung
Vom Leistungsoptimum aus ist der nächste logische Schritt die Spitzenleistung. Sie ist die Krönung des Führungsprozesses. Allerdings erreichen diese Position nur noch wenige Mitarbeiter und Führungskräfte. Sie ist aber in jedem Fall ein wichtiger Orientierungspunkt und daher stets anzustreben.

Um zum Leistungsoptimum zu gelangen, stellen wir Ihnen im folgenden Kapitel die „Drei-Punkt-Peilung", den „Führungsnavigator" sowie das „Prinzip der Auftragsverhandlung" vor.

Wenn Sie darüber hinaus Mitarbeiter in die Spitzenleistung führen wollen, erhalten Sie in Kap. 7, Die Mechanismen in die Spitzenleistung, spannende Anregungen zur Arbeit auf dem Hochleistungsplateau.

Das Instrumentarium zum Leistungsoptimum

6

Die zentrale Verantwortung, die Sie in der Rolle als Führungskraft übernehmen, haben wir in den vorangegangenen Kapiteln ausführlich beschrieben. Im Spannungsfeld zwischen Wirtschaftlichkeit und Menschlichkeit tragen Sie Verantwortung für den unternehmerischen Erfolg Ihres Arbeitgebers. Außerdem sind die Ihnen anvertrauten Mitarbeiter darauf angewiesen, dass Sie deren Gesundheit und berufliche Sicherheit bedenken und achten und dass Sie sich aktiv für sie einsetzen.

Eines der größten Risiken, neben unternehmerischen Fehlentscheidungen, ist es, Mitarbeiter zu verlieren, d. h. Leistungsträger und deren Kompetenzen. Es liegt also in Ihrem Interesse, sowohl wirtschaftliche als auch menschliche Ausfälle zu vermeiden. Gleichzeitig ist es eine große Herausforderung im Führungsprozess, Menschen an ihre Leistungsgrenze heranzuführen, weil hier die direkte Verantwortung für den einzelnen Menschen spürbar wird.

Wenn Sie die zentrale Frage nach der möglichen Übernahme dieser Verantwortung für sich positiv beantwortet haben, dann haben Sie bereits eine wichtige Grundlage für eine erfolgreiche Führungsleistung im Powerline-Modell geschaffen.

Wir stellen Ihnen in diesem Kapitel nun ein Instrumentarium zur Verfügung, das Sie bei der Aufgabe unterstützt, mit Ihren Mitarbeitern nachhaltig und dauerhaft auf einem hohen Niveau Wertschöpfung zu erzielen. Das Instrumentarium bezieht sich auf die Nutzung des Powerline-Modells und ist auf das Spannungsfeld zwischen Wirtschaftlichkeit und Menschlichkeit ausgerichtet. Es setzt genau dort an, wo sich dieses Spannungsfeld entlädt und Energie freisetzt – an der individuellen Leistungs- und Belastungsgrenze von Mitarbeitern. Ein verantwortungsvoller Umgang mit Mitarbeitern wird ermöglicht, ohne deren Leistungspotenziale ungenutzt zu lassen. Es bietet Mitarbeitern Wachstumschancen und Entwicklung und schützt sie gleichzeitig vor ungesunder Überlastung und Verschleiß.

S. Basler, K. Gattinger, *Führen an der Leistungsgrenze,*
DOI 10.1007/978-3-658-04316-2_6, © Springer Fachmedien Wiesbaden 2014

6.1 Der Führungsauftrag an der Leistungs- und an der Belastungsgrenze

Das Maximum an hochwertiger Leistung wird in der Spitzenleistung gewonnen. Ungeachtet der äußeren Anforderungen hat jeder Mensch aber auch eine ganz individuelle, sprich seine tatsächliche Leistungsgrenze. Wir haben bereits im Zusammenhang mit dem Powerline-Modell (Kap. 5.2, Die Bedeutung der Subjektivität) die Bedeutung der Subjektivität für diese Leistungsgrenze beschrieben.

Für Sie als Führungskraft ist es ein spannender und zentraler Auftrag im Rahmen Ihrer Führungsverantwortung herauszufinden, zu welcher persönlichen Leistung Ihre Mitarbeiter jeweils fähig sind. Oft wissen diese selbst nicht, welche Potenziale in ihnen stecken und gehen deshalb erst gar nicht an ihre Leistungsgrenze heran. Oder sie überschätzen sich und fordern bzw. übernehmen mehr Verantwortung als sie tragen können.

Wie bereits in den vorangegangenen Kapiteln (Kap. 4, Der Irrtum an der Leistungsgrenze und Kap. 5, Das Powerline-Modell) beschrieben, unterscheiden wir zwischen der Leistungs- und der Belastungsgrenze.

Die **Belastungsgrenze** ist dann erreicht, wenn ein Mensch den Anforderungen, die an ihn gestellt werden, über einen längeren Zeitraum nicht mehr gerecht werden kann. Dies kann sich aus seiner ganz persönlichen Bewertung der Situation heraus so ergeben oder mit Restriktionen im Rahmen der Anforderungen zusammenhängen. Einer Belastung muss stets eine adäquate Kompetenz gegenüberstehen, damit sich daraus Leistung entwickelt. Fehlt diese Kompetenz bzw. steht sie situativ nicht zur Verfügung, entsteht eine Überforderung, die dann auf die Belastungsgrenze zusteuert.

Die **Leistungsgrenze** zeigt sich dagegen dort, wo sich unter einer optimalen Ausschöpfung aller aktuell verfügbaren Bewältigungskompetenzen keine Leistungssteigerung mehr ergibt. So kann es sein, dass ein Mitarbeiter zwar hochgradig belastet ist, die erbrachte Leistung aber unter seinen tatsächlichen Möglichkeiten liegt.

Beispiel „Leistungs- versus Belastungsgrenze"

Eine Medizinstudentin steht kurz vor der Prüfung zum Physikum. Ihr ist bewusst, dass sie bei mehrmaligem Nichtbestehen unter Umständen ihre Studienzulassung verliert. Sie hat sich bestens vorbereitet und kann den fachlichen Stoff „im Schlaf" aufsagen. Ihre aktuelle Leistungsgrenze ist sehr hoch. Am Tag der Prüfung bekommt sie dann allerdings mit, wie vor ihr mehrere Kommilitonen durch die Prüfung fallen. Ihre Nervosität nimmt zu und Angst macht sich breit. In der Prüfung ist sie plötzlich unkonzentriert, hat Schweißausbrüche und mehrfach einen kurzen Blackout. Sie besteht die Prüfung knapp. Auf dem Nachhauseweg ärgert sie sich furchtbar, da ihr bewusst ist, dass sie aufgrund der Ängste weit unter ihren Möglichkeiten geblieben ist. Die aktuelle Leistungsgrenze der Studentin lag – aufgrund der optimalen Vorbereitung – im oberen Bereich. Allerdings konnte sie zum Zeitpunkt der Prüfung nicht auf alle notwendigen

Bewältigungskompetenzen zugreifen. Sie stand an der Belastungsgrenze, nicht jedoch an ihrer aktuellen Leistungsgrenze.

Die Leistungsgrenze eines Menschen hat nur wenig mit der tatsächlichen Belastung (im physikalischen Sinne) zu tun. Sie können als Führungskraft also nicht einfach berechnen, wann eine Belastung zu hoch ist oder wann ein Mitarbeiter noch Reserven besitzt. Hier braucht es Ihr Gespür und die persönliche Auseinandersetzung mit den jeweiligen Mitarbeitern in einer konkreten Situation.

6.2 Der Führungsprozess zum Leistungsoptimum

Im Powerline-Modell ist der Punkt des Leistungsoptimums (siehe Kap. 5.3.6, Das Leistungsoptimum) ein zentraler und führungsstrategischer Zielpunkt. Ein Mitarbeiter, der aus dieser Position heraus agiert, kann auf seine Bewältigungskompetenzen barrierefrei zurückgreifen und bewegt sich hinsichtlich der subjektiv empfundenen Belastung um die 100 % herum. Das Leistungsoptimum ist der ideale Ausgangspunkt zur Entwicklung von Spitzenleistungen. Es sind noch Bewältigungskompetenzen vorhanden, die durch zusätzliche Anforderungen in Leistung umgesetzt werden können.

Um Höchstleistungen abrufen und zuverlässig zur Verfügung stellen zu können und stressbedingte Leistungsausfälle bis hin zu Burnout zu vermeiden, braucht es ein systematisches Absichern der Leistungsfähigkeit der einzelnen Mitarbeiter. Es wäre schade, wenn Mitarbeiter dauerhaft unter ihren Möglichkeiten bleiben müssten, weil Sie als Führungskraft das Potenzial nicht erkennen bzw. sich nicht trauen, es abzurufen. Gleichfalls wäre es fatal, wenn Sie ohne Rücksicht auf die persönliche Konstitution der Mitarbeiter stets Höchstleistungen fordern und dadurch Menschen gefährden würden. Hier finden Sie sich schnell im dem Spannungsfeld wieder, das wir bereits in Kap. 2, Die Führungskraft im Spannungsfeld, beschrieben haben.

Der Punkt des Leistungsoptimums stellt sicher, dass Sie einerseits eine nachhaltig verfügbare Hochleistung Ihrer Mitarbeiter mit Raum für Spitzenleistungen abrufen und andererseits nicht Gefahr laufen, die Ressourcen und das Potenzial von Mitarbeitern durch Überforderung zu verbrennen.

Es ist also ein zentrales Führungsziel, Mitarbeiter an das Leistungsoptimum heranzuführen und dort zu halten.

In Ihrem Führungsverständnis müssen Sie nun drei wesentliche Aspekte berücksichtigen, um bei der Steuerung des Leistungsmanagements Ihrer Mitarbeiter über das Powerline-Modell Wirkung zu erzielen:

1. als Führungskraft präsent sein
2. Mitarbeiter und Situation realistisch einschätzen
3. verantwortlich und beherzt handeln

6.2.1   Als Führungskraft präsent sein

Die Präsenz einer Führungskraft, die sich z. B. in der Erreichbarkeit, in einer vertrauensvollen und belastbaren Beziehung und der Aufmerksamkeit bzw. Wertschätzung gegenüber den Mitarbeitern zeigt, hat einen großen Effekt auf eine zuverlässige und nachhaltige Leistungserbringung.

Wir haben festgestellt, dass insbesondere in Unternehmen, in denen Mitarbeiter und Führungskräfte sich tagtäglich begegnen, wo Türen offenstehen und die Hierarchien flach sind, stressbedingte Leistungsausfälle seltener sind. Zwar ist dies kein „Selbstläufer" und keine Garantie für ein nachhaltig hohes Leistungsniveau, aber es ist eine positive Grundlage für ein wirtschaftlich und menschlich austariertes Führungshandeln.

Erschwert wird dies in Umfeldern, wo durch „Führen auf Distanz", z. B. in der Dienstleistungsbranche, durch anonyme Organigramme mit vielen Hierarchieebenen und zunehmende Selbstbestimmung der Mitarbeiter bei gleichzeitigem Verlust an Beziehung, „Freiräume" geschaffen werden ohne den Gegenpart der Orientierung. Hier werden Mitarbeiter einfach alleine gelassen.

Durch die Anwendung des Instrumentariums, insbesondere der Fragebögen zum Vergleich des Selbst- und Fremdbildes aus der *Drei-Punkt-Peilung* (Kap. 6.3.1), der Führungsstrategie und der Handlungsempfehlungen aus dem *Führungsnavigator* (Kap. 6.3.4) sowie der *Auftragsverhandlung* (Kap. 6.4) werden Möglichkeiten geschaffen, als Führungskraft präsent zu sein.

Die Anwendung der genannten Instrumente findet im Rahmen der Beschäftigung mit der Leistungsfähigkeit Ihrer Mitarbeiter statt. Als Führungskraft sind Sie aber bereits viel früher gefordert, eine stabile Präsenz im Arbeitsalltag zu schaffen.

6.2.2   Mitarbeiter und Situation realistisch einschätzen

Jedes Umfeld birgt charakteristische Risiken und Belastungen, die je nach Beschaffenheit mehr oder weniger Wirkung erzeugen. Dem gegenüber steht der Mensch, der mit seiner individuellen Ausstattung von Eigenschaften, Fähigkeiten und Kompetenzen diesen Risiken und Belastungen begegnet.

Beide Aspekte – die aktuelle Belastung und die verfügbare Bewältigungskompetenz – werden wiederum vom Menschen noch einmal individuell bewertet. Daraus ergibt sich der subjektive Anteil, der wie ein Faktor in der Mathematik sowohl die Belastung als auch die eigenen Bewältigungskompetenzen erneut „berechnet". Das Ergebnis dieser Gleichung ist die eigentliche Grundlage seiner Leistungsfähigkeit. Angenommen ein Mitarbeiter erhält eine aus Ihrer Sicht „mittelschwere" Aufgabe. Er selbst bewertet diese Aufgabe aber als hohes Risiko, weil er vielleicht sein persönliches Ansehen in der Firma davon abhängig macht, dann ergibt sich daraus ein um ein Vielfaches höherer Belastungswert. Wenn dieser

Mitarbeiter schließlich seine eigenen Bewältigungskompetenzen unter- oder überschätzt, ergibt sich daraus wiederum eine völlig neue Konstellation.

Eine Führungskraft muss daher, um ihre Mitarbeiter optimal hinsichtlich deren Leistungserbringung führen zu können, die individuelle Einschätzung ihrer Mitarbeiter nachvollziehen und daraus entsprechendes Führungshandeln ableiten. Dazu muss eine Führungskraft die Rahmenbedingungen, unter denen ein Mitarbeiter arbeitet, kennen und bewerten. Und sie muss das Selbstverständnis dieses Mitarbeiters, sein Selbstbewusstsein, seine Erfahrungen und seine körperliche sowie psychische Verfassung kennen.

Hinsichtlich einer möglichst realistischen Betrachtung Ihrer Mitarbeiter erhalten Sie im Rahmen des vorgestellten Instrumentariums Unterstützung durch die *Drei-Punkt-Peilung* (Kap. 6.3.1).

6.2.3 Verantwortlich und beherzt Handeln

Wenn Sie als Führungskraft Wirkung erzeugen, werden Sie spürbar sein. Wir haben bereits im Kap. 2, Das Spannungsfeld der Führungskraft, die „Schuldfähigkeit" der Führungskraft hervorgehoben. Als Gestalter des Spannungsfeldes sind Sie Akteur und als solcher oft Auslöser von Konflikten, Erzeuger von Reibung, derjenige, der Grenzen zieht bzw. bestimmt und verteidigt und derjenige, der Mitarbeiter an Grenzen heranführt.

Wenn Sie nicht wegschauen, wenn Sie die Verantwortung und die Einflussmöglichkeiten Ihrer Position wahrnehmen, dann sind Sie gefordert, zu handeln bzw. dann handeln Sie bereits. Dabei können Sie Positives bewirken, Erfolge schaffen und Entwicklungen möglich machen. Aber Sie können auch Fehler machen. Wer Verantwortung übernimmt und damit sichtbar wird, geht ins Risiko. Fehlentscheidungen drohen und als Vermittler der beiden Positionen Wirtschaftlichkeit und Menschlichkeit können Sie nur selten beiden Seiten zu 100 % gerecht werden.

Als erfolgreiche Führungskraft werden Sie also handeln – so oder so. Im Rahmen des Instrumentariums erhalten Sie Unterstützung dabei, Ihr Handeln auf die jeweiligen Positionen Ihrer Mitarbeiter im Powerline-Modell optimal abzustimmen.

Wenn Sie sich mit Ihren Mitarbeitern und deren Arbeitsumfeld bewusst beschäftigen und für Ihre Mitarbeiter präsent sind, werden Sie daraus Rückmeldungen erhalten. Sie werden so die Situationen erkennen, in denen Sie in Ihrer Rolle als Führungskraft handeln müssen.

Für solche Situationen bietet Ihnen das Instrumentarium Hilfe in Form von Leitfäden und Handlungsplänen aus dem *Führungsnavigator des jeweiligen Mitarbeiters* (Kap. 6.3.4) und im Rahmen der *Auftragsverhandlung* (Kap. 6.4).

6.3 Das Instrumentarium

Das Instrumentarium zur Nutzung des Powerline-Modells setzt sich aus den folgenden Komponenten zusammen:

1. der Positionsbestimmung der Mitarbeiter (Drei-Punkt-Peilung)
2. den Führungsstrategien
3. den Führungshandlungen (Führungsnavigator)

6.3.1 Die Drei-Punkt-Peilung

Um eine Position, z. B. bei der Navigation, bestimmen zu können, werden normalerweise mehrere verschiedene „Landmarken" verwendet. Aus der Peilung dieser Landmarken heraus können Standorte abgeleitet werden.

Wir möchten Ihnen nun ein Instrument an die Hand geben, das es Ihnen ermöglicht, Ihre eigene Position und die Position Ihrer Mitarbeiter zu bestimmen. Als Landkarte dient Ihnen dabei das Powerline-Modell. Die Positionen im Powerline-Modell können subjektiv unterschiedlich eingeschätzt werden, je nachdem aus welcher Perspektive sie betrachtet werden. So haben Sie sicherlich einen anderen Blick auf Ihren Mitarbeiter, als dieser vielleicht selbst. Den Positionen können Sie sich daher lediglich annähern. Sie stellen keine absoluten bzw. objektiven Landmarken dar.

Im Grunde genommen können Sie die jeweiligen Positionen nur durch Feedback und Auslotung bestimmen – ähnlich einem Radar bzw. Echolot. Außerdem sind die Positionen flexibel, d. h. sie können sich verändern und müssen dann neu bestimmt werden.

Was genau bilden die Positionen im Powerline-Modell nun ab? Sie geben darüber Auskunft, wo ein Mitarbeiter sich im Hinblick auf die subjektive Bewertung seiner momentanen Belastung und seiner zur Verfügung stehenden Bewältigungskompetenzen aktuell befindet. Dabei kann es – wie gesagt – sein, dass sich seine eigene Einschätzung von der einer externen bzw. fremden Einschätzung, z. B. Ihrer, unterscheidet.

Wir nutzen nun diese verschiedenen Perspektiven, um daraus eine brauchbare Positionsbestimmung abzuleiten. Je mehr Perspektiven zur Verfügung stehen, desto mehr Informationen können ausgewertet werden. Ein besonderer Nutzen entsteht dabei in der Verknüpfung der Informationen. Im Powerline-Modell gelingt dies mithilfe einer Drei-Punkt-Peilung.

6.3.1.1 Die drei Landmarken

Die unterschiedlichen Perspektiven, aus der Sie die Position Ihrer Mitarbeiter ableiten können, sind:

Tab. 6.1 Beispiel einer intuitiven Einschätzung der Mitarbeiter A–F

Nr.	Mitarbeiter	Subjektive Belastung (0 – unendlich)	Subjektive Bewältigungs- kompetenz (0–100 %)	Position im Powerline-Modell
1	Mitarbeiter A	130	80	Gefährdet
2	Mitarbeiter B	60	85	Unterfordert
3	Mitarbeiter C	80	40	Herausgefordert
4	Mitarbeiter D	120	30	Überfordert
5	Mitarbeiter E	100	80	Leistungsoptimum
6	Mitarbeiter F	100	100	Spitzenleistung

1. ihre eigene intuitive Einschätzung
2. ihre Fremdeinschätzung des Mitarbeiters anhand eines standardisierten Fragebogens
3. die Selbsteinschätzung Ihres Mitarbeiters anhand eines standardisierten Fragebogens

Alle drei Informationsquellen unterscheiden sich ausreichend, um einen Mehrwert für die Positionsbestimmung zu erbringen. Dabei sind die Unterschiede und der eigentliche Nutzen nicht als Fehler zu betrachten. Sie bieten die Möglichkeit, weitere Informationen durch den Austausch und das Hinterfragen der einzelnen Perspektiven zu erhalten. Damit verfeinern sie die Positionsbestimmung noch.

Der Einsatz von Fragebögen im unternehmerischen Umfeld ist eine wirkungsvolle Methode. Bitte beachten Sie, dass deshalb der Einsatz von Fragebögen in Ihrem Unternehmen unter Umständen rechtlich genehmigt bzw. mit dem Betriebsrat abgestimmt werden muss.

Intuitive Einschätzung

Wenn Sie als Führungskraft Ihre Mitarbeiter im Powerline-Modell betrachten wollen, können Sie dies in einem ersten Schritt tun, indem Sie eine intuitive Einschätzung vornehmen. Dabei ordnen Sie jedem Mitarbeiter aus Ihrer Sicht einen Wert hinsichtlich seiner aktuellen, subjektiv empfundenen Belastung und einen Wert hinsichtlich seiner aktuellen, subjektiv empfundenen Bewältigungskompetenz im Powerline-Modell zu (siehe Tab. 6.1).

Aus Ihrer eigenen intuitiven Einschätzung erhalten Sie also die erste Landmarke. Später übertragen Sie diese Werte pro Mitarbeiter in das Powerline-Modell (siehe Abb. 6.1).

Fremdeinschätzung

Ihre eigene Einschätzung können Sie in einem zweiten Schritt absichern, indem Sie einen Fragebogen zur Fremdeinschätzung bearbeiten. Zwar bezieht sich die Beantwortung der dortigen Fragen ebenfalls auf Ihre subjektive Einschätzung. Allerdings werden Sie dort aufgefordert, Ihre Einschätzung auf der Grundlage differenzierender Aspekte abzugeben. Der Fragebogen umfasst jeweils fünf Kriterien zur Messung der subjektiv empfundenen Belastung und zur Messung der subjektiv empfundenen Bewältigungskompetenz (Siehe Kap. 6.3.1.2, Die Kriterien der Fremd- und Selbsteinschätzung).

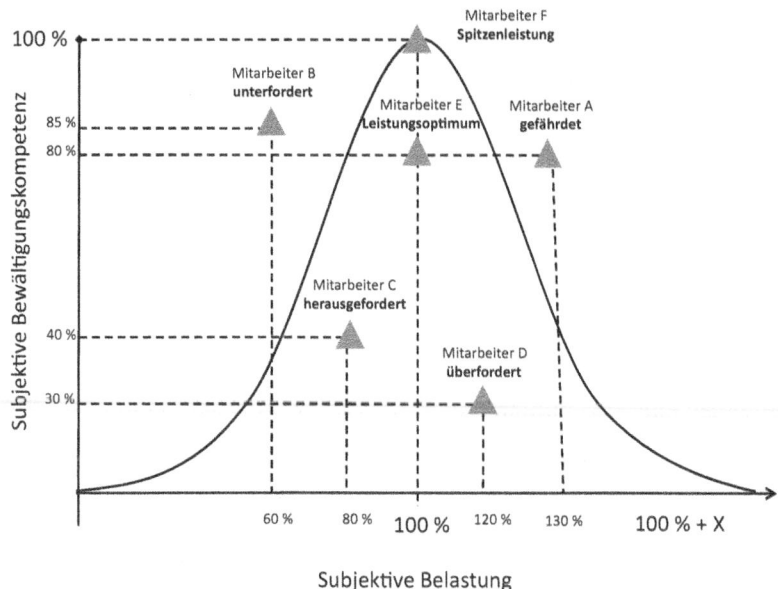

Abb. 6.1 Die Positionen der Mitarbeiter A – F im Powerline-Modell

Auch die Ergebnisse des Fragebogens zur Fremdeinschätzung übertragen Sie zusammen mit Ihrer intuitiven Einschätzung später in das Powerline-Modell (siehe Beispiel Abb. 6.1). Daraus erhalten Sie die zweite Landmarke.

Selbsteinschätzung

Aus der intuitiven Einschätzung und dem Ergebnis des Fragebogens zur Fremdeinschätzung ist eine annähernde Positionsbestimmung bereits möglich. Um nun die Qualität der Positionsbestimmung wesentlich zu steigern, ist eine weitere Informationsquelle bzw. Perspektive relevant – die des betreffenden Mitarbeiters selbst. Der Fragebogen zur Selbsteinschätzung ist inhaltlich mit dem Fragebogen zur Fremdeinschätzung identisch, stellt die Fragen jedoch aus einer anderen Perspektive, nämlich an den Mitarbeiter direkt. Aufgrund der möglicherweise vollkommen unterschiedlichen Sichtweise kommt dem Fragebogen zur Selbsteinschätzung eine besondere Bedeutung zu. Die Selbsteinschätzung setzt voraus, dass Sie Ihren Mitarbeiter in den Prozess einbeziehen und im Vorfeld über das Vorgehen, die Auswertung und die Folgen der Bewertung informieren. Dabei stoßen Sie einen Prozess beim Mitarbeiter an, der eine Erwartungshaltung produziert und unter Umständen Fragen, Unsicherheiten und Widerstände auslösen kann. Daher ist es wichtig, dieses Instrument optimal einzubetten und als freiwilliges Angebot zu kommunizieren. Um vom Mitarbeiter eine realistische Einschätzung zu erhalten, braucht es eine vertrauensvolle Grundlage. Die dritte Landmarke erhalten Sie, sobald Sie die Ergebnisse des Fragebogens zur Selbsteinschätzung in das Powerline-Modell übertragen (siehe Beispiel Abb. 6.1).

Tab. 6.2 Kriterien zur Einschätzung der Belastung und der Bewältigungskompetenz

Kriterien zur Einschätzung der Belastung	Kriterien zur Einschätzung der Bewältigungskompetenz
Stresslevel	Selbststeuerung/Einfluss
Umfeldmanagement	Bedürfnismanagement
Aufwand/Ergebnis (Effizienz)	Positive Grundhaltung/Persönlichkeit
Anforderung	Ressourcen/Kraftreserven
Motivation	Soziale Unterstützung

6.3.1.2   Die Kriterien der Fremd- und Selbsteinschätzung

Die Kriterien zur Einschätzung der Belastung und der Bewältigungskompetenz (siehe Tab. 6.2) sind so ausgewählt, dass sie eine möglichst hohe Trennschärfe aufweisen, d. h. eine hohe Relevanz für das Ergebnis. Sie beanspruchen keine Vollzähligkeit und wurden rein empirisch, nicht wissenschaftlich, ausgewählt. Sie sind praktisch erprobt und im Rahmen eines Instrumentariums zur frühzeitigen Erkennung und Vermeidung von Burnout bestätigt. Dieses Instrumentarium wurde von uns für die Tochter eines führenden DAX-Unternehmens entwickelt.

Im Folgenden erhalten Sie eine detaillierte Beschreibung aller Kriterien und der zugehörigen Fragen zur Fremdeinschätzung durch Sie als Führungskraft.

a. **Einschätzung der Belastung**
   – *Stresslevel*
     Den Stresslevel können Sie daran erkennen, ob der Mitarbeiter Nervosität, Angespanntheit, Rückzugstendenzen, Gereiztheit, Fehlzeiten, Konzentrationsprobleme, Selbstzweifel oder gesundheitliche Anfälligkeit zeigt. Dies ist allerdings nur ein kleiner Ausschnitt möglicher Anzeichen für einen erhöhten Stresslevel.
     Frage: Macht der Mitarbeiter einen gestressten Eindruck, zeigt er Anzeichen von Stress?
   – *Umfeldmanagement*
     Hier geht es darum, ob der Mitarbeiter in einem strukturierten, geordneten Arbeitsumfeld tätig ist, das Regeln und Planbarkeit beinhaltet. Dabei kommt es nicht nur darauf an, ob das Umfeld entsprechend gestaltet ist, sondern auch, ob der Mitarbeiter sich diese Strukturen selbst nutzbar machen und sich daran orientieren kann.
     Frage: Arbeitet der Mitarbeiter in einem für ihn gut strukturierten, transparenten und übersichtlichen Arbeitsumfeld?
   – *Aufwand/Ergebnis (Effizienz)*
     Um eine Arbeitsleistung zu erzielen, ist ein gewisser Aufwand notwendig. Der Mitarbeiter investiert Energie, Wissen, Können und Zeit, um seine Anforderungen zu erfüllen. Entsteht hier ein Missverhältnis (Ineffizienz), steht der Belastung kein adäquates Ergebnis gegenüber und das kann zur Frustration führen.
     Frage: Ist das Verhältnis zwischen dem Aufwand des Mitarbeiters und dem erzielten Ertrag effizient?

– *Anforderung*

Mitarbeiter stehen bei der Bewältigung ihrer Aufgaben fachlichen, organisatorischen und sozialen Anforderungen gegenüber. Dabei geht es nicht darum, ob der Mitarbeiter über die dafür notwendigen Kompetenzen verfügt, sondern alleine darum, ob er sich den Anforderungen selbst gewachsen fühlt.

Frage: Inwieweit fühlt sich der Mitarbeiter den an ihn gestellten Anforderungen gewachsen?

– *Motivation*

Die gleiche Aufgabe bzw. Verantwortung kann für unterschiedliche Mitarbeiter eine unterschiedliche Bedeutung bzw. Relevanz aufweisen. Daraus leitet sich ab, wie viel inneren Antrieb und Energie der Mitarbeiter für die Aufgabe freisetzen kann oder wie viel Mühe und Überwindung sie ihn kostet.

Frage: Ist der Mitarbeiter durch die Aufgabe positiv motiviert und gewinnt daraus neue Energie?

b. **Einschätzung der Bewältigungskompetenz**

– *Selbstwirksamkeit/Einfluss*

Ein zentrales Merkmal für die Frage nach der Bewältigungskompetenz eines Menschen ist der Grad des persönlichen Einflusses bzw. der Selbstwirksamkeit.

Frage: Inwieweit nimmt der Mitarbeiter die Möglichkeit wahr, seine Aufgaben selbst zu gestalten und zu beeinflussen?

– *Bedürfnismanagement*

Ein ausgewogenes Verhältnis zwischen den eigenen vitalen, emotionalen und sozialen Bedürfnissen sowie den Bedürfnissen, die von außen an einen Menschen gestellt werden, ist die Voraussetzung für einen ausgeglichenen Kräftehaushalt.

Frage: Wie gut kann der Mitarbeiter die Anforderungen und Erwartungen aus seinem Arbeitsumfeld mit seinen persönlichen Bedürfnissen vereinbaren?

– *Positive Grundhaltung/Persönlichkeit*

Menschen mit einer positiven Grundhaltung bzw. einer optimistischen Persönlichkeitsstruktur sind weniger anfällig für Stress und Krankheiten. Positive Grundhaltung meint hier nicht ein blauäugiges „Das wird schon wieder" sondern ein stabiles Vertrauen in die eigenen Fähigkeiten.

Frage: Inwieweit kann der Mitarbeiter eine Situation offen reflektieren und daraus positive Lösungsansätze ableiten?

– *Ressourcen/Kraftreserven*

Neben den eingesetzten Ressourcen bzw. der geleisteten Kraft ist die Einschätzung der darüber hinaus verfügbaren Reserven relevant. Befindet sich der Mitarbeiter eher im Bereich der Belastungsgrenze, sprich stehen ihm für steigende Anforderungen wenige bis keine Reserven mehr zur Verfügung, steigt das Risiko des Ausfalls.

Frage: Wie viel Kraft- und Energiereserven stehen dem Mitarbeiter aktuell zur Verfügung?

– *Soziale Unterstützung*

Neben den eigenen zur Verfügung stehenden Kompetenzen und Ressourcen ist die Fähigkeit, sich unterstützen zu lassen, eine relevante Bewältigungskompetenz. Mit der Unterstützung durch andere Menschen entstehen zwei wesentliche Aspekte. Zum einen kann durch die Nutzung fremder Ressourcen, die eigene Belastung gesenkt werden. Zum anderen entsteht durch die Bereitschaft der anderen Menschen, Unterstützung zu geben, eine emotionale Plattform der Anerkennung und des Selbstwertgefühls. Die subjektiv empfundene Sicherheit steigt mit dem Wissen, bei Bedarf (z. B. in Not) nicht alleine gelassen zu werden.

Frage: Inwieweit greift der Mitarbeiter bei Bedarf auf die Unterstützung anderer zurück bzw. kann er Aufgaben teilen und delegieren?

6.3.1.3 Die Fragebögen zur Fremd- und Selbsteinschätzung

Zur Einschätzung der Belastung (Parameter „Belastungssituation") Ihrer Mitarbeiter sowie deren Kompetenz im Umgang mit Belastung (Parameter „Bewältigungskompetenz") haben wir einen zweigeteilten Fragebogen entworfen (siehe Fragebogen 2). Dieser baut auf jeweils fünf Kriterien auf, die einen Hinweis auf die Ausprägung der beiden Parameter geben. Sie finden im Folgenden einen Fragebogen zur Fremdeinschätzung durch Sie und einen Fragebogen zur Selbsteinschätzung durch den Mitarbeiter. Die Kriterien sind identisch, werden aber jeweils aus der Perspektive derer betrachtet, die den Fragebogen ausfüllen sollen, d. h. einmal werden die Fragen aus Ihrer Sicht und einmal aus der Sicht des Mitarbeiters gestellt.

Fragebogen zur Fremdeinschätzung des Mitarbeiters

Beantworten Sie nun für jeweils einen Ihrer Mitarbeiter die Fragen in FVorragebogen 2 und schätzen Sie seine Ausprägung ein. Achten Sie bitte darauf, dass Sie sich bei der Beantwortung der Fragen jeweils an den übergeordneten Begriffen „wenig", „mittel" und „stark" orientieren und nicht an der Höhe der angegebenen Zahlenwerte. Denken Sie außerdem daran, dass es sich hier um die subjektiv empfundene Ausprägung der jeweiligen Kriterien aus Sicht Ihrer Mitarbeiter handelt. Es kann z. B. sein, dass Sie selbst der Meinung sind, dass Ihre Mitarbeiter in einem sehr gut strukturierten Umfeld arbeiten. Der Mitarbeiter selbst sieht das aber vielleicht ganz anders und schafft sich so seine eigene Realität. Versuchen Sie deshalb, sich jeweils in die Sicht des Mitarbeiters hineinzuversetzen. Selbstverständlich werden Sie dabei Abweichungen erleben. Diese können Sie als Quelle für neue Informationen verstehen und in einem Gespräch mit Ihrem Mitarbeiter besprechen.

Fragebogen 2: Fremdeinschätzung des Mitarbeiters

Teil 1, Fremdeinschätzung zur Belastungssituation

Nr.	Kriterium	Frage	Wenig			Mittel			Stark		
1	Stresslevel	Macht der Mitarbeiter einen gestressten Eindruck, zeigt er Anzeichen von Stress?	1	2	3	4	5	6	7	8	9	10
2	Management	Arbeitet der Mitarbeiter in einem, aus seiner Sicht, gut strukturierten, transparenten und übersichtlichen Umfeld?	10	9	8	7	6	5	4	3	2	1
3	Aufwand	Ist das Verhältnis zwischen dem Aufwand (Zeit, Einsatz, Budget etc.) des Mitarbeiters und dem erzielten Ertrag (Termin, Qualität, Nutzen etc.) effizient?	10	9	8	7	6	5	4	3	2	1
4	Anforderung	Inwieweit fühlt sich der Mitarbeiter durch die an ihn gestellten Anforderungen überfordert?	1	2	3	4	5	6	7	8	9	10
5	Motivation	Ist der Mitarbeiter durch die Aufgabe positiv motiviert und gewinnt daraus neue Energie?	10	9	8	7	6	5	4	3	2	1
Auswertung: Punktzahl der Antworten/Anzahl der Antworten		z. B. $(10+4+5+1+10)/5 = 6$										

Teil 2, Fremdeinschätzung zur Bewältigungskompetenz

Nr.	Kriterium	Frage	Wenig			Mittel			Stark		
1	Selbststeuerung	Inwieweit nimmt der Mitarbeiter die Möglichkeit wahr, seine Aufgaben zu gestalten und zu beeinflussen?	1	2	3	4	5	6	7	8	9	10
2	Bedürfnis-management	Wie gut kann der Mitarbeiter die Anforderungen aus seinem Arbeitsumfeld mit seinen persönlichen Bedürfnissen vereinbaren (Work-Life-Balance)?	1	2	3	4	5	6	7	8	9	10

Teil 2, Fremdeinschätzung zur Bewältigungskompetenz

Nr.	Kriterium	Frage	Wenig			Mittel				Stark		
3	Positive Haltung/ Persön-lichkeit	Kann der Mitarbeiter seine Situation bewusst reflektieren und positive Lösungsansätze daraus ableiten?	1	2	3	4	5	6	7	8	9	10
4	Ressourcen/ Speicher	Wie viel Kraftreserven stehen dem Mitarbeiter aktuell zur Verfügung?	1	2	3	4	5	6	7	8	9	10
5	Soziale Unterstützung	Inwieweit greift der Mitarbeiter bei Bedarf auf die Unterstützung anderer zurück?	1	2	3	4	5	6	7	8	9	10
Auswertung: Punktzahl der Antworten/Anzahl der Antworten			z. B. $(2+3+5+1+2)/5 = 3$									

Zur Auswertung addieren Sie nun bitte pro Fragebogen die Zahlenwerte der jeweiligen Antworten und dividieren Sie diese durch die Anzahl der Antworten – in der Regel fünf. Verfahren Sie so für jeden der beiden Fragebogenteile extra. Sie erhalten daraus je einen Wert für die Fremdeinschätzung der Belastungssituation und der Bewältigungskompetenz. Diese beiden Werte brauchen Sie, um die Position Ihrer Fremdeinschätzung im Powerline-Modell festzulegen.

Fragebogen zur Selbsteinschätzung durch den Mitarbeiter

Wir haben bereits darauf hingewiesen, dass beim Einsatz eines Fragebogens zur Selbsteinschätzung (siehe Fragebogen 3) durch Mitarbeiter wichtige Aspekte zu berücksichtigen sind. Die Mitarbeiter werden, sobald sie von der Befragung erfahren, für die entsprechenden Themen sensibilisiert. In der Folge entwickeln sie eine Erwartungshaltung zum Umgang mit den erhobenen Daten und zur Umsetzung der Ergebnisse. Außerdem kann es mitbestimmungspflichtige und rechtliche Rahmenbedingungen geben, die vor dem Einsatz eines Fragebogens geklärt werden müssen. Es ist deshalb sehr wichtig, dass Sie eine bewusste Entscheidung für oder gegen den Einsatz dieses Fragebogens treffen. Wenn Sie den Fragebogen einsetzen, ist darüber hinaus relevant, wie Sie ihn kommunizieren und in Ihren Führungsprozess einbetten.

Entscheiden Sie also im Vorfeld, ob sich der Einsatz des Fragebogens in Ihrer spezifischen Situation anbietet und ob die Ergebnisse den Aufwand bzw. die Konsequenzen rechtfertigen. Aus unserer Sicht ist die Perspektive des Mitarbeiters eine unschätzbare Quelle zur Bewertung der Belastungssituation und der Sicherheit hinsichtlich der Verfügbarkeit von Bewältigungskompetenzen. Wie sich das Verhältnis von Aufwand und Nutzen in Ihrem ganz konkreten Umfeld darstellt, bitten wir Sie selbst zu beurteilen.

Tipps zur Bearbeitung des Fragebogens durch den Mitarbeiter

- Kündigen Sie den Fragebogen an und betten Sie ihn in einen Führungsprozess ein.
- Gehen Sie den Fragebogen mit Ihrem Mitarbeiter einmal durch und klären Sie inhaltliche Fragen und Unsicherheiten bei der Bearbeitung.
- Stellen Sie kurz dar, welche Ergebnisse daraus hervorgehen und wie Sie damit verfahren werden.
- Machen Sie deutlich, dass die Bearbeitung des Fragebogens absolut freiwillig ist – fragen Sie den Mitarbeiter, ob er den Fragebogen ausfüllen möchte.
- Bitten Sie Ihren Mitarbeiter, den Fragebogen selbstständig auszufüllen und Ihnen bis zu einem bestimmten Zeitpunkt wiederzugeben.
- Vereinbaren Sie einen Gesprächstermin zur Besprechung der Ergebnisse.
- Werten Sie das Ergebnis aus und übertragen Sie die Werte in das Powerline-Modell.

Fragebogen 3: Selbsteinschätzung durch den Mitarbeiter

Teil 1, Selbsteinschätzung zur Belastungssituation

Nr.	Kriterium	Frage	Wenig				Mittel				Stark	
1	Stresslevel	Wie stark belastet Sie Ihr aktuelles Arbeitsvolumen?	1	2	3	4	5	6	7	8	9	10
2	Management	Wie gut ist Ihr aktuelles Arbeitsumfeld organisiert bzw. strukturiert?	10	9	8	7	6	5	4	3	2	1
3	Aufwand	In welchem Maße (Zeit, Qualität, Budget) können Sie Ihre Aufgaben erfüllen?	10	9	8	7	6	5	4	3	2	1
4	Anforderung	Inwieweit fühlen Sie sich durch die an Sie gestellten, fachlichen Anforderungen überfordert?	1	2	3	4	5	6	7	8	9	10
5	Motivation	Inwieweit ziehen Sie aus Ihren erzielten Erfolgen berufliche Motivation?	10	9	8	7	6	5	4	3	2	1

Teil 2, Selbsteinschätzung zur Bewältigungskompetenz

Nr.	Kriterium	Frage	Wenig			Mittel				Stark		
1	Selbststeuerung	Inwieweit nehmen Sie die Möglichkeit wahr, Ihre Aufgaben selbst zu gestalten und zu beeinflussen?	1	2	3	4	5	6	7	8	9	10
2	Bedürfnis-management	Wie gut können Sie die Anforderungen aus Ihrem Arbeitsumfeld mit Ihren persönlichen Bedürfnissen vereinbaren (Work-Life-Balance)?	1	2	3	4	5	6	7	8	9	10
3	Positive Haltung/ Persön-lichkeit	Wie motiviert sind Sie durch die Anforderungen Ihres beruflichen Umfelds?	1	2	3	4	5	6	7	8	9	10
4	Ressourcen/ Speicher	Haben Sie genügend Kraft zur Bewältigung von Stress zur Verfügung?	1	2	3	4	5	6	7	8	9	10
5	Soziale Unterstützung	Inwieweit können Sie bei Bedarf auf Unterstützung anderer zurückgreifen?	1	2	3	4	5	6	7	8	9	10

Auswertung der „Landmarken"

Aus den Ergebnissen der jeweiligen Peilungen ergeben sich nun drei, unter Umständen, verschiedene Positionen auf der Landkarte des Powerline-Modells. Diese drei Landmarken können zu einem Dreieck verbunden werden. Das Zentrum dieses Dreiecks kann mithilfe des winkelhalbierenden Verfahrens bestimmt werden. Das Zentrum kann dann als die wahrscheinlichste Position angesehen werden. Sie birgt jedoch auch die Gefahr, dass mögliche relevante Unterschiede in den jeweiligen Perspektiven nivelliert werden. Daher ist es wichtig, sowohl die ausgewertete Position als Ausgangspunkt zu nehmen, aber auch die Unterschiede in den Sichtweisen zu nutzen. Sie sind, wie gesagt, kein Hinweis auf Fehler, sondern eine wertvolle Quelle für Informationen. In der kommunikativen Auseinandersetzung zwischen Ihnen und Ihrem Mitarbeiter können diese letztendlich erschlossen werden.

6.3.1.4 Die Ergebnisse der Drei-Punkt-Peilung

Im Powerline-Modell sind Positionen in vier unterschiedlichen Bereichen möglich. Wir haben sie im vorangegangenen Kapitel ausführlich dargestellt.

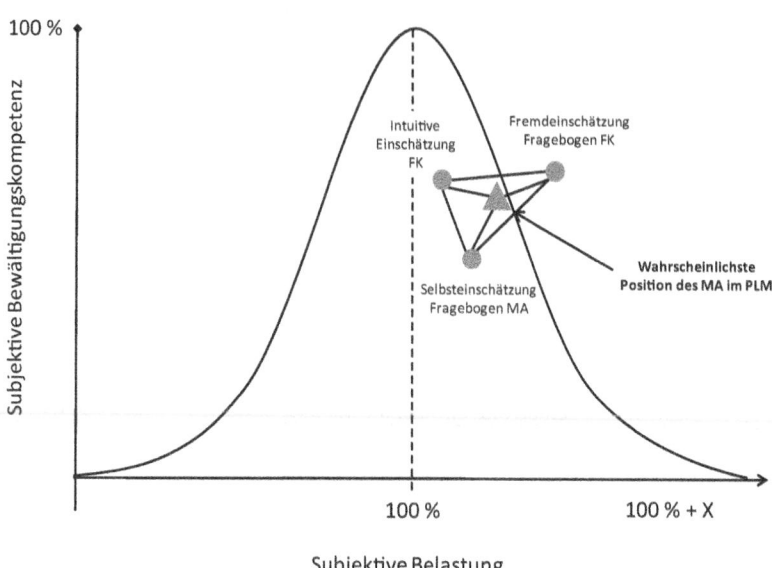

Abb. 6.2 Positionsbestimmung anhand der Drei-Punkt-Peilung

a. der unterforderte Mitarbeiter
b. der herausgeforderte Mitarbeiter
c. der überforderte Mitarbeiter
d. der gefährdete Mitarbeiter

Wenn Sie nun mit der Übertragung der Ergebnisse aus den drei Peilungen beginnen (siehe Abb. 6.2), machen Sie sich bitte bewusst, dass dies kein mathematisches Modell ist. Zwar beruht das Powerline-Modell (PLM) auf einer inneren Logik, der Sie ohne Abstriche vertrauen dürfen. Die Ergebnisse aus der Einschätzung bezüglich Ihrer Mitarbeiter (MA) sind aber rein subjektiv. Wir haben daher auch keine konkreten Werte angegeben, die eine definitive Zuordnung möglich machen. Vielmehr sind Sie gefordert, bei der Übertragung der Werte in die Grafik des Powerline-Modells die sich ergebenden Positionen nach Plausibilität zu hinterfragen. Bitte bedenken Sie auch, dass die Kurve des Powerline-Modells eine beispielhafte Ausprägung darstellt und keine mathematische Gültigkeit besitzt. Sie erhalten eine Orientierung.

Für Sie als Führungskraft (FK) stellt sich nun die Frage, welche Bedeutung die jeweiligen Positionen Ihrer Mitarbeiter im Powerline-Modell haben bzw. welche Konsequenzen sich daraus ergeben. Zudem kann es für Sie interessant sein, warum Ihre Mitarbeiter genau an diesen Positionen sind und welche Rolle Sie selbst dabei spielen, welche Verantwortung Sie dabei haben bzw. welchen Einfluss Sie auf diese Positionen ausüben können.

Alle dargestellten Positionen befinden sich in einem individuellen Kräftefeld des jeweils betroffenen Mitarbeiters. Persönliche und wirtschaftliche Bedürfnisse, gegenseitige

Erwartungen, verfügbare Ressourcen und individuelle Grenzen tarieren eine ganz eigene Balance aus und bestimmen die aktuelle Position des Mitarbeiters. Jede einzelne Position hat dabei einen Preis sowie einen entsprechenden Gegenwert. Jede einzelne Position bietet sowohl Chancen als auch Risiken. Als Führungskraft sind Sie nun herausgefordert diese Preise in Erfahrung zu bringen und zu verhandeln, um den gewünschten Gegenwert zu erhalten. Sie sind gefordert, die Risiken abzuwägen, um die Chancen zu nutzen. Sie befinden sich hier direkt im Spannungsfeld zwischen Wirtschaftlichkeit und Menschlichkeit wieder. Je nachdem, wie Sie nun handeln – oder auch nicht handeln – können sich die Positionen Ihrer Mitarbeiter verschieben.

Beispiel „Einfluss der Führung auf den Verlauf einer Position im Powerline-Modell"

Frau Zobel, die Teamleiterin eines kleinen Teams mit drei Mitarbeitern verantwortete einen erfolgssensiblen Fachbereich, der auch vom Vorstand intensiv genutzt und beobachtet wurde. Im Laufe der Zeit reihten sich Aufträge um Aufträge aneinander, die von der Teamleiterin jeweils respektvoll angenommen und bearbeitet wurden. Ihr Vorgesetzter, Herr Wolf, betrachtete die Entwicklung sehr wachsam. Aus Respekt vor der Selbstverantwortung seiner Teamleiterin begrenzte er die Auftragslage nicht, sondern überließ die Entscheidung jeweils der Teamleiterin. Frau Zobel wiederum erfüllte alle Erwartungen mit äußerster Akribie und erledigte die Aufträge lieber selbst, statt diese an die Mitarbeiter zu delegieren, die selbst bereits an der Belastungsgrenze waren. Sie verfügte darüber hinaus nicht über geeignete Handlungsstrategien, um die Auftragslage insgesamt zu managen und z. B. Aufträge abzulehnen oder Unterstützung zu verhandeln. Mit zunehmendem Druck durch die Anzahl und Bedeutung der Aufträge veränderte sich die Belastungssituation von Frau Zobel dann noch einmal rasant. Sie entwickelte sich von der herausgeforderten zur überforderten Teamleiterin, bis schließlich hin zu einer gefährdeten Person. Während die Belastung beständig stieg, war ihr keine dementsprechende Steigerung der Bewältigungskompetenzen und Ressourcen mehr möglich. Letztendlich führte dies dann zu konkreten Leistungsverlusten, Frau Zobel fiel für mehrere Monate krankheitsbedingt aus.

Je größer die Unterschiede zwischen den Landmarken sind, desto wichtiger ist es, diese Unterschiede zu nutzen und zu hinterfragen. Insbesondere wenn die drei Landmarken sich auf unterschiedlichen Feldern des Powerline-Modells befinden (z. B. zwei Landmarken befinden sich im Feld des überforderten Mitarbeiters, eine Landmarke im Feld des gefährdeten Mitarbeiters), gilt es die Ursachen dafür zu analysieren und die Position zu finden, die der Realität am nahesten kommt.

Je nachdem, wo Ihre Mitarbeiter sich nun auf der Landkarte des Powerline-Modells befinden, empfehlen wir die folgenden Handlungsstrategien, die Sie bereits am Ende des vorangegangenen Kapitels in Kurzform kennengelernt haben.

6.3.2 Die Handlungsstrategien

Aus der Position Ihrer Mitarbeiter im Modell ergeben sich unterschiedliche Ansätze. Allen gemein ist das Ziel, über die Leistungsfähigkeit der Mitarbeiter nachhaltig verfügen zu können, wirtschaftliche Erfolge zu generieren, Potenzial- und Leistungsausfälle zu vermeiden. Zugleich ist die Unversehrtheit der Mitarbeiter im Rahmen der Fürsorgepflicht zu gewährleisten und eine hohe Arbeits- und Lebensqualität zu ermöglichen.

Aus der Logik des Powerline-Modells erhalten Sie nun drei richtungsweisende Empfehlungen zum Umgang mit Ihren Mitarbeitern.

1. unter die Leistungskurve
2. zum Leistungsoptimum
3. in die Spitzenleistung

6.3.2.1 Unter die Leistungskurve

In einem ersten Schritt lassen sich zwei Positionen im Modell unterschieden: Unterhalb und außerhalb der Leistungskurve. Tatsächliche Leistung entsteht dabei nur auf und unterhalb der Leistungskurve. Unter der Kurve befinden sich die „herausgeforderten" und die „überforderten" Mitarbeiter. Die Leistungserbringung erfolgt entweder durch den Einsatz der für die Arbeitsleistung vereinbarten und zur Verfügung gestellten Ressourcen und Kompetenzen (Potenzialleistung, links der Mittellinie – siehe Abb. 5.4). Oder durch Ressourcen und Kompetenzen, die darüber hinaus – in Form einer Hypothek – verfügbar gemacht werden (Hypothekleistung, rechts der Mittellinie – siehe Abb. 5.4).

Der erste sinnvolle Handlungsschritt ist es also, alle Mitarbeiter unter die Leistungskurve zu bringen. Dieser Schritt betrifft die „unterforderten" und die „gefährdeten" Mitarbeiter. Die beeinflussbare Variable dazu ist die Belastung bzw. die an den Mitarbeiter gestellte Anforderung. Weder der unterforderte noch der gefährdete Mitarbeiter ist kurzfristig anhand seiner Bewältigungskompetenzen zu steuern. Während es beim unterforderten Mitarbeiter keinen Sinn macht, an den Kompetenzen zu arbeiten, da er ja per se in dieser Position einen Überhang dazu mitbringt, wäre es beim gefährdeten Mitarbeiter sogar fahrlässig, hier noch Erwartungsdruck aufzubauen und Kräfte zur Entwicklung von Kompetenzen zu mobilisieren.

In beiden Fällen können und müssen Sie als Führungskraft die Belastung managen, um Leistung zu generieren bzw. Leistungsfähigkeit zu sichern. Der „unterforderte" Mitarbeiter braucht eine angemessene Belastung in Form von Herausforderungen, Motivation und Druck, um seine ungenutzten Leistungspotenziale umzusetzen (Steigerung der Belastung auf Höhe der Bewältigungskompetenz bis zur adäquaten Leistungsfähigkeit auf der Kurve – Vektor nach rechts). Der „gefährdete" Mitarbeiter muss entlastet werden, um unter kontrollierten Rahmenbedingungen seine Ressourcen wieder aufzubauen und perspektivisch leistungsfähig zu werden (Reduzieren der Belastung auf Höhe der Bewältigungskompetenz bis zur adäquaten Leistungsfähigkeit auf der Kurve – Vektor nach links) (siehe Abb. 6.3).

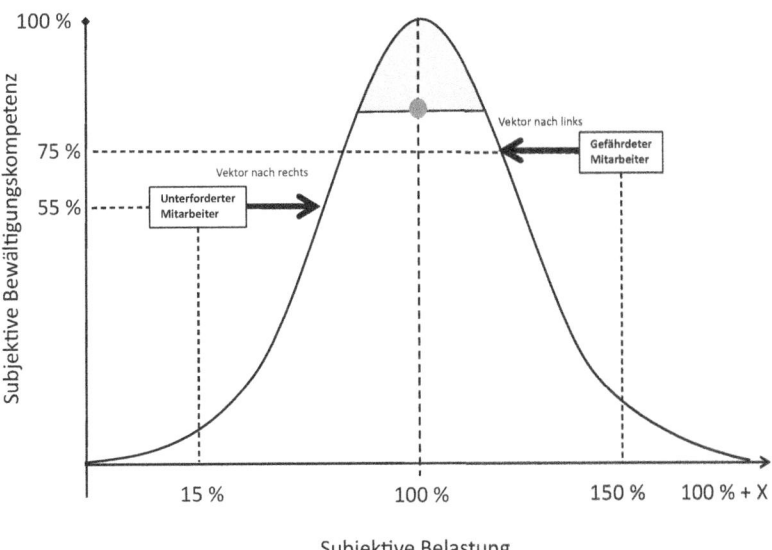

Abb. 6.3 Handlungsstrategie „Unter die Leistungskurve"

Ihre Aufgabe als Führungskraft ist es also, für beide Positionen das ideale Maß an Motivation, Druck und Herausforderung (Belastung) zu finden und die Ursachen für die Unterforderung bzw. Gefährdung zu eruieren und zu beseitigen.

6.3.2.2 Zum Leistungsoptimum

Unterhalb der Leistungskurve finden Sie, wie u. a. in Abb. 6.4 dargestellt, die „herausgeforderten" und die „überforderten" Mitarbeiter. In der aufsteigenden Dynamik, sprich der linken Hälfte der Kurve, können beide Parameter, Bewältigungskompetenz und Belastung, in einem angemessenen Verhältnis zueinander angehoben werden. Hier verfügt der Mitarbeiter sowohl über Möglichkeiten, seine Bewältigungskompetenzen zu entwickeln, als auch über die Möglichkeit, sich weiteren Belastungen auszusetzen, ohne sich dabei zu überfordern.

Als Führungskraft eines „herausgeforderten" Mitarbeiters ist es also Ihre Aufgabe, ein ideales Verhältnis zwischen Entwicklungsangeboten und Erfahrungschancen (Bewältigungskompetenzen und Ressourcen) einerseits sowie einer angemessenen Herausforderung bzw. Druck (Belastung) andererseits herzustellen. Die Mitarbeiter brauchen hier Ziele, Perspektiven und Freiräume für Entwicklungen.

Bei überforderten Mitarbeitern sind Sie als Führungskraft eher verantwortlich für die nachhaltige Sicherstellung der Leistungsfähigkeit. Dazu ist es notwendig, dass das Maß der Hypothek, die der Mitarbeiter auf seine Ressourcen aufnimmt, wieder kontrolliert zurückgeführt werden kann. Dazu kann es notwendig sein, Belastung rauszunehmen und gleichzeitig Kompetenzen und Ressourcen abzusichern, zu stabilisieren oder aufzubauen.

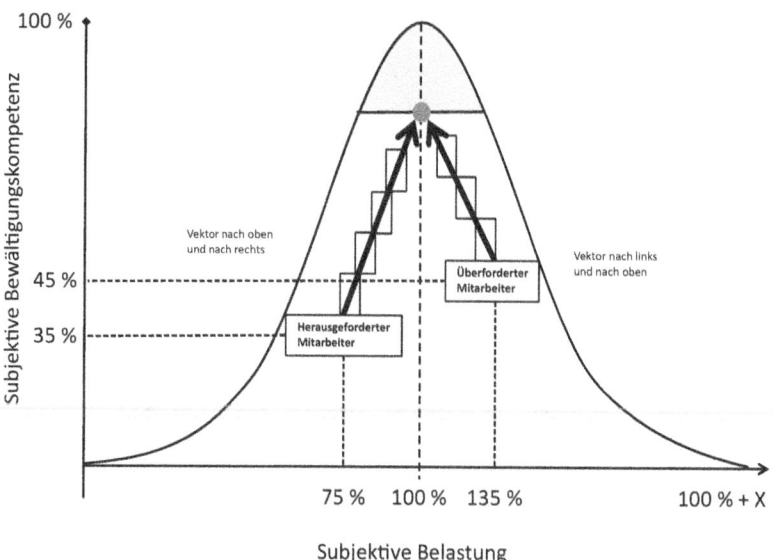

Abb. 6.4 Handlungsstrategie „Zum Leistungsoptimum"

Auch hier sind Sie als Führungskraft gefordert, das optimale Verhältnis auszutarieren und die Zielsetzung im Auge zu behalten.

Ziel der Führungsarbeit unterhalb der Leistungskurve ist **das Erreichen des Leistungs-optimums**. Dieses befindet sich, wie im Kap. 4, Das Powerline-Modell, definiert, bei 80 % der verfügbaren Bewältigungskompetenzen und exakt auf der Mittellinie, sprich bei 100 % Belastung. Ausgehend von diesem Punkt, sind stets noch ausreichend Ressourcen und Kräfte vorhanden, so dass Spitzenleistungen möglich sind und zusätzliche Belastungen bewältigbar bleiben.

Das Leistungsoptimum ist der theoretisch höchste Punkt, den Sie als Führungskraft mit konventionellen Methoden und Techniken des Führens bei einem Mitarbeiter erreichen können. Unter konventionellen Methoden und Techniken verstehen wir hier das aktive Steuern und Beeinflussen von Menschen mit dem Ziel der Leistungserbringung.

Das Leistungsoptimum ist gleichzeitig der Ausgangspunkt für die Arbeit auf dem Hochleistungsplateau. Hier gelten für das Führen von Mitarbeitern andere Mechanismen und Regeln. Das Ziel ist hier die individuelle Spitzenleistung, die gleichzeitig die höchst-mögliche individuelle Leistungsgrenze darstellt.

6.3.2.3 In die Spitzenleistung

Ausgehend vom Leistungsoptimum ist die weitere Ausrichtung die Spitzenleistung. Wie bereits dargestellt liegt das Leistungsoptimum auf der 80-Prozent-Linie der Bewältigungs-kompetenz und markiert den Eingang zum Hochleistungsplateau. Ab hier gelten ande-re Mechanismen und Regeln. Einer der wichtigsten Paradigmenwechsel ist z. B. der vom

„Sollen" ins „Wollen". Bis zum Leistungsoptimum können Mitarbeiter über Zielvorgaben, Vereinbarungen und konventionelle Managementmethoden geführt werden. Sie haben einen Auftrag zu erfüllen, den sie mit ihrer Führungskraft mehr oder weniger gut aushandeln. Ein Mitarbeiter, der am Leistungsoptimum angekommen ist, hat sein „Soll" erfüllt und kann es weiter tun. Bis zum Leistungsoptimum steht das „Sollen" im Vordergrund. Selbstverständlich wollen auch bis dahin die meisten Mitarbeiter ihre Aufgabe erfolgreich meistern. Das „Wollen" bezieht sich weniger auf die Qualität der Motivation als auf die Frage der Intension. Auf dem Hochleistungsplateau geht es um den Kern der Sache selbst, nicht mehr um die Erfüllung eines Auftrages.

Jetzt gibt es nur noch eine weitere Steigerung, die Spitzenleistung. Diese kann erzielt werden, wenn sowohl der Mitarbeiter als auch die Führungskraft bereit sind, sich den Gegebenheiten des Hochleistungsplateaus zu stellen. Als Führungskraft begegnen Sie ab hier einem „wollenden" Mitarbeiter. Wenn Sie nun anfangen, zu bedienen oder Erwartungen zu erfüllen, arbeiten Sie gegen die Mechanismen der Spitzenleistung. Hier sind Sie aufgefordert, die natürliche Spannung und Dynamik des Hochleistungsplateaus aufzugreifen und wirkungsvoll einzusetzen, statt sie zu verhindern.

▶ Auf dem Hochleistungsplateau machen Sie Ihre Mitarbeiter zu Herausforderern.

Die Gegebenheiten des Hochleistungsplateaus, seine Mechanismen und Gesetzmäßigkeiten bis hin zur Spitzenleistung stellen wir Ihnen dezidiert im anschließenden Kapitel „Die Mechanismen zur Spitzenleistung" vor. Bleiben wir hier erst einmal noch auf dem Weg zum Leistungsoptimum.

6.3.3 Die fünf Führungsaspekte des Leistungsmanagements

Beschäftigt man sich mit der Wirkung, die eine Führungskraft auf die Leistungserbringung eines Mitarbeiters hat, haben fünf zentrale Führungsaspekte eine Bedeutung.

1. die Verteilung und Zuordnung der **Verantwortlichkeit**
2. das Management von **Nähe und Distanz**
3. die Ausprägung des eigenen **Machtanspruches**
4. die eigene **Leistungsorientierung** als Führungskraft
5. die kommunizierte **Leistungsanforderung** an den Mitarbeiter

Eine erfolgreiche Führungskraft wird diese fünf Aspekte professionell gestalten und nutzen. Dazu ist es erforderlich, dass sie erst einmal mit sich selbst dazu im Reinen ist. Um diesen Anspruch zu erfüllen, braucht es eine hohe Fähigkeit der Selbstreflexion und der persönlichen, inneren Reife.

6.3.3.1 Die Verteilung und Zuordnung der Verantwortlichkeit

Hier geht es darum, inwieweit Sie die tatsächliche Verantwortung, die in einer Situation enthalten ist, differenziert betrachten und adäquat zuordnen. Es gilt zu unterscheiden, welchen Anteil der Verantwortung Sie selbst in der Rolle der Führungskraft übernehmen und welchen Anteil Ihre Mitarbeiter zu tragen haben. Oft erscheint es auf den ersten Blick einfach, hier eine Zuordnung zu machen. Viele Führungskräfte tendieren auch dazu, die Wirkung einer wahrgenommenen Verantwortung zu unterschätzen.

Verantwortung, die man **selbst** bewusst übernommen hat, wirkt verbindlich und schafft Initiative. Verantwortung, die ein **anderer** – z. B. Sie als Führungskraft – übernommen hat, wirkt dagegen entlastend und schafft Zurückhaltung. Mit dem Maß der zugeordneten Verantwortung können Sie also die Motivation und Spannung eines Mitarbeiters direkt und effektiv beeinflussen – sowohl positiv als auch negativ. Verantwortung, die falsch zugeordnet wird, kann schnell Komplikationen schaffen. So kann es z. B. sein, dass eine bestimmte Verantwortung von jemandem übernommen wird, dem diese Verantwortung nicht gehört, oder andersherum, dass eine bestimmte Verantwortung von jemandem nicht übernommen wird, dem diese Verantwortung eigentlich gehört.

Ein bekanntes Beispiel dafür ist das Phänomen der sogenannten „Triangulation". Dabei übernimmt z. B. eine Führungskraft die Verantwortung für eine Konfliktlösung zwischen zwei Mitarbeitern und fühlt sich deshalb verpflichtet, diesen inhaltlich zu klären. Die beiden Konfliktpartner können nun ihren Konflikt weiter zelebrieren, die Verantwortung hat ja ein anderer übernommen. Damit verhindert die falsch verstandene Hilfe in Form der Verantwortungsübernahme eine konstruktive Spannung bei den beiden Konfliktpartnern und den Impuls, selbst eine Lösung für ihr Problem zu finden. In der Rolle der Führungskraft haben Sie hier selbstverständlich auch Verantwortung, allerdings nicht für die inhaltliche Lösung – diese verbleibt bei den Konfliktpartnern. Ihre Verantwortung findet sich z. B. in der Ansprache des Konfliktes oder in der Forderung einer Konfliktlösung von den beiden Konfliktpartnern zur Wiederherstellung der Arbeitsfähigkeit.

Die Tab. 6.3 hilft Ihnen, Ihren Umgang mit der Verteilung und Zuordnung der Verantwortlichkeit zu klären.

6.3.3.2 Das Management von Nähe und Distanz

Menschen reagieren oft sensibel und unbewusst, sprich reflexartig, auf den Abstand zu einem anderen Menschen. Wir loten sehr schnell die Beziehung zueinander aus und versuchen, genau die emotionale Nähe oder Distanz herzustellen, die unserem Wohlbefinden dient. Vertrauen und Sicherheit spielen dabei eine große Rolle. Für Sie als Führungskraft öffnet sich hier ein weites Feld für das Leistungsmanagement Ihrer Mitarbeiter. Dabei sind beide Aspekte, Nähe und Distanz, äußerst wirkungsvoll. Nähe wirkt verbindend und schafft Intimität. Zu viel Nähe kann aber auch erdrücken und hemmen. Distanz wirkt befreiend und schafft Unabhängigkeit. Zu viel Distanz kann aber auch verloren machen und Orientierungslosigkeit produzieren. Als Führungskraft sollten Sie rasch und flexibel beide Pole unbefangen einnehmen können. Ziel ist hier die Gestaltung des persönlichen Kontaktes hin zu einer belastbaren Beziehung.

Einen Überblick zum Management von Nähe und Distanz gibt Ihnen Tab. 6.4.

Tab. 6.3 Führungsaspekt „Verantwortlichkeit"

	Die Verteilung und Zuordnung der Verantwortlichkeit
Selbstreflexion (Leitfragen in der Führungsarbeit)	Wie viel Verantwortung übernehmen Sie gegenüber Ihren Mitarbeitern? Haben Ihre Mitarbeiter die Chance, ihre Potenziale selbst auszuloten?
	Oder übernehmen Sie vielleicht zu wenig Verantwortung und lassen Ihre Mitarbeiter mit ihren Problemen alleine?
	Können Sie Ihre und die Verantwortung Ihrer Mitarbeiter differenzieren? Haben Sie eine gute Einschätzung für die Zuordnung der Verantwortung?
	Fühlen Sie sich mit Ihrem Teil der Verantwortung wohl?
Zielsetzung	Lassen Sie Ihren Mitarbeiter durch die Übernahme seiner eigenen Verantwortung stark werden. Delegieren Sie angemessen herausfordernde Verantwortung. Erkennen Sie, wo ein Mitarbeiter seiner Verantwortung gerecht wird und wo Sie unterstützen müssen, bzw. wo Sie sich raushalten dürfen.
Führungsleistung	Klären Sie, welchen Anteil an der Verantwortung Sie selbst und welchen Anteil Ihre Mitarbeiter haben. Ordnen Sie die Verantwortung so zu, dass sie wieder dort wirken kann wo sie hingehört. Verantwortung, die nicht richtig zugeordnet wird, schafft häufig Komplikationen
Entwicklung (Methoden zur Professionalisierung)	Holen Sie sich Unterstützung durch z. B. Supervision, Coaching oder im Rahmen einer kollegialen Fallarbeit

6.3.3.3 Die Ausprägung des eigenen Machtanspruches

Viele Führungskräfte haben ein ungeklärtes Verhältnis zu ihrem eigenen Machtanspruch. In Coachings erleben wir immer wieder, dass der Begriff „Macht" negativ verstanden wird. Stattdessen wird lieber davon gesprochen „Einfluss zu nehmen". Eine Führungskraft, die das Ausüben ihrer eigenen Machtposition aber latent verleugnet, wird Schwierigkeiten damit haben, die damit verbundene Kraft und Wirkung konstruktiv einzusetzen. Wer Macht besitzt und sie ausübt, braucht eine reife Persönlichkeit. Wir haben in Kap. 2.2, Der Umgang mit Schuld, den Begriff der Schuldfähigkeit in der Führungsrolle eingeführt. Wer Macht ausübt und nicht bereit ist, den Anteil der Schuld dabei zu verantworten, der missbraucht Macht. In Ihrer Rolle als Führungskraft sollten Sie deshalb ein geklärtes Verhältnis zu Ihrem eigenen Machtanspruch haben. Die darin zu findende Motivation ist eine der wichtigsten Quellen für eine wirkungsvolle Führung.

Die Tab. 6.5 beschäftigt sich mit der Ausprägung des eigenen Machtanspruches.

6.3.3.4 Die eigene Leistungsorientierung als Führungskraft

Führungskräfte, die selbst kein positives Verhältnis zur Leistungserbringung haben, werden auch bei ihren Mitarbeitern kein positives Bild dazu auslösen. Die eigene Leistungsorientierung ist die erste Hürde für die Fähigkeit einer Führungskraft, bei Mitarbeitern

Tab. 6.4 Führungsaspekt „Nähe und Distanz"

	Das Management von Nähe und Distanz
Selbstreflexion (Leitfragen in der Führungsarbeit)	Sind Sie zu nahe an Ihrem Mitarbeiter dran und können deswegen nicht mehr unbefangen entscheiden und handeln?
	Sind Sie zu weit von ihm und seinen Belangen weg und können deshalb seine Situation nicht mehr adäquat einschätzen? Ist Ihnen der Mitarbeiter zu vertraut oder erreichen Sie ihn nicht mehr emotional?
	Haben Sie eine angemessene Distanz, aus der heraus Sie eine belastbare Beziehung pflegen können?
Zielsetzung	Schaffen Sie sich und Ihren Mitarbeitern durch eine professionelle Beziehung einen Handlungsraum, in dem Sie sich unbefangen begegnen können
Führungsleistung	Loten Sie aus, welche Distanz Sie zu Ihrem Mitarbeiter einnehmen müssen, um wirkungsvollen Einfluss zu haben. Ist die Distanz zu groß, erreichen Sie ihn nicht mehr, sind Sie zu nahe dran, kann es sein, dass Sie sich vereinnahmen lassen. Wenn Sie das Gefühl haben, frei und unabhängig handeln zu können, ohne Ihren Mitarbeiter zu verlieren, dann haben Sie vermutlich einen angemessenen Kontakt
Entwicklung (Methoden zur Professionalisierung)	Zur Entwicklung Ihrer Fähigkeiten, Nähe und Distanz professionell zu managen, eignen sich Coaching und Persönlichkeitsentwicklung

Tab. 6.5 Führungsaspekt „Machtanspruch"

	Die Ausprägung des eigenen Machtanspruches
Selbstreflexion (Leitfragen in der Führungsarbeit)	Gehen Sie eher in den Tiefstatus (Unterordnung) und orientieren sich gerne an anderen? Agieren Sie meistens aus dem Hochstatus (Dominanz) und fordern andere auf, Ihnen zu folgen? Fällt es Ihnen schwer, auf Augenhöhe zu agieren ohne Ihre Führungsverantwortung aufzugeben?
Zielsetzung	Geben Sie Ihrem Mitarbeiter Sicherheit, indem Sie Ihrer Rolle als Führungskraft gerecht werden und aus dem Hochstatus heraus konstruktiv handeln. Begegnen Sie Ihrem Mitarbeiter dabei auf Augenhöhe
	Achtung! Hochstatus hat nichts mit Arroganz oder Überheblichkeit zu tun
Führungsleistung	Positionieren Sie sich zu den Themen Macht und Dominanz. Beschäftigen Sie sich damit, welche Haltung (Status) Sie jeweils selbst einnehmen, sobald Sie einem anderen Menschen begegnen. Gehen Sie authentisch mit Ihrer eigenen Dominanz um
Entwicklung (Methoden zur Professionalisierung)	Zum Umgang mit der Macht Ihrer Führungsrolle können Sie sich Ihre Heimat im Kreise der Führungskollegen suchen, Selbstreflexion anstellen oder sich in einem Coaching damit konzentriert auseinandersetzen

Tab. 6.6 Führungsaspekt „eigene Leistungsorientierung"

	Die eigene Leistungsorientierung als Führungskraft
Selbstreflexion (Leitfragen in der Führungsarbeit)	Empfinden Sie die Forderung nach Leistung eher als Pflicht und Last?
	Oder empfinden Sie die Forderung nach Leistung eher als positive Herausforderung und Sinn? Können Sie sich Leistungsanforderungen gegenüber unabhängig positionieren, d. h. sich sowohl verausgaben als auch abgrenzen?
Zielsetzung	Seien Sie Vorbild für eine lösungsorientierte, konstruktive und optimistische Haltung gegenüber der Erbringung von Leistung
Führungsleistung	Vermitteln Sie positive Leistungsbereitschaft und zeigen Sie, dass es sich lohnt, sich für eine sinnvolle Sache ehrgeizig einzusetzen. Machen Sie Ihren Anspruch auf Selbststeuerung deutlich bzw. gehen Sie vorbildhaft damit um. Kommunizieren Sie die Bedingungen, unter denen Sie eigenverantwortlich Leistung erbringen. Grenzen Sie sich dort ab, wo Leistungsanforderungen übermäßig werden, setzen Sie sich dort ein, wo Ehrgeiz und Engagement angebracht sind. Feiern Sie Erfolge
Entwicklung (Methoden zur Professionalisierung)	Ihr Verhältnis zur eigenen Leistungsorientierung können Sie im Rahmen eines Coachings, durch Selbstreflexion und Persönlichkeitsentwicklung klären

eine Leistungssteigerung zu bewirken oder sie dabei eher zu bremsen. Sie haben in Ihrer Rolle Vorbildfunktion und werden von den Mitarbeitern sehr genau wahrgenommen.

Als Führungskraft sollten Sie sich deshalb über Ihre eigene Haltung im Umgang mit Leistungsanforderungen bewusst sein. Anregungen dazu bietet Ihnen Tab. 6.6.

6.3.3.5 Die kommunizierte Leistungsanforderung an den Mitarbeiter

Um Leistung bei Mitarbeitern effektiv zu steigern, braucht es neben dem Vorbild in der eigenen Leistungsorientierung den spürbaren Willen zur Entwicklung der Leistungspotenziale der Mitarbeiter. Unerfahrene Führungskräfte haben hier häufig nur zwei Optionen zur Verfügung, „Motivieren über guten Zuspruch" oder „Druck machen" (Zuckerbrot und Peitsche). Beide Methoden sind in der Führungsarbeit zwar legitim, bilden jedoch nur einen kleinen Ausschnitt der verfügbaren Möglichkeiten ab. Leistungsanforderungen werden aber insbesondere dann wirkungsvoll, sobald der Mitarbeiter selbst die Energie und die Spannung der Anforderung spürt. Dazu braucht es die Fähigkeit, am Mitarbeiter dranzubleiben, sich mit seinen individuellen Motiven auseinanderzusetzen und Akzeptanz in der Führungsrolle zu erlangen.

Setzen Sie sich einmal anhand von Tab. 6.7 mit Ihrem Auftreten zum Thema Leistungserbringung gegenüber Ihren Mitarbeitern auseinander.

Tab. 6.7 Führungsaspekt „kommunizierte Leistungsanforderung"

	Die kommunizierte Leistungsanforderung an den Mitarbeiter
Selbstreflexion (Leitfragen in der Führungsarbeit)	Wissen Ihre Mitarbeiter, welche Leistung Sie von ihnen erwarten? Motivieren Sie Ihre Mitarbeiter zu Leistungssteigerungen?
	Üben Sie Druck aus, um Ihre Mitarbeiter zu Leistung zu bewegen?
	Lassen Sie Ihre Mitarbeiter in ihrer Komfortzone verweilen?
Zielsetzung	Führen Sie Ihren Mitarbeiter an seine Grenzen und lassen Sie ihn dort Erfahrung sammeln. Muten Sie Ihrem Mitarbeiter angemessene Belastungen zu. Ziehen Sie Grenzen dort, wo Leistungsdruck zu stark wird. Vermitteln Sie, welchen Einfluss der Mitarbeiter selbst auf den Leistungsdruck nehmen kann und muss
Führungsleistung	Bauen Sie positive Spannung auf. Nutzen Sie Ihren Einfluss, indem Sie selbstbewusst die Bedingungen zur Leistungssteigerung verhandeln
Entwicklung (Methoden zur Professionalisierung)	Eine Unterstützung zu diesem Thema können Sie im Rahmen eines Coachings erhalten oder indem Sie sich gezielt mit dem Prinzip der Auftragsverhandlung auseinandersetzen (siehe Kap. 6.4, Das Prinzip der Auftragsverhandlung)

6.3.4   Der Führungsnavigator

Wir gehen nun davon aus, dass Sie als Führungskraft in Ihrem Verantwortungsbereich Wirkung erzielen wollen und können. Sie tun es aus unserer Sicht in jedem Fall. Denn auch wenn Sie die Rahmenbedingungen nicht aktiv und bewusst steuern, allein aufgrund der Tatsache, dass Sie Ihre Führungsposition mit der entsprechenden Verantwortung einnehmen, ergeben sich daraus Konsequenzen – ob Sie bewusst handeln oder unbewusst. Reflektiertes Handeln führt dabei zu Ergebnissen, für die Sie die Verantwortung übernehmen *können*, weil Sie sich mit Ihrem Anteil der Schuld (siehe Kap. 2.2, Der Umgang mit Schuld) auseinandergesetzt haben. Nicht handeln oder nicht bewusst handeln führt dagegen zu Ergebnissen, für die Sie die Verantwortung übernehmen *müssen,* ohne sich damit auseinandergesetzt zu haben.

Um Ihren Anteil an der Situation, Ihre Verantwortung und Ihre Einflussmöglichkeiten ausloten zu können, haben wir für jeden der vier Bereiche im Powerline-Modell einen entsprechenden Führungsnavigator entwickelt.

Die Bereiche im Powerline-Modell sind:

- der unterforderte Mitarbeiter
- der herausgeforderte Mitarbeiter
- der überforderte Mitarbeiter
- der gefährdete Mitarbeiter

Der Führungsnavigator stellt alle für Ihre Führungsentscheidungen relevanten Informationen und Aspekte zur Verfügung. Er bezieht sich jeweils auf einen der Bereiche im Powerline-Modell und gliedert sich dabei in folgende Teile:

1. ihre **Verantwortung** als Führungskraft im Kräftefeld des jeweiligen Mitarbeiters
2. die **Positionsbilanz** hinsichtlich der Unternehmens- und der Mitarbeiterinteressen
3. die **Führungsstrategie** für die jeweilige Position des Mitarbeiters
4. **Handlungsempfehlungen** für Sie als Führungskraft
5. die zentralen **Herausforderungen** in der Führungsrolle.

6.3.4.1 Die Struktur des Führungsnavigators

Bevor wir die einzelnen Führungsnavigatoren vorstellen, sind einige Begriffe detaillierter zu beschreiben.

Die Verantwortung im Kräftefeld

Menschen sind Beziehungswesen, die sich in einem individuellen Beziehungsgefüge bewegen. Es bildet die relevanten Personen und Akteure, die Beziehungen zueinander, das Umfeld und die Situationsbedingungen eines Menschen ab. In der Rolle eines Mitarbeiters sind das z. B. das Unternehmen selbst, die Kollegen, der Vorgesetzte, der Markt und die Kunden, aber auch Familie, Freunde sowie Bedürfnisse, Interessen und Neigungen. Wir betrachten dieses Beziehungsgefüge hier als Kräftefeld, da jede Komponente dieses Beziehungsgefüges eine Kraft auf den jeweiligen Menschen ausübt. Diese Kräfte tendieren in unterschiedliche oder gleichlaufende Richtungen. Sie beeinflussen die Entscheidungen und das Handeln eines Menschen maßgeblich. Die jeweilige Position eines Mitarbeiters im Powerline-Modell hat konkrete Auswirkungen auf die Beziehungen in seinem persönlichen Kräftefeld.

Um wirkungsvoll führen zu können, ist das Verständnis des jeweiligen Kräftefeldes für Sie von großer Bedeutung, denn Sie werden und können das Kräftefeld nutzen und beeinflussen.

Wir stellen im Führungsnavigator die relevanten Aspekte des Kräftefeldes dar und benennen die zentrale Verantwortung, die Sie als Führungskraft in diesem Zusammenhang für die jeweilige Position Ihrer Mitarbeiter übernehmen.

Die Positionsbilanz

Die jeweilige Position, die ein Mitarbeiter im Powerline-Modell einnimmt, hat Konsequenzen für sowohl die Wirtschaftlichkeit, d. h. die Interessen des Unternehmens, als auch Einfluss auf die Menschlichkeit, d. h. die Interessen des Mitarbeiters. Die Konsequenzen wirken positiv wie negativ. In der Positionsbilanz stellen wir diese Konsequenzen für den jeweiligen Bereich übersichtlich dar. Es wird ersichtlich, welche Nutzen und Chance einerseits und welche Preise und Risiken anderseits die Position ausmachen. Daraus leiten sich übergeordnete Führungsziele ab, die Ihnen Orientierung geben sollen.

Die Führungsstrategie

Die jeweilige Position eines Mitarbeiters im Powerline-Modell stellt eine Ausgangsposition dar, die Sie als Führungskraft beeinflussen können.

Aus den grundlegenden Führungsprinzipien im Powerline-Modell

1. unter die Leistungskurve
2. zum Leistungsoptimum
3. in die Spitzenleistung

ergeben sich dabei sinnvolle und optimale Entwicklungsrichtungen für den Mitarbeiter. Wir beschreiben im Führungsnavigator die jeweils passende Entwicklungsrichtung und leiten daraus die entsprechenden Handlungsempfehlungen ab.

Die Handlungsempfehlungen

Führung legitimiert sich dann, wenn sie die Leistungspotenziale der Mitarbeiter nutzbar macht. Anhand der fünf differenzierenden Führungsaspekte erhalten Sie nun Handlungsempfehlungen für eine wirkungsvolle Führung. Im Kap. 6.3.3, Die fünf Führungsaspekte des Leistungsmanagements, haben Sie diese bereits kennengelernt und unabhängig von der Position einzelner Mitarbeiter für sich selbst reflektiert:

1. die Verteilung und Zuordnung der **Verantwortlichkeit**
2. das Management von **Nähe und Distanz**
3. die Ausprägung des eigenen **Machtanspruches**
4. die eigene **Leistungsorientierung** als Führungskraft
5. die kommunizierte **Leistungsanforderung** an den Mitarbeiter

Die Handlungsempfehlungen geben Ihnen als Führungskraft Orientierung und unterstützen Sie in Ihrer Haltung Ihrem Mitarbeiter gegenüber. Wir haben deshalb jeden dieser fünf Führungsaspekte noch einmal hinsichtlich seiner Bedeutung für die Positionen im Powerline-Modell ausgearbeitet.

Die Herausforderungen

Um eine möglichst effektive Führungsarbeit zu leisten, stehen Sie einer Anzahl von Herausforderungen gegenüber. Wir haben die, aus unserer Sicht, fünf zentralen Aspekte für die jeweilige Position eines Mitarbeiters im Powerline-Modell zusammengestellt.

Zusammenfassend stellt der Führungsnavigator in komprimierter Form alle für Sie relevanten Informationen für die jeweiligen Bereiche im Powerline-Modell zur Verfügung, gibt Ihnen schnelle und fundierte Orientierung und bietet konkrete Handlungsempfehlungen an. Sehen wir uns nun die jeweiligen, konkreten Führungsnavigatoren an.

6.3.4.2   Der Führungsnavigator zum „unterforderten Mitarbeiter"

Der unterforderte Mitarbeiter steht außerhalb der Leistungskurve und ist dadurch gekenn-zeichnet, dass er über Bewältigungskompetenzen und Ressourcen verfügt, die jedoch zur Erfüllung seiner Aufgaben nicht abgerufen werden. Leicht erschließbare Leistungspoten-ziale bleiben dadurch ungenutzt.

Es gibt verschiedene Ursachen dafür, dass einer Ihrer Mitarbeiter aktuell unterfordert ist. Es kann sein, dass Sie – respektive das Unternehmen – dem Mitarbeiter keine adäqua-ten Herausforderungen zur Verfügung stellen können, weil z. B. die Auftragslage das aktu-ell nicht hergibt. Oder Sie haben den Mitarbeiter – bzw. dieser sich selbst – als bislang nicht so kompetent eingeschätzt und ihm deshalb mehr Belastung bzw. Herausforderung nicht zugetraut. Oder der Mitarbeiter hat sich bisher nicht ausreichend motiviert gezeigt, mehr Leistung zu erbringen und Sie haben das toleriert.

▶   Das Ziel beim Führen des unterforderten Mitarbeiters liegt darin, Wertschöp-
     fung durch das Realisieren vorhandener, aber nicht abgerufener Leistungspo-
     tenziale zu schaffen.

Als Führungskraft sind Sie dabei gefordert, die Anforderungen bzw. die Belastung des Mit-arbeiters so zu steigern, dass sie zum Niveau seiner aktuellen Bewältigungskompetenzen und Ressourcen passen und der Mitarbeiter so eine adäquate Leistung erbringt.

Die Verantwortung im Kräftefeld des unterforderten Mitarbeiters
Als Führungskraft tragen Sie im Kräftefeld des „unterforderten" Mitarbeiters die folgende Verantwortung:

1. Das Unternehmen *finanziert* einen Mitarbeiter, der seine mögliche Leistung nicht einbringt.
2. Dem Mitarbeiter werden Karrierechancen und Entwicklungsmöglichkeiten nicht bzw. nur ungenügend gegeben.
3. Der Markt schöpft ungenutzte Potenziale ab (z. B. Mitarbeiter abwerben) und nutzt Wettbewerbsvorteile durch ungenutzte Potenziale aus.
4. Das Team bzw. der Bereich bleibt unter seinen Möglichkeiten.
5. Dem übergeordneten Vorgesetzten werden Erfolgspotenziale vorenthalten.

Die Positionsbilanz des unterforderten Mitarbeiters
Das Risiko des unterforderten Mitarbeiters besteht darin, dass dieser sich anderweitig orientiert bzw. seine Arbeitskraft in Aufgaben investiert, die nicht der Wertschöpfung im Unternehmen zugutekommen. Es liegen aber auch Chancen in dieser Position, da die Grenzen des Mitarbeiters noch nicht erreicht sind und Potenziale zur Verfügung stehen, die sehr schnell realisiert werden können. Zudem bietet der unterforderte Mitarbeiter Wachstumspotenziale und Entwicklungsperspektiven (siehe Tab. 6.8).

Tab. 6.8 Positionsbilanz „unterforderter Mitarbeiter"

Situation	Bilanz +/− Unternehmen		Bilanz +/− Mitarbeiter		Zielsetzung
Der Mitarbeiter verfügt über Kompetenzen und Ressourcen, die nicht abgerufen werden.	+	Es stehen Leistungsreserven für unvorhergesehene Engpässe/Aufträge zur Verfügung	+	Entspannte Arbeitssituation	*Leistung auf dem Niveau der vorhandenen Kompetenzen/ Ressourcen des Mitarbeiters einfordern.*
				Wenig Stress, Druck und Konfliktpotenzial	⇓
⇓ Die Leistungspotenziale des Mitarbeiters liegen brach, Wertschöpfung wird verhindert	−	Leistungspotenziale liegen brach	−	Erfolgserlebnisse werden verhindert	*Wertschöpfung durch das Realisieren vorhandener aber nicht abgerufener Leistungspotenziale des Mitarbeiters schaffen*
		Nicht geforderte Ressourcen (Zeit, Kompetenz, Motivation) werden für arbeitsfremde Leistungen eingesetzt		Langeweile kommt auf	
		Karriereorientierte, aber nicht ausgelastete Mitarbeiter können leichter abgeworben werden oder bewerben sich aktiv auf dem Arbeitsmarkt		Leistungsmotivation und -fähigkeit sinkt	
		Erfolgschancen im Wettbewerb bleiben ungenutzt		Leistungsgefälle im Team (empfundene Ungerechtigkeit)	
		Leistungsgefälle im Team schafft Unzufriedenheit und Unruhe		Karrierechancen können nicht realisiert werden	
		Kein Return of Invest		⇓	
		⇓			
		Das Unternehmen kann auf mögliche Leistung nicht zurückgreifen und verzichtet dadurch auf Wertschöpfung		Der Mitarbeiter kann seine Leistungsgrenzen nicht ausreizen und verzichtet auf Entwicklungs- und Erfolgschancen	

Die Führungsstrategie zum unterforderten Mitarbeiter

Die Ursachen dafür, warum Ihr Mitarbeiter aktuell unterfordert ist, können vielschichtig sein. Anhand der folgenden Aspekte einer leistungsorientierten Führung können Sie die Ursachen hinterfragen, auf die Sie direkt Einfluss haben, und diese optimal gestalten.

Die Führungsstrategie für den unterforderten Mitarbeiter zeigt sich darin, die Anforderungen zu steigern (**Belastung** ⇑) und auf dem Niveau der vorhandenen Bewältigungskompetenzen einzufordern (**Kompetenz** ⇒).

Um die Belastung in Form von Anforderungen anzuheben, braucht es Energie – einmal Ihre eigene Energie bei der Entwicklung und Formulierung von Anforderungen und im Rahmen der erforderlichen Motivation des Mitarbeiters bzw. beim Druckaufbau. Der Mitarbeiter wiederum muss Energie dafür aufbringen, sich zu engagieren, die Anforderungen anzunehmen und zu bewältigen. Es kann sein, dass Sie dafür beide aus Ihren Komfortzonen heraustreten müssen.

Die Handlungsempfehlungen zum unterforderten Mitarbeiter

Die Handlungsempfehlungen für unterforderte Mitarbeiter zeigt Tab. 6.9.

Herausforderungen an die Führungskraft

Um hier eine Wirkung zu erzielen, d. h. den Mitarbeiter unter die Leistungskurve zu bringen, sind Sie als Führungskraft wie folgt gefordert:

- eine eigene klare Position zur Leistung zu beziehen,
- sich persönlich für den Mitarbeiter zu interessieren,
- anspruchsvolle Aufträge zur Verfügung zu stellen,
- angemessen Druck zu machen oder zu motivieren,
- bereit zu sein, sich zu trennen und Konsequenzen umzusetzen.

6.3.4.3 Der Führungsnavigator zum „herausgeforderten Mitarbeiter"

Der herausgeforderte Mitarbeiter befindet sich bereits auf bzw. unter der Leistungskurve und ist dadurch gekennzeichnet, dass er jeweils ein gewisses Maß an Belastung verarbeiten muss, dem er aktuell noch keine ausreichende Kompetenz/Ressource gegenüberstellen kann. Dadurch erlebt dieser Mitarbeiter stets eine mehr oder weniger große Herausforderung. Dieser kann er konstruktiv begegnen, indem er seine Kompetenzen entwickelt und seine Ressourcen weiter aufbaut. Leistung wird dabei im Rahmen des vereinbarten Arbeitseinsatzes generiert.

▶ Das Ziel beim Führen des herausgeforderten Mitarbeiters liegt darin, Leistungssteigerung durch das Entwickeln von Bewältigungskompetenzen zu schaffen.

Ihre Aufgabe als Führungskraft ist es hier, einerseits durch eine angemessene Steigerung der Anforderungen die Belastung zu erhöhen. Dazu können Sie dem Mitarbeiter Aufgaben

Tab. 6.9 Handlungsempfehlungen „unterforderter Mitarbeiter"

Führungsaspekt	Unterforderter Mitarbeiter
Verantwortung	Lassen Sie den Mitarbeiter seinen Teil der Verantwortung selbst tragen und spüren. Die Verantwortung des Mitarbeiters ist es, seine Leistungsbereitschaft, seine Kompetenzen und Ressourcen sowie seine Zeit zur Verfügung zu stellen. Ihre Verantwortung ist es, ihm dazu die passenden Aufträge und Herausforderungen sowie klare Zielsetzungen zur Verfügung zu stellen
Nähe/Distanz	Zeigen Sie Interesse an Ihrem Mitarbeiter. Bei einer zu großen Nähe schützen Sie sich davor, zu viel Verständnis für Minderleistung aufzubringen. Überprüfen Sie Ihre Tendenz, es dem Mitarbeiter recht zu machen statt Leistung einzufordern
	Bei einer zu großen Distanz kann es sein, dass Ihr Wissen über die Bedürfnisse und Motive des Mitarbeiters nicht ausreichend ist. Eine zu große Distanz erschwert es Ihnen, die Kompetenzen und Belastungen des Mitarbeiters richtig einzuschätzen. Es kann auch sein, dass der Kontakt nicht ausreicht, um eine belastbare Beziehung aufzubauen
Macht	Lassen Sie den Mitarbeiter an den gegebenen Herausforderungen teilhaben. Bieten Sie durch Ihre Position als Führungskraft Orientierung und geben Sie die Richtung vor. Machen Sie deutlich, was Sie vom Mitarbeiter erwarten und wo Sie dem Mitarbeiter Rückendeckung, Unterstützung und Sicherheit geben können. Für den Mitarbeiter muss spürbar sein, wo er sich auf Sie verlassen kann und gleichzeitig, welche Erwartungen Sie an ihn stellen
Leistungsorientierung	Vermitteln Sie dem Mitarbeiter eine gesunde Balance zwischen Ehrgeiz und Durchhaltevermögen auf der einen Seite, sowie Lust und Lösungsorientierung auf der anderen Seite
Leistungsanspruch	Finden Sie heraus, warum Ihr Mitarbeiter unterfordert ist. Gehen Sie konstruktiv beim Einfordern der Leistungspotenziale vor. Schaffen Sie dem unterforderten Mitarbeiter ein Umfeld, in dem er Möglichkeiten wahrnehmen kann, die er sich aber durch eigene Fähigkeiten erarbeiten muss (Herausforderungen – keine Geschenke)
	Erfolg = Eine als unsicher wahrgenommene Situation mit den eigenen Fähigkeiten in eine sichere Situation zu verwandeln

delegieren und Verantwortung übertragen. Gleichzeitig sollten Sie dem Mitarbeiter die Möglichkeit geben, seine Kompetenzen zu entwickeln und seine Ressourcen aufzubauen. Dies kann durch Training, Feedback, Coachingmaßnahmen und Motivation geschehen sowie durch Investitionen in sein konkretes Arbeitsumfeld, so dass er bei der Bewältigung seiner Aufgaben unterstützt wird.

Die Verantwortung im Kräftefeld des herausgeforderten Mitarbeiters

Sie tragen als Führungskraft im Kräftefeld des „herausgeforderten" Mitarbeiters die folgende Verantwortung:

1. Das Unternehmen *investiert* in einen Mitarbeiter und seine latenten Leistungspotenziale.
2. Der Mitarbeiter vertraut sich Ihnen in seiner Entwicklung und beruflichen Perspektive an.
3. Der Wettbewerb wird messbar und sichtbar. Scheitern ist eine Option, Erfahrung fehlt noch und das Leistungsoptimum ist noch nicht erreicht.
4. Die Gruppendynamik wird spürbar, die Konkurrenz steigt, Konflikte werden ausgetragen.
5. Der übergeordnete Vorgesetzte muss ein erhöhtes Risiko durch delegierte Verantwortung abdecken.

Die Positionsbilanz des herausgeforderten Mitarbeiters

Der herausgeforderte Mitarbeiter bietet im Powerline-Modell eine ideale Ausgangslage für Entwicklung und Wachstum. Seine Ressourcen sind noch nicht voll ausgebaut und die Belastungssituation bietet noch Steigerungsmöglichkeiten. Ein herausgeforderter Mitarbeiter wird vermutlich bei sich selbst einen Handlungsimpuls wahrnehmen, der ihm signalisiert, sich Kompetenzen anzueignen. Das Risiko des herausgeforderten Mitarbeiters besteht darin, seine Entwicklungspotenziale nicht zu realisieren und sich stattdessen der Belastung zu entziehen (siehe Tab. 6.10).

Die Führungsstrategie zum herausgeforderten Mitarbeiter

Herausgeforderte Mitarbeiter sind entweder selbst motiviert und wollen sich entwickeln, d. h. sie suchen sich bewusst Umfelder, die ihnen Herausforderungen bieten. Oder sie erleben ihr Umfeld bzw. die Arbeitssituation als herausfordernd und versuchen den an sie gestellten Anforderungen zu genügen. In beiden Fällen geht es darum, sowohl die Belastung als auch die Bewältigungskompetenzen zu steigern. Der Mitarbeiter braucht regelmäßige Grenzerfahrungen, um sich zu entwickeln und Substanz aufzubauen. Das Ziel des herausgeforderten Mitarbeiters ist das Leistungsoptimum.

Die Führungsstrategie zum herausgeforderten Mitarbeiter ist es, angemessene Grenzerfahrungen zu ermöglichen. Dabei fungiert die empfundene Belastung (**Belastung** ⇑) als Motivation zum Aufbau von Bewältigungskompetenz. Aus der kurzfristigen „Überforderung" wird das Bedürfnis geschaffen, die Situation wieder sicher und kontrollierbar zu machen. Dazu werden Kompetenzen geschaffen und ausgebaut. Andererseits kann es auch sein, dass Menschen aus einer sicheren Situation heraus, sprich einem komfortablen Maß an Bewältigungskompetenz, sich selbst Herausforderungen suchen, um sich zu erleben und ihre Potenziale auszuleben. Dann ist die Führungsstrategie hier, die Entwicklung von Bewältigungskompetenz zu unterstützen (**Kompetenz** ⇑).

In jedem Fall sind Sie als Führungskraft hier der Sparringpartner auf dem Weg zum Leistungsoptimum. Es gilt entweder zielorientiert Einfluss zu nehmen oder aufmerksam zu begleiten.

Tab. 6.10 Positionsbilanz „herausgeforderter Mitarbeiter"

Situation	Bilanz +/− Unternehmen		Bilanz +/− Mitarbeiter		Zielsetzung
Der Mitarbeiter befindet sich in der Entwicklung. Seine Kompetenzen und Ressourcen sind noch nicht voll ausgebaut. ⇓ *Leistung wird in dem Maße generiert, wie die Entwicklung des Mitarbeiters erfolgt*	+	Leistungspotenziale werden genutzt und entwickelt	+	Erfolgserlebnisse sind wahrscheinlich und möglich	*Den Mitarbeiter zum Leistungsoptimum bringen.* ⇓ *Wertschöpfung angemessen, d. h. entsprechend des Entwicklungsstandes des Mitarbeiters abrufen. (Spannung durch Herausforderungen bewusst aufbauen und zur Leistungserbringung einsetzen)*
		Kompetenzen werden aufgebaut		Erfahrungen (auch im Grenzbereich) können gesammelt werden	
		Zukunftschancen entstehen		Der Mitarbeiter ist motiviert	
		Es erfolgt ein Aufbau von Ressourcen (leistungsstarke Mitarbeiter)		Der Mitarbeiter wird belastbar und widerstandsfähig	
				Kompetenzen können aufgebaut werden	
				Employability	
	−	Der Ertrag bzw. ein Gewinn aus der Investition ist nicht sicher ⇒	−	Konfrontation an Grenzen wird erlebt	
				Die Komfortzone wird kleiner ⇒	
		Das Unternehmen kann perspektivisch planen und Wertzuwachs bei der Mitarbeiterressource gewinnen sowie Leistung abrufen		Der Mitarbeiter erlebt konkreten Erfolg/Misserfolg. Er kann sich bzw. seine Leistungsgrenzen ausloten und zum Leistungsoptimum gelangen	

Die Handlungsempfehlungen zum herausgeforderten Mitarbeiter
Die Tab. 6.11 gibt Handlungsempfehlungen für herausgeforderte Mitarbeiter.

Die Herausforderungen an die Führungskraft
Um hier eine Wirkung zu erzielen, d. h. den Mitarbeiter zum Leistungsoptimum zu bringen, sind Sie als Führungskraft selbst gefordert:

- intensive persönliche Auseinandersetzung mit dem Mitarbeiter
- Zeit zur Verfügung stellen (eigene und Zeit des Mitarbeiters)
- das Risiko des Scheiterns des Mitarbeiters in Kauf nehmen, als Investition betrachten können, konsequent Rückendeckung geben
- persönliche Erfahrungen einbringen und von sich preisgeben
- Enttäuschungen und Konflikte konstruktiv bearbeiten

6.3.4.4 Der Führungsnavigator zum „überforderten Mitarbeiter"

Der überforderte Mitarbeiter steht ebenfalls auf bzw. unter der Leistungskurve. Seine Position ist dadurch gekennzeichnet, dass er nicht mehr über genügend eigene, d. h. zur Leistungserbringung vereinbarte, Kompetenzen und Ressourcen verfügt. Um trotzdem die von ihm geforderte Leistung zu erbringen, muss er Reserven zur Verfügung stellen, die er als „Hypothek" einbringt. Diese werden aus z. B. Freizeit, Verzicht auf Erholung, Stress und dem Vernachlässigen eigener Bedürfnisse gewonnen. Der Mitarbeiter befindet sich in einer mehr oder weniger andauernden evtl. chronischen Überforderung. Um mit dieser Situation konstruktiv umzugehen, ist es entscheidend, inwieweit er Gelegenheit dazu hat, seine eingebrachte „Hypothek" wieder zurückzufordern und z. B. Regenerationspausen einzulegen.

> ▶ Das Ziel beim Führen des überforderten Mitarbeiters liegt darin, Wertschöpfung durch das Absichern der Leistungserbringung zu schaffen.

Während beim unterforderten und dem herausgeforderten Mitarbeiter die Chance im Vordergrund steht, Leistungspotenziale abzurufen, steht beim überforderten (und beim gefährdeten) Mitarbeiter das Risiko des Leistungsausfalls im Vordergrund. Im Fokus stehen also die Absicherung der Leistungsträger und deren Ressourcen. Ihre Aufgabe als Führungskraft liegt hier in der genauen Wahrnehmung und Einschätzung der Verfassung des Mitarbeiters. In der Position der Überforderung braucht der Mitarbeiter Phasen, in denen er regenerieren kann und entlastet wird. Auch hier ist das Leistungsoptimum anzustreben, allerdings durch eine wirkungsvolle Entlastung, die dazu führt, dass die verbrauchten Kompetenzen und Ressourcen wieder aufgebaut werden können. Der erste Schritt in der Führung ist also das Reduzieren der Belastung und das Gewähren von Unterstützung.

Tab. 6.11 Handlungsempfehlungen „herausgeforderter Mitarbeiter"

Führungsaspekt	Herausgeforderter Mitarbeiter
Verantwortung	Ihr Mitarbeiter steht in der Verantwortung, seine eigene Leistungsfähigkeit (Employability) zu pflegen und Leistung im vereinbarten Maße zur Verfügung zu stellen. Ihre Verantwortung ist es hier, Herausforderung zu stellen und Entwicklungsangebote in Form von Weiterbildung, Training etc. zu gewähren. Außerdem müssen Sie zu jeder Zeit wissen, über welchen Entwicklungsstand und unter welcher Belastung Ihr Mitarbeiter Leistung erbringt
Nähe/Distanz	Als Sparringpartner brauchen Sie eine gewisse Nähe zu Ihrem Mitarbeiter, aus der heraus Sie wirkungsvoll Spannung erzeugen können und Verbindlichkeit entsteht. Zu viel Nähe kann aber auch dazu führen, dass Sie die notwendige Spannung herausnehmen, die der Mitarbeiter braucht, wenn er seine Grenzen auslotet. Zu viel Distanz nimmt Ihnen wiederum die Wirkung, die Sie aufgrund Ihrer Persönlichkeit aufbauen können. Eine optimale Distanz ist erreicht, wenn Sie als Orientierung dienen (Vorbild) und ein persönlicher Austausch stattfindet. Trainieren Sie einen konstruktiven Umgang mit Konflikten, persönlichen Enttäuschungen (z. B. wenn der Mitarbeiter die Erwartungen nicht erfüllt), und Risiken
Macht	Lassen Sie Ihren Mitarbeiter Einfluss nehmen. Erfolg und Misserfolg werden spürbar, sobald Leistung auf den eigenen Einfluss zurückgeführt werden kann. Gelingt es Ihnen, beim Mitarbeiter eine „Selbstwirksamkeitsüberzeugung" herzustellen, entsteht Leistungsmotivation. Behalten Sie Ihrem Mitarbeiter gegenüber ein adäquates Machtgefälle (Hierarchie), um die positive Wirkung der Unterschiedlichkeit der beiden Positionen (Führungskraft – Mitarbeiter) nutzen zu können. Diese sind z. B. Absicherung und Schutz nach außen, Rückendeckung bei Risiken und Fehlern, Erwartungshaltungen etc.
Leistungsorientierung	Machen Sie Lust auf Leistung. Zeigen Sie auf, welche Herausforderungen Sie selbst bewältigt haben. Stellen Sie Ihre Erfahrungen zur Verfügung. Zeigen Sie, wie Sie mit gegenseitiger Enttäuschung umgehen und welche Möglichkeiten es gibt, daraus Widerstandsfähigkeit abzuleiten
Leistungsanspruch	Vermitteln Sie einen gesunden Ehrgeiz und den Mut, sich an Grenzen zu erproben. Zeigen Sie aber auch auf, wie Ihr Mitarbeiter aus Situationen aussteigen kann, die seine aktuelle Belastungsfähigkeit übersteigen. Ein Mitarbeiter, der stets die Möglichkeit hat, auszusteigen, kann eher an Grenzen herangehen

Die Verantwortung im Kräftefeld des überforderten Mitarbeiters

Als Führungskraft tragen Sie im Kräftefeld des „überforderten" Mitarbeiters die folgende Verantwortung:

1. Das Unternehmen *schöpft* hypothekenbasierte Leistungspotenziale *aus*.
2. Der Mitarbeiter bringt Ressourcen ein, die eigentlich seinen persönlichen Bedürfnissen und zur Regeneration zur Verfügung stehen sollten.

3. Der Erfolg im Wettbewerb wird durch zunehmende Risiken (Fehler, Ausfälle etc.) gefährdet.
4. Das Team/die Kollegen werden durch einen ungesunden internen Wettbewerb und eine ungleiche Verteilung von Druck belastet.
5. Der übergeordnete Vorgesetzte muss die Konsequenzen aus einem erhöhten Risiko der Unversehrtheit des Mitarbeiters tragen.

Die Positionsbilanz des überforderten Mitarbeiters

Der überforderte Mitarbeiter geht in eine Vorleistung. Seine Chance besteht darin, zeitlich begrenzt Leistungsvermögen zur Verfügung zu stellen, das über das vereinbarte Maß hinausgeht. Darin liegt aber gleichzeitig auch das Risiko seiner Position. Dauert die Belastung an bzw. geht der Mitarbeiter dauerhaft in Vorleistung, kann dies zu einem Zustand führen, in dem auch chronischer Stress entstehen kann und Leistungseinbußen folgen. Verschiedene Situationen und wie sich diese auf das Unternehmen und den Mitarbeiter auswirken zeigt Tab. 6.12.

Die Führungsstrategie zum überforderten Mitarbeiter

Der überforderte Mitarbeiter hat im Normalfall bereits in unterschiedlichem Maße einen Prozess durchlaufen, der ihn vom unterforderten zum herausgeforderten bis hin zum überforderten Mitarbeiter gebracht hat. Er kennt die Situation dieser drei Zustände und hat Erfahrung im Aufbau von Bewältigungskompetenz und hinsichtlich einer mehr oder weniger großen Belastung. Die Ursachen für seine aktuelle Position im Feld des überforderten Mitarbeiters müssen differenziert betrachtet werden. Je mehr ein Mitarbeiter an seine Grenzen geht bzw. herangeführt wird und je mehr er unter Druck steht, desto stärker wird er in seiner Persönlichkeit gefordert. Um dieser Belastung adäquat begegnen zu können, ist es notwendig, dass ein Mensch stets noch die Möglichkeit des „Aussteigens", im Sinne einer Alternative, zur Verfügung hat. Im Arbeitsumfeld bedeutet dies, dass Aufträge, Projekte, Rahmenbedingungen und Pausen verhandelbar bleiben müssen.

Die Strategie zur Führung eines überforderten Mitarbeiters hat zwei Zielsetzungen: den Schutz und die Absicherung des Mitarbeiters sowie seine Stabilisierung und Stärkung. Es ist erfolgsrelevant, dass die Belastung jeder Zeit zurückgenommen werden kann (**Belastung** ⇓). Dazu braucht es eine gute Wahrnehmung und Einschätzung der Situation durch Sie als Führungskraft, damit Sie zeitnah agieren können. Es braucht eine belastbare und vertrauensvolle Beziehung zwischen Ihnen und dem Mitarbeiter, um kritische Themen überhaupt besprechbar zu machen und Überforderung zurückzumelden. Und es braucht Fallback-Lösungen, damit Handlungsspielraum entsteht. Außerdem geht es darum, Unterstützung anzubieten und Bewältigungskompetenz und Ressourcen aufzubauen (**Kompetenz** ⇑). Meist sind dabei kurzfristig wirksame Ansätze notwendig, wie z. B. die fachliche Unterstützung in schwierigen Projekten, ein Coaching zum Aufbau von Selbstbewusstsein, konkrete Konfliktmoderation bei gruppendynamischen Prozessen, Fall-Supervision bei komplexen Fragestellungen etc.

Tab. 6.12 Positionsbilanz „überforderter Mitarbeiter"

Situation	Bilanz +/– Unternehmen (Preis, den das Unternehmen zahlt)	Bilanz +/– Mitarbeiter (Preis, den der Mitarbeiter zahlt)	Zielsetzung
Der Mitarbeiter schöpft seine Ressourcen voll aus und investiert darüber hinaus aus privaten und persönlichen Quellen. Seine Leistung ist aus einer „Hypothek" finanziert. ⇩ *Leistung wird über das vereinbarte Maß hinaus erbracht*	+ Sehr hohe Leistungsausschöpfung bei geringer Investition des Unternehmens	+ Mitarbeiter kann seine Grenzen ausloten und neu justieren	*Den Mitarbeiter zum Leistungsoptimum bringen.* ⇩
		Bessere Verhandlungsposition, da das Unternehmen in seiner „Schuld" steht	*Wertschöpfung unter kontrollierten und abgesicherten Bedingungen abrufen*
	– Risiko des Leistungsausfalls durch Überlastung und Stress	– Der Mitarbeiter nutzt Ressourcen, die eigentlich nicht der Erbringung von Arbeitsleistung zur Verfügung stehen – Gefahr der Ausbeutung	
	Kein Puffer für unvorhergesehene Anforderungen	Unsicherheit bei den „Rückzahlungsmodalitäten" ⇨	
	Verlust von Identifikation und konstruktiver Motivation		
	Die Qualität der Leistung sinkt ⇩		
	Das Unternehmen erhält einen „Leistungsvorschuss", nimmt Einbußen an der Leistungsqualität in Kauf und riskiert Verschleiß	Der Mitarbeiter gewährt dem Unternehmen einen „Leistungsvorschuss", dessen Reinvestition nicht abgesichert ist	

Tab. 6.13 Handlungsempfehlungen „überforderter Mitarbeiter"

Führungsaspekt	Überforderter Mitarbeiter
Verantwortung	Ihre Verantwortung ist es hier, die „Finanzierungsbedingungen" der Leistungserbringung genau zu kennen und für die Möglichkeit der Rückzahlung der Hypothekleistung zu sorgen
	Der Mitarbeiter hat die Verantwortung, seine Kräfte und Ressourcen genau zu bewerten und zeitnah Rückmeldungen zu geben
Nähe/Distanz	Zum überforderten Mitarbeiter brauchen Sie eine belastbare und vertrauensvolle Beziehung. Zum Aufbau dieser Beziehungsqualität ist eine Nähe erforderlich, die es ermöglicht, über persönliche Themen, Schwächen und Defizite, Ängste und Misserfolge zu reden. Der Mitarbeiter muss erleben, dass er trotz eventuell aufkommender Schwierigkeiten als Mensch und Mitarbeiter sicher ist. Damit Sie als Führungskraft in dieser Gemengelage neutral entscheidungs- und handlungsfähig bleiben, brauchen Sie aber auch die Fähigkeit, sich abzugrenzen und sich zu distanzieren. Die Kunst ist es hier also, in der Nähe- und Distanzthematik beweglich und flexibel zu bleiben
Macht	Der überforderte Mitarbeiter braucht einen Vorgesetzten, dem er Stärke und ein gutes Standing zutraut. Positionieren Sie sich Hierarchie übergreifend und spielen Sie überall dort eine relevante Rolle, wo Ihr Mitarbeiter Schutz und Rückendeckung benötigt. Nehmen Sie auf das Umfeld des Mitarbeiters Einfluss und fungieren Sie an den Schnittstellen als Gatekeeper
Leistungsorientierung	Hier geht es darum, mit den verfügbaren Ressourcen die höchste Leistungsqualität zu schaffen. Dazu muss ein Selektionsprozess erfolgen, der die Aufträge identifiziert, die entweder die größte strategische Bedeutung haben oder die besten Erträge bringen. Der Mitarbeiter muss Prioritäten setzen und lernen, Aufträge, die diese Kriterien nicht erfüllen, abzulehnen
Leistungssteigerung	Der überforderte Mitarbeiter kann seine Leistung nur steigern, indem er zum Leistungsoptimum findet. Dazu muss er sowohl die Qualität seiner Leistung erhöhen als auch aus dem Bereich der Hypothek herauskommen. Bieten Sie dem Mitarbeiter Orientierung, die ihm hilft, sich seine eigenen Bedingungen zur Leistungserbringung bewusst zu machen, diese adäquat zu bewerten und sich bei Bedarf Auswege zu gestatten

Die Bewegungsrichtung des überforderten Mitarbeiters ist im Powerline-Modell der Weg zum Leistungsoptimum.

Die Handlungsempfehlungen zum überforderten Mitarbeiter

Die Tab. 6.13 gibt Handlungsempfehlungen für überforderte Mitarbeiter.

Die Herausforderungen für Sie als Führungskraft

Um hier eine Wirkung zu erzielen, d. h. den Mitarbeiter zum Leistungsoptimum zu bringen, sind Sie als Führungskraft selbst gefordert:

- effektive Auftragsklärung an den Schnittstellen, d. h. Auftragsmanagement in der Rolle des Gatekeepers
- konsequentes internes Belastungsmanagement mit schneller Reaktionszeit
- Rückzahlungsmodalitäten für die Mitarbeiter-Hypotheken umsetzen
- Fallback-Lösungen und Ausstiegsszenarien zur Verfügung stellen
- Bereitschaft, auf kurzfristige Leistungserbringung zu verzichten, bzw. Belastungsgrenzen zu tolerieren, sich enttäuschen zu lassen

6.3.4.5   Der Führungsnavigator zum „gefährdeten Mitarbeiter"

Der gefährdete Mitarbeiter steht – ebenso wie der unterforderte Mitarbeiter – außerhalb der Leistungskurve. Diese Position ist dadurch gekennzeichnet, dass er sich in einer überdurchschnittlich starken Belastungssituation befindet und sämtliche Bewältigungskompetenzen und Ressourcen ausgeschöpft hat (inklusive der Hypotheken). Er tendiert dazu, sich selbst hinsichtlich seiner Fähigkeiten zu überschätzen bzw. von anderen überschätzt zu werden. Er hält den Willen zur Leistungserbringung über alle Grenzen hinaus aufrecht und kann aus der gefährdenden Situation selbst kaum noch aus*steigen* (= *aktive, selbstgesteuerte* Reaktion auf eine überfordernde Situation). Das Risiko, dass er stattdessen aus*fällt* (= *passive, krankhafte* Reaktion auf eine überfordernde Situation) ist sehr groß. Der gefährdete Mitarbeiter ist der typische Burnout-Kandidat. Um in dieser Situation Schaden zu vermeiden, ist eine unbedingte und sofortige Reduzierung der Belastung bei einer gleichzeitigen psychischen Absicherung des Mitarbeiters erforderlich.

▶   Das Ziel beim Führen eines gefährdeten Mitarbeiters liegt darin, die Unversehrtheit des Menschen sowie seine existenzielle Sicherheit im Rahmen des Arbeitsumfeldes zu garantieren.

Der gefährdete Mitarbeiter ist primär als Mensch und nicht mehr als Leistungsressource zu betrachten.

Die Verantwortung im Kräftefeld des gefährdeten Mitarbeiters

Als Führungskraft tragen Sie im Kräftefeld des „gefährdeten" Mitarbeiters die folgende Verantwortung:

1. Das Unternehmen *nimmt* das Risiko des totalen Leistungsausfalls und der gesundheitlichen Gefährdung des Mitarbeiters *in Kauf*.
2. Der Mitarbeiter setzt seine Gesundheit und seine Lebensqualität aufs Spiel.
3. Kontrollverlust und Leistungsausfall machen den Wettbewerb zum Glücksspiel.
4. Das Team/die Kollegen werden moralisch und emotional belastet.
5. Der übergeordnete Vorgesetzte muss die Konsequenzen eines wirtschaftlichen und menschlichen Ausfalls tragen.

Die Positionsbilanz des gefährdeten Mitarbeiters

Der gefährdete Mitarbeiter bietet keinerlei Chancen. Die Bilanz seiner Position ist eindeutig (siehe Tab. 6.14). Sowohl Leistung als auch Gesundheit sind stark gefährdet. Das Risiko besteht darin, dass der Mitarbeiter selbst die Gefährdung in seiner Position nicht mehr wahrnimmt und sich überschätzt oder von anderen überschätzt wird. Die einzige Handlungsalternative ist hier die Reduzierung der Belastung und die Absicherung des betroffenen Menschen.

Die Führungsstrategie zum gefährdeten Mitarbeiter

Befindet sich eine Person im Feld des gefährdeten Mitarbeiters, ist konzentrierte Aufmerksamkeit und klare Führungsverantwortung gefragt. Hier hat die Sicherheit und Gesundheit des Menschen absolute Priorität. Der gefährdete Mitarbeiter verfügt weder über das notwendige Bewusstsein für seine Situation, noch die notwendige Kraft und die Mittel, um aus der gefährdenden Position selbst herauszukommen. Es kann sogar sein, das ihn genau seine eigene grenzenlose Haltung und Arbeitseinstellung dazu gebracht hat, sich erst zu überfordern und dann zu gefährden.

Die Führungsstrategie zum gefährdeten Mitarbeiter kennt nur eine Richtung. Die Belastung muss soweit gesenkt werden (**Belastung** ⇩), bis der Mitarbeiter wieder aus der Gefährdung herauskommt und handlungsfähig wird. Solange der Mitarbeiter sich nicht wieder unter der Leistungskurve befindet, macht es keinen Sinn, Kompetenzen aufzubauen (**Kompetenz** ⇒).

Insbesondere beim gefährdeten Mitarbeiter sind Sie als Führungskraft gefragt, zu beurteilen, ob die Position, auf der sich der Mitarbeiter aktuell befindet, situativem und allein externem Druck geschuldet ist. Oder ob sich der Mitarbeiter in einer krankhaften bzw. chronifizierten Spirale befindet, aus der er sich auch bei einer Reduzierung von Druck nicht befreien kann. Es kann hier sogar sein, dass erst durch die Wegnahme von Druck eine persönliche Krise ausgelöst wird, die im Zusammenbruch endet. Daher ist es wichtig, dass Sie sich hier selbst absichern, Ihre Führungsstrategie genau bedenken und diese durch eine externe Sicht überprüfen lassen. Trifft es zu, dass Ihr Mitarbeiter krank ist und z. B. auf einen Burnout zusteuert, dann sind Sie als Führungskraft nicht mehr zuständig. Dann liegt Ihre Verantwortung darin, den Mitarbeiter aus der gefährdenden Situation herauszunehmen und ihm Rückmeldung zu geben. Die notwendigen Maßnahmen zur Diagnose und zur Behandlung eines Burnouts bzw. anderer physischer und psychischer Erkrankungen liegen jedoch nicht in Ihrer Hand. Sollten Sie in diese Situation kommen, ist dringend angeraten, medizinische Betreuung anzufordern bzw. den Mitarbeiter in kompetente Hände zu geben. Wenn Sie das Thema Burnout weiter vertiefen wollen, erhalten Sie im Kap. 8, Die Dynamik von Burnout, wertvolle Hinweise.

Tab. 6.14 Positionsbilanz „gefährdeter Mitarbeiter"

Situation	Bilanz +/− Unternehmen (Preis, den das Unternehmen zahlt)		Bilanz +/− Mitarbeiter (Preis, den der Mitarbeiter zahlt)		Zielsetzung
	+	−	+	−	
Der Mitarbeiter überschätzt sich in seinen Kompetenzen und Ressourcen. Seine Leistungsbilanz ist negativ. ⇓	Keine	Hohes Risiko des plötzlichen vollständigen Leistungsausfalls	Keine	Hohes gesundheitliches Risiko	*Den Mitarbeiter zurück unter die Leistungskurve bringen.* ⇓
Der betriebene Aufwand steht in einem ungünstigen Verhältnis zur tatsächlich gelieferten Leistung		Hohes Risiko von Fehlern und Qualitätsmängeln		Verlust von Lebensqualität	*Auf Wertschöpfung verzichten. Absichern des Mitarbeiters und Erfüllen der Fürsorgepflicht. Bei Bedarf Notfallmanagement*
		Keine Leistungsreserven mehr vorhanden		Hohe Belastung für das private und persönliche Umfeld	
		Ressourcen werden vollständig aufgebraucht/verschlissen ⇒		Verlust von Arbeitsmotivation	
				Hohe psychische Belastung, Gefährdung der psychischen Gesundheit	
				Fehlende Erfolgserlebnisse ⇒	
		Das Unternehmen gefährdet eine planbare und zuverlässige Leistungserbringung, indem es verantwortungslos mit der Ressource Mitarbeiter umgeht		Der Mitarbeiter gefährdet seine Arbeitsfähigkeit (Employability), seine Gesundheit sowie seine persönliche Lebensqualität	

Tab. 6.15 Handlungsempfehlungen „gefährdeter Mitarbeiter"

Führungsaspekt	Gefährdeter Mitarbeiter
Verantwortung	Sprechen Sie den Mitarbeiter auf seine Verantwortung für sich und seine Gesundheit an. Machen Sie deutlich, dass Sie die Verantwortung haben, dass der Mitarbeiter im Arbeitsumfeld unversehrt bleibt und dass sie dieser Verantwortung gerecht werden, z. B. indem Sie ihn aus der Belastung herausnehmen werden. Der Mitarbeiter hat die Verantwortung, seine Gesundheit über die Leistungserbringung zu stellen, Rückmeldungen ernst und angebotene Hilfe in Anspruch zu nehmen
Nähe/Distanz	Arbeiten Sie mit Ihrem Mitarbeiter an einer Beziehung, in der Sie sich beide vertrauensvoll begegnen, sich abgrenzen und unbefangen mitteilen können. Finden Sie einen Modus, wie Sie die Erwartungen des jeweils anderen enttäuschen können, ohne sich persönlich ausgeschlossen bzw. abgelehnt zu fühlen. Enttäuschen zu können ist eine zentrale Fähigkeit der belastbaren Beziehung. Nur so kann es dauerhaft gelingen, seine eigenen Bedürfnisse zu wahren. Jemand, der die Erwartungen eines anderen Menschen nicht mehr enttäuschen kann, ist diesem ausgeliefert
Macht	Machen Sie jetzt deutlich, dass Sie die Zügel in die Hand nehmen. Treffen Sie Entscheidungen und klären Sie die notwendigen Umstände, so dass Ihr Mitarbeiter abgesichert ist. Setzen Sie Fallback-Lösungen um und geben Sie Ihrem Mitarbeiter die Erlaubnis, Sie und andere zu enttäuschen. Wichtig ist jetzt, dass Sie auf der Fahrerseite Platz nehmen und das Steuer in der Hand behalten, bis die Gefahr gebannt ist
Leistungsorientierung	Vermitteln Sie Ihrem Mitarbeiter die Bedeutung des Aussteigen-Könnens. Machen Sie deutlich, dass aktives Aussteigen Handlungsfähigkeit beweist und nicht mit Scheitern zu verwechseln ist. Zeigen Sie einen konstruktiven Umgang mit Scheitern und wie dies überwunden werden kann
Leistungsanspruch	Leistungssteigerung geschieht hier durch Zurückkehren in das Leistungsoptimum. Dazu braucht es ein Absichern der Ressourcen und eine realistische Selbsteinschätzung

Die Handlungsempfehlungen zum gefährdeten Mitarbeiter (Tab. 6.15)

Die Herausforderungen für Sie als Führungskraft

Um hier eine Wirkung zu erzielen, d. h. den Mitarbeiter wieder unter die Leistungskurve zu bringen, sind Sie als Führungskraft selbst gefordert:

- Druck und Belastung sofort rausnehmen und anderweitig abdecken
- Fallback-Lösungen bereitstellen – Ausstiegsszenarien durchsetzen
- intensive Auseinandersetzung mit dem Mitarbeiter
- Zeit zur Verfügung stellen (eigene Zeit und Zeit des Mitarbeiters)
- Rückendeckung geben, fremde Hilfe in Anspruch nehmen

6.4   Das Prinzip der Auftragsverhandlung

Im Rahmen des beschriebenen Instrumentariums wird nun deutlich, dass die jeweilige Position Ihrer Mitarbeiter im Powerline-Modell unterschiedliche Anforderungen an Sie als Führungskraft stellt. Um diesen Anforderungen gerecht zu werden, steht Ihnen unterhalb des Hochleistungsplateaus, auf dem Weg zum Leistungsoptimum, die gesamte Palette konventioneller Führungsmethoden zur Verfügung. So sind z. B. das Mitarbeitergespräch und das Feedback sehr gut dazu geeignet, Präsenz zu zeigen und belastbare Beziehung aufzubauen. Konflikt- und Kritikgespräche schaffen Klarheit und Handlungsoptionen, durch Delegation und Coaching werden Kompetenzen und Selbstbewusstsein entwickelt.

Wir gehen hier davon aus, dass Ihnen entweder als erfahrene Führungskraft die Anwendung konventioneller Führungsmethoden vertraut ist oder aber, dass Sie als Führungskraft mit weniger Erfahrung auf die entsprechende Literatur bzw. Weiterbildungsmöglichkeiten zurückgreifen können. Aus dem Führungsnavigator heraus können Sie die Strategie und die Bewegungsrichtung Ihrer Führungsarbeit ableiten.

Während der Arbeit an diesem Buch haben wir darüber hinaus nach einem über alle Führungsmethoden unterhalb des Hochleistungsplateaus hinweg geltenden Prinzip gesucht. Es war uns ein Anliegen, Ihnen etwas an die Hand zu geben, das im Rahmen der konventionellen Führungsmethoden einfach und wirkungsvoll umgesetzt werden kann. Wir haben dieses Prinzip in der Form der Auftragsverhandlung gefunden.

6.4.1   Definition der Auftragsverhandlung

Das rechtlich vereinbarte Arbeitsverhältnis zwischen Mitarbeiter und Unternehmen ist der erste ausgesprochene und mehr oder weniger verhandelte Auftrag zwischen Ihnen – respektive dem Unternehmen – und Ihrem Mitarbeiter. Und auch wenn der Mitarbeiter dabei in den meisten Fällen ein Angestelltenverhältnis eingeht, bleibt er doch per se als Person frei und kann sich stets für oder gegen eine Anordnung, Aufgabenstellung, Anweisung oder Erwartung entscheiden. Seine Entscheidung wird dabei eine Konsequenz bzw. einen Preis haben. Und genau da beginnt die Auftragsverhandlung.

Hat sich ein Bewerber für das Arbeitsverhältnis entschieden, agiert er ab da als Mitarbeiter. Alle folgenden Aufgabenstellungen im Rahmen seines Arbeitsverhältnisses können auch als untergeordnete Aufträge verstanden werden. Wir empfehlen Ihnen hier, diese Perspektive als Führungskraft genau so einzunehmen und sich als Auftraggeber zu verstehen. Sie erhalten dadurch deutlich erweiterte Handlungsoptionen und bringen Mitarbeiter in die Rolle des Auftragnehmers.

Wikipedia definiert „Auftrag" wie folgt: „Ein **Auftrag** ist eine *Aufforderung* an eine andere Person, eine bestimmte Handlung vorzunehmen. Dabei ist es unbeachtlich, ob es sich um eine Verrichtung mit oder ohne materiellem Ergebnis handelt. Insoweit muss zwischen einem Dienstauftrag und einem Herstellungsauftrag zunächst nicht unterschieden werden. Typisch für einen Auftrag ist auch, *dass er erfüllt wird oder eben nicht.* Im negativen

Fall gibt es weder ein Ergebnis aus einem Dienst noch ein Produkt aus einer Herstellung. Im positiven Fall gibt es ein Ergebnis, das der Ausführende dem Beauftragenden vorstellt. Typisch für den Auftrag ist auch die *Rückmeldung des Ausführenden* an den Beauftragenden. Dieser wiederum nimmt das Ergebnis im positiven Fall mindestens zur Kenntnis oder das Produkt entgegen oder im negativen Fall auch nicht."[1]

6.4.2 Auftragsverhandlung als Führungsinstrument

Drei Aspekte sind aus dieser Definition aus unserer Sicht für die Nutzung der Auftragsverhandlung als Führungsinstrument relevant:

1. Ein Auftrag ist eine *Vereinbarung* zwischen mindestens zwei Personen, dem Auftraggeber und dem Auftragnehmer.
2. An den Auftrag ist eine beidseitige *Entscheidungsfreiheit* gekoppelt, er kann angenommen und abgelehnt werden.
3. Ein Auftrag ist endlich und erfordert eine Rückmeldung bzw. einen *Abschluss*.

Die Auftragsverhandlung bietet viele Vorteile, die Sie als Führungskraft einsetzen können. Ein Auftrag, wenn er als solcher ernst genommen und umgesetzt wird, besitzt allein schon aus seiner inneren Logik heraus bestimmte Qualitätsmerkmale.

Auftraggeber und Auftragnehmer wissen daher z. B., dass beide Seiten zur Erfüllung des Auftrages aufeinander angewiesen, gleichzeitig aber nicht voneinander abhängig sind. Es ist für die Qualität der Auftragsrealisierung enorm wichtig, dass beide Seiten immer auch die Optionen haben, auszusteigen und – je nach Rolle – den Auftrag abzulehnen oder ihn anderweitig zu vergeben. Mit der Vereinbarung wird die jeweilige Verantwortung eindeutig zugeordnet und werden die Rahmenbedingungen festgelegt. Jede Seite – Auftraggeber und Auftragnehmer – ist herausgefordert, die jeweils bestmöglichen Bedingungen herzustellen, um der Verantwortung, die sie im Zusammenhang mit dem Auftrag übernommen haben, gerecht zu werden. Vor der Auftragsvergabe sind beide Seiten herausgefordert, möglichst klare Informationen auszutauschen und ihre Erwartungen deutlich zu machen.

Der Gegenpol zur „Auftragsverhandlung" ist die „Aufgabenverteilung". Bei der Aufgabenverteilung verbleibt per se die Verantwortung für den Gesamtprozess bei der Führungskraft. Sie delegiert einen Aufgabenteil an einen Mitarbeiter, der diesen genau so ausführt wie angeordnet.

Die „Aufgabenverteilung" und „Auftragsverhandlung" im Führungsprozess werden in Tab. 6.16 dargestellt.

Selbstverständlich ist uns bewusst, dass der Grad der Freiheit im arbeitsvertraglichen Verhältnis eingeschränkt ist und ein theoretisches Faktum darstellt. Und trotzdem – oder genau deswegen – ist die Frage der empfundenen Freiheit bzw. der Wahlmöglichkeit

---

[1] Quelle: http://de.wikipedia.org/wiki/Auftrag.

Tab. 6.16 Aufgabenverteilung und Auftragsverhandlung im Führungsprozess

Aufgabenverteilung	Auftragsverhandlung
Definition einer abgegrenzten und klar beschriebenen Aufgabe/Teilaufgabe	Formulierung eines ergebnisorientierten Auftrages
Lösung und Lösungsweg sind vorgegeben	Ergebnis dient als Orientierung, Lösungswege sind offen
Anwenden von erprobten und gelernten Techniken	Übergeordnetes fachliches Verständnis
Routiniertes Umsetzen im Sinne von „richtig" und „falsch"	Produktive Eigentätigkeit/Selbstständigkeit
Mitarbeiter nutzt den vorgegebenen Rahmen und erfüllt die Erwartungen	Mitarbeiter gestaltet sich den Rahmen und stellt Bedingungen
Vorgaben werden erfüllt	Vorgaben werden hinterfragt
Kontrolle und Verantwortung beim Vorgesetzten	Eigenkontrolle und geteilte Verantwortung

im Führungsprozess ein erfolgsrelevantes Mittel. Zur Entscheidungsfreiheit gehört der Gegenpart der Verantwortung. Als Führungskraft können Sie nun diese beide Aspekte, über den Prozess der Auftragsverhandlung, so ausloten, dass eine für diese Situation optimale Spannung entsteht und Mitarbeiter daraus Energie und Motivation schöpfen können.

6.4.3   Die Kraft der Verantwortung

In dem Maße, in dem es Ihnen gelingt, Ihrem Mitarbeiter seine Entscheidungsfreiheit für oder gegen einen Auftrag bewusst zu machen, in dem Maße wird er seine eigene Verantwortung erleben und daraus seine persönlichen Schlüsse ziehen.

Nimmt er den Auftrag und damit seinen Teil der Verantwortung bewusst an, wird er ein eigenes Interesse daran haben, jetzt alle notwendigen Informationen zu erhalten, die Rahmenbedingungen optimal zu gestalten und bei Bedarf Unterstützung einzufordern. Lehnt er den Auftrag ab, tut er dies aus einer wiederum verantwortungsvollen Position heraus, die im optimalen Fall auf einer fundierten Entscheidungsgrundlage beruht. Nimmt er den Auftrag nicht an, weil er die Verantwortung scheut, sollte dies klar von Ihnen herausgearbeitet und zurückgemeldet werden. Dann ist das Thema nicht mehr der Auftrag an sich, sondern die Frage nach der Verantwortungsbereitschaft bzw. -fähigkeit des Mitarbeiters steht an erster Stelle.

Mitarbeiter sind es eher gewohnt, „Aufgaben" zu erfüllen. So ist das Machtgefälle in den meisten Unternehmen heute ausgerichtet. Und viele Mitarbeiter werden sich mit genau dieser Situation (in der Hierarchie liegt die Verantwortung für das Ergebnis bei der Führungskraft, die Mitarbeiter erfüllen die Erwartungen) sehr wohl- und sicher fühlen. Wenn Sie Ihre Mitarbeiter allerdings zum Leistungsoptimum führen wollen, brauchen Sie die Dynamik, die sich aus der Übernahme der Verantwortlichkeit ergibt.

▶   Verantwortlichkeit ist der Motor auf dem Weg zum Leistungsoptimum.

Verantwortung kann man spüren. Sie werden sicherlich selbst schon oft die Kraft, die sich aus Verantwortung ergibt, gespürt haben. Können Sie sich an den Moment erinnern, als Sie zum ersten Mal die alleinige Verantwortung für ein wichtiges Projekt erhielten? Oder an den Moment, in dem Ihnen bewusst wurde, dass Sie nun Verantwortung für Mitarbeiter tragen? Die Gefühle, die sich daraus ergeben haben, können Stolz und Freude, aber auch Sorge und Last gewesen sein. Die Übernahme der Verantwortung kann in Ihnen Motivation und Handlungsenergie ausgelöst haben aber auch Ängste und Stress.

Wann wirkt Verantwortung nun konstruktiv und wann destruktiv? Den Unterschied macht die Frage, ob der Betroffene die Verantwortung tragen kann – und die Tatsache, wann sich jemand diese Frage stellt. Ob der Betroffene die Verantwortung tragen kann, lässt sich an zwei Aspekten festmachen:

1. Sieht sich der Betroffene der Verantwortung gewachsen oder fühlt er sich damit überfordert?
2. Ist die Verantwortung bei ihm an der richtigen Stelle? Das heißt, ist die Verantwortung, die er übernommen hat oder übernehmen soll überhaupt richtig zugeordnet?

Das gilt es nun herauszufinden. Um Verantwortung zu übernehmen, muss man sich ihr gewachsen fühlen. Dazu braucht man die erforderlichen Kompetenzen und Erfahrungen. Und man braucht die Möglichkeit, Einfluss zu nehmen und die Rahmenbedingungen zu gestalten.

Als Führungskraft können Sie mit dem Prinzip der Auftragsverhandlung genau diese beiden Aspekte beeinflussen.

6.4.4   Der Prozess der Auftragsverhandlung

Die Auftragsverhandlung ist ein interaktiver Prozess, der am besten auf Augenhöhe gelingt. Die Hierarchie, und damit die Frage der Machtverteilung, finden sich bei der Auftragsverhandlung in der Rollenverteilung zwischen Auftraggeber und Auftragnehmer wieder. Der Auftraggeber bestimmt die Definition des Auftrages, legt das Budget für die Ressourcen fest und wählt, aus seiner Sicht, den besten Auftragnehmer aus. Der Auftragnehmer kann den Auftrag annehmen oder ablehnen und Bedingungen kommunizieren, unter denen er den Auftrag erfüllen kann.

Nicht jeder Mitarbeiter ist gleichermaßen in der Lage, Aufträge anzunehmen, zu verhandeln und umzusetzen. Unerfahrene und unsichere Mitarbeiter suchen vielleicht eher die Klarheit, die definierten Grenzen bzw. die konkrete Vorgaben einer Aufgabe, denn sie finden dort Sicherheit.

Sie sind nun gefordert, als Führungskraft herauszufinden, in welchem Maße Sie Ihren Mitarbeiter über Aufgabenverteilung oder Auftragsverhandlung führen können. Je höher

Ihr Mitarbeiter bereits im Powerline-Modell positioniert ist, desto stärker stehen die Vorteile einer Auftragsverhandlung im Vordergrund. Der Mitarbeiter verfügt dort bereits über ein breites Spektrum an Bewältigungskompetenzen und kann Ihnen als Verhandlungspartner vollwertig gegenüberstehen.

Um Mitarbeiter letztendlich zum Leistungsoptimum zu führen, ist die Auftragsverhandlung das Mittel der Wahl. Wir empfehlen Ihnen daher, Ihre Mitarbeiter möglichst früh an den entsprechenden Prozess zu gewöhnen.

Die Auftragsverhandlung lässt sich in vier Phasen aufteilen.

Phase 1: Auftragsformulierung – den Auftrag adressieren Als Führungskraft sind Sie derjenige, der den Auftrag definiert und an den gewünschten Auftragnehmer/Mitarbeiter adressiert. Dabei geht es darum, eine möglichst ideale Zuordnung zu finden, die sowohl die Zielsetzung des Auftrages und die Qualität des erwarteten Ergebnisses als auch den Leistungsstand des Auftragnehmers bzw. dessen gewünschte Entwicklung berücksichtigt.

Phase 2: Auftragsklärung – relevante Informationen austauschen Im darauffolgenden Schritt stehen Sie für Rückfragen des Auftragnehmers zur Verfügung. Es geht hier darum, die Informationslage zu optimieren sowie ein gemeinsames Verständnis der Hintergründe, Zielsetzung und der verfügbaren Ressourcen etc. herzustellen. Beide Partner – Auftraggeber und Auftragnehmer – sind hier gleichermaßen gefordert, ihren Teil des Auftrages auszuloten und einzuschätzen, ob bzw. unter welchen Bedingungen sie diesem gerecht werden können. Im Hintergrund müssen dazu stets folgende Fragen betrachtet werden:

Erstens muss sich der Auftraggeber absichern, dass der Auftrag und seine daran geknüpften Erwartungen verstanden und übernommen werden konnten. Im Laufe der Phase 2 kann es sein, dass sich die Vorstellungen des Auftraggebers durch die Rückfragen des Auftragnehmers noch einmal modifizieren oder sogar komplett verändern. Das ist ein gutes Zeichen dafür, dass die Auftragsklärung gelungen ist.

Zweitens muss sich der Auftragnehmer absichern, dass er die Zusammenhänge und die Hintergründe des Auftrages erfasst und verstanden hat. Daraus ergibt sich für ihn die Plattform, auf der er seine Leistung erbringen muss. Übersieht er dabei relevante Einflüsse oder Interessen, kann das bedeuten, dass er mit der Auftragserfüllung hinter den Erwartungen zurückbleibt oder sogar scheitert, und dass er mehr einbringen muss als ursprünglich vereinbart, sprich dass er einen zu hohen Preis zahlt.

Phase 3: Auftragsvereinbarung – Rahmenbedingungen aushandeln Nachdem alle fachlichen und inhaltlichen Fragen geklärt sind, d. h. beide Seiten ein identisches Verständnis der Verteilung der Verantwortung, der gegebenen Hintergründe und Einflüsse sowie der verfügbaren Ressourcen etc. haben, geht es nun um das Verhandeln der Rahmenbedingungen, unter denen die Auftragserfüllung stattfinden soll. Beide Seiten haben hier ein veritables Interesse und spüren die zugehörige Spannung, sofern die Verantwortung klar zugeordnet und entsprechend wirksam ist.

Auf der Grundlage der in Phase 2 ausgetauschten Informationen können nun Vereinbarungen getroffen werden, unter welchen Bedingungen nun jeder Auftragspartner seiner Verantwortung gerecht werden kann. Je besser dabei die Auftragsklärung (Phase 2) gelungen ist, desto belastbarer sind die entsprechenden Vereinbarungen.

Phase 4: Auftragsannahme – Entscheidung der Auftragspartner Wir haben darüber gesprochen, dass es eines der charakteristischen Merkmale einer funktionierenden Auftragsverhandlung ist, dass beide Partner zu jeder Zeit sich für oder gegen die Annahme des Auftrages entscheiden können müssen. Ein wichtiges Element der Auftragsverhandlung ist es daher, eine für beide Seiten transparente Entscheidung zu treffen und den Auftrag verbindlich anzunehmen oder ihn eindeutig abzulehnen.

Wenn es Ihnen gelingt, Ihre Mitarbeiter über das Prinzip der Auftragsverhandlung zu führen, machen Sie deutlich, dass Sie einerseits ein eigenes hohes Interesse an der Leistung des Mitarbeiters haben. Andererseits schaffen Sie Klarheit darüber, wer welche Verantwortung zu tragen hat.

In einer professionellen Auftragsverhandlung finden sich auch die fünf Führungsaspekte zum Leistungsmanagement der Mitarbeiter (Kap. 6.3.3, Die fünf Führungsaspekte des Leistungsmanagements) wieder.

1. die Verteilung und Zuordnung der **Verantwortlichkeit**
2. das Management von **Nähe und Distanz**
3. die Ausprägung des eigenen **Machtanspruches**
4. die eigene **Leistungsorientierung** als Führungskraft
5. die kommunizierte **Leistungsanforderung** an den Mitarbeiter

Wie kann nun eine gelungene Auftragsverhandlung zwischen Führungskraft und Mitarbeiter aussehen? Schauen wir uns dazu noch einmal die Teamleiterin, Frau Zobel, aus dem Beispiel aus Kap. 6.3.1, Die Drei-Punkt-Peilung, an.

Beispiel „Optionen für eine gelungene Auftragsverhandlung"

Frau Zobel erhielt vom Vorstand des Unternehmens häufig spezielle Aufträge, die sie selbstverständlich annahm und erfüllte. Im Laufe der Zeit überforderte sich Frau Zobel derart, dass sie krank wurde und über mehrere Monate ausfiel.

Welche Optionen bestanden im Kräftefeld von Frau Zobel. Betrachten wir die Situation noch einmal im Detail. Der Vorstand fungierte als Auftraggeber, Frau Zobel als Auftragnehmerin. Darüber hinaus gab es noch weitere Akteure, z. B. den Vorgesetzten von Frau Zobel und die Mitarbeiter ihres Teams.

1. Option: Auftragsverhandlung zwischen dem Vorstand und Frau Zobel

Als der Vorstand die jeweiligen Aufträge an Frau Zobel adressiert hatte, wurde es versäumt, die weiteren Phasen der Auftragsverhandlung durchzuführen. Phase 2 und

Phase 3 der Auftragsverhandlung fehlten komplett, so dass weder die Auftragsformulierung noch die Entscheidung für oder gegen den Auftrag professionell ausgeführt
werden konnten. Der Vorstand hätte Wert darauf legen können, festzustellen, ob Frau
Zobel den Auftrag überhaupt verantwortlich ausführen kann und ob die verfügbaren
Ressourcen ausreichten. Frau Zobel hätte in gleichem Maße Interesse daran haben können, ihre Rahmenbedingungen derart auszuhandeln, dass sie ihr Aufgabenvolumen
stemmen kann. Andernfalls hätte sie gegenüber dem Vorstand Aufträge ablehnen bzw.
diesen an ihren Vorgesetzten verweisen können. Wären die Phase 2 und 3 der Auftragsverhandlung durchgeführt worden, hätten neue Informationen, z. B. über Zeit- und
Ressourcenengpässe, ausgetauscht werden können. Es hätten Rückfragen hinsichtlich
der Prioritäten und der Dringlichkeiten der Aufträge besprochen werden können. Und
es hätten Belastungsgrenzen kommuniziert werden können, die dann durch alternative
Lösungen hätten umgangen werden können.

2. Option: Auftragsverhandlung zwischen Frau Zobel und ihrem Vorgesetzten

Der Vorgesetzte, Herr Wolf, beobachtete Frau Zobel zwar aufmerksam, schritt aber
aus Respekt nicht ein, als seiner Mitarbeiterin die Sache über den Kopf wuchs. Herr
Wolf formulierte erst gar keinen Auftrag an Frau Zobel, so dass auch keinerlei Aspekte verhandelt werden konnten. Frau Zobel wiederum suchte die Unterstützung ihres
Vorgesetzten nicht. Der Vorgesetzte hätte die Gesamtsituation seiner Mitarbeiterin betrachten können und mit ihr die Auftragsverhandlung hinsichtlich seiner Erwartungen
an Frau Zobel in der Rolle der Teamleiterin durchführen können. Wäre es dabei gelungen, die Verantwortlichkeiten zuzuordnen, wäre schnell deutlich geworden, dass es hier
Engpässe gibt, die an anderer Stelle hätten behoben werden können.

3. Option: Auftragsverhandlung zwischen Frau Zobel und ihrem Team

Und noch eine Option wäre durch eine Auftragsverhandlung möglich gewesen. Frau
Zobel hätte, mit Blick auf ihr Team, Aufgaben umstrukturieren, Prioritäten im Team
verschieben und daraus Freiräume für wichtige Aufträge schaffen können. Dazu hätte
sie vermutlich sowohl mit ihrem Team, als auch mit ihrem Vorgesetzten, Herrn Wolf,
Aufträge klären müssen. Dadurch wären voraussichtlich die Verantwortlichkeiten wieder adäquat zugeordnet worden und Handlungsfähigkeit wäre auf allen Ebenen entstanden.

Die Mechanismen in die Spitzenleistung

Wir haben im Rahmen des Powerline-Modells, in Kap. 5.3.5, das Hochleistungsplateau dargestellt. Es umfasst den Bereich, der sich aus der Fläche oberhalb des Leistungsoptimums, innerhalb der Kurve (Powerline) ergibt. In der Logik des Powerline-Modells sind nur in diesem Bereich Spitzenleistungen möglich. Es stehen noch abrufbare Bewältigungskompetenzen zur Verfügung und die Belastung kann in diesem Bereich um die 100-Prozent-Marke (Belastung des Leistungsoptimums) schwanken, das bedeutet, auch kurzfristig für Spitzenleistungen erhöht werden.

Spitzenleistung ist aus mehreren Gründen sehr attraktiv und hat für Unternehmen eine zum Teil hohe strategische Bedeutung. In der Spitzenleistung wird der Wettbewerb entschieden, können Innovationen entwickelt, strategische Marktpositionen neu definiert und erfolgsentscheidende Vorteile geschaffen werden. Aber auch für Mitarbeiter hat Spitzenleistung einen großen Reiz. Sie bietet ein hohes Maß an Achtung und Bewunderung, interessante neue Chancen und Möglichkeiten, sie steigert das persönliche Selbstwertgefühl und stellt einen überdurchschnittlichen persönlichen Erfolg dar.

Es gibt also viele, sehr gute Gründe, sich mit dem Hochleistungsplateau und der Spitzenleistung intensiv zu beschäftigen. Dieser Bereich der Leistungserbringung ist aber für diejenigen, die sich dort bewegen wollen, auch sehr fordernd. Der Raum ist eng und die Grenzen sind nah, es besteht ein enormer interner wie externer Wettbewerb und das Risiko des Scheiterns ist hoch.

Wir möchten Ihnen in diesem Kapitel die Besonderheiten und Mechanismen der Spitzenleistung aufzeigen und erläutern. Dazu stellen wir zunächst einige Grundüberlegungen zur Arbeit auf dem Hochleistungsplateau an und definieren dann, was aus unserer Sicht Spitzenleistungen auszeichnet. Im weiteren Verlauf stellen wir den Paradigmenwechsel vor, der mit dem Übergang auf das Hochleistungsplateau einhergeht, und stellen Ihnen das zentrale Prinzip der Grenzerfahrung vor. Die sich daraus für Sie als Führungskraft ergebenden Möglichkeiten, Anforderungen und Konsequenzen beschreiben wir

S. Basler, K. Gattinger, *Führen an der Leistungsgrenze*,
DOI 10.1007/978-3-658-04316-2_7, © Springer Fachmedien Wiesbaden 2014

schließlich anhand des Führungsauftrages auf dem Hochleistungsplateau, der Mechanismen der Führung und den Anforderungen an die Führungskraft auf dem Hochleistungsplateau.

7.1 Grundüberlegungen zur Arbeit auf dem Hochleistungsplateau

Auf dem Hochleistungsplateau verändern sich die Funktionsweisen der konventionellen Führungsmethoden oder verlieren ihre Wirkung ganz. Die wenigen Mitarbeiter, die in der Lage sind, auf dem Hochleistungsplateau erfolgreich zu agieren, stellen hohe Anforderungen an die Führungskraft, die sich von denen unterhalb des Leistungsoptimums deutlich unterscheiden. Das verlangt eine differenzierte Führungsleistung und verändert das Rollenverständnis, das Sie bislang als Führungskraft entwickelt haben. Führung auf dem Hochleistungsplateau ist komplex, herausfordernd, fordert eine hohe Wahrnehmungsfähigkeit für die Situation, des Zustands der einzelnen Mitarbeiter und ein fundiertes Wissen darüber, welche Führungsmaßnahme welchen Effekt haben wird.

Wir stellen Ihnen hier deshalb bewusst die Mechanismen der Führung auf dem Hochleistungsplateau vor und konzentrieren uns weniger auf konkrete Führungsinstrumente. Das gibt Ihnen als Führungskraft die Möglichkeit, individueller und flexibler in Situationen zu agieren, erfordert im Gegenzug aber auch eine differenzierte Analyse der Situation, der beteiligten Personen und eine überlegte Anwendung der Mechanismen.

7.1.1 Mechanismen statt Führungsmethoden und -instrumente

Die Ihnen bisher vertrauten Führungsinstrumente bieten Ihnen als Führungskraft auf dem Hochleistungsplateau nicht mehr die Steuerungs- und Kontrollmöglichkeiten wie im Bereich bis zum Leistungsoptimum. Deshalb wäre die bloße Anwendung von Instrumenten ohne das tiefe Verständnis der Zusammenhänge mindestens wirkungsarm bis wirkungslos, unter Umständen aber sogar kontraproduktiv und gefährdend.

Unser Ziel ist es, Ihnen die Zusammenhänge der Führung auf dem Hochleistungsplateau aufzuzeigen und für Sie nutzbar zu machen. So bekommen Sie die Möglichkeit, die Situationen bewusst zu gestalten und adäquat zu agieren und zu reagieren. Wir gehen davon aus, dass Sie aus dem tiefen Verständnis der Funktionsweise von Spitzenleistung heraus, diese auch erfolgreich realisieren können.

7.1.2 Die Attraktivität der Spitzenleistung

Der Antrieb, eine Spitzenleistung zu erzielen, kann vielfältig sein. Das Streben nach Ruhm und Ehre treibt viele Leistungssportler an, die sich im Wettbewerb mit anderen messen und natürlich mit einer Spitzenleistung den Sieg erringen wollen. Macht und Erfolg sind

Antreiber, die oft bei Spitzenleistungen im Bereich des Managements ihre Wirkung zeigen. Und für Forscher, Entwickler und Abenteurer sind Innovationen und Pioniergeist die Antreiber.

Diese Aufzählung ist sicher erweiterbar und sie zeigt Folgendes auf: Spitzenleistungen entstehen an Grenzen, in unserem Sinne an der Leistungsgrenze. Und an die Grenzen zu gehen, ist seit jeher ein Streben der Menschheit. Jede Errungenschaft, jede Entdeckung hat ihren Ursprung im Infrage-Stellen von Grenzen. Schutz und Sicherheit können zwar sicherlich Themen einer Spitzenleistung sein, sie sind aber kaum als Antreiber für eine Spitzenleistung vorstellbar, denn sie zementieren Grenzen und überwinden sie nicht.

An Grenzen heranzugehen, sich ihnen zu stellen und dabei die Aussicht zu haben, bei ihrer Überschreitung erfolgreich zu sein, das hatte schon immer eine sehr hohe Anziehungskraft. Und Menschen, die an Grenzen gehen, sind wiederum für andere Menschen sehr attraktiv, denn sie versprechen Erfolg, Sicherheit, Wohlstand und ein besseres Leben.

Worin genau liegt nun aber die Attraktivität der Spitzenleistung?

Die Attraktivität lässt sich einerseits in einem konkreten Vorteil oder Gewinn erkennen und andererseits auch in einer Veränderung der persönlichen Anerkennung und Wertschätzung durch andere. Es gibt also sachliche Aspekte der Attraktivität und emotionale.

Sachliche Aspekte der Attraktivität:

- den Wettbewerb für sich zu entscheiden und damit Einfluss, Gestaltungsmöglichkeit und hohen Ertrag zu erzielen
- eine Innovation zu entwickeln und damit ein neues Themenfeld anführen zu können
- durch eine außerordentliche Leistung andere hinter sich zu lassen und als Benchmark wahrgenommen zu werden
- ein neues Feld zu betreten, es sich zu eigen, sprich sicher und beherrschbar zu machen und einen Wissensvorsprung vor anderen zu haben

Emotionale Aspekte der Attraktivität einer Spitzenleistung:

- durch Mut, Ausdauer, Belastbarkeit und Schaffenskraft hohe Anerkennung und Wertschätzung zu erzielen
- durch die Spitzenleistung von anderen bewundert und als Vorbild gesehen zu werden
- durch das Eingehen und erfolgreiche Beherrschen von Risiken von anderen als souverän und als Beschützer gesehen zu werden
- durch die Spitzenleistung Macht und Einfluss zu gewinnen und ausüben zu können

Die Spitzenleistung ist auch deshalb attraktiv, weil es dabei immer etwas zu verlieren gibt, das Risiko des Scheiterns ist hoch. Das führt dazu, dass nur wenige das Wagnis der Spitzenleistung eingehen. Zu diesen wenigen zu gehören, die in dieser Belastung bestehen können, sagt aus, etwas Besonderes, Seltenes und Wertvolles zu sein. Der Gewinn an Selbstbewusstsein und Selbstsicherheit ist sehr attraktiv und erstrebenswert.

7.1.3   Die veränderte Dynamik auf dem Hochleistungsplateau

Bezogen auf das Powerline-Modell finden wir auf dem Hochleistungsplateau eine andere
Dynamik als in den Bereichen bis zum Leistungsoptimum. Während dort die Grundregeln
„Unter die Kurve – zum Leistungsoptimum" für die vier Leistungstypen (unterforderter
Mitarbeiter, herausgeforderter Mitarbeiter, überforderter Mitarbeiter, gefährdeter Mit-
arbeiter) gilt, geht es auf dem Hochleistungsplateau darum, sich in dem engen Raum der
Powerline, zwischen Wachstum (aufsteigende Dynamik), dem Wendepunkt (Spitzenleis-
tung) und der Belastungsgrenze (absteigende Dynamik) sicher zu bewegen. Im Powerline-
Modell wird Leistung als Fläche dargestellt. Sie ergibt sich aus der Powerline, der situativen
Leistungsgrenze und der aktuellen Belastung. Diese Fläche kann in zwei Richtungen vergrößert werden. Einmal nach oben, durch das Ausschöpfen der noch verfügbaren Bewältigungskompetenzen, bis hin zur potenziellen Leistungsgrenze und einmal nach rechts,
durch eine Zunahme an Belastung. Steigt die Belastung jedoch über die Mittellinie hinaus,
wird aus der Leistung eine Hypothekleistung, also eine Leistung, für die die dafür vorgesehenen und vereinbarten Bewältigungskompetenzen nicht mehr ausreichen und deshalb
aus anderen Lebensbereichen Bewältigungskompetenzen hinzugezogen werden müssen
(Freizeit, Gesundheit, Regeneration usw.). Sie können diese Zusammenhänge in Kap. 5.3.4
noch einmal nachlesen.

Um auf dem Hochleistungsplateau Leistungspotenziale freizusetzen, ist es notwendig,
die noch verfügbaren Bewältigungskompetenzen zu mobilisieren, indem die Belastung
dosiert gesteigert wird. Dosiert deswegen, weil eine Steigerung der Belastung über den
Punkt des Leistungsoptimums hinaus zwangsläufig eine Hypothekleistung zur Folge hat
und in den Bereich der Überforderung führt. Der Bereich der Überforderung auf dem
Hochleistungsplateau ist aber sehr eng und die Belastungsgrenze sehr nahe.

Die noch verfügbaren Bewältigungskompetenzen sind in diesem Bereich nicht mehr
leicht zu erschließen und zu entwickeln. Sie sind bereits sehr komplex, ergeben sich ggf.
durch die Verknüpfung von mehreren Bewältigungskompetenzen oder erfordern ein hohes Maß an Durchhaltevermögen und Disziplin, um sich zu entwickeln. Es kann also unter
Umständen dauern, bis sie verfügbar sind. Die andauernde Belastungssteigerung kostet
aber gleichzeitig Kraft und Energie und führt unter Umständen bereits in den Verschleiß
von Ressourcen.

Als Führungskraft sind Sie in dieser Situation gefordert, die Balance zwischen gestei-
gerter Belastung und noch verfügbaren Kraftreserven des Mitarbeiters zu halten, um Bewältigungskompetenzen und damit Leistung zu entwickeln aber Verschleiß zu vermeiden.
Dazu kann es immer wieder notwendig sein, den betreffenden Mitarbeiter zurück zum
Leistungsoptimum zu bringen – also Belastung und damit Leistung zu reduzieren.

Diese Dynamik auf dem Hochleistungsplateau vollzieht sich ggf. in einem hohen Tempo, da die Grenzen (Belastungsgrenze, tatsächliche und potenzielle Leistungsgrenzen,
Grenze der Bewältigungskompetenzen) sehr nahe sind und im Rahmen des Entwicklungs-
prozesses immer wieder erreicht werden.

Für Sie als Führungskraft wird dabei zweierlei deutlich:

1. Es wird nur wenige Mitarbeiter in Ihrem Team geben, die wirklich in der Lage und bereit sind, sich den Anforderungen des Hochleistungsplateaus zu stellen.
2. Um den Anforderungen an Sie als Führungskraft auf dem Hochleistungsplateau gerecht werden zu können, sind die bewusste Entscheidung, dort wirken zu wollen, und das Wissen und die Kenntnis der Mechanismen unbedingt erforderlich.

7.1.4 Mitarbeiter auf dem Hochleistungsplateau

Wie oben bereits beschrieben hat die Spitzenleistung eine sehr hohe Attraktivität und Anziehungskraft, der sich Menschen nur schwer entziehen können. Wenn Sie als Führungskraft also eine Spitzenleistung auf dem Hochleistungsplateau ausrufen und erzielen wollen, werden sich sicher einige Mitarbeiter sofort dazu bereit erklären und für dieses Projekt bewerben.

Wie Ihnen aber inzwischen bewusst ist, folgt die Arbeit auf dem Hochleistungsplateau anderen Mechanismen und die Anforderungen sind deutlich höher und auch komplexer als im Bereich bis zum Leistungsoptimum.

- Mitarbeiter, die sich schon länger **am Leistungsoptimum** bewegen und vielleicht auch hin und wieder darüber hinaus Leistungen erbracht haben, kommen für die Arbeit auf dem Hochleistungsplateau infrage, aber das allein ist als Auswahlkriterium für Sie noch zu wenig belastbar.
- **Unterforderte Mitarbeiter** haben vielleicht das Potenzial, eine Spitzenleistung zu erbringen, aber sie stehen aktuell noch nicht unter einer adäquaten Belastung in der sie Leistung erbringen. Diese Mitarbeiter nun mit der hohen Belastung einer Spitzenleistung zu konfrontieren, könnte für Sie eine Überraschung bieten. Entweder eine positive Überraschung, weil ein unterforderter Mitarbeiter nun vielleicht genau die Belastung gefunden hat, die er zur Ausschöpfung seiner Bewältigungskompetenzen braucht und dann ein hohe Leistung erzielt. Oder eine negative Überraschung, weil deutlich wird, dass der Mitarbeiter deswegen im Bereich der Unterforderung ist, weil die latent vorhandenen und vermuteten Bewältigungskompetenzen gar nicht in der Form verfügbar sind. Unterforderte Mitarbeiter sollten in jedem Fall zunächst in die Belastung und an das Leistungsoptimum geführt und nicht unmittelbar mit einer Spitzenleistung konfrontiert werden.
- Mitarbeiter, die deutlich im **Bereich der Herausforderung** liegen, haben meist ein natürliches Interesse an der Spitzenleistung, denn sowohl die Herausforderung selbst als auch die Aussicht auf Erfolg sind für diesen Mitarbeitertyp sehr verführerisch und sorgen dafür, dass er sein tatsächliches Leistungspotenzial wahrscheinlich weit überschätzen wird. Dabei haben diese Mitarbeiter häufig eine hohe Kompetenz darin, Sie als Führungskraft davon zu überzeugen, dass sie bereit für das Hochleistungsplateau sind.

- Mitarbeiter, die im **Bereich der Überforderung** liegen, könnten aus falsch verstandenem Pflichtbewusstsein und übertriebener Loyalität „ja" zur Spitzenleistung sagen. Es erklärt sich aber von selbst, dass die steigende Belastung der Spitzenleistung leicht in eine Gefährdung führen kann.
- **Gefährdete Mitarbeiter** können nicht mehr einschätzen, in welcher Situation sie sich befinden und was sie sich zutrauen und zumuten können. Sie benötigen besonderen Schutz und eine deutliche Reduzierung der Belastung.

Es ist nun Ihre vordringliche Aufgabe, sehr genau hinzusehen und zu entscheiden, ob ein Mitarbeiter den Anforderungen des Hochleistungsplateaus wirklich gewachsen ist. Die im Folgenden vorgestellten Mechanismen und Prinzipien zur Grenzerfahrung werden es Ihnen ermöglichen, besser einschätzen zu können, mit wem aus Ihrem Team Sie die Spitzenleistung in Angriff nehmen können.

Es wäre im Umkehrschluss fahrlässig und gefährdend, Mitarbeiter in diesen Bereich zu führen, die dazu noch nicht bereit sind. Hier droht für Sie als Führungskraft das Risiko der Fehleinschätzung, denn auch Sie werden sich der hohen Attraktivität der Spitzenleistung nicht entziehen können. Entsprechend besteht das Risiko, Mitarbeiter zu überschätzen und in der Folge zu überfordern. Vergessen Sie dabei bitte nie, dass die Belastungsgrenze auf dem Hochleistungsplateau sehr nahe liegt und das Risiko der Gefährdung daher hoch ist.

Es kann sein, dass Sie bei genauer Betrachtung zu dem Schluss kommen, dass keiner Ihrer Mitarbeiter wirklich in der Lage ist, auf dem Hochleistungsplateau zu bestehen. In diesem Fall zeigen sich Ihre Professionalität und Ihr Verantwortungsbewusstsein als Führungskraft – gegenüber Ihren Mitarbeitern und gegenüber dem Unternehmen – in der Akzeptanz dieser Situation. Und darin, dass Sie sich darauf konzentrieren, Ihre Mitarbeiter weiter in Richtung Leistungsoptimum zu entwickeln, um vielleicht in der Zukunft Spitzenleistungen in Angriff nehmen zu können.

Vergessen Sie dabei bitte nicht, dass Sie als Führungskraft alleine schon dadurch einen sehr hohen Wert schaffen und erfolgreich agieren, wenn Sie Mitarbeiter systematisch an ihr jeweiliges Leistungsoptimum heranführen. Die Spitzenleistung ist ein erstrebenswertes Ziel, dient aber über weite Entwicklungsstrecken zunächst einfach nur der Orientierung. Sie ist, und das ist ein zentraler Bestandteil ihres Wesens, nur wenigen zugänglich und sie fordert einen hohen Entwicklungsstand und ausgereifte Persönlichkeiten.

7.1.5 Wettbewerb auf dem Hochleistungsplateau

Der Wettbewerb spielt auf dem Hochleistungsplateau eine wichtige Rolle. Wettbewerb initiiert Spitzenleistungen und markiert aktuelle Grenzen, die es zu erreichen und gegebenenfalls zu überschreiten gilt. Wir werden darauf im Kap. 7.2, Definition von Spitzenleistung, noch einmal genauer eingehen.

Sich dem Wettbewerb zu stellen, ist also eine wichtige Voraussetzung für das Erzielen von Spitzenleistungen. Der Wettbewerb stellt auf dem Hochleistungsplateau auch innerhalb des Teams eine wichtige, treibende Kraft dar. Wir werden im Kap. 7.3, Paradigmenwechsel, das veränderte Verhältnis zwischen Führungskraft und Mitarbeiter auf dem Hochleistungsplateau betrachten. Es zeigt sich u. a. darin, dass Führungskraft und Mitarbeiter sich im Rahmen der Spitzenleistung gegenseitig herausfordern. Hier ist der Wettbewerb zwischen Führungskraft und Mitarbeiter angelegt, der beide Seiten dazu bringt, Grenzbereiche zu betreten und das noch verfügbare Potenzial an Bewältigungskompetenzen abzurufen und zu mobilisieren. Wettbewerb wird auf dem Hochleistungsplateau aber auch unter den Mitarbeitern ausgerufen und erzielt den gleichen Effekt.

Für Sie als Führungskraft bedeutet dies einerseits, eine Wettbewerbssituation innerhalb des Teams zu schaffen und die damit verbundene Dynamik zuzulassen. Denn wo Wettbewerb besteht, gibt es am Ende auch Gewinner und Verlierer. Das widerspricht dem konventionellen Führungsverständnis, in dem es zentral um den Schutz des Mitarbeiters vor dem Scheitern geht. Auf dem Hochleistungsplateau bekommt das Scheitern aber eine ganz neue Bedeutung, die wir noch ausführlich behandeln werden. Die Mitarbeiter auf dem Hochleistungsplateau haben eine persönliche Reife erreicht, die es ihnen erlaubt, ein deutlich größeres Maß an Verantwortung für sich und die Erzielung der Spitzenleistung zu übernehmen.

Vor diesen Aspekten ist der Wettbewerb auf dem Hochleistungsplateau innerhalb des Teams und auch zwischen Führungskraft und Mitarbeiter ein wichtiger Bestandteil der erfolgsrelevanten Mechanismen.

7.1.6 Die Führungskraft auf dem Hochleistungsplateau

Das Hochleistungsplateau fordert von Ihnen ein verändertes und in einigen Aspekten erweitertes Rollenbild als Führungskraft. Diese Veränderungen in Ihrem Führungsverständnis und in der Folge in Ihrem Führungsverhalten werden notwendig, weil sich auf dem Hochleistungsplateau folgende wichtige Spannungsfelder des Führungsprozesses stark verändern:

- Schutz und Sicherheit versus Herausforderung und Grenzerfahrung
- führungskraftorientierte Verantwortung versus mitarbeiterorientierte Verantwortung
- Mitarbeiter, der etwas tun soll, versus Herausforderer, der etwas tun will
- Hierarchie und Macht versus Stören und Freiraum bieten
- Kontrolle versus Zutrauen
- Schutz vor dem Scheitern versus Überwinden des Scheiterns

Im Kap. 7.2, Paradigmenwechsel auf dem Hochleistungsplateau, gehen wir auf die Spannungsfelder und die sich daraus ergebenden Veränderungen in Ihrem Führungsverständnis detailliert ein. Im Kap. 7.4, Mechanismen der Führung auf dem Hochleistungsplateau, stellen wir dann die konkreten Führungsmechanismen dazu vor und beschreiben die Anforderungen an Sie als Führungskraft.

Die Grundüberlegungen zum Arbeiten auf dem Hochleistungsplateau bezogen auf die Führungskraft wollen wir an dieser Stelle auf folgende Aspekte beschränken:

- Führung auf dem Hochleistungsplateau folgt Mechanismen, die sich stark von den konventionellen Führungsmethoden und -instrumenten unterscheiden. Insbesondere die Aspekte Verantwortung, Schutz, Sicherheit, Antrieb und Grenzerfahrung bekommen eine neue Bedeutung.
- Die Rolle der Führungskraft auf dem Hochleistungsplateau verändert und erweitert sich im Vergleich zur Führungsrolle im Bereich bis zum Leistungsoptimum. Das bezieht sich auf die Hierarchie, Auftragsverhandlung, Beobachtung und Einflussnahme. Die Führungskraft auf dem Hochleistungsplateau verfügt über eine anderes Verständnis von Führung.
- Die Beziehung zwischen Führungskraft und Mitarbeiter wird gleichberechtigter, spannungsvoller und herausfordernder, aber auch belastbarer. Die Führungskraft stellt Grenzerfahrungen zur Verfügung, fordert den Mitarbeiter und wird vom Mitarbeiter selbst herausgefordert.

In der Folge wollen wir Ihnen diese Aspekte ausführlich erläutern und die Möglichkeiten und Konsequenzen für Sie als Führungskraft darstellen. Zunächst aber betrachten wir die Spitzenleistung genauer.

7.2 Definition von Spitzenleistung

Um die Mechanismen des Hochleistungsplateaus verstehen und nutzen zu können, ist es wichtig, die wesentlichen Merkmale und Kriterien einer Spitzenleistung zu definieren. Spitzenleistungen stellen eine außergewöhnliche Leistung dar, die es so in dem gegebenen Kontext noch nicht oder nur sehr selten gab. Das bedeutet, dass Spitzenleistung kontextbezogen und subjektiv ist. So ist es sicherlich eine Spitzenleistung für ein zehnjähriges Kind, die Relativitätstheorie von Einstein einem Fachpublikum korrekt vorzustellen. Die gleiche Leistung wäre für einen Physikprofessor eher Routine. Die Spitzenleistung definiert sich also grundsätzlich wesentlich über die gegebene Situation, die Historie, das Umfeld und die agierenden Personen selbst.

Darüber hinaus beschreibt sich eine Spitzenleistung über folgende Kriterien:

Einzigartigkeit Spitzenleistungen sind einzigartig. Dies drückt sich in unterschiedlichen Aspekten aus:

- der Erste sein
- etwas Neues entdecken
- eine bisher noch nicht erbrachte Leistung erzielen

- eine hohe Leistung unter neuen, schwierigeren Bedingungen erzielen
- eine Situation bewältigen, die bisher unlösbar war oder für unlösbar gehalten wurde

Die Einzigartigkeit sorgt auch für eine hohe Attraktivität der Spitzenleistung.

Attraktivität Spitzenleistungen strahlen eine hohe Attraktivität aus und das überträgt sich auf diejenigen, die die Spitzenleistung erbringen. Die Attraktivität bezieht sich dabei auf mehrere Aspekte:

- Spitzenleistung bedeutet überdurchschnittlichen Erfolg.
- Spitzenleistung findet im Grenzbereich statt und dort gibt es Neues zu entdecken.
- Menschen sind neugierig und wer Neues aus den Grenzbereichen mitbringt, bekommt hohe Aufmerksamkeit.
- Spitzenleistung verspricht Ruhm und Ehre, Anerkennung und Respekt in einem überdurchschnittlich hohen Maße.
- Wer in der Lage ist, im Grenzbereich eine Spitzenleistung zu erzielen, der gibt Orientierung und verspricht Sicherheit. Andere werden sich anschließen und das bedeutet Macht.

Die Spitzenleistung hat meistens eine erhebliche Steigerung der Einkünfte zu Folge.

Der Faszination und dem Reiz der Spitzenleistung können sich Menschen kaum entziehen und diese Faszination wird durch diejenigen, die die Spitzenleistung erbracht haben, personifiziert. Spitzenleister sind attraktiv.

Nutzen und Wert Eine Spitzenleitung hat hohen Nutzen und Wert und erschließt neues Potenzial. Sie verschafft einen neuen, großen Vorteil, einen Wissensvorsprung, einen hohen Ertrag oder eine verbesserte Position im Vergleich zu vorher. Nutzen und Wert der Spitzenleistung drücken sich in unterschiedlichen Aspekten aus und hängen von der subjektiven Bewertung der Leistungserbringer ab. So hat für einen Stabhochspringer die Steigerung der Anlaufgeschwindigkeit um 0,5 km h einen extrem hohen Wert im Wettbewerb während für einen Produktionsleiter eines Unternehmens die Senkung der Stückkosten um 3 % einen hohen Wert und Nutzen darstellt. Wichtig ist es nun, sich über den Wert und über den Nutzen, also der Frage nach dem „Wozu", bewusst zu sein.

Wettbewerb Im Wettbewerb mit anderen zeigt sich die Spitzenleistung sehr deutlich, denn wer den Wettbewerb für sich entscheidet, hat eine Leistung erbracht, die höher ist als die der anderen. Gibt es keine weiteren Wettbewerber mehr, sind alle Konkurrenten übertroffen worden, so ist die dazu erbrachte Leistung eine Spitzenleistung.

Spitzenleistungen im Wettbewerb bedeuten Weiterentwicklung und Fortschritt. Das lässt sich z. B. an den technischen Entwicklungen des Automobils erkennen. Der Wettbewerb sorgt dafür, dass Autos immer besser, umweltschonender, sicherer, komfortabler und hochwertiger werden. Wo kein Wettbewerb stattfindet, hat die Entwicklung ein niedrigeres Tempo oder kommt ganz zum Stillstand. Hier wird auch das Kriterium des Nutzens sichtbar.

Grenzen überschreiten und Neuland betreten Die Spitzenleistung strebt nach dem maximal Möglichen, stellt Bestehendes deswegen infrage und geht bewusst an geltende Grenzen heran um diese, wenn möglich, zu überschreiten und in der Folge Neuland zu betreten. Die dabei gemachten Grenzerfahrungen sind ein wichtiger Aspekt. Die Überschreitung von Grenzen und das Betreten von Neuland bedeutet, der Erste zu sein, und das eröffnet die Möglichkeit, Anspruch zu erheben, führend zu sein und das betretene Neuland nach eigenen Vorstellungen zu gestalten. Die gemachten Grenzerfahrungen bieten einen Vorsprung vor anderen und damit einen großen Vorteil, der sich wiederum im Wettbewerb bemerkbar macht.

Risiko des Scheiterns Spitzenleistung ist durch ein hohes Risiko des Scheiterns gekennzeichnet. Das liegt am dynamischen Wettbewerb, am Unbekannten des Neulandes, an der Schwierigkeit eine bestehende Leistung zu übertreffen und an den Herausforderungen im Grenzbereich, der Grenzerfahrung. Das Ziel, Scheitern zu vermeiden – ein häufiger Bestandteil der konventionellen Führung – bedeutet aber auf dem Hochleistungsplateau, Spitzenleistung zu vermeiden. Ein geflügelter Spruch besagt: „Wer in das Rennen einsteigt, kann verlieren. Wer nicht einsteigt, hat bereits verloren."

Das Risiko des Scheiterns ist demnach eine Konsequenz der Spitzenleistung, ein Kriterium, an dem Spitzenleistungen erkennbar sind. Allerdings ist das bloße Eingehen von Risiken natürlich kein Garant für eine Spitzenleistung.

7.3   Der Paradigmenwechsel auf dem Hochleistungsplateau

Auf dem Hochleistungsplateau im Powerline-Modell gelten besondere Bedingungen, die ein verändertes Denken und Handeln, also einen Paradigmenwechsel in Bezug auf die Führungsrolle und auf das Führungsverhalten, erfordern.

Diese besonderen Bedingungen wollen wir Ihnen zunächst darstellen:

Die Grenze der Bewältigungskompetenz Die subjektive Bewältigungskompetenz ist entsprechend der Definition des Leistungsoptimums bereits weit entwickelt und liegt bei mindestens 80 %. Auf dem Hochleistungsplateau stehen aber noch latente Bewältigungskompetenzen zur Verfügung oder es ist noch Potenzial für die Entwicklung neuer Bewältigungskompetenzen verfügbar. In diesem sehr hohen Stand der Kompetenzen ist es bereits sehr komplex und schwierig, weitere Kompetenzen systematisch und planvoll zu entwickeln oder abzurufen. Es braucht auf dem Hochleistungsplateau eine entsprechend hohe Belastung in Form von attraktiven Herausforderungen, Chancen und Risiken, die ausreichend groß ist, das gesamte Potenzial des Mitarbeiters zu mobilisieren. Wir sprechen hier von der Grenzerfahrung.

Der entscheidende Aspekt vor dem Hintergrund des Paradigmenwechsels auf dem Hochleistungsplateau liegt darin begründet, dass diese zusätzlichen Bewältigungskompetenzen nicht mehr durch einfache Impulse von außen und mit konventionellen Instrumenten und Techniken erschlossen werden können, wie z. B. Zielvereinbarungen, Trainings, Coachings und Entwicklungsprogrammen. Die Aktivierung dieser zusätzlichen, komplexen und anspruchsvollen Bewältigungskompetenzen kann nur vom Mitarbeiter selbst in der Situation der Grenzerfahrung erreicht werden. Die Führungskraft gibt also keine systematischen Entwicklungsimpulse mehr, sondern stellt dem Mitarbeiter Grenzerfahrungen zur Verfügung, in denen er die noch verfügbaren Bewältigungskompetenzen abrufen und entwickeln muss, um zu bestehen.

Austarieren von Potenzialleistung und Hypothekleistung Der Raum des Hochleistungsplateaus ist eng. Um die mögliche Spitzenleistung (im Powerline-Modell der Wendepunkt der Leistungskurve) zu erreichen, ist es notwendig, immer wieder auch in den Bereich der Hypothekleistung, also bewusst in die Überforderung zu gehen. Im Powerline-Modell differenzieren wir zwischen Potenzialleistung (Leistung, die bis zu einer subjektiven Belastung von 100 % gewonnen wird) und Hypothekleistung (Leistung, die aus einer Belastung gewonnen wird, die das Maß von 100 % übersteigt). Zur Unterscheidung und zur Funktion dieser beiden Leistungsqualitäten können Sie noch einmal im Kap. 5.3.4, Potenzialleistung und Hypothekleistung, nachlesen.

Je weiter nach oben sich ein Mitarbeiter im Powerline-Modell entwickelt, umso schmaler wird die Spannbreite zwischen Potenzialleistung und Hypothekleistung. Das bedeutet, der Mitarbeiter pendelt auf dem Weg zur Spitzenleistung immer häufiger zwischen den beiden Bereichen und ist damit immer häufiger auch in der Überlastung nah an der Gefährdung.

Für die Führungskraft bedeutet das, diese Grenzerfahrung des Mitarbeiters sehr genau zu beobachten und zu bewerten. Der Mitarbeiter muss sich in diesem Grenzbereich darauf verlassen können, dass die Führungskraft einschätzen kann, welche Belastung bewältigt werden kann und zu einer weiteren Leistungssteigerung führt und welche Belastung zum Überschreiten der Belastungsgrenze in die Gefährdung führt. In diesem Fall muss die Führungskraft sofort handeln und den Mitarbeiter aus der Gefährdung hinaus wieder unter die Powerline zurückführen.

Vor dem Hintergrund des Paradigmenwechsels im Führungsverständnis auf dem Hochleistungsplateau wird eine Unterscheidung relevant, die sich auf die Bedeutung des gewährten Schutzes durch die Führungskraft bezieht. Während bis zum Leistungsoptimum unter Schutz die Vermeidung von Risiken durch Überlastung und Gefährdung verstanden wird, meint Schutz auf dem Hochleistungsplateau das gezielte und differenzierte Austarieren von Potenzialleistung und Hypothekleistung bis an die Belastungsgrenze heran, aber nicht bis in den Bereich der Gefährdung.

Als Führungskraft sind Sie nun herausgefordert, Ihr Rollenverständnis, Ihre Denk- und Handlungsweisen zu erweitern und zum Teil neu zu definieren. Ihre Führungskompetenzen erweitern sich um die Kenntnis der besonderen Mechanismen der Führung auf dem Hochleistungsplateau, die ebenfalls eine andere Sicht- und Denkweise von Ihnen erfordern, um anwendbar zu sein.

Wir möchten Sie nun mit den Aspekten und Themenfeldern des Paradigmenwechsels der Führung auf dem Hochleistungsplateau vertraut machen.

7.3.1 Visionen versus Ziele

Spitzenleistungen sind oft nicht so exakt und klar zu beschreiben, wie das die Regeln der guten und effizienten Zielformulierung fordern. Das liegt daran, dass die Spitzenleistung u. a. durch eine Einzigartigkeit gekennzeichnet ist, also in dieser Form bisher noch nicht erreicht wurde. Es ist oft nicht möglich, die Spitzenleistung klar und differenziert als ein Ergebnis zu beschreiben. Eine gute und effiziente Zielformulierung nach der S.M.A.R.T.-Regel (S.M.A.R.T. = Spezifisch, Messbar, Anspornend, Realistisch, Termingebunden) könnte in Bezug auf eine Spitzenleistung unter Umständen sogar begrenzend wirken, denn der Aspekt „messbar" fordert ein Kriterium oder mehrere Kriterien und entsprechende Messwerte, anhand deren die Erreichung des Zieles erkennbar ist. Die Erreichung dieser Messwerte eines bestimmten Kriteriums sagt aber nichts darüber aus, ob der erreichte Wert der maximal mögliche ist oder nicht. Die Spitzenleistung strebt nach dem maximal Möglichen. Eine vorab definierte Messbarkeit legt die Grenze des zu Erreichenden also künstlich und oft willkürlich fest. Spitzenleistung ist so nicht mehr möglich.

Um eine Spitzenleistung auszurufen, ist die Vision ein wirkungsvolleres Instrument.

Die Vision hat den Vorteil, dass sie einerseits ein Bild der Spitzenleistung sehr gut darstellen kann, ohne möglicherweise begrenzende Messkriterien vorzugeben.

Andererseits transportiert die Vision Emotionen, und die sind wichtig, um die erforderliche Eigenmotivation der Mitarbeiter zu mobilisieren, um in die Grenzerfahrung gehen zu können.

Man denke an das berühmte Zitat von Antoine de Saint-Exupéry (aus: „Citadelle", bzw. in der deutschen Übersetzung „Die Stadt in der Wüste"):

> Wenn Du ein Schiff bauen willst, suche Dir nicht Leute und weise sie an Bäume zu schlagen, Bretter zu sägen, Balken zusammenzufügen und Segel zu nähen.
>
> Versammle besser Menschen um Dich und lehre sie die Sehnsucht nach dem Meer.

Visionen beschreiben einen Zustand oder ein Ergebnis, das so noch nicht erreicht wurde. Visionen versprechen etwas außerordentlich Attraktives, Faszinierendes, Lohnendes. Visionen übertreten Grenzen, begehen Neuland und entdecken. Sie lassen Herkömmliches zurück, stellen Bisheriges infrage. Sie stellen einen ungewöhnlich großen Erfolg in Aussicht, geben Kraft, Dynamik und Optimismus.

Ein weiterer, wichtiger Aspekt der Vision ist der Folgende: Im unternehmerischen Kontext werden Ziele in ihrer konventionellen Verwendung als Führungsinstrument oft von der Führungskraft vorgegeben und je nach Kultur und Führungsverständnis mehr oder weniger verhandelt und zwischen Führungskraft und Mitarbeiter vereinbart. Das Ziel spiegelt also in erster Linie die Vorstellung eines bestimmten Ergebnisses dessen wieder, der das Ziel vorgibt. Bei der konventionellen Zielvereinbarung geht es darum, dass der Mitarbeiter ein bestimmtes, oft vorgegebenes Ziel, erreichen soll. Eine Vision aber kann andere anstecken. Das bedeutet, sie kann von einem Menschen übernommen, interpretiert, um eigene Vorstellungen und Ideen der Realisierung erweitert und mit einer tieferen, individuellen Bedeutung versehen werden. Der Mensch macht die Vision zu seiner eigenen und strebt danach, sie zu realisieren. Der Mitarbeiter will die Vision umsetzen. Der Weg vom Ziel zur Vision bedingt auch einen Perspektivenwechsel beim Mitarbeiter, der sich darin zeigt, dass nicht mehr das „Sollen" im Vordergrund steht, sondern das „Wollen".

Das geht zwar grundsätzlich auch mit Zielen, die Vision ist aber in ihrem Wesen, Aufbau und Ausdruck bildhafter und damit offener, ein Bild zu übernehmen und weiter zu gestalten. Die Vision lädt ein, die eigenen Erfahrungen und Ideen zur Realisierung einzubringen. Das Ziel ist rational und klar und beschreibt gleichzeitig immer auch die zugehörige Grenze, nämlich das Erreichen des Zieles.

Für Sie als Führungskraft bedeutet das, dass Ziele als Führungsinstrument auf dem Hochleistungsplateau eine untergeordnete Rolle zugewiesen bekommen. Ziele dienen auf dem Hochleistungsplateau der Steuerung des Arbeitsfortgangs, aber nicht mehr als zentraler Orientierungspunkt auf dem Weg zur Spitzenleistung. Die Vision beschreibt einen bestmöglichen, erreichbaren Zustand, ohne konkret auf die Schritte zur Erreichung einzugehen oder diese vorzugeben. Um eine Spitzenleistung erzielen zu können, ist es Ihre Aufgabe als Führungskraft, eine Vision zur Verfügung zu stellen, die die beteiligten Mitarbeiter übernehmen und durch die Erweiterung um eigene Vorstellungen zu ihrer eigenen Vision machen können.

Wenn Sie eine Vision zur Verfügung stellen, werden sie beobachten können, dass es Mitarbeiter gibt, die sich darin nicht wiederfinden, irritiert oder verunsichert sind. Diese Mitarbeiter benötigen von Ihnen noch klare Anleitung und mehr Führung im konventionellen Sinne. Andere werden die Vision aufnehmen und sofort um Gedanken und Ideen anreichern, sich Themen suchen und Verantwortung übernehmen. Dies kann Ihnen als Hinweis dienen, welche Mitarbeiter in der Lage sind, auf dem Hochleistungsplateau zu agieren und welche dazu noch nicht bereit sind.

7.3.2   Grenzerfahrung und Scheitern versus Schutz und Sicherheit

Im Bereich unter dem Leistungsoptimum gehören der Schutz, die Sicherheit und die Anleitung zur Leistungserbringung bzw. zur Entwicklung des Mitarbeiters zum zentralen Führungsauftrag. Viele der konventionellen Führungstechniken und Instrumente berücksichtigen das und geben Ihnen als Führungskraft die Möglichkeit, den Rahmen der

Leistungserbringung klar zu definieren (Arbeitsanweisungen, Stellenbeschreibungen, Prozesse, Strukturen), die Verantwortung differenziert zuzuordnen (Zielvereinbarung, Auftragsklärung, Vereinbarungen zur Zusammenarbeit) und Kontrolle über das Ergebnis zu behalten (Zielerreichungskontrolle, Controlling).

Aus der Perspektive des Leistungsoptimums heraus sind diese Techniken und Instrumente sehr sinnvoll, denn sie schützen einerseits den Mitarbeiter vor dem Risiko des Scheiterns und andererseits das Unternehmen davor, unbekannten oder unkalkulierbaren Risiken ausgesetzt zu sein.

Der Preis der Kontrolle und der damit verbundenen Sicherheit ist das ungenutzte Potenzial im Grenzbereich, sprich Leistungsvermögen auf sehr hohem Qualitätsniveau. Spitzenleistung definierte sich aber per se als eine Leistung, die im Grenzbereich erzielt wird. Der Schutz des Mitarbeiters und des Unternehmens, also die bewusste und gesteuerte Vermeidung von Risiken bewirken aber, dass der Grenzbereich nicht betreten wird.

Hier werden wichtige Aspekte deutlich:

- Spitzenleistung erreichen zu wollen, muss wohlüberlegt und bewusst entschieden werden. Ein Unternehmen steht hier in der Verantwortung, zu entscheiden, in welchem Bereich und in welchem Ausmaß das mit der Erbringung einer Spitzenleistung einhergehenden Risiko eingegangen werden kann. Dabei muss bedacht werden, dass einerseits Spitzenleistung erzielt werden kann und andererseits das Unternehmen nicht insgesamt ernsthaft gefährdet wird.
- Die Führungskraft muss sich selbst im Klaren drüber sein, ob und inwieweit sie sich selbst das Risiko und die Belastung im Grenzbereich zumuten und zutrauen kann, um der Rolle und dem Auftrag auf dem Hochleistungsplateau gerecht zu werden.
- Die Führungskraft muss sehr genau und differenziert bewerten und beurteilen, ob und wenn ja, welche Mitarbeiter in der Lage bzw. bereit sind, die Risiken und Belastungen einer Spitzenleistung übernehmen und ein mögliches Scheitern überwinden zu können.

Auf dem Hochleistungsplateau treten an Stelle von Schutz und Anleitung des Mitarbeiters das Risiko des Scheiterns und die Herausforderung der Grenzerfahrung.

Sie als Führungskraft übernehmen auf dem Hochleistungsplateau die Rolle des Herausforderers gegenüber den Mitarbeitern. Die konventionellen Führungsinstrumente wie Anleitung und Anweisung sind hier nicht mehr in der Lage, das noch verfügbare Potenzial an Bewältigungskompetenzen abzurufen oder zu mobilisieren. Es kann sehr gut möglich sein, dass die noch verfügbaren oder entwickelbaren Bewältigungskompetenzen gar nicht bewusst, bekannt oder beschreibbar sind. Sie entwickeln sich möglicherweise erst durch die Anforderung, sprich die Belastungssituation.

Die Herausforderung des Mitarbeiters eröffnet ihm die Möglichkeit, dieses Bewältigungspotenzial selbst zu entdecken und zu mobilisieren. Für Sie als Führungskraft bedeutet die Herausforderung des Mitarbeiters aber auch, ihm gegenüber eine andere Haltung einzunehmen. Ihre Beziehung verschiebt sich, sie wird ernst zu nehmender, gleichberechtigter, spannungsreicher, spürbarer und in der Folge wahrscheinlich auch belastbarer. Schutz und Sicherheit vor dem Scheitern stehen jetzt nicht mehr im Vordergrund. Denn der Preis der Spitzenleistung ist ja genau das Risiko des Scheiterns. Und da die Spitzenleistung im Grenzbereich, also jenseits der Routine und des Gewohnten, erbracht wird, ist das Risiko des Scheiterns für alle Beteiligten sehr viel höher und auch deutlicher zu spüren. Wir gehen in diesem Kapitel noch intensiv auf das Thema Scheitern ein und beschränken uns an dieser Stelle auf die Erläuterung der Veränderung des Spannungsfeldes von Schutz vor dem Scheitern versus dem Überwinden des Scheiterns.

Im Bereich bis zum Leistungsoptimum haben Sie als Führungskraft wahrscheinlich ein relativ hohes Interesse daran, dass Ihre Mitarbeiter nicht scheitern. Dieses Interesse beruht einerseits auf der Fürsorgepflicht, die Sie Ihren Mitarbeitern gegenüber haben, und andererseits der Verpflichtung Ihrem Unternehmen gegenüber, Schaden von Mitarbeitern und Unternehmen abzuwenden.

Sie werden also vermutlich sehr viel Energie und Aufmerksamkeit darauf lenken, Arbeitsabläufe, Prozesse und Systeme so zu gestalten, dass ein möglichst geringes Risiko des Scheiterns gegeben ist.

Als Führungskraft auf dem Hochleistungsplateau stehen Sie vor der Frage, wie Sie mit der Schuld des Scheiterns umgehen wollen. Wir haben in Kap. 2.2, Der Umgang mit Schuld, erläutert, dass Sie als Führungskraft schuldfähig sein müssen, um Entscheidungen adäquat treffen zu können. Sie werden in der Überlegung dazu möglicherweise in ein Dilemma geraten, indem Sie entweder das Risiko des Scheiterns eingehen und damit die Sicherheit opfern oder lieber auf Nummer sicher gehen, Risiken vermeiden und dafür die mögliche Spitzenleistung opfern.

In Kap. 8.1.2, Das Dilemma im Tetralemma, beschreiben wir den Mechanismus des Tetralemmas vor dem Hintergrund der Entstehung von Burnout. Sie werden dort erfahren, dass es neben dem Dilemma (entweder – oder) noch weitere Handlungsoptionen gibt. Eine dieser Handlungsmöglichkeiten wird mit „sowohl als auch" beschrieben und bedeutet in unserer Situation, sowohl die Spitzenleistung zu wagen, sich also dem Risiko des Scheiterns bewusst und verantwortlich zu stellen, als auch Sicherheit und Handlungsfähigkeit selbst im Falle des Scheiterns zu gewährleisten. Das gelingt, indem das Scheitern als Möglichkeit gesehen und akzeptiert wird. Aus dieser Position kann dann eine neue Bewertung des Scheiterns stattfinden.

Aus den Überlegungen zum Umgang mit dem Scheitern wird zunehmend deutlich, dass das Scheitern nicht das Ende aller Dinge bedeutet, sondern bestimmte Konsequenzen hat, die wiederum bestimmte Maßnahmen erfordern. Das Scheitern wird durch diese Bewertung und Überlegung sichtbar, greifbar und handhabbar. Scheitern ist jetzt nur noch ein Element in einem darüber hinaus gehenden Erfolgsprozess. Das Scheitern wird so zu einem Ereignis, das bewältigt werden kann und dem andere Erfahrungen folgen können. Das Risiko und die Schuld sind abschätzbar und können getragen werden. Erst wenn dem Scheitern keine weiteren Versuche folgen, ist der Punkt des maximal möglichen Erfolges erreicht. Dieser kann sehr unterschiedlich ausfallen und bei den Betroffenen unterschiedliche Reaktionen auslösen. Je nachdem, welche Vision sich dahinter verbirgt und wie nahe die Beteiligten der Vision kommen konnten, entsteht Stolz oder Frust.

Trotz dieser konstruktiven Überlegungen zum Scheitern bleiben aber auch negative Gefühle, die mit dem Scheitern verbunden sind wie z. B. Wut, Unsicherheit, Enttäuschung, Scham. Die Angst und Sorge vor diesen negativen Gefühlen hemmen und hindern Menschen daran, Grenzerfahrungen zu machen und Spitzenleistungen in Angriff zu nehmen. Nun ist es entscheidend, aufzuzeigen, dass es im Zusammenhang mit dem Scheitern vorrangig darum geht, die damit verbundenen negativen Gefühle zu überwinden und dranbleiben zu können. Aber auch die Option des Aufgebens, d. h. die Spitzenleistung nicht weiter zu verfolgen, muss bestehen bleiben. Denn erst durch die Möglichkeit des „Aussteigens" kann man im Grenzbereich überhaupt agieren.

Wenn es gelingt, die mit dem Scheitern verbundenen negativen Gefühle zu akzeptieren, sie bewusst, angemessen und verantwortlich zu verarbeiten, dann kann das Scheitern überwunden werden. Es gibt dann keinen Grund mehr, das Scheitern zu fürchten und um jeden Preis zu vermeiden, denn es ist bewältigbar. So ist der Mitarbeiter in der Lage, an seine Grenzen heranzugehen, sein gesamtes Potenzial abzurufen und die Spitzenleistung zu verfolgen.

Für Sie als Führungskraft liegt im Spannungsfeld zwischen dem Schutz vor dem Scheitern versus dem Überwinden des Scheiterns eine Herausforderung. Ihre Mitarbeiter brauchen Orientierung, um das Scheitern akzeptieren und überwinden zu können. Dazu müssen Sie selbst Ihre bisherige Haltung hinterfragen und eine eindeutige Position gegenüber der Erfahrung und dem Risikos des Scheiterns beziehen.

7.3.3 Herausforderer versus Mitarbeiter – vom Sollen zum Wollen

Im Bereich bis zum Leistungsoptimum ist die Steuerung des Mitarbeiters ein wesentlicher Bestandteil des Führungsauftrages. Diese Steuerung erfolgt meistens über das System der Zielvereinbarung oder der Auftragsverhandlung (Siehe auch Kap. 6.4, Das Prinzip der Auftragsverhandlung).

Vereinfacht lässt sich sagen, dass die Führungskraft eine bestimmte Aufgabe oder einen Auftrag an einen Mitarbeiter gibt, mit ihm das zu erreichende Ergebnis abstimmt, mehr oder weniger klar vorgibt, wie das Ergebnis zu erreichen ist und wie die Ergebniskontrolle aussehen wird. Diese Steuerung erfüllt eine wichtige Aufgabe in der gesamtunternehmerischen Leistungserbringung und in Bezug auf die systematische Entwicklung des Mitarbeiters. Sie bedeutet aber auch, dass der Mitarbeiter Auftragnehmer ist und etwas Vorgegebenes erreichen „soll". Natürlich gehen wir davon aus, dass Mitarbeiter im Bereich bis zum Leistungsoptimum ihre Aufgaben auch erfüllen „wollen", also eine bestimmte Eigenmotivation, Begeisterung und Identifikation mit der Aufgabe einbringen. Es geht uns hier vielmehr darum, aufzuzeigen, dass die Führungskraft eine Aufgabe oder ein Ziel definiert und nicht der Mitarbeiter und so ein bestimmtes Potenzial an Eigenantrieb und Selbstforderung ungenutzt bleibt.

Auf dem Hochleistungsplateau verändert sich dieses Verhältnis. Mitarbeiter, die auf dem Hochleistungsplateau arbeiten können, verfügen über ein hohes Maß an abrufbaren Bewältigungskompetenzen und Erfahrung in der Erbringung von sehr guten Leistungen. Sie sind erfolgreich und dementsprechend selbstbewusst.

Sie sind in der Lage, selbst zu entscheiden, wie sie eine angestrebte Leistung erzielen wollen und können. Mitarbeiter, die diesen Entwicklungs- und Reifegrad erreicht haben, suchen Herausforderungen, die sie an Grenzen bringen, um für sich herauszufinden, ob sie dieser Herausforderung schon gewachsen sind. Sie wollen sich erleben. Bekommen sie keine adäquaten Herausforderungen geboten, langweilen sie sich entweder und bauen in Ihrer Leistung deutlich ab, oder sie suchen sich die Herausforderungen woanders, möglicherweise auch bei einem anderen Unternehmen. Das Thema „Bindung von Leistungsträgern" beschäftigt die Wirtschaft sehr, denn der demografische Wandel sorgt dafür, dass der Markt für qualifizierte und leistungsorientierte Mitarbeitern klein wird.

Auf dem Hochleistungsplateau vergeben Sie als Führungskraft keine Arbeitsaufträge mehr, das würde die Leistungsfähigkeit der Mitarbeiter auf diesem Niveau eher einschränken als freisetzen. Denn mit Aufträgen sind Kriterien der Zielerreichung verknüpft und diese Kriterien markieren ein „Soll".

Ihre Aufgabe als Führungskraft auf dem Hochleistungsplateau liegt darin, Ihre Mitarbeiter herauszufordern.

Eine Herausforderung in diesem Kontext erfüllt folgende Aspekte:

- Das Thema und das Handlungsfeld der Herausforderung sind für den Mitarbeiter attraktiv.
- Die Herausforderung bietet große Chancen auf persönlichen Erfolg.
- In der Herausforderung entsteht Wettbewerb zwischen den Mitarbeitern.
- Die Herausforderung beinhaltet Risiko.
- Die Herausforderung beinhaltet die Übernahme von hoher Verantwortung.

Der Mechanismus der Herausforderung verändert das Rollenverständnis zwischen Führungskraft und Mitarbeiter. Es entsteht ein Spannungsfeld, in dem die Führungskraft Erfolg anbietet, aber nicht mehr verspricht. Der Erfolg steht zur Verfügung, muss aber vom Mitarbeiter gewollt und gegen Widerstände erreicht werden. Die Führungskraft schützt den Mitarbeiter nicht vor Wettbewerb, sondern ruft ihn stattdessen im Team aus. Es gibt Gewinner und Verlierer.

In diesem Spannungsfeld kann der Mitarbeiter viel mehr Verantwortung übernehmen als im Bereich bis zum Hochleistungsplateau. Dieses Mehr an Verantwortung bietet in der Folge auch ein Mehr an Handlungsmöglichkeiten und Freiraum, der erfolgsorientierte Mitarbeiter wird von sich aus sein gesamtes Potenzial abrufen, um der Herausforderung und dem Wettbewerb gerecht zu werden.

Nimmt der Mitarbeiter die Herausforderung an, hat er sich bewusst dafür entschieden. Und diese bewusste Entscheidung, eine Herausforderung anzunehmen, die die obigen Kriterien erfüllt, macht den Unterschied vom Sollen zum Wollen.

Die Beziehung zwischen Führungskraft und Mitarbeiter entwickelt sich an dieser Stelle nochmals weiter. Nimmt der Mitarbeiter eine angebotene Herausforderung an, übernimmt er damit auch eine entsprechend hohe Verantwortung für sich und die Erreichung der Leistung. Um dieser Verantwortung gerecht zu werden, beginnt der Mitarbeiter das Umfeld und die Bedingungen, die er zur Erreichung der Leistung benötigt, selbst zu gestalten. Das bezieht sich auch auf Sie als Führungskraft. Der Mitarbeiter stellt Bedingungen und wird von Ihnen Dinge einfordern. Er wird damit selbst zum Herausforderer.

Dieser Zustand kennzeichnet die Arbeit auf dem Hochleistungsplateau.

Für Sie als Führungskraft bedeutet das vom Auftraggeber zum Herausforderer Ihrer Mitarbeiter zu werden und die in der Folge von den Mitarbeitern formulierten Herausforderungen Ihnen gegenüber entsprechend offen und klar zu begegnen und diese auch anzunehmen. Es ist Ihre Aufgabe, dieses Spannungsfeld zu ermöglichen und zu halten.

7.3.4   Stören versus Hierarchie

Hierarchie hört auf dem Hochleistungsplateau nicht auf zu wirken, sie bekommt aber eine andere Bedeutung und Funktion. Jedes Hochleistungsteam hat Hierarchien, um in sich funktionieren zu können. Hierarchie als sichtbarer Ausdruck von Machtverhältnissen hat auf dem Hochleistungsplateau jedoch nur noch eine untergeordnete Bedeutung. Die Rolle der Führungskraft verlagert sich von der Steuerung durch Auftragserteilung und Kontrolle hin zum Beobachter des Prozesses und der Mitarbeiter auf dem Hochleistungsplateau. Die kontinuierliche Beobachtung aus der Perspektive der Führungskraft bestätigt konstruktive und sinnvolle Aspekte und macht Veränderungsbedarfe deutlich. In der Folge wird die Führungskraft zum Impulsgeber für die Mitarbeiter. Wichtig dabei ist, dass sie dabei nicht zurück in das konventionelle Hierarchiedenken fällt und Anweisungen erteilt. Sie würde sonst die herausfordernde Zuordnung der Verantwortung wieder aufheben.

Die Impulse haben noch eine weitere Funktion. Sie können wie im Bereich bis zum Leistungsoptimum, als Ideen und Vorschläge gegeben werden. Das erreicht aber oft nicht den möglichen Effekt. Auf dem Hochleistungsplateau hat sich das „Stören" als sehr viel wirkungsvollere Methode des Impulse-Gebens erwiesen. Stören wirkt auch herausfordernd und damit kommen die Aspekte der Herausforderung aus Kap. 7.3.3, Herausforderer vs. Mitarbeiter – Vom Sollen zum Wollen, zum Tragen.

Stören in diesem Kontext bedeutet Verfahren und Verhaltensweisen, die sich einfahren, also beginnen zur Routine und zur Gewohnheit zu werden, gezielt und klar infrage zu stellen und zu kritisieren. Da einerseits die Beziehung zwischen Führungskraft und Mitarbeiter auf dem Hochleistungsplateau gleichberechtigter und belastbarer ist und andererseits die Mitarbeiter selbst sehr viel mehr eigene Verantwortung für sich und das Ergebnis übernehmen, kann das bewusste und konstruktive Stören und die damit verbundene Auseinandersetzung zu einem sehr viel besseren Ergebnis führen. Stören ist also das kontinuierliche Infrage-Stellen des aktuellen Status, bis keine bessere Lösung mehr gefunden oder entwickelt werden kann. Sie als Führungskraft nehmen die Rolle des Störers ein und beziehen damit eine wichtige Position in der Hierarchie des Hochleistungsplateaus.

Damit das Stören auch zur Weiterentwicklung führt, benötigen die Mitarbeiter auf dem Hochleistungsplateau Freiraum zum Experimentieren. Verhaltensweisen und Prozesse werden gerne zur Routine und Gewohnheit, weil Menschen sich damit auf sicherem Terrain bewegen. Und Sicherheit spielt für uns eine sehr wichtige Rolle. Hochleistung wird aber im Grenzbereich erzielt, dort wo Sicherheit aufhört und das Risiko beginnt. Der Impuls durch das Stören soll dazu führen, den Bereich der Sicherheit zu verlassen und Neues zu erobern, anders als bisher zu denken und zu handeln. Um dieses Neuland im Denken und Handeln zu betreten, braucht es Freiraum. Die Mitarbeiter brauchen die Möglichkeit Ihre Perspektiven zu verändern und Verhaltensweisen aus neuen Blickwinkeln heraus zu bewerten.

Entsprechend übernehmen Sie als Führungskraft auf dem Hochleistungsplateau die Rolle des Raumgebers. Dieser Raum wird häufig der noch verfügbare Abstand zu Grenzen sein, der bisher aus Sicherheits- und Schutzgründen nicht betreten oder genutzt wurde. Auf dem Hochleistungsplateau gilt es, diesen Raum zu erobern und zu gestalten. Die Grenzen können dabei die Belastungsgrenze der Mitarbeiter oder die Leistungsgrenze auf dem Hochleistungsplateau sein. Es können aber auch andere Grenzen erreicht werden, wie z. B. technische Machbarkeit, gesetzliche Regelungen, kaufmännische Sinnhaftigkeit usw.

In Ihrer Rolle als Führungskraft auf dem Hochleistungsplateau ist es entscheidend, die Grenzen zu erkennen und Ihre Mitarbeiter durch konstruktives Stören aus eingefahrenen Mustern heraus in die jeweiligen Grenzbereiche hineinzuführen.

7.3.5   Wettbewerb versus Kontrolle

Im Bereich bis zum Leistungsoptimum erfüllt Führung auch die Aufgabe der Kontrolle und Steuerung. Die Führungskraft gibt dazu definierte Ziele vor, definiert Verantwortungsbereiche und fragt nach einer vereinbarten Zeitspanne das Ergebnis beim Mitarbeiter nach. Dieses wird mit der Zielvereinbarung abgeglichen und gegebenenfalls leiten sich daraus korrigierende oder ergänzende Maßnahmen ab, unter Umständen auch weiterreichende Konsequenzen bzgl. Rolle, Aufgabe und Verantwortung des Mitarbeiters.

Die Verantwortung der Kontrolle liegt also im Bereich bis zum Leistungsoptimum bei der Führung. Der Mitarbeiter wird auch dadurch wieder abgesichert und geschützt. Auf dem Hochleistungsplateau kontrolliert nicht die Führung, sondern der Wettbewerb und die Konkurrenz, die im Team und darüber hinaus entstehen. Dieser Wettbewerb stellt eine kontinuierliche Herausforderung von Arbeitsroutinen und Vorgehensweisen sicher. Die Übernahme der Verantwortung für den Erfolg durch den einzelnen Mitarbeiter bedingt auch, dass dieser die Herausforderung durch den Wettbewerb persönlich annimmt. Er stellt damit die eigenen Arbeitsroutinen und Vorgehensweisen infrage, korrigiert und optimiert sie. Damit fordert der Mitarbeiter wiederum andere heraus. Es entsteht ein sich selbst kontrollierender Prozess. Dieser Kontrollprozess orientiert sich nicht an begrenzenden, starren, im Vorfeld definierten Zielen oder Kriterien der Zielerreichung, sondern ist selbst dynamisch und wird laufend beeinflusst durch die Ergebnisse und Erkenntnisse der Konkurrenz und des Wettbewerbs im Team.

Kontrolle bedeutet in diesem Prozess nicht Absicherung und Schutz, sondern eine Fokussierung auf die Suche nach der bestmöglichen Lösung einer Herausforderung.

Dieser Kontrollprozess stellt selbst einen Antrieb für die Spitzenleistung dar, denn die Konkurrenz und der Wettbewerb auf dem Hochleistungsplateau sorgen dafür, dass jedes einzelne Teammitglied versucht, sich gegenüber den anderen durchzusetzen und den Wettbewerb zu gewinnen. Dabei orientieren sich die Teammitglieder an den aktuellen Leistungen und Ergebnissen der anderen, analysieren sie, übernehmen sinnvolle und wertvolle Aspekte, decken Schwachstellen auf, kombinieren die Erkenntnisse der Analysen mit eigenen Ideen, Gedanken und Ansätzen, um zu einem besseren Ergebnis zu kommen.

Somit übernimmt der Wettbewerb die Kontrollfunktion und stellt dabei die erforderliche Dynamik sicher, die für die Spitzenleistung notwendig ist.

Für Sie als Führungskraft auf dem Hochleistungsplateau bedeutet dies, die Kontrolle gegen das Zutrauen in Ihre Mitarbeiter einzutauschen und im Wettbewerb untereinander einen dynamischen Prozess zu erzeugen, der stets zur besten Lösung für eine Herausforderung führt.

7.3.6   Abenteuer versus Krise

Der Schweizer Arzt, Psychotherapeut und Weltrekord-Ballonfahrer Bertrand Piccard sagte:

> Das Abenteuer ist die akzeptierte Krise – die Krise ist das nicht akzeptierte Abenteuer.

Als Abenteuer wird eine risikoreiche Unternehmung oder auch ein Erlebnis bezeichnet, das sich stark vom Alltag unterscheidet – ein Verlassen des gewohnten Umfeldes, um etwas zu unternehmen, das interessant und faszinierend zu sein verspricht und bei dem der Ausgang ungewiss ist.

Die Situationen, in denen Spitzenleistungen erbracht werden können, weisen einige Parallelen zu einem Abenteuer – oder eben auch zu einer Krise auf. Beides findet im Grenzbereich statt, birgt das Risiko des Scheiterns und bietet die Chance auf Erfolg. Betrachtet man das Zitat von Piccard genauer, so wird deutlich, dass er im Grunde keinen Unterschied zwischen der Krise und dem Abenteuer macht. Das „Akzeptieren" macht in seiner Version den Unterschied. Krise oder Abenteuer sind also nicht situationsabhängige Zustände, sondern werden durch die Bewertung des Betrachters definiert. Der Unterschied zwischen Krise und Abenteuer besteht in dem aus der Bewertung erkennbaren Grad der Handlungsfähigkeit. Und um auf dem Hochleistungsplateau erfolgreich zu sein, ist Handlungsfähigkeit entscheidend.

Betrachten wir also an dieser Stelle die Unterschiede zwischen Krise und Abenteuer, zwischen dem Akzeptieren und Nicht-Akzeptieren einer herausfordernden und gegebenenfalls chancenreichen Situation.

Erfolgreiche Abenteurer kennen ihre Grenzen und gehen bis an sie heran. Sie können dort mit ihren Ängsten umgehen, ohne sich von ihnen beherrschen und damit einschränken zu lassen. Sie nehmen ihre Grenzen wahr, entscheiden dort immer wieder neu und übernehmen Verantwortung für sich und die Situation. Sie stellen sich den Anforderungen und suchen nach Wegen und Möglichkeiten, sie zu bewältigen. Sie betreten bewusst Neuland, suchen nach neuen Erkenntnissen, stellen Unmögliches infrage, um neue Möglichkeiten zu entdecken.

Der verantwortliche Abenteurer behält seinen Einfluss und die Kontrolle und bleibt damit auch im Grenzbereich handlungsfähig. Er vertraut sich selbst und seinen Fähigkeiten. Beispielhaft sind die bekannten Abenteurer Arved Fuchs, erfolgreicher und anerkannter Arktis-Abenteurer; Steve Jobs, Gründer von Apple, überzeugter Visionär und IT-Pionier.

Eine Krise im Sinne von Bertrand Piccard entsteht dann, wenn jemand eine herausfordernde Situation, mit der er konfrontiert wird und die sich daraus ergebenden Konsequenzen nicht akzeptiert. Damit verliert derjenige seine Handlungsfähigkeit, überlässt den Lauf der Dinge dem Zufall, dem Schicksal oder dem Glück. Er hat deswegen auch keine Optionen zur Verfügung und kann nicht mehr entscheiden. Der bewusste Ausstieg aus einer Situation, was häufig ein Scheitern bedeutet und auch so erlebt wird, ist z. B. eine sehr wichtige, mögliche Option, die verantwortliche Abenteurer stets zur Verfügung haben sollten. Sie kennen die Konsequenzen des Scheiterns, haben sie akzeptiert und behalten die Entscheidungsmöglichkeit und Verantwortung bei sich und sind handlungsfähig.

Bewertet jemand eine Situation als Krise, steht die Option des bewussten Ausstiegs nicht mehr zur Verfügung. Die Handlungsfähigkeit ist durch das Nicht-Akzeptieren verloren gegangen. Die Konsequenz daraus ist das alternativlose Aushalten der Situation bis hin zum Zusammenbruch oder das wahrscheinlich sinnlose Kämpfen, um einfach nur die Stellung zu halten. Die Verantwortung für sich und die Situation wird nicht übernommen oder behalten sondern abgegeben.

Der Vergleich des akzeptierten Abenteuers mit der Erbringung von Spitzenleistungen macht die Bedeutung der Verantwortung deutlich. Nur wer die Situation mit allen möglichen (positiven wie negativen) Konsequenzen akzeptiert und damit die Verantwortung übernimmt, behält seine Handlungsfähigkeit, schafft Optionen und kann entscheiden.

Für Sie als Führungskraft auf dem Hochleistungsplateau bedeutet das, herausfordernde Situationen zu akzeptieren, zu analysieren und Ausstiegsszenarien zu entwickeln. Das Scheitern, als bewusster Ausstieg aus einer herausfordernden Situation, ist eine wichtige Option, die Sie sich offen halten sollten. So können Sie die Situation gestalten, denn Sie haben eine Alternative. Aus dieser Position heraus können Sie Herausforderungen selbstbewusst und handlungsorientiert begegnen.

7.4   Das Prinzip der Grenzerfahrung

Spitzenleistung ist Leistung im Grenzbereich der Leistungsfähigkeit, der Bewältigungskompetenzen und der Belastbarkeit. Wir haben den zentralen Mechanismus der Führung
auf dem Hochleistungsplateau deshalb das „Prinzip der Grenzerfahrung" genannt.

Um in den Grenzbereichen der Leistung dauerhaft handlungsfähig zu sein, ist es erforderlich, genau dort Erfahrungen zu sammeln. Diese Grenzerfahrungen sind wichtig, um
zu lernen, mit den Belastungen, den möglicherweise unangenehmen Gefühlen, dem Risiko des Scheiterns und auch dem Erfolg adäquat umzugehen. Durch die Grenzerfahrungen
wächst das Zutrauen, auch unter hoher Belastung leistungsfähig zu sein und das Potenzial
an der Leistungsgrenze voll ausschöpfen zu können.

Als Führungskraft stehen Sie vor der Aufgabe, Grenzerfahrungen zu ermöglichen und
zuzulassen und diese Erfahrungen in Bewältigungskompetenz und Leistungsfähigkeit um-
zuwandeln.

7.4.1   Grenze als Schutz – Grenze als Herausforderung

Bis zum Leistungsoptimum erfüllen Grenzen die wichtige Funktion der Orientierung und
des Schutzes. Arbeitsbereiche und Zuständigkeiten sind definiert und abgegrenzt. Aufgaben und Verantwortung haben Grenzen, denn jenseits davon gibt es Bereiche, die für den
jeweiligen Mitarbeiter möglicherweise überfordernd oder risikoreich sind. Grenzen geben
den Menschen Orientierung darüber, inwieweit sie sich in sicheren Bereichen bewegen
und ab wann es für sie unsicher bzw. riskant wird. Grenzen bieten Sicherheit und Orientierung. In diesem Sinne schützen Grenzen vor Scheitern, denn eine Grenze sagt aus: „Bis
hierher ist alles in Ordnung. Ab hier wird es kritisch und riskant." Das ist gut und sinnvoll
im Bereich unterhalb des Leistungsoptimums, denn in diesem durch Grenzen geschaffe-
nen Raum finden Mitarbeiter und Unternehmen den Schutz, den sie für ein geregeltes und
kontrolliertes, erfolgreiches Arbeiten benötigen.

Auf dem Hochleistungsplateau bekommen Grenzen aber eine andere Bedeutung. Hier
geht es darum, Grenzerfahrungen zu machen, an die Grenzen heranzugehen, sie zu spüren, wahrzunehmen und zu überschreiten. Es gilt, herauszufinden, ab wann genau aus Erfolg Misserfolg wird. Misserfolg spielt in der Erbringung von Spitzenleistungen eine wichtige Rolle. Erst der Misserfolg, das Scheitern zeigen auf, dass wirklich sämtliche Potenziale
und Ressourcen genutzt und ausgeschöpft wurden, um erfolgreich zu sein. Das Scheitern
markiert eine neue Grenze – die des aktuell maximal möglichen Erfolges. Im Kap. 7.4.2,
Die Bedeutung des Scheiterns, werden wir erläutern, warum wir uns in diesem Sinne klar
auf die Seite des Scheiterns stellen.

Scheitern ist wesentlicher Bestandteil der Spitzenleistung. Nur wer sich das Scheitern
mit allen Konsequenzen und auch den darin enthaltenen Chancen zutraut, kann ohne
zu zögern bis an seine Grenzen gehen. Und die dabei erlebte Grenze ist für den Moment

die tatsächliche, reale Grenze, was wir von den definierten und willkürlich beschriebenen Grenzen nicht immer sicher behaupten können.

In Kap. 5.4, Die Leistungs- und Belastungsgrenze im Powerline-Modell, unterscheiden wir zwischen der situativen, der tatsächlichen und der potenziellen Leistungsgrenze.

Wie wichtig die bewusste Grenzerfahrung für die Erzielung einer Spitzenleistung ist, kann an folgender Interpretation der Geschichte zur Entdeckung der Erde als Kugel beispielhaft dargestellt werden.

Beispiel „bewusste Grenzerfahrung"

Im frühen Mittelalter war die Menschheit davon überzeugt, dass die Erde eine Scheibe sei und ein großer Wasserfall jeden, der dem Rand der Scheibe (also der Grenze der Welt) zu nahe kam, ins Verderben stürzte. Im übertragenen Sinn stellt dies die situative Grenze dar, die weitgehend akzeptiert war. Nun, es gab einige, die es wissen wollten und die diese Grenze suchten. Sie stießen nicht auf den Wasserfall, aber auf neue Länder und Kontinente. Das hat der Menschheit viele neue Erkenntnisse gebracht, von denen wir heute immer noch sehr profitieren.

In unserem Beispiel wäre also die tatsächliche Grenze die Küste eines neuen Kontinents. Die potenzielle Grenze ergibt sich aus der Folgeüberlegung, was wohl im Landesinneren dieses Kontinentes zu finden sei, wenn dieser unter Verwendung anderer Transportmittel und geeigneter Expeditionen erforscht werden würde. Ohne die bewusst eingegangene Grenzerfahrung und ihre konstruktive Verarbeitung wäre die Entdeckung neuer Kontinente nicht möglich gewesen.

Ein anderes Beispiel soll verdeutlichen, wie wichtig das Ausloten von Grenzen und die damit verbundene Möglichkeit des Scheiterns auf dem Weg zu Spitzenleistung ist.

Beispiel „Grenzen ausloten"

Ein bekannter Konstrukteur von Hochleistungs-Segelyachten, die für die internationalen Regatten gebaut werden, wurde gefragt, was die perfekte Yacht kennzeichne. Er sagte: „Die perfekte Yacht fällt 20 m nach der Ziellinie in etwa 10.000 exakt gleich große Teile auseinander." Auf die Frage, warum das so sein solle, antwortete er: „Nur wenn das geschieht, können wir absolut sicher sein, ein Schiff konstruiert zu haben, das den Belastungen einer Hochseeregatta standhält und gleichzeitig kein Gramm zu viel Material mit sich schleppt, was die Geschwindigkeit reduziert." Deswegen liegt eine wichtige Aufgabe in der Optimierung von Hochleistungsyachten darin, die Schiffe über ihre Belastungsgrenze zu bringen um festzustellen, an welcher Stelle zu wenig und an welcher Stelle zu viel Stabilität gegeben ist. An den Stellen mit zu wenig Stabilität wird zugelegt, an den Stellen mit zu viel wird Material reduziert. Dieser Prozess führt zu extrem effizienten und leistungsfähigen Schiffen und brachte sehr viele Erkenntnisse für die Konstruktion und Verarbeitung. Er fügte dann noch hinzu, dass das aber auch bedeute, dass er sehr, sehr oft mit ziemlich zerzausten und zerfledderten Booten zurück in den Hafen kam, wobei viele Zuschauer raunten, dass das mit dem Regattasieg bei diesen Booten ja wohl nichts werden würde. Der Erfolg gab ihm Recht, seine Schiffe gewannen mehrmals internationale Regatten, darunter auch den America's Cup.

Es geht also darum, an Grenzen heranzugehen und gegebenenfalls zu scheitern.

Wer sein Scheitern als seine aktuell tatsächliche Grenze versteht und die damit verbundenen negativen Gefühle überwindet, kann an der Erreichung der Vision dranbleiben und die potenzielle Grenze anstreben. Er gibt nicht auf, was eine wichtige Voraussetzung für das Erreichen der Spitzenleistung ist. Wer erfolgreich an Grenzen scheitert, kann neue Grenzen ausrufen und Neues entdecken, was wiederum sehr motivierend wirkt.

7.4.2 Die Bedeutung des Scheiterns an der Grenze

Kennen Sie den Satz „Scheitern ist *keine* Option"? In der Literatur finden sich diese oder ähnliche Aussagen meistens dort, wo es um Erfolg geht. Die Autoren möchten damit ausdrücken, dass es einen absoluten Erfolgswillen gibt und dass dieser das Scheitern als Möglichkeit quasi ausschalten muss, um seine Wirkung zu entfalten.

Wir stellen uns eindeutig auf die Seite des Scheiterns. Aus unserer Sicht muss ein Mensch sich das Scheitern sogar zutrauen, um Erfolg zu haben. Und zutrauen kann man sich nur etwas, was man auch kennt und dem man sich gewachsen fühlt. Wir brechen hier also eine Lanze für das Scheitern.

Bis zum Leistungsoptimum geht es in der Führung u. a. darum, das Scheitern des Mitarbeiters (und das eigene) zu vermeiden. Das persönliche Risiko des Scheiterns ist im Rahmen der konventionellen Führung über Kontrolle der Hierarchie, durch systematisierte und standardisierte Prozesse und durch Zuständigkeiten und Verantwortlichkeiten weitgehend abgesichert. Misserfolge und Niederlagen sind möglich und kommen sicher auch vor. Aber ein echtes Scheitern mit allen Konsequenzen ist eher selten. Mitarbeiter und Führungskraft agieren in einem geregelten, definierten Raum, der klare Grenzen hat und der ein hohes Maß an Sicherheit bietet. In diesem Bereich sind gute Ergebnisse und beachtliche Erfolge natürlich möglich und werden auch erzielt, wie wir an der guten und stabilen Lage der meisten Unternehmen sehen können.

In solch definierten und abgesicherten Bereichen sind Spitzenleistungen aber nicht möglich. Auf dem Hochleistungsplateau gilt es, die definierten Grenzen infrage zu stellen und die bisher geltenden Regeln zu brechen. Der Preis dafür ist die geschaffene Sicherheit und der Schutz vor dem Scheitern. Das Scheitern wird auf dem Hochleistungsplateau nicht mehr vermieden, es wird auch nicht lediglich in Kauf genommen. Scheitern stellt auf dem Hochleistungsplateau eine eigene Dynamik dar.

Im Grunde ist das Scheitern im Großen wie im Kleinen allgegenwärtig, es ist ein wichtiger Bestandteil des Lebens. Scheitern gehört zu den unangenehmen und schmerzhaften Erfahrungen im Leben eines Menschen, weshalb dieser sicherlich versuchen wird, es zu vermeiden. Wir haben den Erfolg in unserer Welt als ein wichtiges Lebensziel erhoben, haben erfolgreiches Leben zum Lebenskonzept gemacht. Alles Streben und Handeln verfolgt den Erfolg. Erfolgreiche Menschen sind attraktiv, sind Vorbild und zeigen, wie gut und wichtig es ist, erfolgreich zu sein. Der Erfolg wird öffentlich und deutlich sichtbar über Statussymbole gezeigt, bewundert und gefeiert. Da hat das Scheitern natürlich keinen Platz. In dem Maße, in dem der Erfolg zunehmend als das zentrale Ziel des Handelns erhoben wurde, wurde das offensichtliche Gegenteil, das Scheitern, aus dem Fokus verdrängt. Erfolg bedeutet, nicht zu scheitern, also ist erfolgreich, wer das Scheitern vermeidet. So lautet vielfach die angenommene Gleichung.

Das entspricht aber nicht der Realität, in der Scheitern alltäglich ist – und auch eine wichtige Bedeutung für den Menschen hat. Durch das konsequente Vermeiden und Verdrängen des Scheiterns verlernen Menschen, Risiken zu erkennen, zu bewerten und bewusst einzugehen. Scheitern zu vermeiden, bedeutet bewusst im Mittelmaß zu bleiben. Das kann durchaus erfolgreich sein und soll hier in keiner Weise bewertet werden, weder positiv noch negativ. In jedem Fall bedeutet das Vermeiden des Scheiterns eine gewisse Sicherheit und die ist oft sehr viel wert.

Klar muss aber auch sein, dass die Chance auf eine Spitzenleistung nur erhält, wer das Risiko des Scheiterns eingeht, also das Mittelmaß und die damit verbundene, relativ hohe, aber manchmal auch trügerische Sicherheit aufgibt. Das Risiko des Scheiterns bietet zwar die Chance auf eine Spitzenleistung, aber keine Garantie dafür. Auch das mag ein Grund sein, warum das Scheitern so oft mit aller Kraft vermieden wird.

Das Prinzip der Grenzerfahrung schließt das Risiko des Scheiterns ein, denn es wird dabei Neuland betreten. Dort gibt es noch keine Erfahrungen, keine Empfehlungen oder Regeln – aber viel zu entdecken.

7.4.3 Erfolgreiches Scheitern – Scheitern überwinden

Vielfach wird in der Literatur neben der Prämisse „Scheitern ist keine Option" das „erfolgreiche Scheitern" propagiert. Die Autoren zeigen auf, dass im Scheitern die Chance des Lernens liegt, und wer aus seinem Scheitern lernt, wird erfolgreich sein – so die vereinfachte Formel.

Das geht soweit, dass ganze Konferenzen dem Scheitern gewidmet sind und Internetseiten eingerichtet wurden, auf denen Menschen von ihrem Scheitern und dem damit verbundenen Lernen berichten sollen. Die Internetseiten bleiben oft recht leer und auf den Scheitern-Konferenzen werden Menschen präsentiert, die nach einem oder mehreren gescheiterten Anläufen überdurchschnittlich erfolgreich geworden sind. Diese Fälle gibt es natürlich, aber sie haben wenig mit der Realität der meisten Menschen zu tun.

Nun, das Lernen aus Fehlern und die laufende Verbesserung daraus ist sicherlich ein Merkmal erfolgreicher Organisationen und Unternehmen. Und ohne das kontinuierliche Lernen und Verbessern ist nachhaltiger Erfolg nicht möglich. Aber das Scheitern als besondere Form des Lernens und als Methodik des Erfolgs darzustellen, ist so nicht richtig.

Das würde weder der möglichen Tragweite und Konsequenzen eines Scheiterns noch der tatsächlichen Entwicklungschance, die darin liegt, gerecht werden.

Was ist aber „erfolgreiches Scheitern"? Wo liegt der Wert darin?

Menschen wollen nicht scheitern, sie fürchten sich davor. Realistisch gesehen ist das Scheitern aber allgegenwärtig und präsent. Es gehört zum Leben wie der Erfolg und hat in der persönlichen Entwicklung eines Menschen auch eine wichtige Bedeutung.

Man kann am Scheitern zerbrechen, man kann aufgeben und alles verlieren. Es gibt genügend Beispiele und menschliche Schicksale, die das eindringlich zeigen.

Aufgeben bedeutet nicht weiter machen. Es so lassen, wie es ist, sich ergeben, damit abfinden, nichts mehr daran tun und ändern. Damit ist jede weitere Handlungsfähigkeit zunichte gemacht und das Scheitern ist endgültig. Man könnte auch sagen: das ist das wahre Scheitern.

Beim Scheitern in der Spitzenleistung geht es aber darum, weiterzumachen, dranzubleiben, trotz oder sogar wegen des Scheiterns und die Vision nicht aus den Augen zu verlieren. Es geht darum, neue Kräfte zu entwickeln um das Scheitern zu überwinden. Beim Scheitern auf dem Hochleistungsplateau geht es weniger darum, aus gemachten Fehlern zu lernen und diese beim nächsten Anlauf zu vermeiden. Vielmehr fordert das Scheitern zu lernen, mit den damit verbundenen, negativen Gefühlen umgehen zu können. Wut, Zorn, Hass, Enttäuschung usw. sind Gefühle, die sich beim Scheitern einstellen können. Diese Gefühle stehen jeder Höchstleistung im Weg und es ist wichtig schnell aus dieser Gefühlslage heraus zu kommen, sie hinter sich lassen zu können.

Scheitern ist vergleichbar mit Trauer. Menschen trauern, wenn sie beispielsweise einen geliebten Menschen verlieren. Das ist endgültig, ein Verlust, der nicht wiedergutzumachen ist, und es gibt keine Chance, es ungeschehen zu machen. Die Trauer ist dabei ein Prozess, in dem der Mensch das Ende und den Verlust verarbeitet. Dabei kann er entweder akzeptieren, was passiert ist, kann sich der Realität stellen und bekommt somit die Chance, das Ereignis in sein Lebenskonzept zu integrieren, ihm einen Platz und damit auch eine bestimmte Bedeutung zu geben. Er lernt damit zu leben und kann weitergehen.

Oder der Mensch bleibt in der Trauerarbeit an einem Wunschbild hängen, alles soll so sein wie vorher, so als wäre nichts geschehen. Dieses Wunschbild gibt es real aber nicht mehr und es wird auch nie mehr Realität werden. Das Nicht-Akzeptieren führt dabei oft in die Depression, vergleichbar mit Aufgeben, die Verantwortung abgeben an das Schicksal. Der Verlust, das Scheitern kann nicht überwunden werden und der Mensch verliert seine Freiheit zu handeln.

Im Scheitern ist die Fähigkeit des Akzeptierens und der bewussten Reflexion des eigenen Handelns, der Einstellungen und der Haltung entscheidend. Wer sich dem Scheitern stellt und sich infrage stellen kann, hat die Chance, die negativen Gefühle zu beherrschen und aktiv zu verarbeiten. So kann aus dem Scheitern Mut, Gelassenheit, Optimismus und Entschlossenheit entstehen. Erfolgreiches Scheitern bedeutet also: akzeptieren, dranbleiben, sich selbst reflektieren; die Vision, die Risiken, die Chancen, die eigene Absicht und eigene Haltung hinterfragen, um so die negativen Gefühle des Scheiterns zu überwinden und dadurch Kraft und Zutrauen zu gewinnen, um weiterzumachen.

7.4.4 Die Vision in der Grenzerfahrung

Unternehmen und Unternehmer, die Spitzenleistungen anstreben und erreichen wollen, müssen ein großes Interesse an Führungskräften und Mitarbeitern haben, die den Mut und die Fähigkeit entwickeln, das Risiko des Scheiterns zu akzeptieren und bewusst und überlegt einzugehen. Führungskräfte und Mitarbeiter müssen lernen, auch im Scheitern handlungs- und leistungsfähig zu bleiben. Dazu ist viel Kraft und Motivation erforderlich. Da ja im Scheitern der Erfolg fehlt, aus dem Kraft und Motivation geschöpft werden kann, muss etwas anderes den notwendigen Antrieb geben. Auf dem Hochleistungsplateau sind das die Vision von der Spitzenleistung und der tiefe Wille, sie zu erreichen, auch wenn der Preis dafür das Scheitern sein kann. So entsteht durch das Scheitern und die Weiterverfolgung der Vision eine eigene Dynamik.

Dazu das Beispiel einer wohl uns allen sehr bekannten Persönlichkeit:

Beispiel „Vision als Antrieb für die Spitzenleistung"

Dieser Mann hatte eine sehr starke Vision, war überzeugt und absolut entschlossen, etwas sehr Wichtiges und Nützliches zu erfinden. Er fand Geldgeber und erfuhr auch die Unterstützung der Familie. Nachdem er mehrere hundert (!) Fehlschläge erlitten hat, begannen die ersten Investoren am Erfolg des Vorhabens zu zweifeln. Er selbst aber war zuversichtlich und sagte, er habe nun mehrere hundert Möglichkeiten entdeckt, die gewünschte Erfindung nicht zu erreichen. Er arbeitete unverdrossen weiter. Nach weiteren mehreren hundert Fehlversuchen begannen die Kollegen und Mitarbeiter am Erfolg zu zweifeln und meinten, dass das Vorhaben ja nun gescheitert sei und die Investoren durchaus Recht hatten mit ihrer Einschätzung. Er selbst aber erklärte, weitere, sehr interessante Wege entdeckt zu haben, von denen zwar noch keiner zum Erfolg geführt hätte, aber alle sehr aufschlussreich wären. Er arbeitete überzeugt weiter. Es gab nochmals mehrere Fehlversuche und die Existenz des Unternehmens stand auf dem Spiel, so dass die Familie schließlich drängte, dieses sinnlose Unterfangen doch nun zu beenden und endlich aufzugeben. Er aber hielt an seiner Vision fest und arbeitete trotz der fehlenden Unterstützung von Investoren, Kollegen und Familie weiter. Er benötigte über 1 200 Versuche, um sein Ziel zu erreichen, und wir sind ihm dankbar, dass er nicht aufgegeben hat. Thomas Alpha Eddison, der Erfinder der Glühbirne. Sein Unternehmen hieß General Electric und ist heute einer der größten Konzerne der Welt.

Sicherlich endet nicht jeder Versuch einer Spitzenleistung derart erfolgreich und sicher zeigt Scheitern oft auch auf, dass der bisher beschrittene Weg nicht der richtige ist. Das Beispiel verdeutlich eher, wie wichtig die Fähigkeit ist, sich den negativen Gefühlen des Scheiterns zu stellen, sie zu bewältigen und zu überwinden, um dranbleiben zu können. Dazu ist das genaue und nachdenklichere Hinschauen auf die Situation, auf sich selbst, auf die Beteiligten, auf die Intentionen und auf die Vision erforderlich. Und das nicht mit dem Ziel, gleich Grundsatz-Lern-Lektionen aus gemachten Fehlern abzuleiten, sondern die eigene Position, die Verantwortung und den Willen zu überprüfen.

Als Führungskraft auf dem Hochleistungsplateau nutzen Sie das Prinzip der Grenzerfahrung, denn es stellt sicher, dass das gesamte Potenzial bezogen auf die Bewältigungskompetenz, die Belastbarkeit, die Möglichkeiten und Chancen der Situation vollständig ausgeschöpft ist und die Spitzenleistung so möglich wird. Die Grenzerfahrung schließt das Risiko des Scheiterns ein und Sie haben ein selbstbewusstes und gesundes Verhältnis zum Scheitern entwickelt, das Sie sich und Ihren Mitarbeitern zumuten und zutrauen können. Ihre Aufgabe ist es, Ihre Mitarbeiter zu unterstützen, das mögliche Scheitern zu überwinden, um an der Erreichung der Vision dranbleiben zu können und nicht im Aufgeben endgültig zu scheitern.

7.5   Führung auf dem Hochleistungsplateau

Die vorangegangenen Kapitel machen deutlich, dass die Führung auf dem Hochleistungsplateau anderen Mechanismen als im Bereich bis zum Leistungsoptimum folgt und auch eine eigene und besondere Haltung von Ihnen als Führungskraft erfordert.

Dabei ist zunächst zu beachten, dass die konventionellen Führungsmethoden und -instrumente im Bereich bis zum Leistungsoptimum natürlich nach wie vor ihre Gültigkeit haben und sich die meisten Mitarbeiter eines Teams auch dort befinden. Der Großteil der Führungsarbeit wird also in diesem Bereich erbracht. Das bedeutet für Sie als Führungskraft, dass Sie sehr bewusst in einen anderen Führungsmodus wechseln, wenn Sie Mitarbeiter auf dem Hochleistungsplateau erfolgreich führen wollen. Wir wollen Ihnen nun die wichtigsten Aspekte der Führung auf dem Hochleistungsplateau vorstellen.

7.5.1   Der Führungsauftrag auf dem Hochleistungsplateau

Der Führungsauftrag auf dem Hochleistungsplateau setzt sich aus drei Teilaufträgen zusammen:

- Spitzenleistung ausrufen und sich als Führungskraft klar dazu bekennen
- Grenzerfahrungen ermöglichen, zulassen und gestalten
- Mitarbeiter vor Gefährdung schützen

Wir wollen hier auf die drei Teilaufträge näher eingehen.

7.5.1.1   Spitzenleistung ausrufen und sich als Führungskraft klar dazu bekennen

Die Dynamik auf dem Hochleistungsplateau benötigt einen initialen Impuls, um sich entfalten zu können. Dieser Impuls ist das konkrete Ausrufen einer Spitzenleistung durch Sie als Führungskraft. Dabei ist es wichtig, die Vision der Spitzenleistung über eine kraftvolle und entschlossene Kommunikation vorzustellen und zu erläutern.

Damit Mitarbeiter sich die Vision zu eigen machen können und sich somit bewusst für die Spitzenleistung entscheiden, benötigen sie das Vertrauen in die Führungskraft, dass diese überzeugt hinter der Vision steht und entschlossen ist, bis zum Erreichen der Spitzenleistung dran zu bleiben. Die Mitarbeiter brauchen auch das Vertrauen, dass die Führungskraft in der Lage ist, sie zur Spitzenleistung zu führen.

Um dieses Vertrauen schaffen zu können ist es für Sie als Führungskraft wichtig, entsprechend überzeugend, zuversichtlich und entschlossen auftreten zu können. Dazu brauchen Sie eine eigene, innere, stabile Position zur Spitzenleistung. Vor dem Ausrufen der Spitzenleistung muss demnach eine intensive, ernsthafte und verantwortliche Auseinandersetzung damit vorausgehen.

Dabei sollten folgende Aspekte betrachtet und bearbeitet werden:

- Wie stellt sich der aktuelle Status der Leistungserbringung im Team dar?
- Wie verteilen sich die Mitarbeiter des Teams im Powerline-Modell?
- Ist eine Spitzenleistung zum aktuellen Zeitpunkt mit dem gegebenen Zustand des Teams möglich?
- Was sind konkrete und sinnvolle Gründe, eine Spitzenleistung anzustreben?
- Welchen Nutzen und Vorteil würde die Spitzenleistung liefern?
- Welche konkrete Spitzenleistung kommt infrage?
- Welche Risiken sind damit verbunden?
- Welche Optionen und Ressourcen stehen für die Bewältigung der Risiken zur Verfügung?
- Was ist der Erfolg der Mitarbeiter, die die Spitzenleistung erbringen?
- Welche Risiken gehen die Mitarbeiter ein?
- Welche Konsequenzen hat die Spitzenleistung für den normalen Betrieb des Teams?
- Welche Optionen stehen im Falle des Scheiterns zur Verfügung?

Sind diese Aspekte kritisch und ernsthaft ausgearbeitet, kann die Führungskraft eine klare und stabile Position dazu einnehmen und entsprechend überzeugend und vertrauenswürdig auftreten.

7.5.1.2 Grenzerfahrung ermöglichen, zulassen und gestalten

Der Führungsauftrag, Grenzerfahrungen zu ermöglichen und zuzulassen, bedeutet für Sie als Führungskraft, die Grenzerfahrung als einen Mechanismus der Führung zu erkennen, den Sie bewusst nutzen und einsetzen.

Um die für die Spitzenleistung wichtige Grenzerfahrung zu ermöglichen, haben Sie als Führungskraft die Aufgabe, genau zu entscheiden, welcher Mitarbeiter welche Grenzerfahrung benötigt, um weitere Bewältigungskompetenzen entwickeln und seine Leistung steigern zu können. Dazu beobachten Sie die Mitarbeiter auf dem Hochleistungsplateau sehr genau und intensiv und stehen auch in enger Kommunikation und persönlichem

Austausch mit ihnen. Es geht darum zu erkennen, was das nächste, sinnvolle und wichtige Entwicklungsthema bezogen auf die Bewältigungskompetenzen für den Mitarbeiter ist. Ist dieses Thema identifiziert kann eine dazu adäquate Herausforderung beschrieben und gestellt werden. Die Grenzerfahrung bezieht sich aber nicht nur auf identifizierte Entwicklungsthemen, sondern besteht natürlich auch aus Situationen, die nicht gezielt planbar sind.

In dem Maße, in dem Sie als Führungskraft die Belastung für den Mitarbeiter durch die Grenzerfahrung erhöhen, werden Sie selbst belastet, denn Sie müssen die Belastung steuern, dosieren und deshalb selbst aushalten. Das bedeutet auch, dass Sie dem Mitarbeiter viel zumuten und viel von ihm verlangen, aber auch sich selbst viel zumuten und abverlangen.

Um diesem Führungsauftrag gerecht zu werden, kann es sein, dass Sie einige Ihrer bisherigen Überzeugungen in der Führung überdenken und überarbeiten müssen. Wir haben das Bild des Schmelztiegels bereits verwendet, das sich hier wieder findet. Als Führungskraft haben Sie den Auftrag, hinsichtlich der Grenzerfahrungen Ihrer Mitarbeiter mehr Druck und Belastung auszuhalten, als diese selbst. Sie benötigen dazu eine tiefe Überzeugung, dass die Spitzenleistung und die damit verbundenen Herausforderungen sinnvoll und wertvoll sind. Und Sie benötigen viel Kraft, Mitarbeitern eine Belastung zuzumuten und selbst dem Druck daraus standzuhalten.

Und schließlich ist das klare Bekenntnis der Führungskraft zur Erbringung von Spitzenleistung ausschlaggebend für eine progressive Herangehensweise der Mitarbeiter. Nur wenn eine klare Haltung, ein offenes Bekennen und ein nachvollziehbarer Sinn hinter der Spitzenleistung erkennbar sind, können die notwendigen Kräfte optimal freigesetzt werden.

7.5.1.3 Mitarbeiter vor Gefährdung schützen

Sie haben als Führungskraft den Auftrag, Mitarbeiter vor Gefährdungen durch ihr Arbeitsumfeld zu schützen. Dieser Auftrag ist insbesondere auf dem Hochleistungsplateau spannungsgeladen, denn dort liegen die Leistungs- und die Belastungsgrenze eng beieinander. Spitzenleistungen werden auf dem Hochleistungsplateau aber erst möglich, wenn Mitarbeiter sich an ihre Leistungsgrenze begeben und wahrscheinlich auch nahe an ihre Belastungsgrenze gehen. Ihre Herausforderung als Führungskraft ist es jetzt einerseits, Mitarbeiter dort bewusst und gezielt an deren individuelle Grenzen (Leistungs- und Belastungsgrenze) heranzuführen, andererseits sie aber auch genau dort vor dem Bereich der Gefährdung zu schützen.

Die Gefährdung des Mitarbeiters droht jenseits der Belastungsgrenze. Hier befindet sich jener Bereich, in dem der Mitarbeiter der zunehmend steigenden Belastung keine ausreichenden Bewältigungskompetenzen mehr entgegenzusetzen vermag und gesundheitliche Konsequenzen drohen. Spitzenleistung braucht Herausforderung und Belastung, sprich wird in Grenzbereichen erbracht. Gleichzeitig stehen hier, je näher sich ein Mitarbeiter der Grenze nähert oder diese gar überschreitet, zunehmend weniger Puffer oder

Reserven zur Verfügung. Die Situation kann sich dann schnell von einer erfolgreichen Leistungserbringung zur konkreten Gefährdung entwickeln.

Sie befinden sich also in einem Konflikt. Schützen Sie Ihre Mitarbeiter dadurch, dass Sie die Belastungs- und Leistungsgrenzen meiden und ausreichend Abstand dazu halten, erschweren bzw. verhindern Sie Spitzenleistungen. Stellen Sie dagegen die Spitzenleistung in den Vordergrund, gehen Sie mit Ihren Mitarbeitern an die Grenzen heran und wenn Sie auch bereit sind, diese überschreiten zu lassen, liefert das zwar ein großartiges Ergebnis, aber unter Umständen zu einem hohen Preis. Ohne die entsprechenden Grenzerfahrungen sind Wachstum und Spitzenleistungen nicht zu erzielen, mit der Grenzerfahrung steigen aber auch das Risiko und die Gefährdung.

In den spannungsvollen und dynamischen Situationen auf dem Hochleistungsplateau müssen Sie als Führungskraft deshalb schnell klare Entscheidungen treffen. Bei diesen Entscheidungen geht es in erster Linie darum, den Mitarbeiter im Bereich der Gefährdung zu schützen. Dazu brauchen Sie einen engen Kontakt mit Ihren Mitarbeitern. Sie brauchen die Gelegenheit, sich auszutauschen, um deren persönliche (subjektive) Einschätzung und Perspektive zur aktuellen Situation zu kennen. Ihre Aufgabe ist es hier, genau zu beobachten und den Überblick zu bewahren, in der sogenannten Metaperspektive die Situation zu betrachten und bewerten zu können. Aufgrund dieser Einschätzungen und Beobachtungen können Sie dann immer wieder die Entscheidungen treffen, ob die Belastung der Grenzerfahrung vom Mitarbeiter noch getragen werden kann oder ob dessen Ressourcen erschöpft sind. Sie geben damit den Mitarbeitern das Versprechen, auf sie zu achten und sie zu schützen. Die Mitarbeiter müssen Ihnen dazu vertrauen und sich darauf verlassen können, dass Sie ohne zu zögern aktiv werden, wenn eine Gefährdung droht und die Mitarbeiter selbst dies nicht frühzeitig genug erkennen.

Das kann wiederum sehr belastend und herausfordernd für Sie als Führungskraft sein, denn Sie fordern einerseits die Leistung ab und muten die Grenzerfahrung zu, anderseits verfolgen Sie das Interesse des Schutzes. Das sich daraus ergebende innere Spannungsfeld fordert viel Kraft und eine hohe Wahrnehmungsfähigkeit für sich selbst und für andere. Und es verlangt von Ihnen die Kraft, ggf. eine klare Entscheidung gegen die angestrebte Spitzenleistung, gegen die Vision und für die Gesundheit des Mitarbeiters zu treffen.

Der Antarktisforscher Ernest Shackleton war der erste Mensch, der sich 1909 dem Südpol auf etwa 180 km näherte, was damals ein neuer Rekord war. Diese Leistung erzielte er zusammen mit drei Kameraden unter größten Anstrengungen und Entbehrungen. Es wäre wohl möglich gewesen, den Südpol als erster Mensch direkt zu erreichen, doch hätte dies bedeutet, dass die Männer oder zumindest ein Teil von ihnen, den Rückweg nicht mehr geschafft hätten. Shackleton entschied sich dafür, umzukehren und seine Männer zurückzuführen, was ihm auch gelang. In seinen Aufzeichnungen kommt seine tiefe Enttäuschung darüber, den Pol nicht erreicht zu haben, deutlich zum Ausdruck.

Wenn Sie als Führungskraft in die Situation kommen, einen Mitarbeiter aus der Belastung der Grenzerfahrung herausnehmen zu müssen, weil er droht, in die Gefährdung zu kommen, dann ist es wichtig, dass Sie mit dieser Entscheidung absolut im Reinen sind. Es darf dabei nicht dazu kommen, dass der Mitarbeiter Vorwürfe, Anschuldigungen oder

Missachtung erfährt oder Sie bzw. das Team nachtragend sind. Solches Verhalten würde ausdrücken, dass es an der Leistungs- und Belastungsgrenze nicht um die Erreichung einer Spitzenleistung und die Verwirklichung einer Vision geht, die der Mitarbeiter zu seiner eigenen gemacht hat und mit der er sich identifiziert. Es würde ausdrücken, dass der Mitarbeiter die Erwartung anderer nicht erfüllt hat oder das Ziel anderer nicht erreicht hat. Das würde aber bedeuten, dass es nicht um den Mitarbeiter selbst und seine Spitzenleistung ging, sondern dass er benutzt und instrumentalisiert wurde.

Das wiederum würde mit Ihrer Rolle als Führungskraft auf dem Hochleistungsplateau und der von Ihnen ausgerufenen Vision zur Spitzenleistung kollidieren und beim Mitarbeiter zu einer hohen Enttäuschung, dem Gefühl benutzt worden zu sein, ggf. zu Verletzungen und zum Zusammenbruch der Loyalität führen. Ein Mitarbeiter, der das erfährt, wird sich zukünftig sehr genau überlegen, ob, wofür und mit wem er eine neue Spitzenleistung in Angriff nehmen will.

Stehen Sie also als Führungskraft auf dem Hochleistungsplateau vor der Entscheidung, einen Mitarbeiter aus der Belastung herauszunehmen, um ihn zu schützen, müssen Sie diese Entscheidung schnell, sicher und mit sich im Reinen treffen. Diese Entscheidung ist eine Option, derer Sie sich bewusst sein sollten und die sie durchdacht und akzeptiert haben sollten. Dann können Sie diese Option ohne zu zögern ergreifen und authentisch umsetzen. Sie ist Teil Ihres Führungsauftrags auf dem Hochleistungsplateau.

7.5.1.4　Wenn die Führungskraft scheitert

Sie sind also auch als Führungskraft auf dem Hochleistungsplateau einer hohen und komplexen Belastung ausgesetzt. Für Mitarbeiter Grenzerfahrungen zur Verfügung zu stellen, sie bewusst und kontrolliert an deren Leistungsgrenze zu führen, sie vor der Gefährdung zu schützen und dabei stets für die Vision der Spitzenleistung zu stehen, erfordert sehr viel Kraft, Durchhaltevermögen, Entscheidungsstärke und Optimismus.

Es kann sein, dass Sie dabei selbst an Ihre Grenzen, der Leistungs- und möglicherweise auch der Belastungsgrenze, kommen. Gemäß der Mechanismen der Spitzenleistung droht dabei auch für Sie das Risiko des Scheiterns.

Es wäre nun falsch zu denken, als Führungskraft müsse man das alles aushalten und die Option des Scheiterns sei nur für Mitarbeiter gedacht. Sicherlich muss eine Führungskraft auf dem Hochleistungsplateau mehr Belastung aushalten können als die Mitarbeiter. Dazu haben wir bereits für Sie als Führungskraft das Bild des Schmelztiegels eingeführt, der eben ein paar Grad mehr aushalten muss als das Metall, das in ihm verarbeitet wird.

Würde die Führungskraft für sich selbst aber die Option des Scheiterns ausschließen, hätte das einige negative Aspekte zur Folge. Wie wir im Kap. 7.3.6 „Krise versus Abenteuer" beschrieben haben, ist das Abenteuer im Gegensatz zur Krise dadurch gekennzeichnet, dass die Situation mit all ihren Aspekten akzeptiert ist und somit Verantwortung dafür übernommen wird. Der verantwortliche Abenteurer behält stets die Option des Scheiterns aufrecht, um auch in diesem Fall entscheidungsfähig zu sein (er hat ja eine Option, für die er sich entscheiden kann). Er weiß, dass das Scheitern bewältigbar ist und überwunden werden kann. Er kann aussteigen und behält damit seine Handlungsfähigkeit. Ist die

Option des Scheiterns dagegen ausgeschlossen, gibt es keine Alternative und die Situation wird zur Krise.

In der Folge könnte sich daraus eine neue Belastungsspirale ergeben. Wenn das Scheitern für die Führungskraft keine Option ist, wird sie einen guten Teil ihrer Kraft und Aufmerksamkeit darauf lenken, auch die Mitarbeiter vor dem Scheitern zu schützen, denn wenn die Mitarbeiter scheitern, scheitert in der Folge wahrscheinlich auch die Führungskraft. Entweder übernimmt die Führungskraft dann wieder mehr Verantwortung, die der Sache nach aber beim Mitarbeiter liegen sollte, oder die Führungskraft schränkt die Möglichkeiten der Grenzerfahrung ein. Dies führt dann in den Bereich unterhalb des Hochleistungsplateaus bis zum Leistungsoptimum zurück. Die Erbringung der Spitzenleistung wird gebremst oder die Führungskraft überfordert sich und gerät selbst in den Bereich der Gefährdung.

Die Option des Scheiterns muss also auf dem Hochleistungsplateau auch für Sie als Führungskraft zur Verfügung stehen.

Scheitert ein Mitarbeiter bei der Erbringung einer Spitzenleistung an seiner Belastungs- oder Leistungsgrenze, dann sollte er dazu in engem Austausch mit Ihnen stehen. Sie können die Situation aus einer übergeordneten Perspektive betrachten und mit dem Mitarbeiter reflektieren. Der Mitarbeiter bekommt in seiner Situation damit Orientierung. Sie treffen zudem die klare Entscheidung, den Mitarbeiter aus der Belastung herauszunehmen, wenn seine Gefährdung droht. Auch dadurch wird der Mitarbeiter begleitet und angeleitet.

Wer übernimmt aber diese Rolle bei Ihnen als Führungskraft, wenn Sie zu scheitern drohen?

Zum einen sollten Sie selbst auf dem Hochleistungsplateau über ein ausgereiftes Selbstbewusstsein verfügen. Sie sollten sich dazu bereits intensiv mit den eigenen Stärken, Schwächen, Intensionen, Antreiber- und Wertesystemen und Ihren Zielen auseinandergesetzt haben. Sie sollten sich als ein wichtiger Teil bei der Erbringung einer Spitzenleistung im Team verstehen und gleichzeitig dabei auch erkennen, dass Sie eben nur ein Teil davon sind. Das bedeutet, dass die Spitzenleistung nicht ausschließlich von Ihnen selbst sondern in der Zusammenarbeit, im Wettbewerb, in der Herausforderung im Team erbracht wird. Das Fundament der Spitzenleitung ruht nicht allein bei Ihnen, sondern ist verteilt auf die Mitarbeiter.

Scheitert die Führungskraft, scheitert deswegen nicht zwangsläufig die Spitzenleistung.

Sie können in der kritischen, realistischen und ernsthaften Selbstreflexion Anzeichen für das eigene Scheitern erkennen.

Sie haben zudem vermutlich selbst Vorgesetzte, die erkennen können, ob ein Scheitern droht. Der Austausch über Gespräche, Feedbacks und Reflexionen macht ein drohendes Scheitern auch aus dieser Perspektive sichtbar.

Und letztlich kann das Team selbst erkennen, ob Sie als Führungskraft der Belastung in der Spitzenleistung gewachsen sind oder ab Sie nicht mehr in der Lage sind, die Führungsaufgabe umfassend wahrzunehmen. Da auf dem Hochleistungsplateau ja Führungsmechanismen wie Stören, Grenzerfahrung und Herausfordern gelten, kann darüber auch von den Mitarbeitern deutlich gemacht werden, dass ein Scheitern der Führungskraft droht.

Die große Herausforderung für die Führungskraft liegt dann aber darin, diese Signale und Botschaften auch ernst zu nehmen, anzuerkennen und zu akzeptieren. Das erfordert ein solides Selbstbewusstsein und große persönliche Reife. Ohne diese Eigenschaften sollten Sie nicht auf dem Hochleistungsplateau arbeiten.

Das Scheitern der Führungskraft auf dem Hochleistungsplateau bedeutet auch, dass sie ihre Rolle nicht mehr wahrnehmen kann. Die Vision zur Verfügung stellen und repräsentieren, die Spitzenleistung ausrufen und fordern, Mitarbeiter an Grenzen führen, Grenzerfahrungen ermöglichen, stören und herausfordern, der Schmelztiegel sein und vor Gefährdung schützen; diese Aufgaben und Verantwortungen wären im Scheitern nicht mehr erfüllt.

Bedeutet das, dass die Erbringung der Spitzenleistung gescheitert ist, das gesamte Team gescheitert ist?

Im Führungsverständnis im Bereich bis zum Leistungsoptimum des Powerline-Modells könnte es das unter Umständen bedeuten. Ist der Kopf des Teams ausgefallen, ist das Team oft nicht mehr handlungsfähig.

Auf dem Hochleistungsplateau wirken andere Mechanismen, z. B. die veränderte Verteilung von Verantwortung. Mitarbeiter auf dem Hochleistungsplateau haben sich idealerweise die Vision zu eigen gemacht und damit Verantwortung für die Erbringung der Leistung und für sich selbst übernommen. Sie sind somit in der Lage, auch das Scheitern der Führungskraft als Herausforderung und Grenzerfahrung zu erkennen und zu akzeptieren. Sie können die Verantwortung, die sich in diesem Fall für sie selbst ergibt, übernehmen und tragen. Ein mögliches Scheitern der Führungskraft, sei es in ihrer Rolle, sei es an der Spitzenleistung selbst oder sei es an der Belastungs- oder Leistungsgrenze, bedeutet auf dem Hochleistungsplateau nicht zwingend das Scheitern des Teams.

Scheitert die Führungskraft nun tatsächlich an einer der Herausforderungen der Spitzenleistung, ist es wichtig, dies früh, offen und klar anzusprechen. Auch hier gilt der Grundsatz, die Belastung erst einmal zu reduzieren. Im Fall der Führungskraft heißt das, die wichtigen Aufgaben neu zu verteilen und damit auch die Belastung in das Team zu geben.

Je früher und entschiedener das geschieht, umso schneller reduziert sich die Belastung für die Führungskraft und sie kann sich mit ihrem Scheitern auseinandersetzen. Wie in Kap. 7.4.3 „Erfolgreiches Scheitern – Scheitern überwinden" beschrieben, geht es dabei darum, sich selbst genau zu reflektieren, die Gründe des Scheiterns zu analysieren, die eigenen Absichten, Ziele und Antreiber nochmals sehr genau zu betrachten und zu prüfen. Und es geht darum, die mit dem Scheitern verbundenen negativen Gefühle zu akzeptieren, zu verarbeiten und zu überwinden. Je früher im Scheitern dies geschieht, umso schneller kann das Scheitern überwunden werden und die Handlungsfähigkeit kehrt zurück.

Die Verantwortung der Führungskraft im Scheitern liegt darin, zu akzeptieren, zu kommunizieren und zu handeln, um ohne unnötige Verzögerung das Scheitern zu verarbeiten und wieder zurück in die Leistungserbringung zu kommen. Das erfordert Offenheit sich selbst und anderen gegenüber und eine hohe, persönliche Reife.

7.5.2 Die Mechanismen der Führung auf dem Hochleistungsplateau

Wir haben Ihnen bis hierher die aus unserer Sicht wichtigsten Mechanismen zum Führen auf dem Hochleistungsplateau vorgestellt. Wir wollen diese und weitere Mechanismen nun anhand der Systematik des Leistungsmanagements (siehe Kap. 6.3.3) noch einmal zusammenfassen und unter dem Fokus des Handelns darstellen.

Noch einmal zur Erinnerung. Die fünf Aspekte des Leistungsmanagements sind:

1. die Verteilung und Zuordnung der Verantwortlichkeit
2. das Management von Nähe und Distanz
3. die Ausprägung des eigenen Machtanspruches
4. die eigene Leistungsorientierung als Führungskraft
5. die kommunizierte Leistungsanforderung an den Mitarbeiter

7.5.2.1 Die Verteilung und Zuordnung der Verantwortlichkeit

Die Verantwortung stellt auf dem Hochleistungsplateau einen sehr wirkungsvollen Führungsmechanismus dar. Um die verfügbaren Potenziale von Mitarbeitern auf dem Hochleistungsplateau vollständig nutzen zu können, ist die jeweilige Verantwortung differenziert und transparent für alle Beteiligten zuzuordnen.

Der Begriff Verantwortung wird in unserem Sprachgebrauch oft unterschiedlich interpretiert und verwendet. Fragen wir in unseren Seminaren und Coachings nach Verantwortung, erklären uns die Teilnehmer oft, dass sie Verantwortung nur insoweit übernehmen können, wie sie auch Einflussmöglichkeiten haben. Verantwortung wird hier mit Einfluss gleichgesetzt. Nun finden sich Menschen aber immer wieder in Situationen, in denen sie relativ wenige Einflussmöglichkeiten haben, aber dennoch die Verantwortung übernehmen müssen.

Eine andere Antwort auf die Frage nach Verantwortung lautet: „Verantwortung übernehme ich nur für Dinge, die ich auch verursacht oder ausgelöst habe. Für Dinge, die ich nicht verursacht oder ausgelöst habe, kann ich keine Verantwortung übernehmen." Häufig wird in diesem Zusammenhang auch von Schuld oder Verschulden gesprochen. Verantwortung wird hier mit Verursachen gleichgesetzt. Es gibt aber Situationen, die Menschen sicherlich nicht verursacht oder ausgelöst haben und für die dennoch die Verantwortung bei ihnen liegt.

Die dritte Antwort, die wir oft erhalten ist das Schicksal, die höhere Gewalt, das Glück oder eben das Pech. Für Dinge, die durch das Schicksal geschehen, wollen einige der Menschen, die wir befragt haben, auch keine Verantwortung übernehmen.

Wir wollen den Begriff Verantwortung hier klar von Einfluss, Verursachen, Schuld oder Schicksal trennen und konzentrieren uns auf den Wortstamm: die Antwort!

Verantwortung bedeutet in diesem Kontext, die Fähigkeit zu entwickeln, für Situationen, in die man gestellt wird, eine angemessene und adäquate Antwort zu geben, oder im übertragenen Sinne, eine angemessene Reaktion, Handlung oder Verhalten zu zeigen. Und dies ungeachtet der Frage nach Einfluss, Verursachen. Schuld oder Schicksal.

Verantwortung zu übernehmen, bedeutet dann, die Situation zu akzeptieren, sich der Chancen und der Risiken bewusst zu sein, sie eigenständig zu bewerten und die Handlungsoptionen auszuloten, um schließlich angemessen agieren zu können.

Auf dem Hochleistungsplateau verändert sich der Umgang mit Verantwortung im Vergleich zum Bereich darunter, sprich bis zum Leistungsoptimum.

Während bis zum Leistungsoptimum die Verantwortung für Erfolg oder Misserfolg weitgehend und oft letztendlich bei der Führungskraft liegt, gilt es auf dem Hochleistungsplateau, die Verantwortung weiter zu fassen. Es wäre falsch verstandene Führung, wenn die Führungskraft aus einem unangemessenen Fürsorgeverständnis heraus Verantwortung übernimmt, die der Sache nach klar beim Mitarbeiter liegt. Sind die Verantwortlichkeiten klar und transparent verteilt und werden sie von den Beteiligten vollständig übernommen, so entsteht ein äußerst konstruktives Spannungsfeld, in dem alle Beteiligten uneingeschränkt auf ihr gesamtes Potenzial zugreifen können.

Für Sie als Führungskraft entsteht damit auf dem Hochleistungsplateau eine neue und zentrale Verantwortung. Die Spitzenleistung wird durch die bewusste Grenzerfahrung möglich. Der Grenzbereich der Leistung ist per Definition ein Bereich, in dem Mitarbeiter Risiken eingehen, die sie zum Teil nicht kennen und einschätzen können. Sie müssen darauf vertrauen können, dass Sie als Führungskraft den Prozess der Grenzerfahrung beobachten und darauf achten, wie gut die Mitarbeiter mit den Grenzerfahrungen, mit den Belastungen und mit den eigenen Bewältigungskompetenzen umgehen. Das setzt voraus, dass Sie als Führungskraft stets ein klein wenig mehr Druck und Belastung aushalten können müssen als Ihre Mitarbeiter, um in der Grenzerfahrung eine Gefährdung verhindern zu können.

Wir nehmen für diese Situation gerne die Metapher des Schmelztiegels, dem Gefäß, in dem Stahlkocher ihr Metall schmelzen. Bei unvorstellbar hohen Temperaturen muss das Gefäß eben ein paar Grad mehr aushalten, um nicht selbst zu schmelzen. Sie sind der Schmelztiegel, dem die Mitarbeiter vertrauen, der sie umgibt und sie schützt, um nicht zu verbrennen. Sie treffen klare Entscheidungen, wenn sie eine Gefahr für einen Mitarbeiter erkennen, nehmen ihn sofort aus der Situation heraus – ohne Diskussion und, was von großer Wichtigkeit ist, auch ohne nachtragend zu sein. Es darf dabei keine Angst vor Enttäuschung, keine Vorwürfe, Schuldzuweisungen oder Ausgrenzungen geben. Ihre Mitarbeiter müssen sich darauf verlassen können und Sie als Führungskraft stellen dies sicher.

Eine beispielhafte Übersicht zur Verteilung möglicher Verantwortung zeigt Tab. 7.1:

7.5.2.2 Das Management von Nähe und Distanz

Auf dem Hochleistungsplateau sind die Beziehungen zwischen Führungskraft und Mitarbeiter und auch zwischen den Mitarbeitern untereinander spannungsreicher und herausfordernder. Es besteht Wettbewerb untereinander, es gibt Gewinner und Verlierer. Gegenseitiges Stören in den Routinen, im Handeln und in den Denkweisen unterstützt die Entwicklung von anspruchsvollen und komplexen Lösungen. Die Führungskraft fordert

Tab. 7.1 Verteilung der Verantwortung auf dem Hochleistungsplateau

Führungskraft	Mitarbeiter
Spitzenleistung ausrufen und sich klar dazu positionieren	Auseinandersetzung mit der Vision, einbetten in eigene Vorstellungen und Wertesysteme
Entwickeln und Zur-Verfügung-Stellen einer starken Vision zur Spitzenleistung	Bedeutung der Vision für die eigene Situation bewusst machen
	Entscheidung zur Vision, diese zur eigenen Sache machen
	Spitzenleistung „wollen", sich klar dazu positionieren
Mitarbeiter herausfordern	Führungskraft herausfordern
Grenzerfahrungen zur Verfügung stellen und zulassen	Grenzerfahrungen eingehen, Erfahrungen bewusst wahrnehmen und verarbeiten
Vom Mitarbeiter entwickelte Bewältigungs-kompetenzen abrufen und nutzen	Bewältigungskompetenzen entwickeln und verfügbar machen
Mitarbeiter in der Grenzerfahrung vor Gefähr-dung schützen	
Rolle des Schmelztiegels	
Verantwortung klar und differenziert benen-nen, zuordnen und einfordern	Eigene Verantwortung erkennen, annehmen, erfüllen
Eigene Verantwortung als Führungskraft annehmen und erfüllen	Verantwortung anderer einfordern
Risiko des Scheiterns der Mitarbeiter eingehen, Scheitern zulassen, beim Überwinden des Scheiterns unterstützen, helfen dranbleiben zu können	Risiko des Scheiterns eingehen, negative Gefühle des Scheiterns bewusst verarbeiten, Scheitern überwinden, dranbleiben und nicht aufgeben
Mitarbeiter an der Leistungsgrenze schüt-zen und gegebenenfalls aus der Belastung herausnehmen	Ausstieg als Option wahren, Fallback-Lösungen bereithalten, Alternativen bewahren
Bewusstes Stören von eingefahrenen Routinen der Mitarbeiters	Bewusstes Stören von eingefahrenem Füh-rungsverhalten und -routinen

Mitarbeiter heraus und wird selbst herausgefordert. Scheitern ist möglich, wird akzeptiert und zugelassen. Damit mutet die Führungskraft den Mitarbeitern sehr viel zu und schont sie kaum. Das erzeugt eine Dynamik der Eigenverantwortung und Leistungsorientierung aber auch des Konfliktes und der Auseinandersetzung. Die Distanz in der Beziehung auf dem Hochleistungsplateau ist auf den ersten Blick offensichtlicher als die Nähe.

Die Führungskraft zeigt auf dem Hochleistungsplateau Nähe in der Beziehung, indem sie das Überwinden von Scheitern begleitet und unterstützt. Das Gespräch zwischen Mit-arbeiter und Führungskraft hilft, die negativen Gefühle des Scheiterns zuzulassen, bewusst zu machen und zu verarbeiten. Solche Gespräche erfordern hohes, gegenseitiges Vertrau-en, Achtsamkeit und Respekt.

Nähe zeigt sich gewissermaßen auch im Schutz des Mitarbeiters vor der Gefährdung, aber eben nicht, indem die Führungskraft den Mitarbeiter von der Grenzerfahrung fernhält, ihn also verschont, sondern durch die Entscheidung, den Mitarbeiter aus der Situation herauszunehmen, wenn die Belastungsgrenze überschritten wird. Dazu beobachtet die Führungskraft den Mitarbeiter mit großer Achtsamkeit und entwickelt eine tiefe Nähe. Der Mitarbeiter entwickelt das Vertrauen in die Führungskraft als Schmelztiegel, der ihn schützt, um die Grenzerfahrung zulassen zu können.

Die Beziehungen auf dem Hochleistungsplateau sind wie im Bereich bis zum Leistungsoptimum geprägt durch Nähe und Distanz, aber beide Aspekte sind ausgeprägter, offensichtlicher und die natürliche Spannung zwischen Nähe und Distanz ist verstärkt. Die Herausforderung und der Wettbewerb sind präsenter und die Nähe in besonderen Situationen tiefer. Die Beziehungen auf dem Hochleistungsplateau werden spürbarer, ernsthafter und belastbarer. Führungskraft und Mitarbeiter begegnen sich gleichberechtigt und auf Augenhöhe. So können sie miteinander die Spitzenleistung gestalten und entwickeln und jeder behält dabei seinen eigenen Teil der Verantwortung.

Die Frage, wo die Menschlichkeit auf dem Hochleistungsplateau bleibt, beantwortet sich aus dem Menschbild, das Sie als Führungskraft haben und aus Ihrer Fähigkeit, anderen die Möglichkeit des Wachstums zu bieten.

Wie in Kap. 1.1, Drei Einstiegsthesen zum Führen an der Leistungsgrenze, bereits beschrieben, vertreten wir die Ansicht, dass Leistung ein zutiefst menschliches Bedürfnis ist. Aus der Leistung gewinnt der Mensch Selbstbewusstsein, Sicherheit, Selbstachtung, Mut und Optimismus. Das Hochleistungsplateau schließt Menschlichkeit in der Leistungserbringung nicht aus, im Gegenteil. Es bietet Menschen mit einem großen Potenzial an Bewältigungskompetenzen und einem ausgeprägten Wunsch weiterzukommen eine entsprechend anspruchsvolle Reibungsfläche, um sich zu erleben und zu entwickeln. Die Belastungsgrenze auf dem Hochleistungsplateau ist nah und die Gefährdung des Mitarbeiters kann viel unmittelbarer eintreten als im Bereich bis zum Leistungsoptimum. Die Menschlichkeit im Hochleistungsplateau drückt sich in der Herausforderung der Grenzerfahrung aus, die dem Mitarbeiter zeigt, dass er mit seinen Fähigkeiten und Potenzialen gesehen und ernst genommen wird. Sie drückt sich in der Akzeptanz des Risikos des Scheiterns und in der Achtsamkeit und Unterstützung beim Verarbeiten der damit verbundenen Gefühle aus. Und sie zeigt sich im Schutz des Mitarbeiters vor der Gefährdung.

Die Spitzenleistung ist nicht unmenschlich – im Gegenteil. Aus unserer Sicht wäre es unmenschlich, leistungsorientierten Menschen mit dem Potenzial zur Spitzenleistung die Chance und Möglichkeit dazu zu verweigern.

7.5.2.3 Die Ausprägung des eigenen Machtanspruches

Auf dem Hochleistungsplateau übt die Führungskraft Macht über die besonderen Einflussmöglichkeiten aus, die sie im Prozess der Spitzenleistung besitzt. Sie nimmt z. B. großen Einfluss im Ausrufen der Spitzenleistung und im Formulieren einer attraktiven und starken Vision. Damit macht sie ihren Führungsanspruch deutlich und gibt Orientierung vor. Die Führungskraft ermöglicht die Grenzerfahrung für Mitarbeiter und fordert sie dazu auf, sich den Herausforderungen zu stellen. Sie beobachtet die Mitarbeiter dabei genau, um eine mögliche Gefährdung zu erkennen und trifft die Entscheidung einen Mitarbeiter auch aus der Belastungssituation herauszunehmen, um einen Zusammenbruch zu verhindern bzw. eine Gefährdung der Vision zu vermeiden. Sie behält damit den Überblick und die Kontrolle über den Prozess.

Der Erfolg auf dem Hochleistungsplateau ist eine wichtige Währung, die es adäquat zu verteilen gilt. Mitarbeiter, die Spitzenleistungen erzielen, erheben klaren Anspruch auf ihren Anteil am Erfolg. Die Führungskraft teilt den Erfolg der Spitzenleistung, bietet ihn an und lässt den Erfolg bei denen, die ihn erzielt haben. Über das Teilen des Erfolges zeigt die Führungskraft ebenfalls ihren Anspruch und übt Macht aus.

7.5.2.4 Die eigene Leistungsorientierung als Führungskraft

Die Führungskraft auf dem Hochleistungsplateau hat ein klares, reflektiertes und absolut positives Verhältnis zu Leistung. Für sie ist Spitzenleistung sexy, attraktiv, motivierend. Sie sucht die Herausforderung und stellt sich ihr mit einer tiefen inneren Überzeugung und Motivation. Dieses Verhältnis zur Leistung zeigt sie auch deutlich nach außen. Sie will in den Wettbewerb einsteigen und ist entschlossen, diesen für sich zu entscheiden. Dabei schätzt sie die Risiken des Scheiterns realistisch ein und kann angemessen und verantwortlich damit umgehen, ohne sich davon lähmen oder beschränken zu lassen. Leistung wird so nicht zum Glücksspiel, sondern ist das Ergebnis aus der überzeugten und überlegten Bewältigung von Herausforderungen.

7.5.2.5 Die kommunizierte Leistungsanforderung an den Mitarbeiter

Aus dieser persönlichen Leistungsorientierung heraus kommuniziert die Führungskraft auf dem Hochleistungsplateau ihre Anforderungen und ihren Anspruch gegenüber den Mitarbeitern klar. Sie zeigt dabei sowohl die Herausforderung und die Risiken als auch den erzielbaren Erfolg für die Mitarbeiter auf.

In der Erbringung der Leistung fordert die Führungskraft vom Mitarbeiter, sein gesamtes Potenzial an Bewältigungskompetenzen auszuschöpfen. Sie fordert das volle und uneingeschränkte Engagement.

Vom Mitarbeiter erwartet sie, bis an seine Leistungs- und auch an seine Belastungsgrenze zu gehen und sich dort der Grenzerfahrung zu stellen. Das Risiko des Scheiterns ist im Grenzbereich der Leistung hoch. Die Führungskraft akzeptiert das Risiko des Scheiterns und fordert das Gleiche von den Mitarbeitern ein. Scheitert ein Mitarbeiter, wird die Führungskraft ihn auffordern, an der Überwindung zu arbeiten, Erkenntnisse daraus abzuleiten und neue Kraft zu schöpfen, um weiter dranzubleiben und nicht aufzugeben. Dabei soll der Mitarbeiter das Risiko seiner Gefährdung ernst nehmen und verantwortlich mit sich und seinen Ressourcen umgehen. Die Führungskraft fordert vom Mitarbeiter in der Spitzenleistung auch, sich die Option des Aussteigen-Könnens immer offenzuhalten, um einen Zusammenbruch zu vermeiden. Nur wer die Entscheidungsmöglichkeit hat, aussteigen zu können, kann sich auch bewusst für die Spitzenleistung entscheiden. Die Führungskraft weiß das.

Die Dynamik von Burnout

Als Führungskraft, die sich menschlichen Werten verpflichtet fühlt und verantwortungsvoll handelt, werden Sie Sorge tragen, wenn Sie einen Mitarbeiter an seine Grenzen bringen. Zu Recht. Die Risiken für die Unversehrtheit und Gesundheit eines Menschen steigen an seiner Leistungs- und Belastungsgrenze. Es ist daher sehr wichtig, in diesem Terrain kundig zu sein und alle Gegebenheiten genau zu kennen. Wie bereits beschrieben, haben wir uns dem Thema der Leistungsgrenze von zwei Seiten genähert. Zum einen aus der leistungsorientierten Perspektive heraus, die wir bei der Beratung von Führungskräften z. B. im Rahmen von Coachingprozessen einnehmen. Hier spielt oft direkt oder indirekt der wirtschaftliche Erfolg eine wesentliche Rolle. Zum anderen haben wir uns dem Thema aus der Perspektive des Zusammenbruchs heraus genähert. Dieser Blick wurde insbesondere durch die Auseinandersetzung mit vielen Betroffenen geprägt. Eine differenzierte Betrachtung der unternehmensbezogenen Komponenten ergab sich schließlich aus der konstruktiven Zusammenarbeit mit dem Projektteam, bei der Entwicklung und Einführung eines Konzeptes zur frühzeitigen Erkennung und Vermeidung von Burnout.

Für leistungsorientierte Führungskräfte ist es sinnvoll und notwendig zu verstehen, wie Burnout funktioniert. Es kann hilfreich sein, sich mit der darin enthaltenen Logik auseinanderzusetzen, um wertvolle Erkenntnisse für die Führungsarbeit an der Leistungsgrenze abzuleiten.

8.1 Burnout als Lösung

Burnout wird in Wissenschaft und Literatur vielfältig beschrieben und durch unterschiedliche Modelle dargestellt und erklärt. Ein konstruktives und lösungsorientiertes Denkmodel bietet dabei der systemische Ansatz bzw. die systemische Therapie. Das entsprechende Menschenbild haben wir bereits in Kap. 3, Die verändernde Kraft des Menschenbildes, beschrieben. Hier werden Probleme und Krankheiten nicht defizitär verstanden, sondern als Lösungen von Menschen innerhalb ihres möglichen persönlichen Handlungsspielraumes.

S. Basler, K. Gattinger, *Führen an der Leistungsgrenze*,
DOI 10.1007/978-3-658-04316-2_8, © Springer Fachmedien Wiesbaden 2014

8.1.1   Die lösungsorientierte Sicht des systemischen Ansatzes

Soziale oder psychische Auffälligkeiten werden nicht als „krank" bzw. pathologisch, sondern als prinzipiell verstehbare Reaktion auf Probleme oder Anforderungen gesehen, die gelegentlich selbst problematisch sein können.[1]

Auch die „Krankheit" Burnout hat in diesem Sinne eine logische Komponente und ist in sich betrachtet nachvollziehbar und kann für den Betroffenen auch eine Lösung sein. Um diesen Zusammenhang nun zu verstehen und das Phänomen Burnout nachvollziehbar zu machen, beschäftigen wir uns im Folgenden erst einmal mit einem systemischen Denkmodel – dem Tetralemma.

Viele psychische Probleme resultieren aus einer ungelösten Entscheidungssituation heraus. Matthias Varga von Kibéd und Insa Sparrer[2] haben zur Erweiterung einer scheinbar unlösbaren Entscheidungssituation, dem Dilemma, eine indische Logik, das Sanskrit, gegenüber gestellt und daraus ein Prozessschema mit vier möglichen Feldern entwickelt – das sogenannte Tetralemma.

Burnout kann aus systemischer Sicht als die Lösung eines Dilemmas im sogenannten Tetralemma verstanden werden.

8.1.2   Das Dilemma im Tetralemma

Ein Dilemma ist allgemein bekannt als Zwickmühle aus zwei Entscheidungsalternativen, die beide zu einem unerwünschten Ergebnis führen bzw. beide einen hohen Preis haben. Die positiven Anteile der jeweiligen Seiten können keine handlungsorientierte Wirkung entfalten, da sie hinter den negativen Auswirkungen bzw. Konsequenzen zurückstehen.

Das Dilemma wird durch seine Ausweglosigkeit als paradox empfunden.

Aber was ist nun ein Tetralemma und wie zeigt es sich in der Praxis?

Beispiel „Die Geliebte als Lösung im Tetralemma"

Stellen Sie sich eine Person des öffentlichen Raumes vor, z. B. einen Politiker. Seit zehn Jahren ist dieser verheiratet und hat zwei noch relativ kleine Kinder. Der Alltag mit seinem Ehefrau ist nicht mehr so intensiv wie am Anfang der Beziehung und wenn er ehrlich ist, kann er seinen Ehepartner eigentlich gar nicht mehr sehen.

Dieser Politiker befindet sich in einem Dilemma und hat darin nun genau zwei Möglichkeiten (siehe auch Abb. 8.1).

Entweder …

erträgt er mit Würde und viel Disziplin die Situation und macht gute Miene zu bösem Spiel. Das heißt, er steht zu seiner Familie und stellt seine eigenen Bedenken,

---

[1] Quelle: http://de.wikipedia.org/wiki/Systemische_Therapie.

[2] Quelle: http://de.wikipedia.org/wiki/Tetralemma_(Strukturaufstellung).

Entweder ...	Weder noch ...
TRENNEN + Weg frei für etwas Neues + Gefühl von Freiheit und Erleichterung – Auseinandersetzung und Streit – Aufgeben von Gewohntem – Finanzielle Einbußen	
Sowohl als auch ...	**Oder ...** **BLEIBEN** + Vertrautes bleibt da + Werte bleiben erhalten – Gefühl von Abhängigkeit und Enge – Neues kann nicht entstehen

Abb. 8.1 Das Dilemma am Beispiel des Politikers

Bedürfnisse und Träume ganz hinten an. Damit kann er weiter seine politische Karriere verfolgen und sein Bild in der Öffentlichkeit bleibt unangetastet. Dieser Weg ist nach außen hin betrachtet eher risikoarm, bedeutet aber, dass er sich selbst stark verleugnen muss. Der Preis ist in Wirklichkeit also sehr hoch.

Oder ...

er setzt alles auf eine Karte und trennt sich von seiner Familie. Das würde vermutlich große emotionale Aufwendungen bedeuten. Er müsste sich wohl nicht mehr verleugnen, aber seine politische Karriere wäre von einer auf die andere Minute stark gefährdet, er wäre angreifbar. Zudem ist eine Scheidung mit Kindern sehr teuer und die Beziehung zu den Kindern würde unter Umständen sehr belastet. Auch dieser Preis ist also sehr hoch.

Es kann nun sein, dass sich der Politiker in dieser Situation – in der Zwickmühle des Dilemmas – erst einmal dafür entscheidet, „sich nicht zu entscheiden". Dann bleibt alles beim Alten, die Tage vergehen und die Beteiligten gewöhnen sich an die verloren gegangene Lebensqualität. Eine Zeit lang mag diese Taktik sogar funktionieren. Vielleicht ist der Druck noch nicht so groß und es gelingt dem Politiker, sich noch ein bisschen zu verleugnen. Aber irgendwann ist die „Sollbruchstelle" erreicht und der Prozess nimmt eine Wende, die sich nicht mehr zurückdrehen lässt. Dann beginnen die verleugneten Bedürfnisse an der allgemeinen Konstitution zu nagen und eine Scheidung rückt, trotz der Risiken für die Kinder und die Karriere, in den Bereich des Möglichen ... oder doch nicht?

Plötzlich taucht in der vermeintlich ausweglosen Situation dann doch noch die Rettung auf. Es scheint so, als müsste damit *weder* … der eine, *noch* … der andere hohe Preis gezahlt werden. Die Lösung in Form der „Geliebten".

Weder noch …

Hier erweitert sich das Dilemma langsam zum Tetralemma. Das „Entweder-oder" erhält einen weiteren Gegenspieler, das „Weder-noch". Dieses Feld scheint die Lösung aus dem Dilemma zu sein. Weder der eine, noch der andere Preis muss gezahlt werden. Die Geliebte fordert keine Trennung (anfangs jedenfalls noch nicht), schafft dafür aber einen Raum, der mit Spannung und Erotik leicht vom grauen Alltag mit dem Ehepartner ablenkt. Alles scheint herrlich unkompliziert, eine echte Lösung eben.

Oder doch nicht? Was, wenn die Geliebte mehr will, vielleicht schwanger wird? Oder wenn jemand etwas bemerkt, die Presse vielleicht?

Das „Weder-noch"-Feld ist eine Lösung – aber eben nur eine „Lösung erster Ordnung".

Eine Lösung erster Ordnung versucht, das Problem mit der gleichen Denkweise zu lösen, mit dem es entstanden ist. Aber bereits Albert Einstein erkannte, „Probleme kann man niemals mit der gleichen Denkweise lösen, durch die sie entstanden sind." Die gleiche Denkweise bedeutet hier die Flucht vor der Realität, der Ausstieg aus der Kommunikation der Konfliktpartner und das Ausweichen auf eine Ersatzbefriedigung (die Geliebte). Die Lösung erster Ordnung ist also keine belastbare Lösung.

Für eine belastbare Lösung braucht es eine Herangehensweise, die sich außerhalb des konventionellen Denkmusters befindet, z. B.:

- Konfrontieren statt Ausweichen
- die Realität mit ihren ambivalenten Anteilen anerkennen, statt sie zu verleugnen
- die eigenen Bedürfnisse an denjenigen kommunizieren, den sie betreffen, statt sie einfach zurückzuschrauben

Die „Weder-noch"-Taktik ist also auch keine nachhaltige Lösung.

Die Ambivalenz des „Entweder-oder"-Problems kann nicht so einfach ausgeschaltet werden. Die Ambivalenz zeigt sich darin, dass keine der beiden Entscheidungspositionen eindeutig positiv oder negativ ist, d. h. eindeutig die bessere Alternative darstellt. Eine Lösung, ohne einen irgendwie gearteten Preis dafür zu bezahlen, gibt es nicht. Vielmehr gilt es, der Ambivalenz und den zugehörigen Konsequenzen gerecht zu werden.

Sowohl als auch …

Und das hat Raum im „Sowohl-als-auch". Für den Handelnden im Tetralemma bedeutet das, die Auseinandersetzung mit den Chancen und Risiken seines Dilemmas und mit der generellen Bereitschaft, die Ambivalenz der Realität zu akzeptieren und den Preis dafür zu bezahlen. Und auch wenn der Preis – die Nachteile einer der beiden Entscheidungsalternative – im ersten Moment hoch erscheint, er erhält in Form einer belastbaren und nachhaltigen Lösung einen veritablen Gegenwert. Eine belastbare Lösung bedeutet Entwicklung und Investition in die Zukunft – eine „Weder-noch"-Lösung bedeutet dagegen nur eine Verlagerung des Problems.

Entweder ...
 	
TRENNEN
 	
+ Weg frei für etwas Neues
+ Gefühl von Freiheit und
  Erleichterung
– Auseinandersetzung und Streit
– Aufgeben von Gewohntem
– Finanzielle Einbußen
	Weder noch ...
	
	GELIEBTE
	
	+ Abenteuer und Freiheit
	+ Lebenslust und Spannung
	– Bedürfnisse der Geliebten
	  wachsen
	– Gefahr des Entdecktwerdens

Sowohl als auch ...
 	
GESTALTEN
 	
+ Chance auf einen Neuanfang
+ Bestehendes muss nicht zerstört
  werden
– Anstrengung in der
  Beziehungsarbeit ohne
  Erfolgsgarantie
	Oder ...
	
	BLEIBEN
	
	+ Vertrautes bleibt da
	+ Werte bleiben erhalten
	– Gefühl von Abhängigkeit und
	  Enge
	– Neues kann nicht entstehen

Abb. 8.2 Das Tetralemma am Beispiel des Politikers

Für den Politiker würde eine Lösung im „Sowohl-als-auch" bedeuten, dass er sich mit den Herausforderungen der jeweiligen Entscheidungspositionen konstruktiv auseinandersetzt und bereit ist, den Preis für eine nachhaltige Lösung zu zahlen.

Wenn es den Ehepartnern z. B. gelingt, sich *sowohl* … zueinander zu bekennen und zusammen zu bleiben, *als auch* … sich – im übertragenen Sinne – zu trennen, dann kann eine tragfähige Lösung geschaffen werden. In der Realität könnte dies so aussehen, dass die Ehepartner zusammenbleiben und sich z. B. von den Wunschbildern ihrer Partner bzw. einer perfekten Ehe trennen; dass sie Neues in ihr Eheleben Einzug finden lassen, das der Gegenwart entspricht und die aktuellen Bedürfnisse abbildet.

Oder unser Politiker und seine Ehegattin entscheiden sich für eine Trennung und vereinbaren eine offizielle Außendarstellung und eine positive Umgangsregelung für die Kinder. In beiden Fällen sind sie bereit und zahlen den angemessenen Preis für eine nachhaltige bzw. belastbare Lösung. Die „Sowohl-als-auch"-Lösung im Tetralemma bedeutet, dass die Ambivalenz (und damit die Realität) anerkannt und der Preis gezahlt wird.

Die Abb. 8.2 zeigt ein Tetralemma am Beispiel der „Geliebten".

8.1.3 Burnout in der Logik des Tetralemmas

Burnout kann im Tetralemma auch als Lösung erster Ordnung dargestellt werden. So wie viele psychische Krankheiten in diesem Feld des „Weder-noch" zu finden bzw. nachzuvollziehen sind.

Entweder ... **AUFGEBEN** + Das „Leiden" hat ein Ende, Erleichterung + Persönliche Grenzen werden respektiert − Scheitern, Anerkennungsverlust − Erleben von Misserfolg	**Weder noch ...**
Sowohl als auch ...	**Oder ...** **KÄMPFEN** + Ziele und Träume müssen nicht aufgegeben werden + Anerkennung für Selbstaufopferung − Persönliche Opfer − Aufbrauchen der Kraftreserven

Abb. 8.3 Das Dilemma zum Burnout

Die Welt eines von Burnout bedrohten Menschen begründet sich zuerst einmal ebenfalls auf einem charakteristischen Dilemma (siehe Abb. 8.3).

Und dieses Dilemma beginnt mit einer ganz einfachen Überzeugung: Der Überzeugung eines Menschen, dass ein ganz bestimmtes Ziel bzw. ein persönlicher oder moralischer Wert so existenziell und bedeutend ist, dass dieser Mensch alles daran setzen muss, dieses Ziel bzw. diesen Wert zu erreichen und umzusetzen – auch wenn es seine persönlichen Kräfte und Möglichkeiten bei Weitem überschreitet. In der Überzeugung dieses Menschen gibt es zu diesem Ziel bzw. diesem Wert keine Alternative.

Welche Ziele bzw. Werte können aber so eine Anziehungskraft haben, dass sie über alles andere gestellt werden und letztlich sogar selbstzerstörend wirken können?

Vor einigen Jahren noch war Burnout bekannt als Folge persönlicher Überforderung in sozialen bzw. helfenden Berufen. Berufen, in denen Menschen mit hohen moralische Zielsetzungen und Werten konfrontiert wurden. Ärzte, Krankenschwestern, Mitarbeiter von Jugendämtern, Lehrer etc. waren prädestinierte Berufe für das Risiko, an Burnout zu erkranken. Hier kann leicht nachvollzogen werden, dass die Verantwortung für ein Menschenleben – im existenziellen und im übertragenen Sinne des Wortes – als so wertvoll eingestuft wird, dass nichts anderes sein darf, als sich für dieses Menschenleben mit allen verfügbaren Mitteln einzusetzen.

In den letzten Jahren weitete sich das Risiko, an Burnout zu erkranken, auf weitere Berufsgruppen aus. Aktuell wird in der allgemeinen Wahrnehmung die Zuordnung des Burnout-Syndroms zu sozialen bzw. helfenden Berufen sogar weit von der Zuordnung zu Berufen des wirtschaftlichen Arbeitsbereiches, insbesondere dem Management, überholt.

Die subjektive Bedeutung von Erfolg, Anerkennung und materiellem Wohlstand ist bei einigen Menschen so rasant angestiegen, dass sie bereits existenzielle Auswirkungen hat. Den Job zu verlieren bzw. nicht mehr mithalten zu können, kommt dann einem gesellschaftlichen Todesurteil gleich.

Eine Person mit einem erhöhten Burnout-Risiko setzt alle ihr zur Verfügung stehenden Mittel und Ressourcen ein, um ihr Ziel doch noch zu erreichen. Das Dilemma, in dem sich diese Person dann schlussendlich befindet, wird dadurch ausgelöst, dass das Ziel nicht erreicht wird bzw. nicht mehr erreichbar ist. Es bleiben in der Wahrnehmung der betroffenen Person dann nur noch zwei Perspektiven.

Entweder ... ich kämpfe weiter und schaffe es schlussendlich doch noch, meine Ziele zu erreichen, den Anforderungen zu genügen, Erfolg zu haben. Da ein Nichterreichen des Zieles in der Vorstellung dieses Menschen nicht vorkommt, liegt es an ihm, alle Ansätze und Möglichkeiten auszureizen, um doch noch – gegen alle Vernunft – Erfolg zu haben. Dabei werden alle persönlichen (körperlichen und psychischen) Grenzen unkontrolliert überschritten, bis der Körper oder der Geist am Ende sind.

Oder ... ich gebe auf und scheitere endgültig. Aufgeben würde aber ein persönliches Versagen bedeuten. Der Verlust von „lebensnotwendiger" Anerkennung, das Nichterreichen des Zieles oder der relevanten Werte und der Mangel an gleichwertigen Alternativen machen das Aufgeben praktisch unmöglich.

Wenn ich weiter kämpfe, kann es sein, dass meine Kraft irgendwann nicht mehr reicht, die Qualen immer größer werden, bis ich es nicht mehr schaffe. Und wenn ich aufgebe, dann werde ich immer mit dem Makel des „Scheiterns" leben müssen, dann war ich nicht stark genug und musste mich geschlagen geben.

Beide Entscheidungspositionen scheinen einen Preis zu haben, der nicht bezahlbar ist. Für eine vom Risiko des Burnouts betroffene Person kommt ein Aufgeben einem Scheitern und damit einem gesellschaftlichen Todesurteil gleich. Und das Kämpfen gelingt irgendwann auch nicht mehr, weil die Qualen der persönlichen Investition (z. B. das Verleugnen der eigenen Bedürfnisse, das Aufgeben aller persönlichen Interessen, der soziale Rückzug etc.) so groß werden, dass es nicht mehr aushaltbar ist, die Energiereserven aufgebraucht sind.

Und nun kommt die dritte Position des Tetralemmas ins Spiel, die der „Geliebten" bzw. das „Weder-noch". Die Lösung erster Ordnung, die sich im Tetralemma eines von Burnout betroffenen Menschen anbietet, ist die des „Ausfallens".

Wenn eine Person ausfällt, muss sie weder bewusst aufgeben, noch aktiv weiterkämpfen. Jemand, der ausfällt, hat ja getan, was ihm möglich ist, und muss sich nicht dafür verantworten, dass es nicht gelungen ist. Der Druck war einfach zu groß. Ausfallen ist also die „Weder-noch"-Lösung im Tetralemma. Allerdings ist diese Lösung nicht nachhaltig, da das Muster des Dilemmas nicht verändert wurde. Wenn durch die zeitliche Komponente des Ausfalls wieder genug Kraft und Ressourcen aufgetankt wurden, geht das Spiel von vorne los. Der Betroffene steigt wieder ein, solange er das Muster (von Burnout betroffene Menschen nutzen hier oft die Metapher „Hamsterrad") nicht verstanden und sich selbst daraufhin reflektiert hat.

Auch wenn die Lösung erster Ordnung – des Burnouts – keine nachhaltige Lösung darstellt, ist sie dennoch nicht ausschließlich negativ – im Sinne eines Defizits bzw. Fehlers – zu bewerten. Sie bringt Neues in das System. Das (Verhaltens-)Muster wird erst einmal unterbrochen und die Chance ist gegeben, neue Impulse zu erhalten, sich zu reflektieren und Unterstützung zu bekommen. Die Lösung erster Ordnung führt dazu, dass der Betroffene „aus dem Hamsterrad herausfällt" und damit erst die Chance erhält, sich selbst von außen zu betrachten und die Systematik zu erkennen.

> Und dann war ich da im Hamsterrad, und dass ich da drin war, habe ich erst erkannt, nachdem ich da wieder rausgefallen war. (Beschreibung eines von Burnout betroffenen Menschen)

Eine belastbare Lösung findet sich aber schließlich auch im Tetralemma eines von Burnout betroffenen Menschen alleine im „Sowohl-als-auch".

Wenn der Betroffene lernt, mit der Ambivalenz von Aufgeben und Kämpfen umzugehen, also mit dem Risiko und den Folgen des Scheiterns und des Kämpfens, dann kann eine echte langfristige Lösung gelingen. Wenn er seine Handlungs- und Bewältigungsoptionen erweitert und Alternativen entwickelt, braucht er die Lösung erster Ordnung nicht mehr, dann kann er aus dem Stresskreislauf bewusst aus*steigen* und belastende Situationen erfolgreich bewältigen.

Die Abb. 8.4 zeigt, wie sich Burnout in der Logik des Tetralemmas darstellt.

8.2   Stressbedingter Leistungsausfall

Burnout ist eine psychische Krankheit mit somatischen Anteilen. Damit ist das Phänomen Burnout nicht nur einfach die Spitze der Folgen von Stress, sondern ein in sich geschlossenes Phänomen, das eigenständig betrachtet werden muss. Nicht jeder Erschöpfungszustand ist ein Burnout. Der psychische Krankheitsaspekt zeigt sich vor allem darin, dass Personen die an Burnout erkrankt sind, keine eigene ausreichende lösungsorientierte Handlungsfähigkeit mehr aufweisen. Selbst der Schritt des „Aussteigens" – die berühmte Reißleine ziehen – steht in letzter Konsequenz nicht mehr zur Verfügung.

Im Stresskreislauf sind die gleichen Muster zu erkennen wie bei Burnout – eine subjektiv als belastend eingestufte Situation führt zu einem erhöhten psychophysiologischen Erregungsniveau und dem Einsatz verfügbarer Ressourcen zur Bewältigung. Auch Stress kann chronisch werden und somatische Folgen haben. Der entscheidende Unterschied zu Burnout ist jedoch, dass ein Mensch, der sich im Stress befindet, immer noch rechtzeitig – vor dem totalen Zusammenbruch – aussteigen kann. Allerdings sind auch hier hohe Risiken und ein hoher Preis für Gesundheit und Lebensqualität gegeben, die denen eines Burnouts nahe kommen bzw. gleichen. Herz-Kreislauf-Erkrankungen, Erkrankungen des vegetativen Nervensystems und Unfälle aufgrund von Konzentrationsstörungen etc. sind möglich.

Stress macht krank bzw. kann krank machen. Es ist unbestritten, dass Stress in der Folge – insbesondere dann, wenn er nicht adäquat verarbeitet wird, krankhafte Erscheinungen mit sich bringen kann. Bereits geringfügiger Stress greift in den Haushalt unserer Hormone und

Entweder ...	Weder noch ...
AUFGEBEN	**BURNOUT**
+ Das „Leiden" hat ein Ende, Erleichterung + Persönliche Grenzen werden respektiert – Scheitern, Anerkennungsverlust – Erleben von Misserfolg	+ „Ausfallen" ist sozial akzeptiert + Erholungsphase wird gewährt – Das Hamsterrad geht weiter – Körperliche Risiken
Sowohl als auch ...	Oder ...
AUSSTEIGEN	**KÄMPFEN**
+ Lebensqualität steigt nachhaltig + Persönliche Bedürfnisse und Gesundheit werden gewahrt – Bestehendes muss infrage gestellt werden	+ Ziele und Träume müssen nicht aufgegeben werden + Anerkennung für Selbstaufopferung – Persönliche Opfer – Aufbrauchen der Kraftreserven

Abb. 8.4 Das Tetralemma zum Burnout

anderer vitaler Systeme ein. Diese körperlichen Folgen können kurzfristig oder langfristig zu krankhaften Veränderungen führen und sich in unserem vegetativen Nervensystem oder im Kreislauf etc. manifestieren. Dabei ist entscheidend, welche körperliche und psychische Vorgeschichte bzw. Konstitution der jeweilige Mensch mit sich bringt. Je nach genetischer Ausstattung, bestehenden Vorerkrankungen und psychischer Disposition können sich ganz unterschiedliche Krankheiten entwickeln. Burnout ist nur eine der möglichen Folgen von Stress.

Dabei ist auch die Widerstandsfähigkeit (Resilienz) gegenüber Stress zu berücksichtigen und differenziert zu betrachten. Es gibt Menschen, die wenig anfällig für Stress sind und durch Stress in ihrer Lebensqualität kaum beeinträchtigt werden, andere Menschen wiederum reagieren sehr stark auf belastende Umfelder.

Um das Phänomen Burnout nicht nur beobachten zu können, sondern auch ein tieferes Verständnis dafür zu entwickeln, ist ein grundsätzliches Wissen über Stress und seine Dynamik hilfreich. Burnout zeigt zwar in seiner Architektur Parallelen zu Stressmodellen auf, unterscheidet sich dann aber in wesentlichen Punkten von einer konventionellen Stressdynamik.

8.2.1 Das transaktionale Stressmodell nach Richard Lazarus

Um hier Anleihen nehmen zu können, schauen wir uns eines der zentralen Modelle der Stressforschung an: Das transaktionale Stressmodell nach Richard Lazarus (1974) (siehe Abb. 8.5).

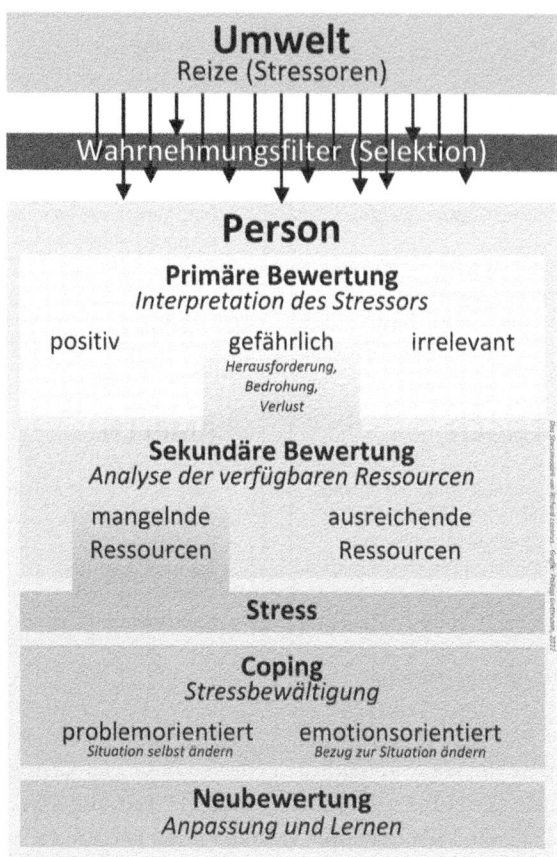

Abb. 8.5 Das transaktionale Stressmodell nach Richard Lazarus (http://de.wikipedia.org/wiki/Stressmodell_von_Lazarus)

Richard Lazarus (1922–2002) hat die bis dahin bestehenden eher physiologisch ausgerichteten Stressmodelle von z. B. Hans Selye und Mc Gregor um eine relevante Komponente erweitert – die kognitive und emotionale Bewertung durch den Einzelnen. Dabei beschreibt er zwei Bewertungsphasen in der Entstehung von Stress sowie eine anschließende Phase der Neubewertung des Ergebnisses. Die erste Phase ist dabei die subjektive Bewertung der Situation in der bzw. vor der eine Person steht. „Stellt diese Situation für mich eine Bedrohung dar oder eher nicht." Ist eine subjektiv empfundene Bedrohung gegeben, erfolgt eine zweite subjektive Einschätzung: „Kann ich diese Bedrohung mit den mir zur Verfügung stehenden Ressourcen (innerlich und äußerlich) bewältigen?"

Je nachdem, wie die subjektive Bewertung der Situation und der Ressourcen ausfällt, entwickelt das Individuum Stress. Dieser wird umso stärker empfunden, je bedrohlicher die Situation erscheint und je weniger Ressourcen man zur Bewältigung der Situation scheinbar zur Verfügung hat. Das Ergebnis aus dieser spezifischen Situation wird anschließend hinsichtlich seiner Bedeutung für vergleichbare in der Zukunft auftretende Situationen bewertet. „Habe ich die Situation adäquat eingeschätzt, wie gut habe ich sie bewältigt und kann ich zukünftig auf Ressourcen zurückgreifen, die mir in vergleichbaren Situationen weiterhelfen?" Lazarus unterscheidet drei Stufen:

1. **Primärbewertung(Primary-appraisal)**
   Bewertung von Umweltreizen als positiv, irrelevant oder potenziell gefährlich.
2. **Sekundärbewertung (Secondary-appraisal)**
   Kann die Situation mit den verfügbaren Ressourcen bewältigt werden? Entwicklung einer Bewältigungsstrategie (Coping), z. B. Angriff, Flucht, Verhaltensalternativen, Verleugnung etc.
3. **Neubewertung (Re-apprailsal)**
   Vergleich mit der Ausgangssituation und Anpassen des Soll-Wertes.

Anhand eines Beispiels aus dem beruflichen Umfeld kann die Entstehung von Stress nach dem Modell von Lazarus nachvollzogen werden.

Beispiel „Bewertungsphasen im transaktionalen Stressmodel"

Ein junger Mitarbeiter, Herr Graf, hat den Auftrag erhalten, das Ergebnis eines anspruchsvollen Teilprojektes vor einem hochkarätig besetzten Lenkungsausschuss zu präsentieren. Herr Graf ist fachlich sehr gut und er hat wesentlich zu der Lösung der Aufgabenstellung beigetragen. Je nachdem, wie er bisher gegenüber Vorgesetzten und höher gestellten Personen aufgetreten ist, wird seine „Primärbewertung" der Situation unterschiedlich ausfallen. Vielleicht sieht er in der Präsentation vor dem Gremium eine einzigartige Chance, seine Karriere voranzubringen, und freut sich auf diesen Augenblick, der positiv relevant für ihn ist. Vielleicht ist er stolz auf seinen Beitrag zum Projekt und brennt darauf, vor Publikum darüber zu berichten – auch dann wird er die Situation als positiv bewerten. Oder aber er ist sich unsicher, wie die Mitglieder des Lenkungsausschusses seine Ideen bewerten werden, und hat Angst, den Fragen nicht standhalten zu können – dann wird er die Situation eher als potenziell gefährlich einschätzen.

Nun wird sich der junge Mitarbeiter in einem zweiten Schritt darüber Gedanken machen, ob bzw. wie er der Situation erfolgreich begegnen kann. Wenn er die Situation eher als potenziell bedrohlich eingestuft hat, wird sich nun sein Handeln danach richten, welche Mittel zur Bewältigung er aus eigener, subjektiver Sicht zur Verfügung hat. Ist noch ausreichend Zeit für eine „wasserdichte" Vorbereitung? Können Kollegen zur Unterstützung herangezogen werden? Sind im Vorfeld Abstimmungen hinsichtlich der Inhalte der Präsentation möglich? Beantwortet der Mitarbeiter diese Fragen eher mit „ja", wird sein Handeln konstruktiv und nach Erfolg suchend sein. Beantwortet er die Fragen eher mit „nein", d. h. sind seine Ressourcen und Mittel eher beschränkt, wird er vielleicht am Tag der Präsentation krank, um der Situation zu entgehen. Oder er spielt die Situation herunter und „trinkt sich Mut zu" oder er sagt sich „Augen zu und durch". Seine Herangehensweise wird dann eher misserfolgsvermeidend sein.

Wie auch immer, der junge Mitarbeiter wird im Zuge der Zeit diesen Tag vermutlich mehr oder weniger gut überstehen und anschließend eine Neubewertung der Situation vornehmen, um in ähnlichen zukünftigen Situationen erfolgreich handeln zu können. Vielleicht hat er die Erfahrung gemacht, dass seine Ergebnisse vom Lenkungsausschuss positiv anerkannt wurden und seine Aufregung als sympathisch gewertet wurde. Dann wird er vielleicht in ähnlichen Situationen zukünftig etwas ruhiger sein können. Vielleicht hat er aber auch die Erfahrung gemacht, dass er von einem der Alphatiere des Lenkungsausschusses „ in die Mangel" genommen wurde und dabei einen Blackout erlitten hatte. Dann wird er vielleicht in ähnlichen Situationen zukünftig noch weniger Vertrauen in seine Fähigkeiten haben und Angst bekommen.

Die subjektive Komponente ist entscheidend, um zu verstehen, warum Menschen in gleichen Situationen unterschiedlich belastet sind und unterschiedlich Stress entwickeln (siehe Tab. 8.1). Die Bedeutung der subjektiven Einschätzung kennen Sie bereits aus der Beschreibung des Powerline-Modells.

Stress ist im allgemeinen Sprachgebrauch eher negativ konnotiert und in der Wahrnehmung häufig mit unangenehmen Emotionen verbunden. Dennoch muss Stress entwicklungsgeschichtlich als sinnvolles System betrachtet werden. Die Dynamik von Stress ist logisch und hilfreich für die erfolgreiche Auseinandersetzung mit der individuellen Umwelt eines Menschen. Erst durch die Bewertung der durch uns wahrgenommenen Situationen und der darin enthaltenen Herausforderungen und Ressourcen können wir uns absichern und schützen sowie Stabilität entwickeln. Funktioniert unser Stresssystem, dann schützt es uns vor Überforderungen und Gefahren.

Ähnlich wie Konditionsgrenzen beim Sport zeigt uns Stress, dass wir an einer momentanen psychischen oder körperlichen Belastungsgrenze sind. Nehmen wir die Anzeichen von Stress bewusst wahr und setzen uns aktiv damit auseinander, können wir davon profitieren. Wir lernen uns und unsere Ressourcen genauer kennen und können uns entsprechend unserer Potenziale entwickeln bzw. uns vor Überlastungen schützen. Stress sorgt also für eine hohe Konzentration, wenn wir an persönlichen Grenzen agieren.

In der heutigen Gesellschaft werden Menschen schnell an Leistungs- bzw. Belastungsgrenzen geführt und dort auf einem hohen Niveau oft dauerhaft gefordert. Dabei kommt dem Einzelnen eine große Selbstverantwortung für seine existenzielle und persönliche Sicherheit zu. Die vermeintliche Freiheit und der hohe, abzusichernde Lebensstandard führen dann leicht dazu, dass der Mensch sich selbst und seine Bedürfnisse nicht mehr ernst nimmt und stattdessen Werte in den Vordergrund stellt, die gegen seine Bedürfnisse gerichtet sind, wie z. B. Statussymbole, Erfolg um jeden Preis, berufliche Karriere.

8.2.2 Der Unterschied zwischen Stress und Burnout

Was ist nun der Unterschied zwischen einer normalen Stresssymptomatik und der Krankheit Burnout? Eine Person, die sich im Stress befindet, kommt an Belastungsgrenzen, entwickelt dann in der Auseinandersetzung damit neue Bewältigungsformen und baut

Tab. 8.1 subjektive Bewertung und Handlung im transaktionalen Stressmodell

Situation		Präsentation vor hochkarätigem Lenkungsausschuss			
Subjektive Bewertung und Handlung	*Primärbewertung*	Chance		Risiko	
	Sekundärbewertung	Ausreichend Ressourcen: z. B. Vorhandene Erfahrung, Unterstützung, Anerkennung	Mangelnde Ressourcen: z. B. fehlendes Selbstbewusstsein, Zeitdruck Ungünstige Bedingungen: z. B. autoritäre Führung, wenig Anerkennung, keine Unterstützung	Ausreichend Ressourcen: z. B. Vorhandene Erfahrung, Unterstützung, Anerkennung	Mangelnde Ressourcen: z. B. fehlendes Selbstbewusstsein, Zeitdruck Ungünstige Bedingungen: z. B. autoritäre Führung, wenig Anerkennung, keine Unterstützung
	Handlung	Entspannte Vorbereitung	Unruhige Suche nach Lösungen, Nervosität, Blackout	Konzentrierte Vorbereitung	Kopf in den Sand, Augen zu und durch, Krankheit bzw. Flucht
	Ergebnis	Viel Applaus und Anerkennung	Viel Applaus und Anerkennung	Viel Applaus und Anerkennung	Viel Applaus und Anerkennung
	Neubewertung (positiv)	Hat funktioniert, das habe ich nun auf meiner „Haben"-Seite	Ich kann es mir zutrauen, Unsicherheit ist O.K.	Mit Einsatz gelingt es mir, ich bin stolz auf mich	Die Sorgen hätte ich mir sparen können, ich darf mir einiges zutrauen
	Neubewertung (negativ)	Glück gehabt, war ja auch keine besondere Herausforderung	So kann ich nicht arbeiten, das macht mich kaputt	Glück gehabt, aber das hätte auch schiefgehen können	Ich hoffe, dass ich so eine Situation nie wieder erleben muss

Ressourcen auf, sogenannte Coping-Strategien. Im Folgenden finden Sie die drei Stufen, die sich angefangen von einzelnen stressauslösenden Situationen, über einen chronischen Verlauf, bis hin zu krankhaftem Verhalten ergeben können (siehe Abb. 8.6). Der zentrale unterscheidende Aspekt zwischen einem Stresssymptom und der Krankheit Burnout liegt demnach in der Aufrechterhaltung der Handlungsfähigkeit bzw. in der bleibenden Fähigkeit des aktiven Aussteigens.

1. **Situativer Stress**

Je nach Umfeld und Person kann sich Stress auf einzelne Situationen beziehen, die dadurch gekennzeichnet sind, dass der Betroffene aus einem relativen Ruhezustand auf einen

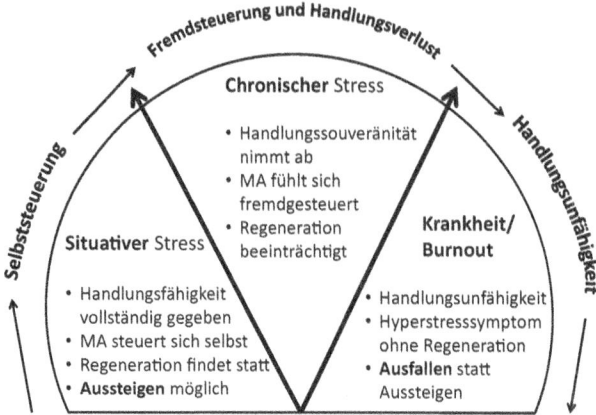

Abb. 8.6 Die Entwicklung von Stress bis hin zu Burnout

Stresslevel gebracht wird und nach Bewältigung der Situation wieder auf ein Normalmaß zurückfindet.

2. Chronischer Stress

Häufen sich die Situationen, die bei einer Person zu Stress führen, und verbleibt zwischen den einzelnen Situationen nicht mehr genügend Regenerationszeit, kann sich chronischer Stress entwickeln. Dieser kann normalerweise vom der betroffenen Person noch als solcher wahrgenommen werden. Jedoch ist bereits hier eine Abnahme der realistischen Einschätzung sowie der Handlungs- und Leistungsfähigkeit zu verzeichnen.

3. Krankheit bis hin zu Burnout

Erst wenn kein Aussteigen mehr möglich ist, d. h. kein Abbau des Stresslevels mehr erfolgt (Hyperstresssymptom), kann sich eine Krankheit, z. B. Burnout, entwickeln.

8.3   Burnout als komplexes Phänomen verschiedener Faktoren

Obwohl heute wissenschaftlich erwiesen ist, dass beim Phänomen Burnout mindestens zwei Faktoren eine konstituierende Rolle spielen – nämlich Umfeldfaktoren und Persönlichkeitsfaktoren – findet man in der Praxis immer wieder den Versuch, die Verantwortung für das Entstehen eines Burnouts „eindeutig" zuzuordnen.

Aus Sicht der Unternehmen wird die Verantwortung gerne den Mitarbeitern zugeordnet. Der Mitarbeiter hätte sich ja bei Überlastung mitteilen können, der Mitarbeiter hat jede Form der Unterstützung erhalten, es wurden doch alle erdenklichen Trainings, Yogakurse etc. angeboten. Aus Sicht des Mitarbeiters liegt die Ursache gerne im direkten Arbeitsumfeld. Es wurde ja eindeutig erwartet, dass man ständig erreichbar war, die Ressourcen wurden immer knapper und konnten nur noch mit persönlichem Einsatz ausgeglichen werden.

Tab. 8.2 Intrapsychische Faktoren und Umfeldfaktoren

Intrapsychische Faktoren	Umfeldfaktoren
Unrealistische Erwartungen	Überforderung
Überzogene Zielsetzungen	Fehlende Anerkennung
Überzogener Enthusiasmus	Unmöglichkeit der Zielerreichung
Überdurchschnittlicher Bedarf an Anerkennung	Kultur der permanenten Erreichbarkeit
Subjektiv wahrgenommene Unmöglichkeit etwas zu verändern (ausgeliefert sein)	Negative Fehlerkultur
Fremdbestimmtheit	Fehlende Feedback-Infrastruktur
Fehlende Bewältigungsmechanismen	„Sprachlosigkeit" gegenüber persönlichen Themen
Arbeit als Ersatz für soziales Leben	Desinteresse an Personen
⇨ Fehlgeschlagene Anpassungsleistung	⇨ Andauernde Überforderung

8.3.1 Ursachen von Burnout

Eines ist aber sicher. Es muss eine bestimmte Persönlichkeit (Intrapsychische Faktoren) auf ein bestimmtes Umfeld treffen, damit ein Burnout entstehen kann. Schauen wir uns in Tab. 8.2 beide Seiten einmal genauer an.

Menschen verarbeiten ihre Umfelder psychologisch: Wahrnehmen, Bewerten, Handeln. Dieser psychologische Verarbeitungsmodus dient dazu, dass wir möglichst schnell handlungsfähig werden.

Das, was wir erleben, d. h. wahrnehmen, bewerten wir und je nachdem, wie wir es bewerten, handeln wir. Die Frage, was wir wahrnehmen, also was wir in unser Bewusstsein gelangen lassen, ist bereits von einem sehr komplexen Geflecht individueller mentaler Leistungen abhängig – aus unserer aktuellen psychischen Verfassung, von unseren frühkindlichen Prägungen, von unseren inneren Glaubenssätzen, Werten und kulturellen Überzeugungen, von unseren Interessen, Ängsten und unserem Wissen (siehe Kap. 3, Die verändernde Kraft des Menschenbildes).

Burnout verläuft im Regelfall prozesshaft, d. h. es entwickelt sich stufenweise ein Krankheitsbild, das in unterschiedliche Phasen eingeteilt werden kann. Grundlage ist ein lang andauerndes Stresserleben mit besonders starken Stressreaktionen. Diese werden zunehmend weniger abgebaut, die psychische Selbstregulation wird verhindert und mündet meistens in eine schwere Depression.

Zur Beurteilung, wann eine Situation für einen Menschen belastend ist, können wir aus der Stressforschung wichtige Erkenntnisse heranziehen.

So kennen wir in diesem Zusammenhang z. B. den Effekt des Hyperstresssymptoms. Dieses ist dann gegeben, wenn eine physiologische Reaktion des Körpers auf eine Belastungssituation nicht mehr abgebaut wird, sondern auch in weniger belastenden Phasen und bei schwachen Stressstimuli einsetzt. Ein normales Stresssystem kann sich in ein Hyperstresssystem entwickeln.

Ein weiteres Phänomen ist das der Hilflosigkeit. Während situativer Stress im Alltag eines Menschen vollkommen normal ist und sich durch die Wahrnehmung von Verlusten, Bedrohungen und Herausforderungen ergibt, kann sich ein erweitertes Stresserleben entwickeln, indem eine zweite Erfahrung hinzukommt – die Hilflosigkeit. Letztendlich wird Stress immer von einer gewissen Hilflosigkeit bzw. erwarteten Hilflosigkeit begleitet, sonst würde kein Stress entstehen, sondern ein lösungsorientierter Handlungsimpuls. Macht ein Mensch aber eher die Erfahrung, dass er einer Situation nicht adäquat begegnen kann bzw. einer bedrohlichen Situation häufiger begegnet und dauerhaft über keine wirkungsvollen Lösungsmöglichkeiten verfügt, d. h. sich unbewältigter Stress anhäuft, dann ist das Risiko einer chronischen Überforderung bzw. in der Folge das Risiko eines Burnouts gegeben.

Wie kann es im Arbeitsumfeld nun soweit kommen, dass Menschen in einen Stresskreislauf geraten, von dem sie glauben, sich selbst nicht mehr daraus befreien zu können. Ein erlebbares Merkmal bei der Entwicklung eines Burnouts ist der zunehmende Rückzug des Betroffenen. Zynismus, Depersonalisierung, verpasste Termine und emotionale Abkehr sind Beispiele dafür.

Ist das Arbeitsumfeld so gestaltet, dass verändertes Verhalten wahrgenommen und besprechbar gemacht werden kann, stehen die Chancen gut, dass sich ein Burnout erst gar nicht in dem Maße entwickelt, dass es zu einem kompletten Zusammenbruch kommt. Jedoch sind Arbeitsumfelder heute häufig so gestaltet, dass ein kontinuierlicher persönlicher Kontakt mit Kollegen oder Vorgesetzten gar nicht entsteht. Einsatz beim Kunden vor Ort, häufig wechselnde Projekte mit unterschiedlichen Kollegen und Projektleitern, Homeoffice, Satellitenbüros, Reisetätigkeit, Freiberuflichkeit, häufige Wechsel in der Führungsverantwortung, Tabuisierung von Schwächen etc. sind nur einige Hürden in der Entwicklung belastbarer Beziehungen und dem notwendigen Wissen voneinander.

8.3.2   Symptome der Krankheit

Die Diagnostik eines Burnouts ist eine komplexe Angelegenheit. Hier hilft bislang noch nicht einmal eindeutig der ICD 10 bzw. der DMS IV, sprich der Katalog der psychischen Krankheiten, nach dem sich die Psychologen, Mediziner etc. richten, wenn sie Krankheiten diagnostizieren. Im ICD 10 ist die „Krankheit" Burnout nicht aufgeführt und streng genommen existiert demnach offiziell Burnout als eigenständige Krankheit nicht. Und trotzdem wird immer häufiger die Diagnose Burnout ausgestellt und trotzdem beteiligen sich die Krankenkassen bei einer entsprechenden Diagnose an den Behandlungskosten. Als Verschlüsselung wird im ICD 10 deshalb neben wenigen anderen Zuordnungen im Anhang auf die Bezeichnung Z73 verwiesen, um einen Burnout als Diagnose aufzuführen, „Probleme verbunden mit Schwierigkeiten bei der Lebensbewältigung".

Die Diagnose eines Burnouts kann durch den Hausarzt erfolgen bzw. in kritischen Fällen auch direkt durch einen Kardiologen, einen Neurologen, einen Psychiater etc. Burnout ist ein interdisziplinäres Phänomen, das sich systemisch bei den Betroffenen abbildet. Bei

Tab. 8.3 Erkennungsmerkmale für Burnout

Klient selbst	Kollegen und Freunde	Vorgesetzte und Kunden
Erkennt den Burnout als solchen meist erst ab dem Zusammenbruch	Erkennen die Anzeichen des Burnout früh, werden aber meist nicht ernst genommen	Erkennen die Anzeichen erst spät bzw. gar nicht – fehlende Vertrauensbasis
Gefühl, nie Zeit zu haben, nicht abschalten zu können, Gefühl, unentbehrlich zu sein, Energiemangel, Unausgeschlafenheit Konzentrationsmangel, Meiden von Kontakt mit Kunden und Kollegen, Desillusionierung, Depressionen, Ruhelosigkeit, Medikamenten- und Drogenmissbrauch, Krankheiten des vegetativen Nervensystems und des Herz-Kreislauf-Systems, Selbstmordgedanken	Perfektionismus, unbezahlter Einsatz für den Job, Hyperaktivität, Gefühl mangelnder Anerkennung, negative Einstellung zur Arbeit, Jammern über Kunden etc., Aufblühen am Wochenende, Schuldzuweisungen, Reizbarkeit, Familienprobleme, Konflikte mit den eigenen Kindern und Freunden, Humorlosigkeit, Vorwürfe gegenüber anderen, Medikamenten- und Drogenmissbrauch	Häufige Fehlzeiten, unbezahlte Überstunden, Vermeiden von Kontakten zu Kunden und Kollegen, Fehlzeiten, Vergessen von Terminen, Reizbarkeit, Entscheidungsunfähigkeit, verringerte Flexibilität und Kreativität, Misstrauen, Vermeiden persönlicher und emotionaler Gespräche, Arbeitsunzufriedenheit
Zusammenbruch	Zusammenbruch	Zusammenbruch

einem schweren Burnout, der im Prozess bereits deutlich vorangeschritten ist, findet man in der Regel die meisten der folgenden Befunde (Nelting 2010, S. 34):

- Vollbild einer schweren Depression
- Einschränkung der Herzratenvariabilität
- Blutdruckregulationsstörungen
- vegetative Regulationsstörungen (z. B. Reizmagen)
- Störungen im Bereich der Stresshormone
- gestörte Immunparameter
- gehäufte wiederkehrende oder nacheinander in verschiedenen Organen auftretende Infekte
- körperliche und emotionale Erschöpfung mit ausgeprägter Kraftlosigkeit
- hochgradig eingeschränktes Durchhaltevermögen
- betäubte Empfindungen sowohl im Bereich sinnlicher als auch emotionaler Wahrnehmung

Wie kann man nun als Kollege, Vorgesetzter, Freund oder Familienangehöriger einen Burnout erkennen? Wie kann man einen Burnout bei sich selbst erkennen? Häufig werden wir in Trainings und Veranstaltungen von Menschen gefragt, „Meinen Sie, ich bin burnout-gefährdet?" oder „Glauben Sie, ich habe ein Burnout?"

Die Tab. 8.2 stellt exemplarisch dar, welche Signale aus der jeweiligen Perspektive wahrgenommen werden können (Tab. 8.3).

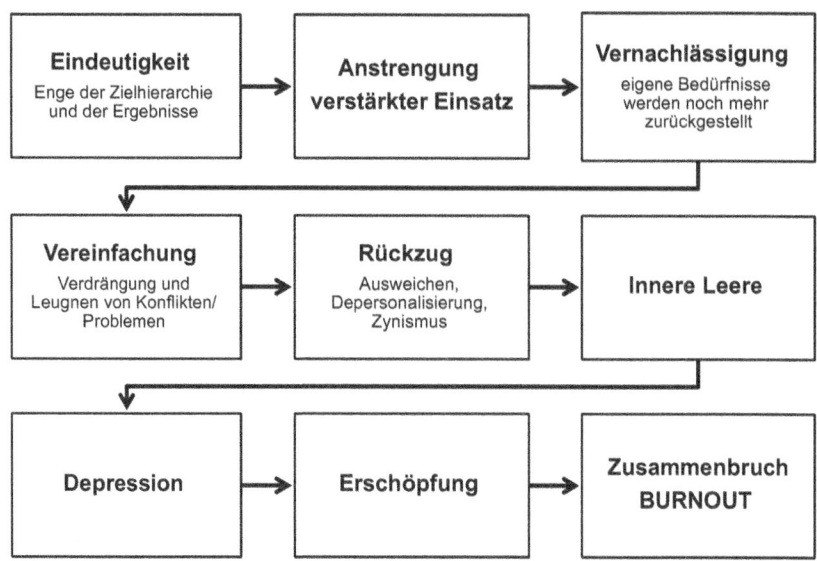

Abb. 8.7 Mögliche Phasen eines Burnouts

8.3.3 Der Prozess eines Burnouts

Es gibt sehr viele Beschreibungen und Modelle zu Verläufen eines Burnouts. Folgt man diesen, sind zentrale Phasen als solche erkennbar und können zugeordnet werden (siehe Abb. 8.7).

1. **Eindeutigkeit der Zielhierarchie**
   Der Beginn eines Burnout-Prozesses ist oft eine mehr oder weniger strenge Eindeutigkeit von zu erreichenden Zielen, Werten und Ergebnissen. Diese sind nicht infrage zu stellen und alternativlos in der Umsetzung. Damit ergibt sich ein sehr enger Handlungskorridor. Es kann dabei sein, dass diese Eindeutigkeit und Zielhierarchie von außen vorgegeben oder subjektiv entwickelt wird. In jedem Fall erfolgt eine Bewertung und Akzeptanz durch den betroffenen Menschen. Ein weiteres Risiko zum Einstieg in einen Burnout-Prozess ist es, wenn Leistung und beruflicher Erfolg als einzige Quelle zur Befriedigung eines Bedürfnisses, z. B. menschliche Anerkennung, gesehen werden. Wenn der normale Alltag das Erleben von Wertschätzung nicht mehr bietet und stattdessen nur noch die berufliche Anerkennung Erfüllung bringt.
2. **Anstrengung und verstärkter Einsatz**
   Ein Nichterreichen dieser Ziele, Werte und Ergebnisse ist im Burnout-Prozess nicht vorgesehen. Ebenso ist ein Scheitern oder Aufgeben nicht möglich. Das heißt in letzter Konsequenz, dass bei herausfordernden Zielen nur durch Anstrengung, sprich einen verstärkten persönlichen Einsatz, das Ziel erreicht werden kann.
3. **Vernachlässigung eigener Bedürfnisse**
   Erfolgt dabei keine kurzfristige Lösung, werden zusätzlich eigene Bedürfnisse vernachlässigt und die persönliche Investition weiter erhöht. Etappensiege verstärken die

Investitionen und die Selbstaufgabe weiter, es erfolgt keine nachhaltige Bestätigung und Entlastung.

4. **Vereinfachung von Konflikten und Problemen**
In der nächsten Stufe der Burnout-Dynamik werden bestehende, scheinbar unlösbare oder hemmende Konflikte und Probleme vereinfacht bzw. verleugnet oder verdrängt. Beispielsweise werden die Folgen der persönlichen Ausbeutung und die Beschädigung sozialer Kontakte heruntergespielt oder erst gar nicht wahrgenommen. Hinweise von außen bleiben meist erfolglos.

5. **Ausweichen und Rückzug**
Im weiteren Verlauf verstärken sich die Abgrenzungs- und Ausweichversuche. Hindernde Gefühle und Wahrnehmungen werden abgespalten und nicht mehr zugelassen. Alles wird „dem Kampf um jeden Preis" untergeordnet. Mithilfe zynischer Kommentare und dem Verlust des eigenen Persönlichkeitsgefühls werden letzte Reserven mobilisiert und „störende Einflüsse" ausgemerzt.

6. **Innere Leere**
Es entsteht in der Folge eine innere Leere, die sehr belastend und beängstigend sein kann. Der Betroffene tendiert dazu, diese innere Leere zu füllen, um die Ängste und den unangenehmen Spannungszustand nicht mehr aushalten zu müssen. Dazu werden häufig Alkohol, Drogen und Medikamente eingesetzt.

7. **Depression**
Nun ist das Stadium erreicht, in dem sich das Gefühlsleben und das Verhalten kaum noch von dem einer Depression unterscheidet. Selbstwert, Stimmung und Zukunftsperspektiven sind auf einem Nullpunkt.

8. **Erschöpfung bis hin zum Zusammenbruch**
Zu der psychischen Erschöpfung kommt nun die körperliche Erschöpfung und diese führt letztendlich zu einem totalen Zusammenbruch. Der Burnout hat seine höchste Stufe erreicht. Die betreffende Person hat keinerlei Möglichkeiten mehr, weiter zu agieren und „fällt aus".

Über die Phasen des Burnouts wird die Alltagskompetenz schleichend in der Endphase, d. h. dem Zusammenbruch, vollständig aufgehoben. Dabei ist charakteristisch, dass die Betroffenen nicht mehr zu einem Normalzustand zurückkehren, d. h. sich auch bei Erholungsphasen nicht mehr ausreichend regenerieren können.

8.4 Abgrenzung zu anderen psychischen Krankheiten im Arbeitsumfeld

Häufige, intensive und lang andauernde Normabweichung des Erlebens und Verhaltens führt oft zu der Vermutung, dass bei dem betroffenen Menschen eine psychische Erkrankung vorliegen könnte. Für einen Laien sind psychische Krankheiten daher oft wahrnehmbar, aber nicht einfach zuzuordnen.

Als Führungskraft müssen Sie letztendlich keine Diagnose stellen können. Aber Sie können erkennen, wenn sich ein Mitarbeiter verändert und Unterstützung oder professionelle Hilfe braucht. Die Verantwortung dafür finden Sie in der gesetzlich verankerten Fürsorgepflicht Ihrer Rolle wieder.

Wir machen häufig die Erfahrung, dass in Unternehmen fast alle längeren Ausfallzeiten, die psychisch bedingt sind, mit der Diagnose „Burnout" etikettiert werden. Es hilft den Betroffenen oft, die Thematik besprechbar zu machen, sich vor weiteren unangenehmen Fragen zu schützen oder sich selbst einen Zusammenbruch zu erklären.

Hinter der Diagnose Burnout stehen allerdings weit häufiger ganz andere psychische Erkrankungen, die entweder nicht richtig erkannt werden oder nicht publik gemacht werden sollen.

Als Führungskraft werden Sie vielleicht die ärztliche Diagnose erfahren oder auch nicht. Für Ihre Verantwortung und Ihr Handeln als Führungskraft ist es irrelevant, ob Sie die richtige Diagnose wissen. Viel wichtiger ist es, dass Sie unterscheiden können, ob das Verhalten eines Mitarbeiters im normalen Rahmen stattfindet und mit den direkten Aspekten seines Umfeldes zusammenhängt oder ob das Verhalten eher auf persönliche Extreme zurückgeht und nur durch äußere Einflüsse ausgelöst aber nicht verursacht wird.

Im Folgenden stellen wir die häufigsten psychischen Erkrankungen vor, die sich im Arbeitsalltag zeigen und eine Bedeutung für die Leistungsfähigkeit des Mitarbeiters haben können.

Die hier beschriebenen psychischen Krankheiten stellen keinen Anspruch auf Vollständigkeit dar – weder in der Aufzählung noch in der Erklärung. Die Komplexität und Dynamik kann und soll hier nicht dargestellt werden. Es soll Orientierung gegeben werden, kein Handwerkszeug zum Handeln im Krankheitsfall.

Am häufigsten sind Angststörungen und Depressionen zu verzeichnen, gefolgt von Substanzmissbrauch (Sucht) und somatoformen Störungen. Bezogen auf die Bevölkerung eher selten (< 3 %) sind posttraumatische Belastungsstörungen, bipolare, psychotische, Zwangs- und Essstörungen. Typisch für psychische Störungen sind eine ausgeprägte Komorbidität (d. h. das gleichzeitige Auftreten von mehreren psychischen Erkrankungen in Form von begleitenden Symptomen und doppelten Diagnosen), eine hohe Anzahl an Ausfalltagen und eine niedrige Behandlungsrate.

8.4.1   Angststörungen

Angst als Phänomen ist eine sehr sinnvolle und entwicklungsgeschichtlich relevante Einrichtung. Ohne Angst fehlt das Signal, das uns bei Gefahr und in unsicheren Situationen zu besonderer Wachsamkeit verhilft und uns schnell handlungsfähig werden lässt.

Wird das Signal aber zu einer Dauereinrichtung bzw. zeigt es sich unkontrolliert, verliert es seine ursprüngliche konstruktive Wirkung und kann für den Betroffenen zum Problem werden.

Folgende Kriterien sprechen für eine Angststörung.[3]

1. Die Angst ist der Situation erkennbar nicht angemessen.
2. Die entsprechenden Angstreaktionen halten deutlich länger an, als nötig wäre.
3. Die besonders geartete Angst ist durch die Betroffenen weder erklärbar, beeinflussbar noch zu bewältigen.
4. Die Ängste führen zu deutlichen Beeinträchtigungen des Lebens der Betroffenen.
5. Die Ängste schränken den Kontakt zu fremden Menschen ein.

8.4.2   Alkoholstörungen und andere Abhängigkeitssyndrome (Sucht)

Das Abhängigkeitssyndrom unterscheidet sich von einer akuten Intoxikation und dem schädlichen Gebrauch psychotroper Substanzen. Zwei bis drei der folgenden Kriterien müssen im Zeitabschnitt eines Jahres vorliegen, um die Diagnose zu stellen (WHO/ICD 10 2004/2005, S. 93):

1. starker Wunsch oder Zwang, psychotrope Substanzen zu konsumieren
2. verminderte Kontrollfähigkeit des Konsums
3. körperliche Entzugserscheinungen
4. Toleranzentwicklung gegenüber der Substanz
5. fortschreitende Vernachlässigung anderer Vergnügen oder Interessen
6. anhaltender Konsum, trotz nachweislicher schädigender Wirkung

Im Arbeitsumfeld kann Substanzmissbrauch zu erhöhten Sicherheitsrisiken und Leistungsschwankungen bzw. Konzentrationsmangel führen.

8.4.3   Depressionen

Die Depression ist die am häufigsten auftretende psychische Erkrankung. Burnout wird oft als Erschöpfungsdepression bezeichnet. Es gibt Parallelen zur Erkrankung der Depression aber auch relevante Unterschiede.

Symptome einer (rezidivierenden) Depression sind im Allgemeinen (WHO/ICD 10 2004/2005, S. 139):

1. verminderte Konzentration und Aufmerksamkeit
2. vermindertes Selbstwertgefühl und Selbstvertrauen
3. Schuldgefühle und Gefühle von Wertlosigkeit
4. negative und pessimistische Zukunftsperspektiven

---

[3] Quelle: http://de.wikipedia.org/wiki/Angststörung.

Tab. 8.4 Unterschiede im Empfinden zwischen Depression und Burnout (z. T. in Anlehnung an Nelting 2010, S. 55)

Depression	Burnout
Kontextfrei, d. h. tritt ohne situative Auslöser auf	Kontextbezogen, Auslöser meist im Arbeitsumfeld
Innen und nach außen müde, matt und abgeschlagen	Nach außen müde, matt, abgeschlagen – nach innen nervös, unruhig, angespannt
Entwicklung eines Hyperstresssystems	Entwicklung eines Hyperstresssystems
Antriebslos, lustlos	Kämpfend (anfangs) und leistungsorientiert – später resignierend
Lebenspläne wurden wenig zielgerichtet umgesetzt, frühe Antriebslosigkeit	Erhöhter Antrieb infolge starker Grundmotive
Problematische Lebenserfahrungen führen oft zu Antriebshemmung	Enttäuschte Beziehungserfahrung und fehlende Bindungsfähigkeit werden oft durch forcierte Leistungserbringung kompensiert
Besserung des Lebens durch Leistungserbringung wird nicht erwartet	Besserung des Lebens durch Leistungserbringung wird erwartet
Eine Phase forcierter Leistungserbringung fehlt oft	Forcierte Leistungserbringung findet bis zur Erschöpfung permanent statt

5. Suizidgedanken, erfolgte Selbstverletzung oder Suizidhandlungen
6. Schlafstörungen
7. Antriebsverlust oder große Müdigkeit
8. Veränderungen des Aktivitätsniveaus
9. verminderter Appetit

Für die Diagnose einer depressiven Episode wird normalerweise das Auftreten der Symptome mit einer Dauer von mindestens zwei Wochen oder länger verlangt (WHO/ICD 10 2004/2005, S. 139 ff.).

Im Arbeitsumfeld zeigen sich Depressionen anhand von Stimmungsschwankungen, fehlendem Zutrauen und Selbstbewusstsein, Rückzug und Aufmerksamkeits- bzw. Leistungsschwankungen. Welche Unterschiede bestehen nun zwischen einer Depression und einem Burnout (siehe Tab. 8.4)?

Allgemein kann man sagen, dass die Unterschiede insbesondere in der Anfangsphase des Burnouts besonders deutlich zu erkennen sind, während sich mit zunehmendem Krankheitsverlauf die Symptome angleichen und später kaum noch voneinander zu unterscheiden sind.

Ein zentraler psychodynamischer Aspekt der Depression ist die Unfähigkeit zu einem erfolgreichen Trauerprozess. Während ein funktionierender Trauerprozess die Entwicklung einer neuen Identität nach einem Verlust bedeutet, hält ein depressiver Mensch an einer Identität (Wunschbild) fest, die es in der Realität nicht mehr gibt. Dabei kann es sich um verlorene Menschen, nicht realisierbare Wunschvorstellungen, Idealbilder, Zukunftsvorstellungen, Werte etc. handeln, die nicht bzw. nie erreichbar sind, weil die Realität dem entgegensteht. Ein depressiver Mensch ist davon überfordert, akzeptiert dies innerlich nicht und hält an seiner Wunschvorstellung fest.

In diesem Punkt zeigt sich bei der Depression und beim Burnout ein vergleichbarer Ansatz. Während der depressive Mensch einen Verlust, einen Teil der Realität oder ein Identitätsaspekt nicht in sein Selbstkonzept integrieren kann, schafft es ein von Burnout betroffener Mensch nicht, sich von nicht erreichbaren Zielen und Werten zu verabschieden. Beide suchen die Schuld dafür bei sich selbst (in ihrer eigenen Unzulänglichkeit) oder bei anderen Personen (Schuldzuweisung). Die Lösung scheint im Bereich des Möglichen zu liegen und wird in keinem Fall aufgegeben. Die Überzeugung, dass etwas getan werden muss bzw. eine Schuld besteht, die abgeleistet werden muss verhindert aber, dass die Realität in ihrer Ambivalenz anerkannt und akzeptiert wird. Das System erhält sich selbst aufrecht. Solange das Konzept der Schuld bestehen bleibt, wird eine Akzeptanz erschwert, wenn nicht sogar verhindert.

Für die Depression liegt die Chance für eine echte Lösung im Trauern, d. h. in der Verabschiedung von unerfüllbaren Vorstellungen, von Rollenbildern und im Betrauern von Verletzungen (die oftmals in der Kindheit entstanden sind). Dieser Prozess braucht Zeit und oft auch professionelle Unterstützung. Er führt bei einer erfolgreichen Verarbeitung zu einer neuen Identität, die den Verlust integriert.

Für Burnout liegt die Chance für eine echte Lösung in einer Neubewertung der Ziele und Werte (hinsichtlich deren Relevanz für das Leben des Betroffenen) und in der Entwicklung von Alternativen. Die Fähigkeit des aktiven Aussteigens (statt des passiven Ausfallens) muss aufgebaut werden.

8.4.4 Bipolare Störung

Bei der Bipolaren Störung handelt es sich um eine Störung, die durch wiederholte Episoden charakterisiert ist, in denen Stimmung und Aktivitätsniveau des Betroffenen deutlich gestört sind. Es treten wechselweise eine gehobene Stimmung, vermehrter Antrieb und Aktivität (Manie) sowie eine Stimmungssenkung, verminderter Antrieb und Aktivität (Depression) auf. Die manischen Episoden können zwischen zwei Wochen und vier bis fünf Monaten dauern und sehr spontan auftreten, die depressiven Episoden dauern eher länger, d. h. bis zu sechs Monate und darüber hinaus (WHO/ICD 10 2004/2005, S. 135 ff.).

8.4.5 Persönlichkeitsstörungen

Diese Störungen umfassen tief verwurzelte, anhaltende Verhaltensmuster, die sich in starren Reaktionen auf unterschiedliche persönliche und soziale Lebenslagen zeigen. Dabei findet man bei Personen mit Persönlichkeitsstörungen gegenüber der Mehrheit der betreffenden Bevölkerung deutliche Abweichungen im Wahrnehmen, Denken, Fühlen und in Beziehungen zu anderen. Häufig gehen sie mit persönlichem Leid und einer gestörten sozialen Funktions- und Leistungsfähigkeit einher (WHO/ICD 10 2004/2005, S. 225).

Im Arbeitsumfeld können sich Persönlichkeitsstörungen darin äußern, dass Mitarbeiter Probleme damit haben, sich in ein Team zu integrieren, Kontakte entspannt zu pflegen oder angemessene Entscheidungen zu treffen. Oft sind entweder überdurchschnittlich starre bzw. zwanghafte (Perfektionismus, Pünktlichkeit, Sicherheitsbedarf) oder impulsive (emotionale Ausbrüche, Aggressivität, Ängstlichkeit) Verhaltensmuster zu beobachten.

8.5 Ihre Verantwortung als Führungskraft

Haben Sie als Führungskraft bei einem Ihrer Mitarbeiter den Verdacht, dass dieser eine psychische Belastung bzw. Erkrankung hat, dann ist eine erhöhte Aufmerksamkeit von Bedeutung, ohne dabei zu überreagieren. Im Normalfall geht den Erkrankungen bereits eine Geschichte voraus, bevor sie von anderen, d. h. von außen, bemerkt wird. Es kann gut sein, dass sich der entsprechende Mitarbeiter bereits in Behandlung befindet oder einen guten Umgang mit seiner Erkrankung gefunden hat. Das gilt es, herauszufinden.

Als Führungskraft haben Sie die Verantwortung dafür, dass Ihre Mitarbeiter keinen Schaden durch die Erfüllung ihrer beruflichen Aufgaben bzw. durch das direkte und indirekte Arbeitsumfeld nehmen. Und Sie haben eine – zumindest moralische – Verantwortung dafür, zu erkennen, wann ein Mitarbeiter den Belastungen seines Arbeitsumfeldes, warum auch immer, nicht oder nicht mehr gewachsen ist. Ihrem Arbeitgeber gegenüber haben Sie die Verantwortung, die Leistungsfähigkeit der Mitarbeiter und deren Leistungserbringung sicherzustellen.

Als Führungskraft sind Sie aber Laie auf dem Gebiet der psychischen Erkrankungen und Sie sollen es auch bleiben dürfen. Hinter einer wahrgenommenen Belastung eines Mitarbeiters kann eine Erkrankung stehen, genauso aber auch eine allgemeine Lebenskrise, eine private Problemstellung oder andere Ursachen.

Die Anforderungen, die sich für Sie nun aus Ihrem Teil der Verantwortung heraus ergeben, sind folgende:

1. **Aufmerksam wahrnehmen …**
   … wenn ein Mitarbeiter einen Leistungsverlust hat und wie sich dieser auf dessen Konstitution bzw. auf das Arbeitsumfeld auswirkt.
2. **Ernsthaft Hinterfragen …**
   … welche Auslöser ursächlich dafür verantwortlich sind. Sind die Auslöser im Arbeitsumfeld zu suchen oder im privaten Bereich? Als Führungskraft sollten Sie sich sicher sein, dass Sie Ihren eigenen Anteil daran, insbesondere Ihre Verantwortung als Führungskraft hier ausreichend reflektiert haben.
3. **Verantwortlich Handeln …**
   … wenn z. B. im beruflichen Umfeld Ursachen erkennbar sind. Dann geht es darum, die beruflichen Bedingungen zu gestalten, Konflikte zu klären und Voraussetzungen für ein gesundes Arbeitsklima zu schaffen.

Tab. 8.5 Stanford-Formel „Ausfallkosten durch Leistungsverlust"

	Annahme
Anzahl aller Mitarbeiter (Gesamtbelegschaft)	500
Anzahl betroffene Mitarbeiter in %	10
Anzahl betroffene Mitarbeiter absolut	50
Durchschn. Personalkosten je Mitarbeiter in € (inklusive Lohnnebenkosten)	70.000
Durchschn. Personalkosten betroffene Mitarbeiter in €	3.500.000
Angenommene Minderleistung in %	15
Ausfallkosten gesamt in €	*525.000*

Wenn die Ursachen dagegen eher im privaten Umfeld zu finden sind, können Sie Unterstützung anbieten (z. B. Sonderurlaub zur Klärung privater Umstände gewähren), die Konsultation eines Hausarztes empfehlen oder einfach aufmerksam zuhören und menschliches Interesse zeigen.

Liegt bei einem Mitarbeiter in der Tat eine der beschriebenen psychischen Erkrankungen vor, sollte diese aber eindeutig von einem geeigneten Arzt diagnostiziert werden. Eine Einschätzung von außen reicht dafür in keiner Weise aus. Es sind neben den psychologischen Untersuchungen genaue medizinische Analysen, z. B. der Blut- und der Kreislaufwerte, zu erheben, um ein Gesamtbild der körperlichen und psychischen Zusammenhänge zu erhalten. Erst nach einer detaillierten Anamnese können eindeutige Aussagen gemacht werden und ein effektiver Umgang mit der vorliegenden Symptomatik gefunden werden.

Im Vorfeld psychischer Erkrankungen liegt oft eine längere Zeit einer verminderten Leistungsfähigkeit vor, ohne dass die betroffene Person bereits krankgeschrieben ist. Diese Phasen der sich anbahnenden Erkrankungen oder einfach stressbedingter Überforderungen sind wirtschaftlich gesehen äußerst relevant und auf das Gesamtunternehmen bezogen meist sogar mit einen höheren Schaden verbunden als vereinzelte krankheitsbedingte Ausfälle.

Mithilfe der Stanford-Formel (siehe Tab. 8.5) kann annähernd, unter Einbezug einfacher Annahmen, errechnet werden, welcher wirtschaftliche Schaden durch eine verminderte Leistungsfähigkeit entstehen kann. Im folgenden Beispiel ergeben sich in einem mittelständischen Unternehmen (500 Mitarbeiter) Ausfallkosten in Höhe von gut einer halben Millionen Euro, bei einer angenommenen Quote von 10 % von Stress betroffenen Mitarbeitern und einem vermuteten Leistungsverlust von durchschnittlich 15 %.

8.6 Wenn Sie als Führungskraft selbst von Burnout betroffen sind

Wenn Sie dieses Buch in die Hand genommen haben, weil Sie das Thema Leistungsgrenze interessiert, kann es auch sein, dass Sie selbst von Leistungsdruck, Stress oder Burnout betroffen sind. Dann stehen Sie nicht mehr als Führungskraft im Fokus, die Verantwortung für Ihre Mitarbeiter übernimmt, sondern als Mensch hinter der Führungskraft.

8.6.1   Persönliche Betroffenheit

In Risikoumfeldern und bei sicherheitsrelevanten Aufgaben gibt es eine ganz einfache aber über allen anderen stehende Regel. Diese lautet: „Bei der persönlichen Betroffenheit hat die eigene Absicherung Vorfahrt."

Um es an einem Beispiel zu erläutern: In der Sicherheitseinweisung vor jedem Flug wird erklärt, bei einem Druckabfall in der Kabine zuerst sich selbst eine Sauerstoffmaske anzulegen und sich erst dann um Schwächere, Kinder und Verletzte zu kümmern.

Die Logik dahinter ist bestechend einfach – nur, wenn man selbst im Vollbesitz seiner Kräfte ist und bleibt sowie seine Unversehrtheit abgesichert hat, kann man nachhaltig Hilfe leisten. Übertragen auf Ihre Rolle als Führungskraft gilt gleiches. Nur, wenn es Ihnen gelingt, als Führungskraft Zugriff auf alle Ihre Ressourcen zu haben, und nur, wenn Sie selbst nicht gefährdet sind, haben Sie die Fähigkeit, anderen eine Orientierung zu bieten, Schutz zu gewähren und Ihrer Verantwortung gerecht zu werden. Erinnern Sie sich an den Vergleich aus dem Kapitel, Die Mechanismen zur Spitzenleistung, wo wir Ihre Rolle als Führungskraft mit der Funktion eines Schmelztiegels verglichen haben?

8.6.2   Die psychische Gesundheit der Führungskraft

Warum ist gerade die psychische Gesundheit der Führungskraft für das Führungshandeln so relevant? Ich kann doch auch mit körperlichen Einschränkungen, z. B. Schnupfen, gebrochenem Bein oder sogar mit Kopfweh als Führungskraft hervorragende Entscheidungen treffen und Verantwortung tragen. Worin liegt also die Besonderheit der Problematik „psychische Gesundheit"?

8.6.2.1   Führungsaufgabe

Als Führungskraft schafft man Wert durch kognitive, soziale und emotionale Leistungen. Fachliche und strategische Entscheidungen werden getroffen, wirtschaftliche Einschätzungen vorgenommen und komplexe Situationen gemanagt. Zudem sind gruppendynamische Entwicklungen in Teams und Abteilungen zu steuern, Konflikte zu klären, Beziehungen zu entwickeln und die Motivation und Leistungsbereitschaft von Mitarbeitern zu lenken. Als Führungskraft ist man in erster Linie als Persönlichkeit mit individuellen Verhaltensweisen und charakteristischen Eigenschaften sichtbar und beeinflussend. Wir haben im Kap. 3, Die verändernde Kraft des Menschenbildes, bereits den Einfluss innerer Haltungen auf unser Handeln dargestellt.

8.6.2.2   Führungsanforderung in belastenden Umfeldern

Zudem steigt die Bedeutung der Führungsleistung im Umgang mit Mitarbeitern unter Stress und Belastungen. Die Verdichtung der Arbeit, die Globalisierung und Vernetzung der Arbeitswelt, die Komplexität der Aufgabenstellungen, der Zeitdruck und die Austauschbarkeit von Mitarbeitern haben in den vergangenen Jahren dazu geführt, dass neben den fachlichen und organisatorischen Herausforderungen, die psychische Belastung für Mitarbeiter erheblich angestiegen ist. Gleichzeitig hat die existenzielle Bedeutung, die eine Beschäftigung für einen Arbeitnehmer heute hat, enorm zugenommen. Zeitarbeitsverträge, Insolvenzen, unternehmensbedingter Job-Abbau und der Wettbewerb auf dem ersten Arbeitsmarkt haben die Frage, einen Job zu haben oder eben nicht, zu einem Faktor gemacht, der über gesellschaftliche Anerkennung oder Ausschluss entscheiden kann.

Eine Führungskraft hat heute, mehr denn je, die Verantwortung, Mitarbeitern Schutz durch das Managen der Arbeitsumfelder zu gewähren. Um diesen Schutz bieten zu können, muss eine erfolgreiche Führungskraft

- nach außen Grenzen ziehen und diese aufrecht erhalten
- Forderungen gegenüber Geschäftspartnern, Kunden, dem Management und Mitarbeitern stellen
- vertrauensvolle Beziehungen schaffen und Nähe zulassen
- Risiken eingehen und risikobewusst entscheiden können
- Optimismus ausstrahlen und Leistungsbereitschaft wecken

Dazu braucht sie ein belastbares Selbstbewusstsein, eine gesunde Portion Wehrhaftigkeit, persönliche Gelassenheit und konstruktive Konfliktbereitschaft.

8.6.2.3   Eingeschränkte Führung bei Burnout

Betrachtet man die psychodynamische Entwicklung eines Menschen im Verlauf eines Burnout-Prozesses wird schnell deutlich, dass sowohl die kognitive, die soziale und die emotionale Leistungsfähigkeit einer betroffenen Person stark eingeschränkt sind.

Burnout geht einher mit engen Grenzen im Denken, mit übermäßig starkem persönlichem Einsatz, mit persönlichen Verleugnungen und Verdrängungen sowie mit fehlendem Wohlwollen sich selbst gegenüber – Warnsignale und persönliche Bedürfnisse werden gnadenlos übergangen. Ist eine Führungskraft in dieser Art und Weise mit sich selbst beschäftigt, kann sie ihren Mitarbeitern gegenüber keine wirkungsvolle Rolle hinsichtlich der Prophylaxe und im Umgang mit Burnout einnehmen.

Erfolgsrelevante Führungsleistungen werden dann nur noch unzureichend bzw. gar nicht mehr erbracht. So ist z. B. oft die Urteilsfähigkeit getrübt, die Fähigkeit den, Überblick zu wahren, geht verloren und Mitarbeiter werden nicht gefördert, sondern allein gelassen oder unter Druck gesetzt. Statt Fürsorge und Orientierung geben zu können, entstehen Situationen, in denen die Führungskraft selbst Unterstützung benötigt.

8.6.3   Verantwortung als Führungskraft

Die zentrale Aufgabe einer Führungskraft ist es, Wertschöpfung zu erzielen (siehe Kap. 2.1, Die Kräfte des Spannungsfeldes). Um die damit einhergehenden Herausforderungen zu bewältigen, muss sich die Führungskraft einer Reihe von Verantwortungen stellen, z. B. für wirtschaftliche Ergebnisse und Zielerreichungen sowie gegenüber den Menschen, die der Führungskraft anvertraut sind.

Im rechtlichen Kontext beschreibt die sogenannte Fürsorgepflicht einen Teil dieser Verantwortung. Im Arbeitsvertrag wird ein weiterer, eher formaler Teil dargestellt. Und neben der rechtlich und schriftlich festgehaltenen Verantwortung existiert zudem die zwischenmenschliche, oft nicht ausgesprochene Verantwortung für z. B. Gerechtigkeit, Fairness, Chancengleichheit und Aufmerksamkeit.

Die Qualität, in der Sie als Führungskraft Ihrer definierten und vereinbarten Verantwortung gerecht werden, wird immer davon abhängen, wie es Ihnen gelingt, für sich selbst Verantwortung zu übernehmen.

Machen Sie sich diesen Zusammenhang greifbar und stellen Sie sich einmal folgendes Szenario vor.

Beispiel zur „Verantwortung als Führungskraft"

Sie sind im Begriff, ein Verkehrsflugzeug von Frankfurt nach Athen zu besteigen. In Höhe des Cockpits müssen Sie einen Moment warten und können folgenden Dialog zwischen dem Kapitän und seinem Copiloten mithören.

Kapitän: „Meine Frau hat mich heute Morgen darüber aufgeklärt, dass sie sich von mir trennen wird und die beiden Kinder mitnimmt. Bis ich morgen wieder nach Hause komme, ist sie bereits weg. Ich habe keine Ahnung, ob ich das noch mal durchstehen kann. Ich habe ja bereits eine gescheiterte Ehe hinter mir. Am liebsten wäre ich heute Morgen gleich an einen Baum gefahren. Die glauben ja eh alle, dass man es mit mir machen kann – aber die werden sich alle noch wundern. Ich glaube, die checken das erst, wenn ich mal nicht mehr da bin. Und dann auch noch hier der ganze Druck. Ich hab die ganze Nacht nicht geschlafen, obwohl ich gestern Abend noch eine Flasche gekippt habe – zur Beruhigung."

Copilot: „Du, das kann ich sehr gut nachvollziehen. Ich habe ja auch einen Sohn aus erster Ehe und muss Alimente zahlen. Ich sehe das aber inzwischen anders. Als mir das damals passiert ist, hab ich erst mal eine Auszeit genommen und habe versucht, wieder mit mir ins Reine zu kommen und die Angelegenheit zu klären. Du musst gerade in solchen Situationen erst mal an Dich denken und auf Dich aufpassen, O.K.?"

Könnte es sein, dass Sie nun beim Einsteigen ins Flugzeug hoffen, dass heute ausnahmsweise einmal der Copilot startet und landet?

Wir vertrauen uns instinktiv lieber einem Menschen an, der sich selbst gegenüber Verantwortung tragen kann und im Vollbesitz seiner körperlichen und psychischen Kräfte ist. Jemand, der die Verantwortung für sich selbst nicht übernimmt, kann auch für andere keine Verantwortung übernehmen (siehe Tab. 8.6).

8.6.3.1   Die erste Verantwortung: Sich selbst sichern – Sicherheit herstellen

Die erste Verantwortung, die Sie Ihren Mitarbeitern gegenüber haben, ist es, dass Sie sich selbst sichern und verantwortungsvoll mit sich umgehen. Erst dann können Sie Ihren Mitarbeitern gerecht werden und anderen Sicherheit geben.

Tab. 8.6 Verantwortung „Sichern – Steuern – Handeln"

Verantwortung, z. B.	Gegenüber sich selbst	Gegenüber den Mitarbeitern
Sichern Sich selbst absichern Sicherheit herstellen	Widerstandsfähig sein (Resilienz) Gefahren/Risiken erkennen Eigene Bedürfnisse wahrnehmen Grenzen ziehen	Umfeld sicher gestalten Einzelne Personen sichern Risiken erkennen und kommunizieren Unterstützung bieten
Steuern Sich selbst führen Orientierung geben	Realistische Ziele haben Stärken und Schwächen kennen Entscheidungen treffen Handlungsfähigkeit herstellen Optionen zur Verfügung haben Prioritäten setzen	Orientierung geben Handlungsoptionen schaffen Entscheidungen treffen Präsent sein, Antworten geben
Handeln Für sich selbst einsetzen Umfelder gestalten	Konflikte ansprechen Grenzen verteidigen Lösungen erarbeiten	Fallback-Lösungen zur Verfügung stellen Verantwortung übernehmen und zuordnen

Ein als sicher wahrgenommenes Umfeld ist eine der Grundlagen für eine nachhaltige Leistungsfähigkeit. Mitarbeiter, die in einem unsicheren Umfeld Leistung erbringen müssen, werden einen Teil ihrer Aktivität dazu nutzen, ihre Sicherheit zu erhöhen. Im beruflichen Umfeld kann das die Suche nach Alternativen sein (Jobwechsel), verstärkte Aufmerksamkeit für das Umfeld (Orientierung) oder die Beschäftigung mit der Wahrnehmung von Kollegen und anderen Betroffenen (Bestätigung). Dadurch geht ein großer Teil der Aufmerksamkeit, Energie und Kraft eines Mitarbeiters verloren, d. h. steht einer konzentrierten Leistungserbringung nicht mehr zur Verfügung.

8.6.3.2   Die zweite Verantwortung: Handlungsfähigkeit herstellen – Optionen schaffen

Die zweite Verantwortung, die Sie Ihren Mitarbeitern gegenüber haben, ist es, dass Sie für Sich Rahmenbedingungen schaffen, die es Ihnen ermöglichen angemessen leistungsfähig zu sein und unversehrt zu bleiben – dass Sie sich selbst vorausschauend führen. Erst dann können Sie auch die Leistungspotenziale Ihrer Mitarbeiter adäquat einschätzen und individuelle Belastbarkeit erfolgreich managen.

Menschen die Höchstleistung erbringen brauchen einen freien Rücken. Sie sind darauf angewiesen, dass ihr Umfeld bestmöglich ausgestattet ist, so dass die Bedingungen für einen barrierefreien Einsatz gegeben sind. Die Führungskraft gestaltet das Umfeld in dem diese Leistung zu erbringen ist.

Führen heißt in diesem Zusammenhang z. B. Alternativen zu erkennen, sich für realistische Optionen zu entscheiden und unrealistische Zielsetzungen zu verwerfen. Gegenüber Ihren Mitarbeitern haben Sie die Verantwortung, Ihre eigenen Perspektiven realistisch einzuschätzen und daraus gangbare Lösungen zu entwickeln. Ihre Mitarbeiter sind darauf angewiesen, dass Sie Ihren Job als Führungskraft mit voller Kraft ausfüllen. Dazu gehört z. B. dass Sie Ihre Mitarbeiter realistisch wahrnehmen, dass Sie ihnen gegenüber konzentriert und aufmerksam sind, um Gefahren und Risiken frühzeitig zu erkennen und dass Sie Entscheidungen treffen und Rahmenbedingungen gestalten, die den Anforderungen gerecht werden.

8.6.3.3   Die dritte Verantwortung: Für sich selbst einsetzen – entschlossen Handeln

Die dritte Verantwortung, die Sie Mitarbeitern gegenüber haben, ist es, dass Sie sich beherzt für sich selbst einsetzen. Dass Sie konsequent sind und notwendige Schritte gehen, um in schwierigen, chancenreichen oder riskanten Umfeldern die richtigen Entscheidungen zu treffen und umzusetzen. Dazu brauchen Sie Mut und die Fähigkeit sich Konflikten zu stellen und daraus Lösungen zu kreieren.

Mitarbeiter sind in ihren Einflussmöglichkeiten begrenzt. Sie haben zum Einen oft nicht die umfassenden Informationen, um eine angemessene Einschätzungen einer Situation zu tätigen. Zum Anderen fehlen ihnen oft die erforderlichen Mittel und die Kompetenz, um gestaltend tätig zu werden. Hier ist es Ihre Verantwortung, dass Sie bei Bedarf einschreiten, Rückendeckung geben und unter Umständen die Reißleine ziehen. Für Ihre Mitarbeiter ist dabei wichtig, dass Sie selbst handlungsfähig sind und bleiben.

Stellen Sie sich einmal vor, Sie sind bei Windstärke acht auf offener See. Sie haben einen Ausflug auf einem Segelboot gebucht und nun schlägt das Wetter um. Sie kennen Sich mit Segeln nicht aus und können die Situation nicht einschätzen. Was tun Sie in dieser Situation automatisch? Sie studieren sehr aufmerksam das Gesicht und das Verhalten Ihres Skippers.

Genauso geht es Mitarbeitern in schwierigen Umfeldern oder Situationen.

Um all den Ansprüchen, die sich nun aus diesen unterschiedlichen Verantwortungen ergeben, gerecht zu werden, muss eine grundlegende Voraussetzung gegeben sein: Die Fähigkeit für sich selbst Verantwortung zu übernehmen und zu tragen.

All dies kann nur jemand leisten, wenn er im Vollbesitz seiner gesamten Kräfte und mit sich selbst weitestgehend im Reinen ist. Woran können Sie nun erkennen, ob Sie auf Ihre Kräfte zugreifen und die Verantwortung für Ihre Mitarbeiter uneingeschränkt übernehmen können? Das folgende Kapitel gibt Ihnen die Möglichkeit abzuschätzen, inwieweit Sie dem Risiko unterlegen sind, Burnout zu bekommen bzw. bereits davon betroffen sind. Burnout ist allerdings nur eine – zugegebenermaßen besonders eindringliche – Form der Gefährdung Ihrer Rolle als Führungskraft. Daneben existieren vielfältige Ursachen für eine eingeschränkte Verantwortungsfähigkeit.

8.6.4   Bin ich gefährdet, Burnout zu bekommen?

Eine Person, die von Burnout betroffen ist erkennt diesen Zustand meist erst als letztes. Es ist ein zentraler Aspekt der Burnout-Symptomatik, dass der Betroffene keinen bzw. einen sehr späten Zugang zu einer wirkungsvollen Selbstreflexion hat. Personen, die in einem Burnout-Risiko stehen, sind geübt in Selbsttäuschung und weisen oft eine deutliche Fehleinschätzung ihrer bedrohlichen Situation auf. Betrachtet man die Dynamik eines Burnouts, ist diese Selbsttäuschung bzw. die chronische Fehleinschätzung ein zentrales Instrument zur Aufrechterhaltung eines selbstschädigenden Kreislaufes, der letztendlich zum Zusammenbruch führt. Aus Sicht des Betroffenen liegt der Nutzen dieser Fehleinschätzung darin, dass sich nur so, die Vorstellung aufrechterhalten lässt, es letztendlich doch noch irgendwie zu schaffen.

Um den typischen Kreislauf zu erkennen, muss man von außen darauf schauen. Burnout-Patienten berichten häufig davon, dass sie erst nach dem Zusammenbruch erkannt haben, dass sie in einem „Hamsterrad" gefangen waren, aus dem sie erst durch den Zusammenbruch herausgefallen sind.

Viele Menschen erkennen den Zusammenhang aber auch schon vor dem Zusammenbruch und können so einen Burnout verhindern bzw. abwenden. Sie haben die Reißleine selbst gezogen und widmen sich nun der Aufarbeitung ihrer persönlichen Geschichte, die sie bis zu diesem Punkt geführt hat.

Wie können sie nun selbst erkennen, ob sie betroffen oder gefährdet sind?

Sie finden in diesem Kapitel einen Fragebogen (siehe Fragebogen 4), der Ihnen zu einer ersten Selbsterkenntnis verhelfen kann. Dieser Fragebogen bzw. Burnout-Test wurde von Dr. Manfred Nelting entwickelt.

Psychologische Test dieser Art sind jedoch meist selbstreferenzielle Verfahren, d. h. es erfolgt eine Selbsteinschätzung durch denjenigen, zu dem eine Aussage gemacht werden soll. Es kann daher vorkommen, dass Fragen sozial erwünscht oder sehr wohlwollend beantwortet werden, um ein kritisches Ergebnis zu vermeiden. Dies sollte bei der Interpretation der Testergebnisse berücksichtigt werden. Es ist daher sinnvoll, mehrere Quellen für eine hochwertige Antwort auf die Frage, „Bin ich burnout-gefährdet?" zu nutzen.

Sie können den Test z. B. auch durch ihnen vertraute Personen für sich beantworten lassen, um mehrere Perspektiven zu berücksichtigen. Oder Sie sammeln Feedback aus dem Kollegenkreis, von Ihrem Vorgesetzten (sofern Sie einen Vorgesetzten haben) und von anderen Personen aus Ihrem beruflichen Umfeld. Auch Personen aus dem privaten Umfeld können Ihnen wichtige Hinweise geben.

Entscheidend wird dabei sein, mit welcher Haltung Sie diese Informationen sammeln. Um verlässliche Aussagen zu erhalten, sollten Sie mit einer gewissen inneren Distanz an die „Recherche" herangehen und sich wie ein Forscher erst einmal frei machen von Vor-Urteilen und vorweggenommenen Einschätzungen. Erst, wenn Sie alle Ergebnisse zur Verfügung haben, können Sie eine erste Antwort wagen. Und trotzdem wird auch diese Antwort subjektiv und von Ihrer inneren Verfassung geprägt sein.

Letztendlich werden Sie insbesondere aus Ihrem eigenen (Bauch-)Gefühl heraus eine Richtung erkennen. Die Auswertung des Tests und die Informationen aus Ihrem beruflichen und persönlichen Umfeld können Ihnen wertvolle Hinweise geben.

Tipps zum Umgang mit dem Fragebogen 4.

1. Bearbeiten Sie diesen Test zu einer Tageszeit, die es Ihnen ermöglicht, sich konzentriert mit den Fragen zu befassen.
2. Bewerten Sie die möglichen Antworten nicht, sondern behalten Sie sich die Auswertung bis zum Schluss vor.
3. Kombinieren Sie die Testergebnisse mit anderen Rückmeldungen, z. B. Feedback, eigenes Bauchgefühl.
4. Sie können diesen Test auch online unter www.gezeitenhaus.de/burn-out-test.html bearbeiten.

Fragebogen 4: TEST – Bin ich durch Burnout gefährdet? (Nelting 2010)

Frage	nein	Eher nein	Eher ja	ja
1. Haben Sie das Gefühl, dass Ihnen alles zu viel wird?	0	2	4	6
2. Sind Sie gereizter als früher?	0	1	2	3
3. Haben Sie Freude an Ihrer Arbeit?	3	2	1	0
4. Sind Sie ständig niedergeschlagen?	0	1	2	3
5. Fühlen Sie sich oft zu erschöpft für Freizeitaktivitäten?	0	1	2	3
6. Häufen sich in den letzten Monaten körperliche Symptome?	0	2	4	6
7. Ziehen Sie sich vermehrt von Ihrem Freundeskreis zurück?	0	1	2	3
8. Greifen Sie häufiger als früher zu Alkohol?	0	2	4	6
9. Haben Sie die Hoffnung, dass Sie etwas ändern können?	3	2	1	0
10. Haben Sie neue Pläne?	3	2	1	0
11. Schlafen Sie gut?	6	4	2	0
12. Haben Sie Zeit für Ihren Partner?	3	2	1	0
13. Stellen Sie zu wichtigen Gelegenheiten das Handy aus?	6	4	2	0
14. Fühlen Sie sich innerlich leer?	0	1	2	3
15. Treten Ängste auf, die Sie früher nicht kannten?	0	1	2	3
16. Kommt Ihnen alles sinnlos vor?	0	1	2	3
17. Fühlen Sie sich ständig unter Spannung?	0	1	2	3
18. Spüren Sie Rückhalt beim Partner oder bei Freunden?	6	4	2	0
19. Haben Sie das Gefühl, Pausen sind verschwendete Zeit?	0	1	2	3
20. Nehmen Sie Schlaf- oder Beruhigungsmittel?	0	1	2	3

Auswertung Zählen Sie bitte die einzelnen Zahlen der von Ihnen angekreuzten Felder zusammen und schauen Sie nach, in welchen Bereich Ihre Summe fällt. Lesen Sie dort nach. Das Ergebnis sollten Sie dann gegebenenfalls mit einer kompetenten Person, z. B. Ihrem Hausarzt, besprechen.

0–15 Punkte

Sie meistern Ihre Herausforderungen mit wirksamen Strategien und pflegen Ihr Leben und Ihr Umfeld. Gratulation!

16–34 Punkte

Sie sollten auf sich achten, um einem Burnout vorzubeugen. Sie haben dafür gute Möglichkeiten, nutzen Sie sie!

35–49 Punkte

Sie sind burnout-gefährdet. Beachten Sie, dass Burnout eine schleichende Symptomatik hat und Sie jetzt noch gut reagieren können. Hierzu sollten Sie geeignete Unterstützungsmöglichkeiten einholen und sich fachkundig beraten lassen.

50–78 Punkte

Sie sind stark burnout-gefährdet bzw. dabei „auszubrennen". Je früher und mutiger Sie sich das eingestehen, umso rascher erhalten Sie wirkungsvoll Hilfe und eine notwendige Behandlung.

Bitte beachten Sie bei der Auswertung auch, dass insbesondere Menschen, die wirklich burnout-gefährdet sind bzw. im Burnout-Prozess bereits weit fortgeschritten sind, diesen Test vielleicht auch unbewusst dazu nutzen, sich selbst zu beweisen, dass alles in Ordnung ist. Wir haben bereits darauf hingewiesen, dass es eines der charakteristischen Merkmale eines ernstzunehmenden Burnouts ist, dass betroffenen Personen diesen Zustand selbst oft nicht erkennen können. Das ist in diesem Fall von den Betroffenen nicht „böse" gemeint oder „selbstverschuldet", sondern aus der Perspektive der Krankheit „Burnout" heraus eine notwendige Logik (siehe dazu auch Kap. 8.1, Burnout als Lösung).

Sie sollten deshalb, wenn Sie sich ernsthaft mit der Frage beschäftigen, ob Sie burnout-gefährdet sind, bzw. ob Sie sich bereits in einem Burnout-Prozess befinden, immer zuerst auf Ihr Bauchgefühl hören. Lehnen Sie sich einmal zurück und beantworten Sie sich die Frage „Wie geht es mir?" einmal ganz ohne konkrete Fragen, ohne Argumentationsketten und ohne Ihren Kopf. Lassen Sie Ihrem Bauch einmal die Chance, zu Ihnen zu sprechen, und nehmen Sie Ihn ernst.

Sollten Sie nun Zweifel hegen, dann kümmern Sie sich um diese Zweifel und nehmen Sie sich in Ihrer Verantwortung ernst.

8.6.5   Was tun im Falle des Verdachts auf einen Burnout?

Wenn Sie den vorherigen Test gemacht haben und daraus hervorgeht, dass Sie vom Risiko eines Burnouts betroffen sind, sollten Sie diesen Hinweis ernst nehmen, sich aber dadurch nicht noch mehr Druck aufbauen.

Vielleicht nehmen Sie auch aus einem anderen Grund an, dass Sie selbst von Burnout betroffen sind. Es kann z. B. sein, dass Sie einfach das Gefühl haben, dass etwas nicht in Ordnung ist, weil es Ihnen nicht gut geht und Sie auf Ihre Kraft und Energie nicht mehr wie gewohnt zugreifen können. Manchmal bildet das Ergebnis eines solchen Tests auch nicht die Situation ab, wie Sie sie gerade erleben bzw. empfinden. Ein Test kann lediglich einen Hinweis geben, aber keine Diagnose stellen. Die Frage, ob Sie eine ernstzunehmende Krankheit haben, oder ob äußere Probleme Ihre Situation beeinflussen, ist aus der einfachen Beantwortung dieses Tests nicht abzuleiten (Nelting 2010).

Nehmen Sie aus dem Test oder aus Ihrem eigenen Empfinden aber Hinweise wahr, die Ihnen den Verdacht einer stressbedingten Überforderung oder eines Burnouts nahelegen, dann sollten Sie jetzt sehr wohlwollend mit sich umgehen.

Hier gilt es, sich selbst zu schützen, die verfügbaren Kräfte klug einzusetzen und möglichst aus der verbliebenen Handlungsfähigkeit heraus Lösungen zu schöpfen.

Es kann gut sein, dass Sie jetzt vielleicht denken:

- „Wie soll ich denn jetzt auch noch das schaffen, ich habe doch schon so viel um die Ohren."
- „Das stimmt schon, aber ich muss halt erst noch das Projekt, die Aufgabe etc. abschließen, dann kümmere ich mich mal wieder um mich."
- „Na so ein Quatsch, das kann man sich vielleicht erlauben, wenn man nichts zu tun hat."

Wenn Sie so denken, dann treten Sie bitte genau jetzt einmal ganz bewusst auf die Bremse und hören Sie in sich hinein.

Welche Gedanken, Emotionen und Impulse sind jetzt gerade bei Ihnen wach? Denken Sie manchmal darüber nach, welche Alternativen Sie haben und was Sie wirklich glücklich machen würde? Haben Sie manchmal keine emotionale Kraft mehr, um mit Freude Ihre Verantwortung zu tragen? Kennen Sie den Wunsch, einfach mal alles hinzuschmeißen?

> Sagt die Seele zum Körper: „Geh Du vor, auf mich hört er nicht mehr!". Sagt der Körper zur Seele: „Ich werde ihn krank machen, dann hat er Zeit für Dich!"
>
> (Alte Weisheit)

Spätestens, wenn sich der Körper meldet, werden Sie merken, dass Sie sich schon lange nicht mehr selbst zugehört haben. Vielleicht ignorieren Sie erste Anzeichen noch. Ihr Körper wird dann auf stärkere Signale zugreifen, solange bis Sie – im schlimmsten Fall – „außer Gefecht gesetzt" sind. Dann können Sie nicht mehr an ihm vorbei. Er wird Ihnen Schmerzen bereiten, den Dienst versagen oder einfach immer kraftloser werden.

▷ Als Mensch sind Sie spätestens dann handlungsunfähig. Als Führungskraft sind Sie bereits viel früher handlungsunfähig.

Woran können Sie nun erkennen, dass Sie als Führungskraft in Ihrem Handeln eingeschränkt oder gar handlungsunfähig sind?

Hier finden Sie dazu einige Beispiele. Die Liste der möglichen Hinweise im Arbeitsalltag ist aber wesentlich umfassender.

- Ich kann mich auf Gespräche mit Mitarbeitern oder anderen Personen nicht mehr konzentrieren. Ich führe das Gespräch, bekomme den Inhalt aber nicht mehr mit.

- Mitarbeiter erscheinen mir mit ihren Fragen eher lästig, sie stehlen mir Zeit. Ich fange an, anderen Menschen bewusst aus dem Weg zu gehen.
- Wichtige Entscheidungen schiebe ich vor mir her oder vertage sie. Ich kenne zwar meine Ziele noch, aber sie haben keine positive Anziehungskraft mehr.
- Mir fehlt die eigene Klarheit und ich habe selbst keine Orientierung mehr.
- Nebensächlichkeiten beschäftigen mich, ich werde mit nichts mehr fertig.
- Ich weiche Konfrontationen aus und ziehe mich lieber zurück, auch wenn ich weiß, dass dadurch die Probleme ungelöst bleiben.

Wenn Sie zu dem Schluss gekommen sind, dass es sein kann, dass Sie selbst betroffen sind – von stressbedingtem Leistungsausfall oder der Gefahr eines Burnouts – dann dürfen und dann müssen Sie sich nun Zeit nehmen. Zeit dafür, wieder zu sich selbst zu kommen und sich wahrzunehmen, wieder handlungsfähig zu werden.

Beim Segeln steht an erster Stelle immer die Sicherheit. Für Gefahrensituationen lernt man dabei zwei Zustände zu unterscheiden.

a. Ich befinde mich in einer Risikosituation – aber ich kann es noch alleine schaffen. (Funkspruch: PanPan)
b. Ich befinde mich in einer Notfallsituation – ich schaffe es nicht mehr alleine, ich brauche Hilfe! (Funkspruch (Mayday)

Bevor Sie handeln, steht also immer noch eine Aufgabe vor Ihnen: die realistische Einschätzung und die Akzeptanz Ihres Zustandes. Und die Frage, ob Sie aus eigener Kraft da noch herauskommen.

8.6.5.1   Handlungsmöglichkeiten bzw. -notwendigkeiten
Der erste Schritt ist immer die eigene Absicherung. Hier können Sie einiges für sich tun.

1. **Arztbesuch**
   Der wichtigste Schritt ist Klarheit und Sicherheit in der Einschätzung Ihrer Situation und Ihrer Verfassung. Dazu sollten Sie sich einem Arzt anvertrauen und herausfinden, ob und wie stark Sie durch Stress und Ihre persönliche Situation belastet sind. Der Arzt wird Sie gründlich untersuchen und neben der Einschätzung Ihrer psychischen Verfassung auch relevante körperliche Parameter messen und auswerten.
2. **Unterstützung**
   Eine der effektivsten Ressourcen ist die Unterstützung durch andere. Dies kann schon in der einfachen Funktion des Zuhörens zu finden sein. Wenn wir uns mitteilen können und auf Verständnis treffen, kann das bereits entlastend und motivierend wirken. Findet darüber hinaus noch aktive Unterstützung in Form von mentaler oder emotionaler Zuwendung statt, kann das auch zur Lösung der stressenden Situation beitragen. Und auch ganz konkrete praktische Unterstützung kann helfen, z. B. das Übernehmen einer schwierigen oder unangenehmen Aufgabe, das Zurverfügungstellen von Ressourcen.

Suchen Sie sich also andere Menschen, die Sie wirkungsvoll durch Zuhören, Verständnis, andere Sichtweisen und Meinungen, Übernahme von Aufgaben und zeitliche Verfügbarkeit unterstützen.

Häufig ziehen sich Menschen unter Druck eher zurück und konzentrieren sich allein auf ihre Aufgaben und Ziele. Alle möglichen Reserven werden abgerufen und eingesetzt. Dabei ist die Unterstützung durch andere eine sehr wichtige und effektive Ressource. Ein Mensch, der burnout-gefährdet ist, sieht diese Möglichkeit aber nicht. Im Gegenteil – geht er davon aus, dass er die Herausforderung mittels seiner eigenen Kräfte und nur durch Eigeninitiative bewältigen muss.

3. **Perspektivenwechsel**

In der systemischen Therapie gibt es den Begriff des Reframing. Reframing bedeutet, die Dinge in einen neuen Gesamtzusammenhang zu stellen, dem Ganzen eine neue Bedeutung zu geben.

Eine Führungskraft, die sich in einem anspruchsvollen Coaching befand, erzählte, dass sie von ihrem Vorgesetzten kritisiert wurde, weil sie ihre eigene Meinung einbrachte und nicht wie gewohnt angepasst „ja" sagte. Sie war über seine Äußerung sehr verletzt. Auch darüber, weil ihr Vorgesetzter nicht anerkannte, dass sie hart an sich gearbeitet und sich verändert hatte. Sie war völlig verblüfft, als ihr Coach ihr sagte, dass sie das doch als ein Kompliment verstehen könne, dass es ihr gelungen sei, sich merklich und wirkungsvoll zu verändern. Diese Arbeit könne nun als gelungen bewertet werden. Die neue Aufgabe sei nun, an der Beziehung zu ihrem Vorgesetzten zu arbeiten, und daran, mit den Konsequenzen eines entschiedenen Auftretens umzugehen.

Wenn die Kritik als Kompliment verstanden wird, ergeben sich daraus vollkommen neue Ansatzmöglichkeiten. Ein Perspektivenwechsel kann in einer vermeintlich festgefahrenen Situation Handlungsfähigkeit wiederherstellen.

Personen, die von Stress und möglicherweise Burnout betroffen sind, kämpfen meist gegen sich – gegen ihre vermeintliche Unzulänglichkeit, gegen Ängste und persönliche Schwächen. Stattdessen können persönliche Grenzen und wahrgenommener Druck auch als Hinweis darauf gedeutet werden, dass man sich selbst wieder mehr wahrnehmen sollte und seinen eigenen Bedürfnissen nachgehen darf.

> ► Wechseln Sie die Perspektive: Kämpfen Sie nicht gegen den Stress, sondern kämpfen Sie für sich.

Es kann sein, dass Sie sich nun hier nicht verstanden fühlen und vielleicht sogar bereits wütend auf denjenigen sind, der so etwas schreibt. Als ob es so einfach wäre und man einfach den Druck ins Positive umdeuten könnte und die Dinge sich dann lösen. Stimmt. Einfach ist es nicht, und wenn Sie gerade kämpfen, können Sie das „so einfach" auch nicht betrachten. Aber es ist möglich und hilfreich, die Dinge einmal anders zu betrachten – mit einem wohlwollenden Blick auf sich selbst. Hier können Gespräche mit einem geschulten Therapeuten oder Coach entlastend und hilfreich sein.

4. **Wohlwollend mit sich umgehen**

Um wohlwollend mit sich umgehen zu können, braucht es ein gutes Gespür für die eigenen Bedürfnisse. Erkennen wir diese nicht bzw. nicht mehr, bedienen wir nur die vermeintlichen Bedürfnisse, die uns oberflächlich am dringlichsten erscheinen, z. B. das Bedürfnis nach Geltung und Wohlstand oder Erfolg und Anerkennung.

Wohlwollend mit sich umgehen, heißt auch, sich selbst in seinen ursprünglichen Bedürfnissen gerecht zu werden. Unser Körper ist uns da sehr hilfreich. Er sagt uns sehr direkt, wenn etwas nicht stimmt. Wir reagieren auf Stress mit Verspannungen, Schlafstörungen, innerer Unruhe, Kopfschmerzen, Magenkrämpfen etc. Aber oft gehen wir sehr brachial mit ihm um. Wir bringen ihn „wieder in Ordnung" mithilfe von Medikamenten und zwingen uns dadurch, zu funktionieren.

Achten Sie auf Ihren Körper und nehmen Sie die Signale wahr, mit denen er sich an Sie wendet. Gönnen Sie sich Pausen, nehmen Sie aktiv Ihr Umfeld wahr.

5. **Gespräche suchen – sich mitteilen**

Vertrauen Sie sich anderen Menschen an. Wenn Sie einen Partner haben, ist dieser oft der Erste, der Veränderungen an Ihnen wahrnimmt. Daher neigt jemand, der von Burnout betroffen ist, dazu sich abzukapseln und andere nicht mehr an seiner Welt teilhaben zu lassen. Vertrauen Sie wieder. Suchen Sie sich jemanden, zu dem Sie Vertrauen haben, der Ihnen aber auch sagen kann, was schiefläuft, und Sie nicht nur bestätigt.

Ausgänge und Empfehlungen Auch wenn Sie nur den Verdacht haben, dass Sie unter dem Burnout-Syndrom leiden, nehmen Sie sich hier sehr ernst. Wenn Sie als Führungskraft das Gefühl haben, dass Sie nicht mehr voll handlungsfähig sind, suchen Sie sich jemanden, dem Sie die Verantwortung übergeben können (z. B. Stellvertreter oder Vorgesetzter). Greifen Sie auf Fallback-Lösungen zurück. Sonst sind Sie unverantwortlich sich selbst gegenüber, den Mitarbeitern und Ihrem Unternehmen.

8.6.6 Interview mit Herrn Dr. Manfred Nelting

Interessant erscheint uns im Zusammenhang mit den gesundheitlichen Aspekten auch die medizinische Sicht auf die Dynamik, die sich an der Leistungsgrenze ergibt. Wir haben uns deswegen mit dem Arzt, Herrn Dr. Manfred Nelting, ausgetauscht, den sie bereits als Verfasser des Burnout-Tests (Kap. 8.6.4.) kennengelernt haben. Von ihm haben wir interessante Einblicke in die medizinischen Hintergründe erhalten, die sich für Menschen an der Leistungsgrenze ergeben können. Im Folgenden finden Sie das Interview mit Herrn Dr. Nelting, in dem er die Zusammenhänge nachvollziehbar darstellt und daraus Konsequenzen für einen konstruktiven Umgang mit der Leistungs- und der Belastungsgrenze ableitet.

Zur Person:

Dr. Manfred Nelting, geboren 1950 in Hamburg, ist Facharzt für psychosomatische Medizin und Psychotherapie sowie Facharzt für Allgemeinmedizin. Er ist Gründer mehrerer Kliniken, zuletzt

2004 der Gezeiten Haus Klinik in Bonn-Bad Godesberg. Er zählt zu Deutschlands Experten zum Thema Burnout. Er war und ist beteiligt an wissenschaftlichen Arbeiten, Veröffentlichungen und Artikeln zu Tinnitus, Burnout, Depressionen, Lebenskrisen und Genforschung und ist Autor verschiedener Bücher zum Thema Burnout. 2005 entwickelte er einen wissenschaftlichen Test zur Einschätzung des Burnout-Risikos (siehe Kap. 8.6.4.).

Basler/Gattinger: Herr Dr. Nelting, Betroffene nehmen Belastungen in ihrem beruflichen Umfeld, die dann in Stress oder Burnout münden, in erster Linie als psychisches Leiden wahr. Sie sprechen dagegen von einem psychosomatischen Phänomen. Warum ist diese differenzierte Betrachtung für die Betroffenen so wichtig?

Dr. Nelting: Bereits in einem frühen Stadium von krank machendem Stress und Burnout, lange bevor diese von den Betroffenen als Gesundheitsrisiko oder Krankheit bewertet werden, können wir heute physiologische bzw. körperliche Reaktionsmuster erkennen. Eine der Charakteristiken von Stress und Burnout ist es, dass eine adäquate Wahrnehmung der körperlichen Antworten auf die aktuellen Belastungen nicht mehr gelingt. Der somatische Anteil ist aber im Stressgeschehen ebenso bedeutsam wie der psychische Aspekt und muss im Zusammenhang verstanden werden.

Basler/Gattinger: Wir unterscheiden im Powerline-Modell die Leistungs- von der Belastungsgrenze. Die Leistungsgrenze ist dabei gekennzeichnet durch einen Zuwachs von Kompetenzen, gewollte Grenzerfahrungen und der Möglichkeit auf Spitzenleistung. Die Belastungsgrenze dagegen ist gekennzeichnet durch Ressourcenverbrauch und psychischen sowie physischen Kraftaufwand. Sind bei einem Menschen an diesen beiden Grenzen auch physiologische und medizinische Unterschiede erkennbar?

Dr. Nelting: Ja, und zwar auf mehreren Ebenen, z. B. der *Hirnvernetzung*, der *vegetativen Balance* und der *Cortisol-Ausschüttung*.

- Betrachten wir zuerst die Hirnvernetzung. Die Leistungsgrenze, so wie im Powerline-Modell definiert, stellt in diesem Zusammenhang eine kompetenzbasierte Herausforderung dar, bei der ein intensiver Anreiz für eine neuronale Vernetzung im Hirn geschaffen wird – der Mensch wird in dieser Situation kreativ, d. h. er vernetzt bestehendes Wissen und verfügbare Erfahrungen und kreiert daraus neue Erkenntnisse und Lösungsansätze. Ein Mensch, der an der Leistungsgrenze seines eigenen Kompetenzbereiches arbeitet, optimiert diese Vernetzung und garantiert so eine bestmögliche Ausschöpfung von Kreativität, Konzentration und Gedächtnisleistung. An der Belastungsgrenze dagegen führen weitere Herausforderungen zu anhaltenden Alarmreaktionen, die den Zugang zu kreativer Bearbeitung eher blockieren. Neuronaler Zugang besteht dann in der Regel nur noch zu Schablonen älterer Erfahrungen. Durch das Fehlen neuer kreativer Leistungen des Hirns beginnt aber zugleich ein Rückgang der Hirnvernetzung, d. h. es erfolgt die im Powerline-Modell dargestellte absteigende Dynamik. Der betroffene Mensch kann zunehmend weniger auf seine Kompetenzen zugreifen bzw. komplexe Lösungsansätze nicht mehr realisieren.

- Wir erkennen aber auch im Zusammenspiel von Sympathikus und Parasympathikus, also der vegetativen Balance, deutliche Unterschiede zwischen der Arbeit an der Leistungsgrenze bzw. der Belastungsgrenze. Die vegetative Balance ist von existenzieller Bedeutung für die Gesundheit des Menschen und wird gewährleistet durch ein ausgewogenes Verhältnis der Arbeit zweier Nervensysteme – des Sympathikus (verantwortlich für Aktivierung) und des Parasympathikus (verantwortlich für Beruhigung und Erholung). Dieses Zusammenspiel wirkt sich auf viele lebenserhaltende Bereiche unseres Körpers aus, wie z. B. auf das Herz-Kreislaufsystem und den Schlaf. Sind beide Nervensysteme in einer optimalen Balance, erkennen wir das daran, dass z. B. die Reaktion der Herzaktion auf verschiedene Anforderungen maximal flexibel bleibt. In einer medizinischen Herzratenvariabilitätsmessung kann dies und die jeweiligen Aktionsniveaus von Sympathikus und Parasympathikus leicht nachgewiesen werden. Zudem zeigen die beiden oben dargestellten Nervensysteme z. B. im Schlaf eine charakteristische gesunde Schlafarchitektur mit Erhaltung von Traum- und Tiefschlafphasen.
- An der Leistungsgrenze finden wir nun eine reversible Sympathikusaktivierung, mit einem Parasympathikus im Stand-by-Modus. Er wird aktiv, wenn eine Ausbalancierung notwendig wird bzw. eine Abbremsung des Sympathikussystems erfolgen sollte. In Pausen findet eine Rückkehr zur vorrangigen Parasympathikusaktivität statt, ebenso wie im Schlaf.
- Bei der Arbeit an der Belastungsgrenze findet man in der Regel eine überschießende, ungedeckte Sympathikusaktivität. Der Parasympathikus hat eine eingeschränkte Funktion, die sich in weniger und vegetativ ineffektiveren Pausen zeigt. Bei andauernder Belastung sinkt dann die Sympathikusaktivität (Ermüdung) nachfolgend die Parasympathikusaktivität. Damit wird eine gesunde Schlafarchitektur zunehmend aufgehoben. Der betroffene Mensch ist zwar müde und erschöpft, findet aber keinen erholsamen Schlaf mehr, er leidet unter chronischen Schlafstörungen.
- Ein weiteres Indiz dafür, wie ein Mensch Stress verarbeitet, ist die Cortisol-Ausschüttung. Stabile, auf- und absteigende Werte im Tagesverlauf können ein Hinweis darauf sein, dass der betroffene Mensch eher an seiner Leistungsgrenze agiert und einen konstruktiven Umgang mit seinen Ressourcen pflegt. Wenn dagegen Dysregulationen vorliegen und die Ausschüttung von Cortisol deutlich ansteigt ohne wieder abgebaut zu werden, kann man davon ausgehen, dass der betroffene Mensch sich eher an seiner Belastungsgrenze bewegt und möglicherweise bereits auf einen Burnout zusteuert.

Wir können also mit einer spezifischen Stress-Diagnostik ambulant feststellen, ob der persönliche Stresslevel im gesunden Bereich reguliert wird oder ob bereits eine Gefährdung der Person vorliegt.

Basler/Gattinger: Wir beschreiben in Kap. 2, Die Führungskraft im Spannungsfeld, warum es aus unserer Sicht so wichtig ist, sich als erfolgreiche und gesunde Führungskraft mit der Ambivalenz des Lebens auseinanderzusetzen und als reife Persönlichkeit schuldfähig zu sein. Was berichten Menschen, die bereits von Burnout betroffen sind dazu? Ist die Frage des Umgangs mit Schuld bzw. der Verantwortung im Zusammenhang mit Burnout relevant?

Dr. Nelting: Menschen, die von Burnout betroffen sind, haben in der Regel eine im Burnout-Prozess entstandene eingeschränkte Fähigkeit zur selbstkritischen Betrachtung. Dies betrifft in besonderem Maße die Wahrnehmung eigener Fehler. Die Verursachung kommunikativer Störungen, fehlerhafter Arbeiten und emotionaler Entgleisungen wird dabei konsequent externalisiert, d. h. als Schuld anderen Menschen oder äußeren Umständen zugeschrieben. Im Behandlungsprozess ist Heilung nur dann möglich, wenn diese Form der Schuldzuweisung von den Betroffenen wieder in die eigene Verantwortung zurückgeholt und angemessen verarbeitet werden kann. Für Führungskräfte gilt dies in besonderem Maß, da sie neben der Verantwortung für sich selbst, Verantwortung für andere Menschen übernehmen können müssen.

Basler/Gattinger: Sehen Sie auf dem Hochleistungsplateau des Powerline-Modells im Rahmen von Spitzenleistung eine besondere Gefährdung? Und woran können Menschen, die sich einer Spitzenleistung verpflichten, erkennen, dass sie gefährdet sind?

Dr. Nelting: Wenn Menschen sich auf das Hochleistungsplateau begeben, müssen sie in einer besonderen Art und Weise für sich Sorge tragen. Es muss eine persönliche, konstitutionelle und physiologische Eignung für die gewählte Spitzenleistung vorliegen. Daneben sollte ein Mensch, der sich auf dem Hochleistungsniveau bewegt, genau beobachten, ob ihm noch ein erholsamer Schlaf gelingt. Außerdem sollte sich sein, durch Herausforderungen im Arbeitstag möglicherweise ansteigender Blutdruck am gleichen Abend wieder normalisieren. Auch einem Menschen, der Spitzenleistung erbringt, sollte die Körperwahrnehmung von Durst, Müdigkeit, Sättigung, einem Zuviel an Arbeit, Pausen- und Mußebedürfnissen erhalten bleiben.

Basler/Gattinger: Sie arbeiten tagtäglich mit Menschen, die die Belastungsgrenze bereits überschritten und den körperlichen und psychischen Zusammenbruch erlebt haben. Was sind deren wichtigste Erkenntnisse aus dieser Grenzerfahrung? Und welche Schlüsselfaktoren sind bei dieser Grenzerfahrung notwendig, um wieder Leistungsfähigkeit herzustellen?

Dr. Nelting: Aus medizinischer Sicht besteht erst dann wieder eine belastbare und nachhaltige Leistungsfähigkeit, wenn sich das vegetative Gleichgewicht regeneriert hat und langfristig aufrechterhalten werden kann. Dies kann z. B. im Rahmen einer Therapie und darüber hinaus durch konkretes tägliches Üben von Qigong erreicht werden. Schlüsselfaktoren auf diesem Weg sind außerdem die wiedererlangte Körperwahrnehmung sowie die Achtsamkeit im Alltag. Dabei sind insbesondere suffiziente, also erholsame Pausen, und regenerativer Schlaf ausschlaggebend. Burnout-Betroffene lernen in der Behandlung, dass Denkpausen für die Leistungserbringung notwendig sind, also meditative Aspekte im Leben gebraucht werden. Sie erkennen auch die eigene Neigung zur Selbsttäuschung und können daraus die Bedeutung eines möglichen Korrektivs durch andere Menschen wertschätzen. Fremdwahrnehmung als Informationsquelle zu nutzen, die Fähigkeit zur Anhörung von Kritik und eine selbstkritische Betrachtung – auch oder gerade in Belastungssituationen – müssen geübt und in den Alltag integriert werden.

Basler/Gattinger: Welchen Einfluss kann aus Ihrer Sicht der einzelne Mensch bzw. die Gesellschaft auf den Leistungsdruck ausüben?

Dr. Nelting: Leistungserbringung findet immer in einem individuellen, physiologischen Spielraum statt. Dieser Tatsache muss jeder einzelne Mensch ins Auge schauen und diese Tatsache muss gesellschaftlich anerkannt werden. Menschen agieren nach inneren Leitsätzen, die sie oft familiär erworben haben. Es kann sein, dass diese Leitsätze Menschen unter Verleugnung der eigenen physiologischen Grenzen zu permanenter Leistung ohne Pausen antreiben. Es ist deshalb notwendig, die Kompetenz zur Anpassung dieser Leitsätze an die persönliche physiologische Realität zu erwerben. Führungskräfte – als Repräsentant einer Gesellschaft bzw. eines Unternehmens – haben hier Vorbildcharakter. Sie sind gefordert, die Ambivalenz der Realität, die sich z. B. in der Forderung von Leistung und der gleichzeitigen Begrenztheit der Leistungserbringung zeigt, anzuerkennen und besprechbar zu machen. Die Gesellschaft kann Einfluss nehmen, indem sie Alternativen aufzeigt und werthaltige Lösungsmöglichkeiten im Umgang mit individuellen Leistungsgrenzen anbietet.

Basler/Gattinger: Wir geben unseren Lesern das Versprechen, dass es mit den Prinzipien zum Führen an der Leistungsgrenze leichter wird. Und wir sagen, dass sie daran, dass es leichter wird, erkennen können, dass sie die verfügbaren Kräfte optimal nutzen. Haben Sie das Gefühl, dass es sich Ihre Patienten manchmal zu schwer machen? Wenn ja, woran kann man das erkennen und warum ist es so schwer, es sich leichter zu machen?

Dr. Nelting: In vielen Krankheitsgeschichten von Burnout-Betroffenen findet sich die Tatsache wieder, dass „es sich leicht machen – es einfach machen" keine Option war und nicht weiter gedacht werden konnte. Diese Menschen befinden sich in einem Dauerzustand der inneren Anforderung „sei stark". Dahinter verbirgt sich die Überzeugung, dass der fehlende Erfolg ausschließlich davon abhängt, dass der eigene Einsatz nur noch ein bisschen mehr gesteigert werden muss, um doch noch den durchschlagenden Erfolg zu erreichen. Und noch ein weiterer Aspekt ist hier entscheidend. Wir haben uns zu einer „verkopften" Gesellschaft entwickelt. Seitens des Gehirns gilt aber das „Einfache" als banal und steht in der Bewertungsliste ganz unten. Einfache Lösungen stehen im Verdacht, nicht die besten Lösungen zu sein. Dagegen steht, dass wir erst dann im besten Sinne kompetent sind, wenn uns die Dinge leicht von der Hand gehen. Gelassenheit fühlt sich leicht an, ein gekonnter Schritt ebenfalls. Manchmal ist sogar das „WuWei"-Prinzip, also das Handeln durch Nichthandeln (Laotse) der beste Weg, um die Dinge, die sich nicht fügen wollen, anzugehen. Das setzt aber Rückgrat und gelassenes Aushalten von Turbulenzen voraus, von denen sich ja bekanntlich 90 % von selbst lösen. Und obwohl diese Fähigkeit eine hervorragende Führungskompetenz ist, gilt sie leider bisher noch nicht als Karriereanker und Beförderungsgrund.

Basler/Gattinger: Herr Dr. Nelting, in der Erwachsenenbildung sagt man oft, daran sind die Eltern schuld. Kann man im Fall von Burnout auch den Eltern die Schuld geben und welche Rolle spielen hier die Führungskräfte bzw. der Betroffene selbst?

Dr. Nelting: In den Krankheitsgeschichten von Burnout-Betroffenen finden wir sowohl Potenzial fördernde als auch hemmende Eltern. Natürlich sind schwierige oder traumatische Erlebnisse in der Kindheit eine Bürde bei der Entwicklung kreativer Kompetenzen, wir sehen aber auch viele Menschen an Entwicklungshürden in ihrer Persönlichkeit wachsen. Insofern muss die Biografie von Führungskräften doch sehr individuell betrachtet werden.

In der immer noch eher männlich dominierten Führungswelt begegnen wir vielen Führungskräften, die unter einer fehlenden Präsenz der Väter, z. B. durch berufsbedingte Abwesenheit, emotionale Verschlossenheit oder Scheidung, aufgewachsen sind. Ohne klare männliche Vorbilder bleiben diese heutigen Führungskräfte häufig in ihrem Verhalten auch im erwachsenen Leben, die Söhne ihrer Mütter und damit in Abhängigkeit. Eine reife innere Haltung, persönliche Unabhängigkeit und Seniorität sind aber wichtige Ressourcen im Umgang mit Belastungen des beruflichen Umfeldes. Lassen betroffene Führungskräfte eine Spiegelung dieser Tatsache im Coaching bzw. in der Persönlichkeitsentwicklung zu, können sie sehr fruchtbar ihre Führungs- und Kommunikationskompetenzen verbessern.

Frauen hatten aus dem gleichen Grund als Kind oft keine Gelegenheit, einen wertschätzenden Alltag zwischen den Eltern zu erleben. In Führungspositionen neigen sie dann häufig zur Übernahme männlicher Führungskonzepte, was sie dann ihres besonderen sozialen und emotionalen Potenzials als Frau beraubt.

Insofern sind die elterlichen bzw. familiären Grunderfahrungen oft für die echte Befähigung zum Führen durchaus bedeutsam. Ein Kompetenzzuwachs über Persönlichkeitsentwicklung ist deshalb gerade für Führungsaufgaben qualifizierend.

Basler/Gattinger: Herr Dr. Nelting, wir bedanken uns sehr herzlich für die Betrachtung der vielfältigen Aspekte zum Führen an der Leistungsgrenze aus Ihrer Perspektive als behandelnder Arzt und Leiter der Gezeiten Haus Klinik in Bonn.

Den Stein ins Wasser werfen – das Kräftefeld im Unternehmen

Wenn Sie Steine ins Wasser werfen, entstehen Wellen. Diese Wellen formen sich, solange sie Freiraum haben, und verformen sich oder brechen, sobald sie auf Widerstand stoßen. Sie haben in den vorangegangenen Kapiteln handlungsleitende Modelle, erfolgsrelevante Instrumente und vielfältige Anregungen erhalten, die alle darauf ausgerichtet sind, Veränderungen und Entwicklung zu initiieren. Wenn Sie diese umsetzen, werden Sie Wellen produzieren und daraus Rückmeldungen erhalten.

Sie werden also Ihre Mitarbeiter nicht unbemerkt an ihre Leistungsgrenze führen können. Überall dort, wo Sie Wirkung erzeugen, werden Sie Resonanzen erhalten. Denn Sie bewegen sich in Ihrer Rolle als Führungskraft in einem dynamischen Umfeld. Es wird Tendenzen geben, die Ihre Aktionen begrüßen und unterstützen. Aber es wird auch Tendenzen geben, die Ihre Aktionen verhindern wollen oder diese zumindest kritisch sehen. Wir möchten Ihnen hier ein Gefühl dafür vermitteln, wie die möglichen Reaktionen Ihres direkten und Ihres weiter gefassten Umfeldes aussehen können.

Das direkte Umfeld, in dem Sie sich als Führungskraft bewegen, ist das Unternehmen selbst. Hier wirken Kräfte, die mittelbar und unmittelbar Einfluss auf das dortige Geschehen nehmen. Das sogenannte Kräftefeld. Dieses Kräftefeld ist auch mit einem Mobile vergleichbar. Werden bestimmte Elemente daraus bewegt oder kommen neue Komponenten hinzu bzw. werden solche weggenommen, verändern sich alle bestehenden Beziehungen zueinander. Die Konstellation wird neu ausgelotet, um wieder ins Gleichgewicht zu kommen.

Als Führungskraft nehmen Sie mit Ihrem Führungshandeln in diesem spezifischen Kräftefeld Einfluss. Sie erhalten daraus Rückmeldungen und werden Ihrerseits beeinflusst. Oder wie bereits gesagt, wenn Sie als Führungskraft den Stein ins Wasser werfen, werden Wellen entstehen. Und Sie werfen den Stein bereits dann ins Wasser, wenn Sie beginnen, darüber zu sprechen, dass Sie Ihre Mitarbeiter an die Leistungsgrenze führen wollen.

Im gleichen Moment werden Sie Reaktionen erhalten.

• Vielleicht Bewunderung von Ihren Führungskollegen, weil diese hinter Ihren Aktionen etwas Erfolgsversprechendes vermuten, dass sie sich selbst bisher nicht zugetraut haben.

S. Basler, K. Gattinger, *Führen an der Leistungsgrenze*, DOI 10.1007/978-3-658-04316-2_9, © Springer Fachmedien Wiesbaden 2014

- Von Ihren Mitarbeitern vielleicht Widerstand, weil diese jetzt schon an ihrer Belastungsgrenze stehen und sich nicht vorstellen können, wie sie noch mehr Leistung erbringen sollen.
- Und von Ihrem Vorgesetzten bekommen Sie vielleicht Grenzen aufgezeigt, weil dieser sich von Ihnen bedroht fühlt und in Ihnen einen direkten Konkurrenten vermutet, der nun zum Überholen ansetzt.

Diese Reaktionen sind möglich, aber auch ganz andere, gegenteilige oder kontroverse. Unterstützende und bestätigende Reaktionen sind ebenso üblich wie Widerstände und Ablehnung. Der Cocktail, mit dem Sie bei der Arbeit an der Leistungsgrenze konfrontiert werden, ist energiereich und vital.

Dabei spielen Sie selbst in diesem Prozess eine zentrale und gestaltende Rolle. Sie können auf dem Weg zur Leistungsgrenze bzw. beim Erweitern der Leistungsgrenze bis zur Spitzenleistung sowohl Teil des Problems als auch Teil der Lösung sein.

Was das bedeutet und welche Resonanzen zu erwarten sind, möchten wir Ihnen in diesem Kapitel vorstellen. Die Komplexität und Individualität des Kräftefeldes, in dem Sie selbst wirken, erschweren allerdings eine allgemeingültige Antwort auf diese Fragen. Die Interessen der Betroffenen und Beteiligten Ihres ganz persönlichen Kräftefeldes hängen von einer Vielzahl von Einflussfaktoren ab. Wir skizzieren hier Bilder von Kräftefeldern und versuchen das komplexe Thema soweit wie möglich zu strukturieren. Sie können sich daran orientieren und Ihre Alltagserfahrungen dahingehend überprüfen, ob sie die Voraussetzung zum Führen an der Leistungsgrenze erfüllen bzw. woran Sie nun arbeiten wollen. Wir gehen in diesem Kapitel davon aus, dass das Führen an der Leistungsgrenze dabei für Sie Neuland bedeutet und Reaktionen Ihres Umfeldes auslösen wird. Selbstverständlich kann es auch sein, dass Sie bereits darin geübt sind, an die Leistungsgrenze heranzugehen, dort souverän zu agieren und Mitarbeiter verantwortungsvoll zu führen. Dann werden die Resonanzen Ihres Umfeldes andere sein und Sie werden sich durch die Lektüre des Buches vielleicht bestätigt fühlen. Die letztendliche Entscheidung, ob und wenn ja, wie Sie die Instrumente, Mechanismen und Prinzipien zum Führen an der Leistungsgrenze umsetzen, bleibt ganz bei Ihnen.

9.1   Das Kräftefeld im Unternehmen

Das Kräftefeld, in dem Sie sich als Führungskraft und Ihre Mitarbeiter wiederfinden, kann sich aus Fach- und Führungskollegen, Vorgesetzten, Mitgliedern der Hierarchieebenen, Gesellschaftern, Kunden, Lieferanten etc. zusammensetzen.

Die Wirkung, die eine Führungskraft im Kräftefeld beim Führen an der Leistungsgrenze erzielt, erhält Resonanzen aus drei wesentlichen Beziehungsebenen:

- der Ebene der Mitarbeiter als Einzelperson und als Teil eines Teams
- im Zusammenspiel der Kollegen auf gleicher Führungsebene
- vom eigenen Vorgesetzten bzw. den übergeordneten Führungsebenen

Sobald sich ein Element des Kräftefeldes verändert, organisieren sich alle anderen Elemente neu, d. h. suchen die für sie beste Beziehung bzw. Position zueinander. Dabei spielen Konkurrenz, Allianzen, gegenläufige Zielsetzungen etc. eine wesentliche Rolle. Dazu ein kurzes Beispiel.

Beispiel „Resonanzen auf Veränderungen im Kräftefeld"

Nach zehn Jahren erfolgreicher Leitung der Produktion geht Herr Paulus in Rente. Das Unternehmen hat bereits ein Jahr zuvor die Nachfolgeregelung vorbereitet und den bisherigen Leiter der Produktionsplanung, Herrn Sänger, als neuen Leiter Produktion aufgebaut. Herr Sänger ist zwar erst seit zwei Jahren im Unternehmen, verfügt aber über ein Ingenieurstudium und mehrjährige Erfahrung aus der Produktion anderer Unternehmen. Seine bisherige Leistung war sehr gut und zukunftsweisend. Aus den anderen Leitungsbereichen der Produktion kam auf die offizielle Stellenausschreibung eine Bewerbung von Herrn Meister, der bereits seit zwölf Jahren im Unternehmen arbeitet. Diese Bewerbung wurde jedoch abgelehnt. Kurz nach der Berentung von Herrn Paulus entstanden erste Schwierigkeiten in der Produktion. Zwischen Herrn Sänger und Herrn Meister entbrannte ein Machtkampf, wer wohl schon seit Längerem schwelte. Die Teamleiter positionierten sich jetzt entweder auf die Seite des einen oder des anderen und viele Mitarbeiter zogen sich erst einmal zurück, um nicht zwischen die Fronten zu geraten.

Aber es gibt selbstverständlich auch positive Beispiele. Stellen Sie sich vor, was passiert, wenn in einer Abteilung eine schwache Führungskraft langjährig verhindert, dass die Mitarbeiter eine bessere Leistung erzielen als sie selbst. Wenn diese Führungskraft nun durch eine reife und selbstbewusste Führungskraft ersetzt wird, die die Leistung der Mitarbeiter honoriert und keine Angst vor Spitzenleistern hat. Dann kann sich das Kräftefeld neu organisieren und es können bestärkende Beziehungen aufgebaut werden. Gegenseitiger Neid und negative Konkurrenz können entkräftet werden und durch gemeinsame Erfolgserlebnisse ersetzt werden.

Es gibt unendlich viele Beispiele, wie sich die Akteure eines Kräftefeldes bei Veränderungen neu zueinander organisieren können. Betrachten wir dabei die Akteure zuerst einmal einzeln, bevor wir in einem zweiten Schritt die ausgelösten Resonanzen und wirkenden Kräfte ansehen.

9.1.1   Die Akteure im Kräftefeld

In einem Kräftefeld geht es um soziale Strukturen, d. h. die Beziehungen zueinander. Und es geht um die individuellen Positionen, die die Akteure zur Realisierung ihrer Interessen und Zielsetzungen einnehmen. Insofern ist beispielsweise die Übernahme einer Führungsposition ein markanter Akt zur Gestaltung des persönlichen Kräftefeldes nach eigenen Vorstellungen.

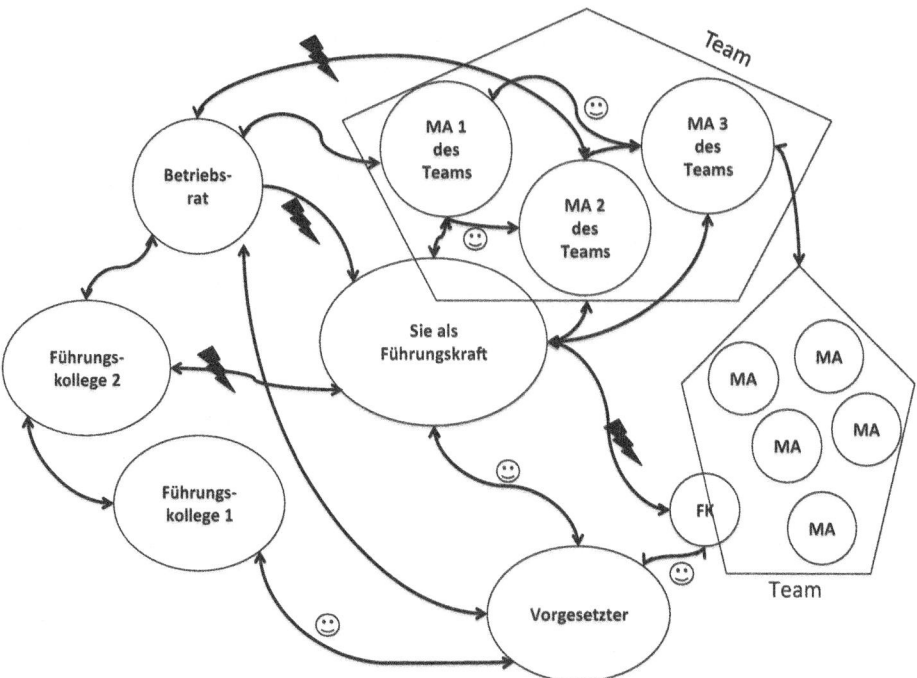

Abb. 9.1 Das direkte Kräftefeld im Unternehmen

Wer sind nun die typischen Akteure im direkten und im erweiterten Kräftefeld einer Führungskraft? Wir haben bereits beschrieben, dass das direkte Kräftefeld sich auf das Unternehmen bezieht und mit der Außengrenze des Unternehmens endet (siehe Abb. 9.1). Das erweiterte Kräftefeld bezieht darüber hinaus noch die Akteure ein, die sich außerhalb des Unternehmens befinden, mit denen aber ein reger bzw. relevanter Austausch stattfindet.

Die Akteure des direkten Kräftefeldes:

Je nach Interessenslage, kulturellen Gegebenheiten, Machtverhältnissen und Gesamtsituation werden die folgenden Vertreter der einzelnen Gruppen als Akteure im Kräftefeld Einfluss nehmen.

- Mitarbeiter (eigenes Team)
- Führungskollegen (Mitglieder der gleichen Hierarchieebene)
- Vorgesetzter (Mitglieder der übergeordneten Führungsebenen)
- Betriebsrat (und andere politische Gremien)
- Schnittstellen zu anderen Teams
- Schnittstellen zu anderen Organisationseinheiten

Die Akteure des erweiterten Kräftefeldes:

Tab. 9.1 Beabsichtigte und unbeabsichtigte Resonanzen

Mitarbeiter/Team	Eigene Führungsebene	Übergeordnete Führungsebene
Veränderungsängste	Konkurrenz	Anerkennung
Widerstand	Neid	Misstrauen
Kreativität	Anerkennung	Konkurrenz
Motivation	Bewunderung	Forderungen
Erfolgshunger	Wettbewerb	Unterstützung
Forderungen	Misstrauen	
Bedürfnisse	Abschottung	
Die Beziehung zu den Mitarbeitern kann sich verändern und erfordert Präsenz und Gespür sowie Souveränität. Die Teamdynamik wird beeinflusst	Die Wahrnehmung der Führungsaktivitäten und der Ergebnisse kann sich verändern. Beziehungen und Machtverhältnisse können sich neu ausloten	Die Beziehung kann sich verändern, Machtverhältnisse können sich verschieben

Auch außerhalb des Unternehmens können Akteure Einfluss auf das Kräftefeld einer Führungskraft nehmen. Sie zählen dann zum erweiterten Kreis der Akteure im Kräftefeld. Neben unternehmensnahen Gruppen gehören dazu auch private Vertreter, wie z. B. Familienmitglieder und Freunde.

- Kunden (externe Leistungsempfänger)
- Lieferanten
- Wettbewerber (Marktteilnehmer)
- Kooperationspartner
- Netzwerke (externe Interessensgemeinschaften)
- Privates Umfeld (Familie, Freunde)

9.1.2 Die zu erwartenden Resonanzen

Wie gesagt, wenn Sie den Stein ins Wasser werfen, werden Sie Wirkung erzeugen. Es entstehen beabsichtigte und unbeabsichtigte Resonanzen. Sie können sich mit den entsprechenden Rückmeldungen auseinandersetzen und sie nutzen, gänzlich verhindern können Sie sie nicht. Wir möchten hier gerne bewusst machen, welche Reaktionen die Einführung der Instrumente, Mechanismen und Prinzipien zum Führen an der Leistungsgrenze auslösen können. Diese stellen wir Ihnen anhand der drei Dimensionen, gegenüber einzelnen Mitarbeitern und dem Team, gegenüber den Führungskollegen der eigenen Hierarchieebene sowie gegenüber dem eigenen Vorgesetzten bzw. den übergeordneten Führungsebenen, vor. Die Resonanzen können in Form von konstruktiven oder destruktiven Kräften wahrgenommen werden, sie können Spannungsfelder beschreiben und die Positionierung der einzelnen Akteure begünstigen oder erschweren. Die Resonanzen zeigt Tab. 9.1.

Wie Sie mit diesen Resonanzen umgehen können, hängt stark von der Konstellation der Gesamtsituation ab. Wir möchten Ihnen hier Anregungen geben, die eine Nutzbarmachung der Resonanzen fördert. Selbstverständlich gibt es auch starke destruktive Kräfte, die nicht dazu geeignet sind, Entwicklungen zu initiieren.

9.1.3 Konstruktive und destruktive Kräfte

Wie spüren Sie als Führungskraft diese Resonanzen? Und welche davon können Sie sich nutzbar machen bzw. wie sollten Sie den Resonanzen begegnen?

Unter die destruktiven Kräfte fallen alle Resonanzen, die eher darauf ausgerichtet sind, gewollte Veränderungen zu hemmen bzw. zu verhindern. Hier lohnt es sich, genau hinzuschauen. Vielfach sind Vorbehalte, Ängste, Sorgen oder Unsicherheit der Auslöser destruktiver Resonanzen. Die Themen bewegen die Akteure des Kräftefeldes und lösen unterschiedliche Emotionen aus. Als Führungskraft haben Sie hier vielfältige Möglichkeiten, die dahinterliegenden Energien nutzbar zu machen. Sie können sich den Sorgen annehmen, unsichere Mitarbeiter unterstützen, Vorbehalte entkräften oder – ein alter Grundsatz des Change Managements – Betroffene beteiligen und so Motivation und Handlungsfähigkeit herstellen.

Eine andere Gruppe destruktiver Kräfte ist verbunden mit Machtbestrebungen, politischen Interessen und Vorteilsnahmen im Unternehmen. Sie beziehen sich nicht mehr auf die Themen, die auf das Kräftefeld einwirken, sondern auf die konkreten Positionen selbst. Resonanzen dieser Art sind oft subtiler und schwieriger nutzbar zu machen. Es erfordert von Ihnen die Bereitschaft, sich im Kräftefeld selbst neu zu positionieren und eigene Interessen konsequent zu vertreten. Hier liegen Ihre Handlungsoptionen weniger im Unterstützen, Verständnis haben und Motivieren. Stattdessen werden Sie herausgefordert, sich zu reiben und Konflikte zu bewältigen, Konkurrenzen zu klären. Aber auch diese Kräfte sind nutzbar, sie erfordern aber eine reife und erfahrene Persönlichkeit, die sich das Kräftemessen zutraut.

Konstruktive Kräfte sind auf den ersten Blick willkommener, da sie bestätigend wirken. Neugierde, Interesse und Erfolgsbestreben können Resonanzen sein, die aufgrund von Veränderungen in einem Kräftefeld ausgelöst werden. Aber konstruktive Kräfte haben auch Risiken. Sie können Sie als Führungskraft in Sicherheit wiegen und unaufmerksam für sich entwickelnde Probleme machen. Positive Resonanzen können sich als instabil bei aufkeimenden Konflikten und Gegenbestrebungen erweisen. Und die Energie kann schnell verpuffen und dann für die erforderliche Ausdauer nicht mehr zur Verfügung stehen. Konstruktive Kräfte sollten deshalb in jedem Fall bestätigt und bekräftigt werden, dürfen allerdings nicht als Zuckerguss für dahinterliegende Probleme, Unsicherheiten und Ängste missbraucht werden.

Schauen wir uns nun einmal anhand von Beispielen an, welche Auswirkungen sich in einem Kräftefeld ergeben können.

1. **Hierarchie nach unten: in der Beziehung zu den Mitarbeitern/zum bzw. im Team**
   In einem Team sind die Strukturen und Beziehungen untereinander sehr direkt erfahrbar. Es finden Teamentwicklungsprozesse statt, die Veränderungen im Gefüge meist routiniert und schnell verarbeiten. Die ersten Reaktionen auf Ihre Bemühungen, Mitarbeiter an der Leistungsgrenze zu führen, werden aus diesem Kreis kommen. Sie können hier Konkurrenz und Neid auslösen, aber auch Energien freisetzen und Motivation schaffen. Leistungsunterschiede werden sichtbar werden und ihrerseits Aufmerksamkeit erhalten. Vielleicht führen die sich verändernden Leistungsniveaus auch dazu, dass sich Machtverhältnisse verschieben. Konflikte können entstehen und sportlicher Teamgeist kann sich entwickeln. Es wird Gewinner und Verlierer geben und Freude und Frust. Als Führungskraft werden Sie einem spannenden Mix aus konstruktiven und destruktiven Kräften gegenüberstehen. Sie haben nun die Möglichkeit, diesen Kräften einzeln zu begegnen, sie gegenseitig zu nutzen oder miteinander zu verknüpfen. In jedem Fall sind Sie hier in erster Linie als steuernde Instanz gefragt, die gestaltend Einfluss nimmt. Es kann aber auch sein, dass Sie selbst kritisiert, infrage gestellt oder abgelehnt werden. Dann sind Sie gefordert, sich erst wieder neu zu positionieren, bevor Sie inhaltlich weiter arbeiten.

Beispiel „Auswirkungen in einem Kräftefeld – Hierarchie nach unten"

Ein Teamleiter wirft den Stein ins Wasser und kündigt im Rahmen eines Teammeetings an, mit seinem Team an die Leistungsgrenze gehen zu wollen. In den darauffolgenden Tagen beobachtet er unterschiedliche Reaktionen und Tendenzen in seinem Team. Während einige wenige Mitarbeiter die Ankündigung gleich in Taten umsetzen wollen und bereits am nächsten Tag bei ihm im Büro stehen, um sich für anstehende erfolgversprechende Projekte zu bewerben, ziehen sich andere Mitarbeiter eher zurück und gehen in eine beobachtende passive Haltung. Wieder andere Mitarbeiter investieren scheinbar sehr viel Zeit in Gespräche mit Kollegen, um ihre Position abzusichern und ihre Befürchtungen hinsichtlich der Teamatmosphäre zu streuen. Nach einer Woche ist das gesamte Team in Aufruhr und kaum noch arbeitsfähig. Selbst die tatendurstigen Mitarbeiter sind ausgebremst, weil sie nicht auf ihre sonst so zuverlässigen Kollegen zurückgreifen können. Der Teamleiter entscheidet sich nun, das Team mit diesen Auswirkungen zu konfrontieren und initiiert im Rahmen eines Workshops unterschiedliche Lösungsansätze. Es gelingt ihm, auf der bisherigen positiven Teamkultur aufzusetzen und die Energien des Kräftefeldes zum Fließen zu bringen. Die voraneilenden Mitarbeiter formulieren ihre Unterstützungswünsche bei der Bewältigung der anstehenden komplexen Projekte, die ängstlichen Mitarbeiter erkennen ihre neuen Chancen in diesem Zusammenhang und diejenigen, die sich um die Teamkultur Sorgen gemacht hatten, erleben einen kreativen und ereignisreichen Workshop, der viele ungeahnte Dinge möglich macht.

2. **Horizontale Hierarchie: in der Beziehung zu den Führungskollegen/als Mitglied der Führungsebene**

Auf der eigenen Führungsebene kann ebenfalls Leistungsdruck entstehen. Es kann zu einem Machtgefälle und in der Konsequenz zu Veränderungen im Machtgefüge kommen. Wettbewerb und Konkurrenz werden aufgrund der Leistungsunterschiede deutlicher spürbar. Wenn das eigene Team in seinen Erfolgen und Misserfolgen transparenter wird, können Kräfte- und Machtverhältnisse infrage gestellt werden. Die Spannung steigt und erfordert von der Führungskraft ein souveränes Management auf zwei Ebenen. Zum einen hinsichtlich des eigenen Teams und gegenüber den Teams der Nachbarschaft – zum andern gegenüber den Führungskollegen auf gleicher Führungsebene.

Beispiel „Auswirkungen in einem Kräftefeld – Horizontale Hierarchie"

Aufgrund eines sehr erfolgreich verlaufenen Projektes hat sich ein Abteilungsleiter gegenüber dem Vorstand positiv sichtbar gemacht und eine Expertise nach oben abgegeben. Im Rahmen einer Umstrukturierung ist eine besonders prestigeträchtige Position vakant. Dem Vorstand liegen bereits seit zwei Wochen die internen Bewerbungen vor. Aufgrund der aktuellen Entwicklungen bittet man nun den erfolgreichen Abteilungsleiter, seine Bewerbung ebenfalls einzureichen. Kurz nachdem diese Information die Runde gemacht hat, passieren zweierlei Dinge. Zum einen erhält der betreffende Abteilungsleiter plötzlich relevante informelle Informationen nicht mehr, die ihm sonst aus dem Kreis der Kollegen gerne zugespielt wurden. Andererseits kommen bei ihm persönlich Kollegen vorbei und teilen sich ihm vertrauensvoll mit, bzw. bemühen sich um seine Gunst und eine tragfähige Beziehung. Der Abteilungsleiter nutzt die ihm zuteilwerdende Aufmerksamkeit und pflegt die neuen vertrauensvollen Kontakte. Kurz nachdem bekannt wird, dass keiner aus dem internen Kreis die Position erhalten wird, sondern stattdessen ein externer Bewerber zum Zuge kommt, normalisieren sich die Beziehungen wieder. Was bleibt, sind die neu dazu gewonnenen Kontakte.

3. **Hierarchie nach oben: in der Beziehung zum eigenen Vorgesetzten**

Für eine Führungskraft besonders interessant und zukunfträchtig kann die Resonanz auf der ihr übergeordneten Ebene sein. Wenn sie einen Stein ins Wasser wirft, der nach oben positive Signale sendet, weil z. B. Leistungssteigerungen realisiert werden, kann das die Attraktivität für weitere Verantwortung steigern. Verantwortlichkeiten werden neu ausgelotet und die Führungskraft selbst wird sichtbarer in ihrem Wollen und damit attraktiver – oder gefährlicher. Konkurrenz ist auf dieser Ebene nicht unüblich und kann eine weitere Karriere sogar erschweren, wenn nicht sogar verhindern. In familiengeführten Unternehmen haben wir oft den Effekt, dass ein Nachfolger nicht erfolgreicher als sein Vorgänger werden darf und deshalb eher ausgebremst wird. Aber auch andere Bestrebungen sind hier denkbar und können sich in Chancen und Risiken widerspiegeln.

Beispiel „Auswirkungen in einem Kräftefeld – Hierarchie nach oben"

Eine Führungskraft des oberen Managements wurde im Rahmen ihres jährlichen Gesprächs mit ihren Vorgesetzten aus der Geschäftsleitung aufgefordert, im Vorfeld ihre letzten Erfolge aufzuzeigen, eine entsprechende Präsentation ihrer Projekte auszuarbeiten und ihre Stärken und Schwächen zu beschreiben. Im Rahmen der Vorbereitung auf das Gespräch regten sich bei der Führungskraft innerer Widerstand und ein ungutes Gefühl. Im Rahmen eines Supervisionsgespräches ging sie schließlich ihren Gefühlen auf den Grund. Ihre Impulse signalisierten ihr, dass sie gerade dabei war, sich von ihren Vorgesetzten einengen und klein machen zu lassen. Gemeinsam entwickelte man nun eine Strategie, die so ausgerichtet war, dass sie die Positionen im Kräftefeld nicht aushebeln musste, aber sauber und transparent ihre Interessen vertreten konnte. Sie führte die Vorbereitungen durch, brachte aber im Gespräch selbst schon früh eigene Interessen, Fragen und Forderungen ein, so dass ein Gespräch auf Augenhöhe entstehen konnte. Dabei richtete sie den Fokus selbstständig auf die Zukunft aus und erstellte nur eine grobe Zusammenfassung der vergangenen Projekte und Erfolge.

Wie gesagt sind die hier angeführten Beispiele nur ein winziger Ausschnitt aus der Vielzahl möglicher Resonanzen und deren Verarbeitung im Kräftefeld. Als Führungskraft können Sie nur schwer voraussagen, welche Tendenzen sich entwickeln werden und welche Interessen mit welcher Energie verfolgt werden. Es wird ein Wagnis bleiben, sich für das Führen an der Leistungsgrenze zu entscheiden und vielleicht sogar Spitzenleistungen anzuvisieren oder auch sich dagegen zu entscheiden. Wir wollen hier unserem Grundsatz treu bleiben und Ihnen keine Empfehlung aussprechen. Auch wenn es für uns selbstverständlich verführerisch ist, das Führen an der Leistungsgrenze zu empfehlen. Wir wissen aber, wie unterschiedlich die Umfelder sein können, in denen Sie agieren, und wie unterschiedlich Sie selbst als Führungskraft aufgestellt sein können. Es wird deshalb Ihre Entscheidung bleiben, ob und wie weit Sie sich an die Leistungsgrenze begeben wollen. Mit dem folgenden Kapitel wollen wir Ihnen dennoch Hilfen und Orientierung für Ihre Entscheidung an die Hand geben.

9.2 Ihre Entscheidung als Führungskraft

Nachdem Sie nun das Powerline-Modell, die Instrumente, Mechanismen und Haltungen zum Führen an der Leistungsgrenze durchgearbeitet haben, steht nun die Entscheidung an, ob Sie als Führungskraft die Instrumente anwenden wollen oder nicht, d. h. ob Sie nach den Prinzipien zum Führen an der Leistungsgrenze arbeiten wollen.

Aber egal, wie Sie sich entscheiden, Sie werden in jedem Fall Resonanzen erhalten. Entweder die Ihnen bekannten Reaktionen, wenn Sie die Sicherheit und Funktion des bestehenden Kräftefeldes bevorzugen und sich vielleicht bestätigt fühlen, in der Art und Weise, wie Sie bislang Leistungsmanagement betrieben haben. Das kann für Sie ein sehr positives Ergebnis aus der Lektüre des Buches sein. Die Herausforderung, die sich Ihnen hier stellt, ist es, die Resonanzen weiterhin wahrzunehmen und einordnen zu können. Wiederkehrende Rückmeldungen tendieren dazu, zu verschwimmen und dann wirkungslos zu werden. Es kann sein, dass Situationen dann nicht mehr einfach stabil sind, sondern stattdessen stagnieren. Stabilität würde bedeuten, dass sich Ihr Kräftefeld an eine sich verändernde Umgebung angemessen anpassen und auf Anforderungen weiterhin einstellen kann. Stagnieren würde bedeuten, dass sich ein Kräftefeld um sich selbst dreht, nur noch die eigenen Bestrebungen wahrnimmt. Eine Anpassung an sich verändernde Umfelder erfolgt nicht mehr. Stagnierende Kräftefelder sind über kurz oder lang zum Scheitern verurteilt.

Wenn Sie sich für die Anwendung der Instrumente, Mechanismen und Prinzipien entscheiden, wird es Reaktionen geben, die Sie deutlicher wahrnehmen werden, weil Sie neu und zum Teil auch unerwartet sind. Sie werden Reaktionen erhalten, die Sie beabsichtigen und solche, die Sie nicht beabsichtigen. Mit beiden Reaktionen werden Sie konfrontiert werden und müssen damit umgehen können.

Machen Sie sich also im Vorfeld Gedanken dazu, welche Reaktionen Sie initiieren wollen und was vielleicht auch eher nicht ausgelöst werden soll. Gehen Sie damit verantwortlich um.

Es wird Aspekte geben, die sich positiv auswirken und solche, die riskant bleiben. Sie selbst werden mit Ihrer Entscheidung für oder gegen das Führen an der Leistungsgrenze Verantwortung dafür übernehmen müssen, welche Wirkungen dadurch erzielt werden. Und selbst wenn Sie sich der Entscheidung zu entziehen versuchen, werden Sie trotzdem eine Entscheidung treffen, nämlich die, sich nicht zu entscheiden. Und auch diese Entscheidung wird Folgen haben, die wir bereits in den vorangegangenen Kapiteln ausführlich beschrieben haben. Im besten Falle werden Leistungspotenziale weiter brach liegen. Schlimmere Folgen kann es haben, wenn z. B. Leistungsträger abwandern oder Mitarbeiter schutzlos an ihrer Belastungsgrenze zusammenbrechen. Aber es kann ja wie gesagt auch sein, dass Sie sich mit der Lektüre dieses Buches in Ihrem bisherigen Leistungsmanagement bestätigt sehen, weil Sie bereits intuitiv an die Leistungsgrenze herangegangen sind und dort erfolgreich agieren.

Als Führungskraft können Sie Teil des Problems oder Teil der Lösung sein. Was das genau bedeutet und welche Konsequenzen sich daraus ergeben, haben wir im folgenden Kapitel dargestellt.

9.2.1 Die Führungskraft als Teil des Problems oder Teil der Lösung

Sobald sie die Rolle der Führungskraft angenommen haben, erzielen Sie damit Wirkung – entweder, indem sie agieren und gestalten, oder, indem Sie sich dagegen entscheiden, zu agieren, und dann den Weg für andere Einflüsse frei machen.

Sie können Teil des Problems oder auch Teil der Lösung sein, „selbst Betroffener", „aktiver Gestalter" oder „passiver Beobachter". Je nachdem, welche Rolle Sie beim Führen an der Leistungsgrenze einnehmen, werden Sie unterschiedlich Einfluss auf die Thematik nehmen. Es geht letztlich darum, Leistungsvermögen zu heben, ohne Mitarbeiter zu verschleißen.

Was es bedeutet, bei dieser Zielsetzung Teil des Problems oder Teil der Lösung zu sein, haben wir in Tab. 9.2 dargestellt. Alle darin aufgeführten Aspekte sind Beispiele und erheben nicht den Anspruch auf Vollständigkeit.

Wir haben der Einfachheit halber den Aspekt, Teil des Problems zu sein, als negatives Leistungsmanagement bezeichnet und den umgekehrten Fall als positives Leistungsmanagement. Und wir unterscheiden die Auswirkungen an der Innengrenze, d. h. in das Team hinein bzw. auf den einzelnen Mitarbeiter bezogen, sowie an der Außengrenze, d. h. in Bezug zu anderen Abteilungen, übergeordneten Ebenen sowie außerhalb des Unternehmens.

Es ist nicht ungewöhnlich, dass Führungskräfte zwar ein Problem und das entsprechende Entwicklungsziel positiv formulieren können, den eigenen Anteil darin aber verkennen. Wenn Sie als Führungskraft Teil des Problems sind, sollten Sie sich das bewusst machen und nach Ansätzen suchen, die Sie wieder konstruktiv handlungsfähig machen. Im Kräftefeld des Unternehmens müssen Sie sich als Führungskraft immer wieder hinterfragen und Ihre Wirkung überprüfen.

9.2.2   Gewollte Veränderungen

Wenn Sie sich dazu entscheiden, an der Leistungsgrenze zu führen, werden Sie vermutlich eine Anzahl gewollter Veränderungen aus der unten aufgeführten Liste berücksichtigt haben.

- Leistungssteigerung und Erfolg
- zufriedene und leistungsbereite Mitarbeiter
- gesunde und belastbare Mitarbeiter
- konstruktiver Wettbewerb im Team und darüber hinaus
- Wachstum und Entwicklung
- optimale Leistungsbilanz bis zum Leistungsoptimum
- Flow-Erlebnisse bis zur Spitzenleistung (Flow = völlige Vertiefung und Aufgehen in einer Tätigkeit)
- Anerkennung und Aufmerksamkeit gegenüber der Leistung im Unternehmen
- Anerkennung der Leistung im Kreis der Führungskollegen und durch den Vorgesetzten

Dies ist nur eine begrenzte Auswahl der möglichen positiven Veränderungen und beliebig zu ergänzen. Wir würden gerne ein positives Bild – aber kein positives Trugbild – bei Ihnen entwickeln, wenn Sie über Ihre Entscheidung nachdenken. Auch die gewollten Veränderungen bergen neben den Chancen ebenso Risiken. Diese finden auf den bereits mehrfach dargestellten drei Ebenen statt, die Sie hier jeweils in Form einer Entscheidungsmatrix wiederfinden.

Tab. 9.2 Die Führungskraft als Teil des Problems oder Teil der Lösung

	Führungskraft als Teil des Problems (= negatives Leistungsmanagement)		Führungskraft als Teil der Lösung (= positives Leistungsmanagement)		
	Aktiv	Passiv	Aktiv	Passiv	
Nach innen	Das Team/die Mitarbeiter aktiv unter Druck setzen, nicht am Erfolg teilhaben lassen:	Das Team dem Druck und sich selbst überlassen:	Angemessene Herausforderungen bieten, präsent sein:	Positiven Umgang mit Leistung vermitteln:	Nach innen
	Mitarbeiter sehr eng führen, keine Entwicklung zulassen	*Als Führungskraft keine Präsenz haben, nicht erreichbar sein*	*Mitarbeitern als Ansprechpartner dienen*	*Leistungsbereit-schaft vorleben*	
	Mitarbeiter einseitig belasten, statt zu fördern	*Mitarbeitern keine adäquaten Herausforderungen bieten*	*Fehler, Defizite und Scheitern als Teil eines Entwicklungsprozesses kommunizieren*	*Offenheit und Verständnis zeigen*	
	Mitarbeiter klein halten, kontrollieren, keine Verantwortung delegieren	*Keine Rückendeckung bei Problemen und Überlastung*	*Auftragsverhandlungen durchführen*	*Wettbewerb zulassen*	
		Keine Fallback-Lösungen verfügbar haben	*Verantwortung angemessen verteilen*	*Positiven Umgang mit persönlichen Grenzen und Bedürfnissen erlebbar machen*	
			Konflikte besprechbar machen		
nach außen	Äußere Belastungen als Druckmittel verwenden, Schuldzuschreibungen an das Team geben:	Das Team nach außen nicht angemessen vertreten, keine Absicherung bei Druck von außen:	Äußere Belastungen/Druck managen, sich vor das Team stellen:	Positive Bedeutung des Teams im Unternehmen vertreten:	nach außen

Tab. 9.2 (Fortsetzung)

Führungskraft als Teil des Problems (= negatives Leistungsmanagement)		Führungskraft als Teil der Lösung (= positives Leistungsmanagement)	
Aktiv	Passiv	Aktiv	Passiv
Den Kontakt zu anderen Teams/ Abteilungen unterbinden	*Kein Schutz an den Grenzen zu anderen Abteilungen – Probleme werden ungefiltert zugelassen*	*Dem Team den Rücken stärken*	*Selbstbewusstsein im Zusammenhang mit der Teamleistung ausstrahlen*
Alle Aufträge ungefiltert annehmen und ins Team weiterleiten	*Schuldzuschreibungen ins Team bei übergreifenden Problemen*	*Auftragsmanagement an den Team- und Abteilungsgrenzen durchführen*	*Souveränität gegenüber Druck und Belastungen zeigen*
Eigenes Team schlecht reden	*Eigene Unsicherheit bei Druck von außen*	*Das Team im Unternehmen stark machen und selbstbewusst vertreten*	*Angemessen stolz auf das Team und die Mitarbeiter sein*

9.2.3 Entscheidungsmatrix

Als Führungskraft werden Sie auch hier die Ambivalenz des Lebens direkt spüren. Sie werden, wenn Sie sich für das Führen an der Leistungsgrenze entscheiden, sowohl Chancen als auch Risiken gegenüberstehen. Den Beitrag, der dann von Ihnen als Führungskraft gefordert wird, sollten Sie sich zutrauen bzw. gerne erbringen.

Die Chancen und Risiken zeigen sich auf drei Ebenen: Der Ebene der Mitarbeiter, der Ebene der Führungskollegen und auf der übergeordneten Führungsebene.

Der Beitrag, den Sie hier als Führungskraft im Kräftefeld beisteuern, kann sowohl bei den Chancen als auch bei den Risiken herausfordernd für Sie sein und Ihre Entscheidung beeinflussen. Sie sollten überlegen, ob Sie den geforderten Beitrag leisten wollen und können, oder ob Sie hier an Ihre persönlichen Grenzen stoßen bzw. noch Zeit brauchen oder sich einfach anders entscheiden. Nutzen Sie die folgenden Tabellen zur Orientierung und Anregung hinsichtlich Ihrer Entscheidungsfindung.

9.2.3.1 Mitarbeiter

Führen an der Leistungsgrenze wird ganz konkret Einfluss auf Ihre Beziehung als Führungskraft zu Ihren jeweiligen Mitarbeitern haben. So werden z. B. die Leistungspotenziale transparenter, Leistungsgrenzen und die Bereitschaft, Leistung zu erbringen, wird sichtbar. Die Ausschöpfung von Leistungspotenzialen wird außerdem das Verhältnis der Mitarbei-

Tab. 9.3 Chancen und Risiken auf der Ebene der Mitarbeiter

	Chancen ⇨ *Beitrag der Führungskraft*	Risiken ⇨ *Beitrag der Führungskraft*
Chancen und Risiken im Kräftefeld auf der Ebene der Mitarbeiter	Leistungssteigerung und Ausschöpfen von Potenzialen bei den Mitarbeitern ⇨ *Herausforderungen bieten, angemessene Belastung herstellen*	Leistungsunterschiede werden deutlich, Verlierer und Gewinner werden sichtbar ⇨ *Wettbewerb zulassen und konstruktiv nutzen, Leistungsunterschiede positiv managen*
	Wachstum von Kompetenzen, persönliche Entwicklung, Belastbarkeit ⇨ *Investitionen in Mitarbeiter tätigen, Entwicklungsstand kennen und steigern*	Enttäuschung bei Misserfolgen und sichtbaren Entwicklungs- bzw. Leistungsgrenzen ⇨ *Misserfolge übergeordnet bewerten, Feedback geben, Enttäuschung auffangen und einen konstruktiven Umgang damit initiieren*
	Erfolgserlebnisse ⇨ *Herausforderungen bieten, Erfolge möglich und sichtbar machen, den jeweiligen Anteil am Erfolg zuschreiben und honorieren*	Scheitern an den Grenzen ist möglich ⇨ *Deutlich machen, dass Scheitern eine Rückmeldung in einem Prozess ist und kein endgültiges Urteil, Alternativen und weiterführende Wege entwickeln*
	Motivation und Zufriedenheit ⇨ *Positive Leistungsatmosphäre schaffen, persönliches Feedback geben, konstruktiven Umgang mit Problemen selbstverständlich machen, angstfreie Atmosphäre schaffen*	Konkurrenzkämpfe im Team ⇨ *Dominanz und Stärke zulassen, Schwächere bei Bedarf schützen, Konflikte ansprechen und Verantwortlichkeiten zuordnen, Konkurrenz aushalten und als Entwicklungsprozess im Kräftefeld kommunizieren*
	Mitarbeiter verstehen sich als Auftragnehmer und fordern Verantwortung ein ⇨ *Rollenkonforme Verhandlungen führen (als Auftraggeber und Auftragnehmer), Verantwortung zuordnen, Forderungen als Motivation verstehen, souveräner Verhandlungspartner sein*	Mitarbeiter werden stark und können selbst zur Konkurrenz für die Führungskraft werden ⇨ *Stärke der Mitarbeiter nicht als Angriff verstehen, sondern als Herausforderung, Selbstbewusstsein entwickeln und Stärken gezielt fördern, eigene Position behaupten, ohne starke Mitarbeiter zu bremsen*

ter untereinander beeinflussen und sich im Team zeigen. Unterschiede in der Leistungsfähigkeit, Erfolge und Misserfolge werden im Kräftefeld des Teams direkt erlebbar und verändern die Beziehungen der Mitarbeiter untereinander (siehe Tab. 9.3).

9.2.3.2   Führungskollegen

Erfolge und sichtbare Leistungsgrenzen werden auch auf der Ebene Ihrer Führungskollegen wahrgenommen. Es entsteht ein Wettbewerb auf der gleichen Hierarchieebene. Ziele und Projekte erhalten Energie, die es konstruktiv zu nutzen gilt. Es kann hemmende Bewegungen geben aber auch vorwärtsstrebende Entwicklungen. Bei den Chancen und Risiken

Tab. 9.4 Chancen und Risiken auf der Ebene der Führungskollegen

	Chancen ⇨ *Beitrag der Führungskraft*	Risiken ⇨ *Beitrag der Führungskraft*
Chancen und Risiken im Kräftefeld auf der Ebene der Führungskollegen	Die Leistungsbereitschaft motiviert dazu, gemeinsam Ziele zu erreichen, die Führungsebene wird gestärkt ⇨ *Bereitschaft, Erfolg zu teilen, sich als Teil des Unternehmenserfolges sehen, Bereitschaft, die Führungskollegen herauszufordern und sich selbst herausfordern zu lassen*	Machtkämpfe, Konkurrenzdenken und Neid um die Bedeutung im Führungskreis und gegenüber den Vorgesetzten entstehen ⇨ *Die eigene Position, Meinung und Verantwortung vertreten, Spannungen und Konflikte aushalten, konstruktive Lösungsansätze vertreten, Spielchen widerstehen, sich authentisch einsetzen*
	In den Augen der Kollegen erhöht sich der eigene Wert (Role Model) ⇨ *Stolz zeigen, andere am Erfolg teilhaben lassen, den eigenen Wert zur Verfügung stellen, anderen Vorbild sein, wachsende Verantwortung übernehmen*	Skeptische Führungskollegen gehen in den Widerstand, um Veränderungen bzw. Auswirkungen auf ihre eigenen Verantwortungsbereiche zu verhindern ⇨ *Offen bleiben, sich mitteilen, für den eigenen Leistungsanspruch stehen, Konkurrenten und Widerständler einbeziehen, Verbündete suchen, Ängsten und Vorbehalten ernsthaft begegnen, Kontakt suchen, Gespräche führen*
	Leistungsmotivation wird auch in anderen Teams geweckt ⇨ *Die Erfolge des Teams in die Führungsebene hinein kommunizieren, zum Mitmachen anregen, positive Einladungen aussprechen, Wettbewerb initiieren, Zusammenarbeit auf Teamebene ermöglichen*	Führungskollegen schüren negative Konkurrenz in den Teams (bei uns geht es einfacher, weil weniger Führungsanspruch) ⇨ *Klarheit herstellen, eigene Position selbstbewusst vertreten, Grenzen aufzeigen und Lösungsmöglichkeiten anbieten, das eigene Team schützen, keine Scharmützel und Gegenangriffe fahren, souverän bleiben*
	Man kann sich von der Masse der Führungskollegen positiv absetzen, Karriereperspektiven zeigen sich ⇨ *Eigenen Anteil am Erfolg kommunizieren, darüber reden, sich sichtbar machen, Einfluss nehmen, eigene Grenzen kennen und mitteilen*	Die Führungskollegen hemmen den weiteren Fortschritt, weil sie sich selbst nicht weiter entwickeln bzw. selbst zu viele Ressourcen aufbrauchen ⇨ *Die Wettbewerbssituation annehmen, mit fairen Mitteln kämpfen, Bedürfnisse klar formulieren, Entscheidung einfordern, Unterstützung anbieten*

auf gleicher Führungsebene geht es neben den inhaltlichen Veränderungen immer auch um die Positionen und eine Neuausrichtung der Machtverhältnisse (siehe Tab. 9.4).

9.2.3.3   Vorgesetzter

Und schließlich werden Sie selbst von Ihrem Vorgesetzten neu betrachtet werden. Auch hier können Sie positive Resonanzen erhalten und diese als Chance nutzen oder negative Rückmeldungen, die Risiken bergen können (siehe Tab. 9.5).

Tab. 9.5 Chancen und Risiken auf der Ebene des Vorgesetzten

	Chancen| ⇨ *Beitrag der Führungskraft*	Risiken ⇨ *Beitrag der Führungskraft*
Chancen und Risiken im Kräftefeld auf der Ebene des Vorgesetzten	Stärken und Kompetenzen werden anerkannt und gefördert, Karriereperspektiven und die eigene Verhandlungsposition werden gestärkt ⇨ *Eigene Ziele bewusst machen, Grenzen ausloten, Vorteile nutzen, sich der eigenen Stärken und dazu gewonnenen Kompetenzen bewusst werden und in Verhandlungen einbeziehen, eigene Position stärken*	Der Vorgesetzte hat Angst vor der Konkurrenz durch die eigene Führungskraft und versucht, diese zu kontrollieren und klein zu halten ⇨ *Sich nicht auf Machtspiele einlassen, eigene Ziele kennen und verfolgen, authentisch agieren, auf Augenhöhe gehen, das Gespräch suchen*
	Die Anerkennung als ebenbürtiger und kompetenter Gesprächspartner steigt ⇨ *Meinungen – auch kritische – vertreten, sich selbst auf Augenhöhe bringen, das Vertrauen respektieren*	Es existieren Vorbehalte gegen Veränderungen und Neuerungen, der Vorgesetzte bremst deshalb die Führungskraft aus ⇨ *Skepsis gegenüber Veränderungen ernst nehmen, Vorbehalte hinterfragen, sich nicht am Vorgesetzten abarbeiten, gemeinsame Vorteile herausstellen, mögliche Konflikte analysieren, Grenzen ausloten*
	Der Vorgesetzte gewährt mehr Verantwortung, Freiräume und Privilegien ⇨ *Angebotene Verantwortung hinterfragen und entscheiden, ob man sie annehmen will und kann, Freiräume gestalten*	Der Vorgesetzte nutzt – bewusst oder unbewusst – die Leistungsbereitschaft der Führungskraft und des Teams aus und schafft Ungerechtigkeiten ⇨ *Grenzen deutlich machen, sich vor das Team stellen, den Konflikt ansprechen, Vorschläge für einen möglichen Ausgleich machen, die eigene Verhandlungsbasis stärken*
	Die Führungskraft wird als Role Model/Vorbild für andere Bereiche/Teams sichtbar gemacht und erhält unternehmensweit Anerkennung und Privilegien ⇨ *Präsenz und die Bereitschaft sich zu zeigen*	Der Vorgesetzte schmückt sich mit dem Erfolg und macht sich damit größer, ohne die Führungskraft angemessen zu beteiligen ⇨ *Gespräch suchen, sich nicht am Vorgesetzten abarbeiten, gemeinsame Vorteile herausstellen, eigene Bedürfnisse ansprechen*
		Der Vorgesetzte hat Sorge/Vorbehalte, dass beim Führen an der Leistungsgrenze ein mögliches Scheitern auf ihn selbst zurückfällt ⇨ *Den Vorgesetzten frühzeitig einbeziehen, Risiken ernst nehmen und besprechen, Worst-Case-Szenarien entwickeln*

9.3   Tipps zum Agieren im Kräftefeld

Wenn Sie sich für das Führen an der Leistungsgrenze entschieden haben, möchten wir Ihnen speziell auf die Arbeit im Kräftefeld bezogen noch ein paar Tipps mitgeben. Sie haben im Kräftefeld als Führungskraft gegenüber Mitarbeitern und dem Team Verantwortung, als Unternehmer haben Sie noch darüber hinaus für das gesamte Unternehmen Verantwortung. Es macht daher Sinn, sich mit der Frage der Umsetzung auch in Bezug auf die sich möglicherweise verändernden Beziehungen im Kräftefeld zu beschäftigen.

9.3.1   Die Welle auslösen

Wenn Sie den Stein ins Wasser werfen, werden Sie, wie gesagt, eine Welle auslösen.

Beginnen Sie damit in der kleinsten Einheit, auf der Beziehungsebene zu einem Ihrer direkten Mitarbeiter. Machen Sie sich vertraut mit den Wirkungen, die Sie erzielen, und weiten Sie erst bei genügend Sicherheit und Erfahrung das Leistungsmanagement auf weitere Mitarbeiter bzw. die Teamebene aus.

Differenzieren Sie dabei ganz genau, welche Mitarbeiter zu welcher Leistung fähig sind. Spitzenleistung ist nur wenigen vorbehalten (siehe Kap. 7.2, Definition von Spitzenleistung). Rein arbeitsrechtlich haben Sie kein Recht darauf, Spitzenleistung zu fordern bzw. zu erhalten. Mitarbeiter sind nur dazu verpflichtet, eine durchschnittliche Leistung zu erbringen. Und das Wesen der Spitzenleistung beinhaltet auch, dass sie nicht überall verfügbar ist. Ihr Wert ist die Seltenheit und ihr Anspruch.

Wenn Sie den Kreis größer ziehen, werden Sie vermutlich wiederkehrende Elemente nutzen, Routinen einbauen und irgendwann einen Prozess installieren. Dann betreiben Sie ein gezieltes Leistungsmanagement. Im Team wird sich die Leistungskultur verändern, Sie werden Herausforderungen bieten und herausgefordert werden, Leistungsunterschiede zwischen Ihren Mitarbeitern werden transparent werden und sich auf die Wettbewerbssituation auswirken. Ihr Team wird im Unternehmen hinsichtlich seiner Leistungsmotivation und seiner Erfolge und Misserfolge sichtbar werden und damit auch Sie als verantwortliche Führungskraft.

Auf der Welle, die Sie ausgelöst haben, werden Sie nun agieren bzw. – im Sprachgebrauch der Surfer – reiten müssen. Die Erfahrungen, die Fehlversuche, der sich einstellende Erfolg und die notwendige Ausdauer sind dabei sicherlich, von Fall zu Fall, unterschiedlich zu bewerten. Was es heißt, die Welle zu reiten, wollen wir Ihnen im nächsten Teil dieses Kapitels kurz aufzeigen.

9.3.2   Die Welle reiten

Veränderungen oder Entwicklungen zu initiieren, wird immer von Chancen und Risiken flankiert. Ein Surfer, der damit beginnt, Wellen zu reiten, wird erst einmal unzählige

Fehlversuche, aber auch viele Erfolgserlebnisse haben. Ob er eines Tages zur Weltklasse der Surfer zählt und nach Hawaii oder Australien fährt, um sich dort mit seinen Konkurrenten zu messen, wird davon abhängen, ob er Talent hat und wie oft er es schafft, auch nach Fehlversuchen wieder auf sein Brett zu steigen und einen erneuten Versuch zu starten. Er wird gefordert sein, sich der Welle in ihrer Dynamik zu stellen und immer wieder daran zu arbeiten, beim nächsten Mal noch besser zu sein, die Welle noch besser kennenzulernen, sie einschätzen zu können und sich mit ihr zu bewegen.

Was bedeutet dieser Vergleich für Ihr Leistungsmanagement? Welche Erkenntnisse können Sie daraus für das Führen an der Leistungsgrenze gewinnen?

Im Grunde sind zwei Parallelen aus unserer Sicht besonders interessant.

1. Sie können das Kräftefeld – die Welle – nicht kontrollieren.
2. Ihr Erfolg wird letztlich davon abhängen, wie oft Sie wieder aufsteigen.

Machen sie sich bewusst, dass das Führen an der Leistungsgrenze eine Spitzenleistung ist. Den Stein ins Wasser zu werfen, kann Ihr Sprung auf das Hochleistungsplateau sein. Das bedeutet dann, Grenzerfahrungen zu machen, neuen Herausforderungen zu begegnen, zu denen Sie noch keine Erfahrungen aufweisen können. Es kann sein, dass Sie Situationen erleben, die das Abrufen neuer Entwicklungskompetenzen erfordern, und dass Sie dem Risiko des Scheiterns begegnen. Und es kann sein, dass Sie eine Zeit lang überlastet sein werden, dass sich Spannungen auftun und die Resonanzen sich für Sie erst einmal unangenehm anfühlen.

Um die Welle jetzt zu stehen und der Dynamik zu begegnen, kann es hilfreich sein, Erfolge nach außen zu kommunizieren und Fehlversuche als Feedback und Teil eines Lernprozesses zu verstehen. Wir vermuten, dass Sie als Führungskraft, wenn Sie den Stein ins Wasser werfen, dranbleiben werden und Erlebnisse des Scheiterns überwinden wollen. Letztendlich bedeutet Scheitern auch hier nur eine Rückmeldung auf dem Weg zum Führen an der Leistungsgrenze.

Erinnern Sie sich an das Bild des Schmelztiegels, das wir in Kap. 7 eingeführt haben? Auf dem Hochleistungsplateau brauchen Mitarbeiter die Sicherheit, dass ihre Führungskraft souverän ist und stets ein paar Grad mehr aushält als sie selbst. Vielleicht brauchen Sie beim Reiten der Welle selbst jemanden, der für Sie der Schmelztiegel ist. Suchen Sie sich Verbündete. Diese können Sie intern wie extern finden. Manchmal kann es hilfreich sein, sich aus der Metaperspektive zu betrachten und eine neue Orientierung zu gewinnen.

Wenn die Welle überschwappt, kann es sein, dass Sie daraus erst einmal gebadet hervorgehen. Dann steht die Entscheidung an, ob Sie wieder aufsteigen oder ob Sie stattdessen aussteigen.

Was heißt aussteigen aber hier? Machen Sie sich noch einmal die Bedeutung des Aussteigen-Könnens bewusst und schaffen Sie sich Fallback-Lösungen und Alternativen. Ob Sie aussteigen sollen bzw. zu welchem Zeitpunkt, ist hier keine leichte Frage. Denn selbstverständlich werden Sie auch Rückmeldungen produzieren, die auf den ersten Blick nicht bestätigend wirken und vielleicht neue Herausforderungen darstellen. Sie werden

Enttäuschungen produzieren und selbst enttäuscht werden, Sie werden Konkurrenz und Wettbewerb initiieren und daraus Gewinner und Verlierer unterschieden.

Wie lange Sie die Welle reiten und wann es Sinn macht, auszusteigen, können Sie nur selbst für sich entscheiden. Aber es kann hilfreich sein, sich darüber auszutauschen, Erfahrungen mitzuteilen und Einschätzungen von außen zu erhalten.

Wenn Sie die Welle jetzt reiten wollen, haben wir im folgenden Kapitel relevante Aspekte noch einmal dargestellt und als die 13 ½ Prinzipien zum Führen an der Leistungsgrenze zusammengefasst.

Die 13 ½ Prinzipien zum Führen an der Leistungsgrenze

10

Im Verlauf der vorangegangenen Kapitel haben wir Ihnen eine Vielzahl praktischer Hinweise und weiterführender Gedanken vermittelt. Wir haben für Sie praxisnahe Instrumente und Anregungen zur Reflexion Ihrer inneren Haltung entwickelt. Nun möchten wir, fast am Ende des Buches, die aus unserer Sicht zentralen Prinzipien zum Führen an der Leistungsgrenze zusammenfassen und Ihnen ein Versprechen geben.

Betrachten Sie mit uns hier noch einmal gedanklich die wichtigsten Etappen auf dem Weg zur Leistungsgrenze bis hin zur Spitzenleistung.

1. **Die Energie des Spannungsfeldes nutzen** Die Energie, die sich aus dem Spannungsfeld zwischen Wirtschaftlichkeit und Menschlichkeit ergibt, ist eine positive Kraft. Sie liefert Ihnen wertvolle Rückmeldungen zu Ihrer eigenen Position und den damit verknüpften persönlichen Interessen und Werten. Handlungsimpulse zeigen auf, wo möglicherweise der Kern eines Konfliktes liegt und in welche Richtung ein Lösungsansatz gehen kann. Diese Informationen haben einen unschätzbaren Wert und sind leicht nutzbar. Sie ermöglichen es, bewusste Entscheidungen unter Berücksichtigung aller relevanten Aspekte zu treffen, die Verantwortung im Spannungsfeld adäquat zuzuordnen und die Ambivalenz der jeweiligen Positionen selbstbewusst zu vertreten (siehe Kap. 2, Die Führungskraft im Spannungsfeld).

▶ Spüren Sie die Dynamik im Spannungsfeld und nehmen Sie Handlungsimpulse wahr. Nutzen Sie die verfügbare Energie und die darin enthaltenen wertvollen Informationen, um eine optimale Position für Wachstum und Entwicklung einzunehmen.

2. **Als Führungskraft schuldfähig sein** Wenn man sich dem inneren Konflikt stellt, der sich aus der Ambivalenz des Spannungsfeldes ergibt, wird man auch gefordert, sich mit dem Aspekt der Schuld im Führungskontext zu befassen. Es ist ein Wesensmerkmal eines reifen und reflektierten Menschen, seinen Anteil der Schuld in einer Situation zu erkennen, ihn anzunehmen und ihm gerecht zu werden, d. h. Verant-

S. Basler, K. Gattinger, *Führen an der Leistungsgrenze*,
DOI 10.1007/978-3-658-04316-2_10, © Springer Fachmedien Wiesbaden 2014

wortung zu tragen. Viele Menschen versuchen Schuld aber zu vermeiden, es jedem recht zu machen oder anderen die Schuld zuzuordnen. Damit verweigern sie sich aber gleichzeitig auch der Verantwortung. Und es gibt kein Führungshandeln ohne Verantwortung (zum Verständnis des Begriffes „Schuld" im hier verwendeten Sinne, siehe Kap. 2.2, Der Umgang mit Schuld).

▶   Entwickeln Sie die Bereitschaft, Ihren Anteil der Schuld im Führungskontext wahrzunehmen und zu akzeptieren, um daraus verantwortungsbewusstes Handeln abzuleiten.

3.   **Die verändernde Kraft des Menschenbildes einsetzen** In unserem Menschenbild liegt eine Freiheit verborgen, die uns im Alltag normalerweise nicht bewusst ist. Je nachdem, wie wir andere Menschen betrachten, wie wir ihnen begegnen und sie ansprechen, so beeinflussen wir den weiteren Verlauf einer Situation. Wir haben die Freiheit oder auch Chance, z. B. festgefahrene Konflikte oder unangenehme Beziehungen, anders zu bewerten, indem wir unser Blickfeld erweitern, neue Perspektiven einnehmen und einen Unterschied zu dem machen, wie wir die Dinge bisher betrachtet und beurteilt haben. Sie können Ihre Denk- und Handlungsoptionen erweitern, indem Sie sich mit Ihren bisherigen Überzeugungen und Werten auseinandersetzen und neue Erfahrungen zulassen (siehe Kap. 3.4, Das systemische Menschenbild).

▶   Setzen Sie die verändernde Kraft des Menschenbildes ein. Erleben Sie, welche Fähigkeiten Sie in einem Menschen wachrufen können, wenn Sie seine Potenziale wahrnehmen und Vertrauen statt Misstrauen investieren.

4.   **Mitarbeiter an der Belastungsgrenze schützen und an der Leistungsgrenze fordern** Der Unterschied zwischen der Belastungs- und der Leistungsgrenze ist immens. Als Führungskraft liegt es in Ihrer Verantwortung, die Folgen an den jeweiligen Grenzen einschätzen und den entsprechenden Gesetzmäßigkeiten gerecht zu werden. Nur so können Sie sichergehen, dass die konstruktiven Kräfte genutzt und die destruktiven Kräfte verhindert werden. Es geht letztlich darum, mit Mitarbeitern an der Belastungsgrenze Widerstandsfähigkeit aufzubauen und gleichzeitig den Zusammenbruch (z. B. in Form eines Burnouts) zu verhindern. Und es geht darum, an der Leistungsgrenze Wachstum und Kompetenzaufbau zu ermöglichen, während dauerhaftes Scheitern verhindert wird (siehe Kap. 4, Der Irrtum an der Leistungsgrenze).

▶   Schützen Sie Ihre Mitarbeiter an der Belastungsgrenze vor Ausbeutung und fordern Sie an der Leistungsgrenze Entwicklung.

5.   **Sich den Raum an der Leistungsgrenze erobern** Mitarbeiter stellen eine wertvolle Ressource zur Verfügung – ihre Leistungsfähigkeit. Die Potenziale, die sich daraus im Raum bis zur Leistungsgrenze ergeben, sind je nach Situation und Persönlichkeit

der Mitarbeiter unterschiedlich ausgeprägt. Zwischen der real erbrachten Leistung und der situativen, der tatsächlichen bzw. der potenziellen Leistungsgrenze, liegt Leistungsvermögen, das Sie erschließen können.

▶ Entscheiden Sie sich eindeutig zum Führen an der Leistungsgrenze und damit ganz bewusst gegen die Bequemlichkeit der Komfortzone. Erobern Sie aktiv das vollständige Leistungsvermögen Ihrer Mitarbeiter an deren Leistungsgrenze.

6. **Orientierung mit dem Powerline-Modell schaffen** Das Führen an der Leistungsgrenze ist ein sensibler und spannender Vorgang, sowohl für Sie als Führungskraft als auch für jeden einzelnen Ihrer Mitarbeiter. An der Leistungsgrenze steigen Chancen aber auch Risiken. Wenn Sie sich dazu entschieden haben, den Raum an der Leistungsgrenze zu erobern, dann sollten Sie ortskundig sein. Das Powerline-Modell ist mit einer Landkarte vergleichbar und schafft Sicherheit bei der Einschätzung der Mitarbeiter hinsichtlich deren Leistungs- und Belastungssituation.

▶ Schaffen Sie sich und Ihren Mitarbeitern Orientierung, indem Sie das Powerline-Modell anwenden und dort die aktuellen Positionen ermitteln.

7. **Aktives Leistungsmanagement betreiben** Aus der Kenntnis der Position Ihrer Mitarbeiter im Powerline-Modell, d. h. ihrer aktuellen Leistungs- und Belastungssituation, können Sie ein aktives Leistungsmanagement betreiben. Dabei gelten die drei zentralen Führungsrichtungen, „Unter die Leistungskurve", „Zum Leistungsoptimum" und „In die Spitzenleistung". Befindet sich ein Mitarbeiter nicht direkt auf der Powerline, ist er einem mehr oder weniger starken Handlungsimpuls ausgesetzt, um das Ungleichgewicht seiner Position auszugleichen. Er wird daher entweder die empfundene Belastung regulieren, indem er sich Herausforderungen oder Entlastung sucht. Oder er wird bei Bedarf versuchen, fehlende Bewältigungskompetenzen aufzubauen.

▶ Betreiben Sie aktives Leistungsmanagement und nutzen Sie dazu die Energie, die ein Mitarbeiter aus seiner individuellen Position im Powerline-Modell zur Verfügung stellt.

8. **Mitarbeiter auf dem Weg zum Leistungsoptimum zu Auftragnehmern machen** Eine der stärksten „Währungen", im gesamten Führungsprozess an der Leistungsgrenze bis hin zur Spitzenleistung, ist die Verantwortung. Als Führungskraft haben Sie bis zum Leistungsoptimum per se ein größeres Kontingent an Verantwortung als Ihre Mitarbeiter. Dabei ist es erfolgsrelevant, zu erkennen, welche Verantwortung wo hingehört und sie dann richtig zuzuordnen. Mit dem Prinzip der Auftragsverhandlung haben Sie dafür ein exzellentes Mittel zur Hand. Sobald ein Mitarbeiter die Verbindlichkeit in der Rolle des Auftragnehmers spürt, kann die Kraft der Verantwortung wirken.

▶ Gehen Sie in die Rolle des Auftraggebers. Machen Sie Ihre Mitarbeiter zu voll-
   wertigen Auftragnehmern und lassen Sie Verantwortung wirken.

9. **Sich bewusst für oder gegen Spitzenleistung entscheiden** Auf dem Hochleis-
    tungsplateau gelten die Mechanismen der Spitzenleistung. Die Bedeutung der Füh-
    rungsmethoden und -instrumente verändert sich hier eklatant. Einer der ersten
    Paradigmenwechsel ist z. B. der vom „Sollen" zum „Wollen". Das schließt eine bewusste
    und kommunizierte Entscheidung für die Spitzenleistung ein. Jeder, der sich auf dem
    Hochleistungsplateau bewegt, muss sich den Risiken dort aussetzen, sich dem Schei-
    tern stellen und andere Bedürfnisse hinten anstellen (siehe dazu Kap. 7, Die Mecha-
    nismen in die Spitzenleistung).

▶ Entscheiden Sie sich bewusst für die Arbeit auf dem Hochleistungsplateau und
   machen Sie deutlich, dass Sie uneingeschränkt für Spitzenleistung stehen. Oder
   entscheiden Sie sich bewusst gegen die Arbeit auf dem Hochleistungsplateau
   und setzen Sie sich das Leistungsoptimum zum Ziel.

10. **Mitarbeiter auf dem Weg zur Spitzenleistung zu Herausforderern machen** Wäh-
    rend Mitarbeiter auf dem Weg zum Leistungsoptimum als Auftragnehmer verstan-
    den werden, geht das Verhältnis zwischen Ihnen und Ihren Mitarbeitern auf dem
    Hochleistungsplateau noch einen Schritt weiter. Wenn Sie die Mechanismen in die
    Spitzenleistung umsetzen, werden Ihre Mitarbeiter zu Herausforderern. Das sich
    dabei entwickelnde Verhältnis bietet eine fantastische Grundlage für Spitzenleistung.
    Spitzenleistung kann sich nicht allein aus einer Auftragssituation ergeben. Spitzen-
    leistung braucht den Wettbewerb und damit die Rolle des Herausforderers.

▶ Machen Sie Ihre Mitarbeiter zu Herausforderern und nutzen Sie die dynamische
   Kraft des Wettbewerbs.

11. **Grenzerfahrungen ermöglichen, um Leistungsvermögen zu gewinnen** Persön-
    liches Wachstum braucht die Erfahrung an der Grenze, die Grenzüberschreitung.
    Wenn Ihre Mitarbeiter bereit sind, ihre individuellen Grenzen kennenzulernen,
    verändert sich zeitgleich auch Ihre Rolle als Führungskraft. Sie sind an der Leis-
    tungsgrenze dann nicht mehr derjenige, der vorgibt, was genau zu tun ist, sondern
    derjenige, der die Erfahrung möglich macht.

▶ Machen Sie Grenzerfahrungen für Ihre Mitarbeiter möglich und gewinnen Sie
   so neues Leistungsvermögen.

12. **Scheitern als Rückmeldung aus der Grenzerfahrung verstehen – verarbeiten und
    weitergehen** Scheitern ist auf dem Weg in die Spitzenleistung ein wiederkehren-
    des Ereignis. Ohne das Erleben des Scheiterns, d. h. dem Ausbleiben des anvisier-

ten Erfolges, kann die persönliche Leistungsgrenze nicht mit Bestimmtheit definiert werden. Wachstum und Spitzenleistung brauchen aber nicht nur die Kenntnis der Grenze, sondern insbesondere die Bereitschaft, diese immer wieder zu überschreiten. Scheitern darf deshalb nicht als Niederlage, d. h. als Konsequenz von Misserfolg, verstanden werden, sondern als temporäre Rückmeldung in einem Erfolgsprozess. Erst mit der Akzeptanz des letzten Scheiterns wird die tatsächliche Leistungsgrenze – und damit der Erfolg – festgelegt.

▸ Kommunizieren Sie die Erfahrung des Scheiterns als Rückmeldung aus einer Grenzerfahrung im Erfolgsprozess.

13. **Aussteigen statt Ausfallen – Alternativen schaffen** Im Sinne der Dynamik von Burnout ist die Souveränität des „Aussteigen-Könnens" eine wertvolle Ressource (siehe Kap. 8.1.3, Burnout in der Logik des Tetralemmas). Wer nicht mehr selbstgesteuert und aktiv aus einer risikobehafteten oder bedrohlichen Situation aussteigen kann, muss so lange weitermachen, bis er ausfällt und damit im schlimmsten Fall Schaden verursacht. Verantwortung für sich zu übernehmen, heißt hier also, Alternativen aufrechtzuerhalten, Fallback-Lösungen parat zu haben und dadurch Handlungsfreiheit zu sichern.

▸ Sorgen Sie dafür, dass Ihre Mitarbeiter sich das Aussteigen zutrauen und stets Handlungsalternativen zur Verfügung haben. Dadurch gewinnen Sie Selbstbewusstsein und Souveränität.

13 ½. **Unser Versprechen: Führen wird leichter** Der letzte Punkt dieser Aufzählung ist kein Prinzip, sondern eine Konsequenz aus der Erfüllung der vorherigen Prinzipien. Er ist der Lackmustest für das erfolgreiche Führen an der Leistungsgrenze. Und ein Versprechen. Wenn Sie die Prinzipien zum Führen an der Leistungsgrenze erfolgreich umsetzen, werden Sie das daran erkennen, dass es Ihnen leichter fällt, zu führen. Es wird nicht einfacher sein im Sinne von trivialer, aber es wird Ihnen leichter von der Hand gehen, weil Sie der inneren Logik und den Mechanismen der Leistung folgen und weil Sie dabei mit sich im Reinen sind (siehe Kap. 1.2 Unser Versprechen).

Ausblick

11

Wir haben uns überlegt, was wir Ihnen hier am Schluss des Buches noch mitgeben wollen. Keinen gesellschaftlichen Ausblick zum Thema Leistungsgesellschaft und auch kein Szenario, wie sich wohl die Arbeitsbedingungen zukünftig gestalten werden. Hier sind andere Autoren bereits in die Tiefe gegangen und haben diese Themen professionell verarbeitet.

Wir haben dieses Buch für Sie in Ihrer Rolle als Führungskraft geschrieben und wollen deshalb auch genau dort bleiben, bei Ihnen. Wie sieht Ihr persönlicher Ausblick in Ihrer täglichen Arbeit als Führungskraft aus? Was kann es für Sie bedeuten, wenn Sie mit Ihren Mitarbeitern näher an die Leistungsgrenze gehen und dort Erfahrungen sammeln?

Wir haben Ihnen versprochen, dass es leichter werden wird, nicht einfacher, aber leichter. Und genau darauf wollen wir jetzt noch einmal eingehen. Wenn man so ein Versprechen gibt, kann man leicht in Misskredit geraten und als überheblich wahrgenommen werden oder arrogant wirken. Denn heißt das nicht auch, dass alle Führungskräfte, denen ihre Arbeit schwerfällt, die sich an etwas aufreiben oder eine schwierige Phase haben, etwas falsch machen?

Die Antwort auf diese Frage belassen wir bei Ihnen. Uns geht es in diesem Zusammenhang nicht um „richtig" oder „falsch". Wenn eine Führungskraft eine Situation als schwer, schwierig oder aufreibend empfindet, ist das für uns zuerst einmal eine wichtige Rückmeldung. Es entsteht Spannung, d. h. Energie, und im besten Fall ein sich daraus ergebender Handlungsimpuls.

Wir haben in Kap. 2, Die Führungskraft im Spannungsfeld, über den möglichen Umgang mit Spannung gesprochen. Man kann ihr aus dem Weg gehen oder sich ihr stellen. Wenn Sie die Rückmeldung ernst nehmen, dann werden Sie die Spannung nicht verleugnen oder vereinfachen, sondern versuchen, ihr auf den Grund zu gehen und einen Nutzen aus dieser Rückmeldung zu ziehen. Vielleicht können Sie sich vorstellen, was es bedeutet, gegen etwas anzukämpfen, gegen Spannung, gegen Konflikte, gegen andere Meinungen. Das macht es im Normalfall schwerer.

Wenn es Ihnen aber gelingt, den Handlungsimpuls wahrzunehmen und zu erforschen, welche Informationen sich darin verbergen, dann können Sie diese Energie nutzen, um in Richtung der Lösung zu gehen. Mit der Energie aus der Spannung und der

S. Basler, K. Gattinger, *Führen an der Leistungsgrenze*,
DOI 10.1007/978-3-658-04316-2_11, © Springer Fachmedien Wiesbaden 2014

richtungsweisenden Kraft des Handlungsimpulses wird es leichter. Aber Vorsicht, einfacher wird es nicht. Denn auch z. B. Flucht ist ein starker Handlungsimpuls – aber meist nicht die erste Wahl. Vor der Aktion steht also immer noch die Auswertung der mitunter komplexen Konstellation. Dazu brauchen Sie die vorhandenen Informationen und Rückmeldungen aus der Situation.

Führen wird also dann leichter, wenn die Dynamik und die Kräfte aus der Situation wahrgenommen, in die richtige Richtung gelenkt und genutzt werden. Die Wirkung von Kräften und die Nutzbarmachung kann man ganz direkt nachvollziehen, wenn man sich das Beispiel eines Segelschiffes vor Augen führt. Der Wind und die Wellen sind die natürlichen Kräfte, unter denen das Schiff seine Leistung erbringt. Der Skipper muss nun sehr genau einschätzen, welche Kräfte wie wirken. Er wird dann die Entscheidungen treffen, welche Segel wie zu setzen sind und welchen Kurs er fährt. Wenn er alles optimal aufeinander abstimmt, wird sein Schiff leicht durch die Wellen gleiten. Dann hat er alles richtig gemacht – aber dann hat er auch das Glück, dass sein Ziel mit den äußeren Mächten korrespondiert. Dann ist es einfach und leicht.

Was aber, wenn er sich nicht auf das Glück verlassen kann, wenn er z. B. eine Regatta fährt oder sich einen Zielpunkt gesetzt hat, der gerade nicht mit der Windrichtung und dem Wellengang korrespondiert? Dann wird es plötzlich komplex. Dann sind Entscheidungen zu treffen, die es erst einmal nicht einfacher zu machen scheinen. Vielleicht muss der Skipper sein Boot eine Zeit lang aus der direkten Ziellinie nehmen und den Kurs kreuzen, vielleicht muss er sich den Wellen entgegenstellen und ein stundenlanges unangenehmes Rütteln in Kauf nehmen, oder er holt die Segel komplett ein und verbarrikadiert sich unter Deck, solange bis ein Sturm vorbei ist. Wie auch immer, ein erfahrener Skipper wird niemals gegen die Kräfte der Natur ankämpfen, wenn er nicht ein ganz klares Ziel vor Augen hat. Er wird die Kräfte nutzen und es sich, seiner Mannschaft und dem Material dabei nicht einfach machen, aber er wird niemals versuchen, den Wind oder die Wellen zu bekämpfen. Und er und die Mannschaft werden sich mit vollem Engagement einsetzen, sie werden sich schinden und bis an ihre Grenzen gehen. Aber wenn sie die richtigen Entscheidungen getroffen haben, werden sie die Kraft für ihr Ziel nutzen und dadurch in ihrer Überzeugung das Gefühl der Leichtigkeit erleben. Dann wird das Segel nicht im Wind flattern und das Schiff unkontrolliert hin und her werfen. Dann wird die Mannschaft das Segel trimmen, das Schiff stabilisieren und hart am Wind fahren.

Vielleicht hilft diese Metapher dabei, ein Gefühl dafür zu entwickeln, was „leichter" in unserem Verständnis bedeutet. Es heißt nämlich nicht, es sich leichter zu machen im Sinne von komfortabel. Es heißt vielmehr, es sich leichter zu machen im Sinne von Handlungssicherheit.

Was genau kann das aber jetzt in Ihrem ganz persönlichen Führungsalltag bedeuten? Wir möchten Ihnen dazu noch einmal ein paar Beispiele geben.

1. Es wird leichter, wenn man **nicht mehr gegen** etwas kämpft, **sondern für** etwas, weil dann ein positiver Nutzen entsteht.

In der systemischen Beratung sagt man, dass man ein Problem dadurch stark machen kann, indem man es bekämpft. Denn dann pumpt man quasi direkt Energie in das Problem und lässt eine mögliche Lösung unversorgt. Im ersten Moment hört sich das vielleicht spitzfindig an. Aber versetzen Sie sich einmal in die folgende Situation: Ein klassisches Anliegen in Verhaltenstrainings ist das Abtrainieren von Schwächen. Eine teilnehmende Führungskraft berichtet mit viel Engagement und unter einer gro-ßen, spürbaren Belastung, davon, dass sie lernen möchte, öfter Nein zu sagen. Sie fühlt sich ausgenutzt und ausgelaugt. Meist haben alle Teilnehmer dafür großes Verständ-nis und eine Menge Tipps. Es entsteht dann eine irritierte Ratlosigkeit, wenn diesem Teilnehmer die Frage gestellt wird, wozu er denn gerne öfter Ja sagen möchte. Hinter dieser Frage steht das Verständnis, dass ein Mensch nur dann selbstverständlich Nein sagen kann, wenn er stattdessen eine sichere Position vertritt, zu der er Ja sagen kann – z. B. zu seinen eigenen Bedürfnissen. Dann muss er nicht die Bedürfnisse der anderen erfüllen, sondern kann seine eigenen Bedürfnisse vertreten.

Wenn er also Energie in das Problem (ich kann mich nicht wehren und muss lernen, öfter Nein zu sagen) investiert, wird er gleichzeitig Widerstandskräfte mobilisieren. Es wird schwer werden. Wenn er stattdessen an seinen eigenen Bedürfnissen arbeitet und Energie in sich investiert, wird er ganz automatisch Nein sagen, sobald seine Bedürf-nisse in Gefahr geraten. Er kämpft für sich.

2. Es wird leichter, wenn man an den **richtigen Themen** arbeitet, weil es dann vorwärts geht.

Es kann ein wichtiger Hinweis sein, wenn etwas schwer geht, wenn Widerstände herr-schen und der Prozess sich zäh und unangenehm darstellt. Oft ist dies ein untrügliches Anzeichen dafür, dass vorher noch etwas anderes zu erledigen ist, dass etwas Relevantes Vorrang hat.

3. Es wird leichter, wenn die **Verantwortung richtig zugeordnet** ist, weil dann die Kraft der Verantwortung konstruktiv wirkt.

Wir haben bereits in den vorangegangenen Kapiteln einige Beispiele erläutert, aus denen deutlich wird, welche Wirkung Verantwortung haben kann, wenn sie entweder passend zugeordnet oder stattdessen irrtümlicherweise von einem anderen übernommen wird. In der Ausbildung zum Organisationsberater bzw. Change Manager wird oft die hypo-thetische Frage gestellt, wer in einem komplexen, schwierigen Projekt, im Rahmen eines Veränderungsprozesses die Verantwortung hat. Alle Teilnehmer engagieren sich leidenschaftlich, um dafür die richtige Antwort zu finden, und präsentieren diese dann mit großer Überzeugung und reichhaltigen Argumenten. Wenn dann die Antwort des Trainers kommt, dass derjenige die Verantwortung hat, der sie *zuerst* nimmt, sind alle erst einmal verdutzt und fühlen sich dann oft ertappt. Es ist einer der größten Fehler, den unerfahrene Berater, Change Manager oder Führungskräfte machen, wenn sie zu schnell Verantwortung übernehmen, die vielleicht ein anderer nicht mehr haben will oder die noch nicht übernommen wurde. Denn dann verstärken oder chronifizieren sie das Problem, das sie eigentlich lösen wollten.

4. Es wird leichter, wenn man die Zusammenhänge und die **Funktionalität versteht**.
Wenn man die Phänomene und die Ereignisse, mit denen man innerhalb eines Systems
konfrontiert wird, versteht, ist man schneller handlungsfähig. Zweifel und Unsicherheiten verlieren ihre hemmende Kraft und werden durch Entschiedenheit und Entschluss-
kraft ersetzt.
Ein Beispiel dafür haben wir in den vorangegangenen Kapiteln sehr eindringlich dargestellt – die Systematik und Funktionalität der Leistungsgrenze. Schon allein die Unterscheidung zwischen einem Mitarbeiter, der an der Belastungsgrenze verschleißt, und
einem Mitarbeiter, der an der Leistungsgrenze scheitert, dürfte bei Ihnen Handlungssicherheit ausgelöst haben. Sie können nun professionell einschätzen, ob ein Mitarbeiter
zu schützen und im Notfall aus der Belastung herauszunehmen ist oder ob er unterstützt und herausgefordert werden kann.

Sie haben nun viele Gedanken, Informationen, Hinweise und Beispiele erhalten, wie Sie
verantwortungsvoll im Einklang mit wirtschaftlichen und menschlichen Interessen Mitarbeiter an der Leistungsgrenze führen können.
Wir wünschen Ihnen dabei viel Erfolg und positive Erfahrungen. Abschließend möchten wir Sie noch dazu einladen, unserem Ansatz zum Führen an der Leistungsgrenze
durchaus kritisch und fragend zu begegnen. Das beste Mittel dazu ist ein wertschätzender
und offener Austausch. Wir freuen uns über Ihre Rückmeldungen, Anregungen und Erfahrungen.
Sie erreichen uns unter kontakt@dieführungscoaches.de

Weiterführende Literatur

Bamert, Stephan, und Markus Frei. 2008. *Burnout und Präventionsmaßnahmen. Wie gehen Unternehmen damit um und was ist der Einfluss auf den Unternehmenserfolg.* Masterarbeit, 1. Aufl. München: GRIN Verlag für akademische Texte.

Bernhard, Hans, und Josef Wermuth. 2011. *Stressprävention und Stressabbau. Praxisbuch für Beratung, Coaching und Psychotherapie.* 1. Aufl. Weinheim: Belz Verlag.

Burisch, Matthias. 2006. *Das Burnout-Syndrom. Theorie der inneren Erschöpfung.* 3. Aufl. Heidelberg: Springer Medizin.

Cube, Felix von. 1999. *Lust an Leistung. Die Naturgesetze der Führung.* 4. Aufl. München: Piper.

Ebert, Dieter. 2005. *Psychiatrie systematisch.* 6. Aufl. Bremen: Uni-med.

Fiedler, Peter. 2001. *Persönlichkeitsstörungen.* 5. Aufl. Weinheim: Beltz-Verlag, PVU.

Greif, Siegfried, Eva Bamberg, und Norbert Senner. 1991. *Psychischer Stress am Arbeitsplatz.* Göttingen: Hogrefe.

Kaluza, Gerd. 2004. *Stressbewältigung. Trainingsmanual zur psychologischen Gesundheitsförderung.* 1. Aufl. Heidelberg: Springer Medizin.

Nelting, Manfred. 2010. *Burnout. Wenn die Maske zerbricht.* 3. Aufl. München: Wilhelm Goldmann.

WHO. 2004/2005. *Internationale Klassifikation psychischer Störungen.* ICD 10 Kapitel V (F), 5. Aufl. Bern: Verlag Hans Huber.

Literatur, die wir Ihnen empfehlen

Lorenz, Michael, und Uta Rohrschneider. 2008. *Praktische Psychologie für den Umgang mit Mitarbeitern.* Frankfurt a. M.: Campus.

Moestl, Bernhard. 2008. *Shaolin. Du musst nicht kämpfen, um zu siegen.* München: Knaur Ratgeber.

Peters, Bernhard. 2008. *Führungsspiel. Menschen begeistern, Teams formen, Siegen lernen.* München: Wilhelm Heyne.

Rifkin, Jeremy. 2010. *Die empathische Zivilisation.* Frankfurt a. M.: Campus.

Schwarz, Hubert. 2006. *Aus eigenem Antrieb. Erfahrungen eines erfolgreichen Extremsportlers.* Berlin: Ullstein Buchverlage.

Tscheuschner, Marc, und Hartmut Wagner. 2008. *TMS, Der Weg zum Hochleistungsteam.* Offenbach: GABAL.

S. Basler, K. Gattinger, *Führen an der Leistungsgrenze,*
DOI 10.1007/978-3-658-04316-2, © Springer Fachmedien Wiesbaden 2014

The manufacturer's authorised representative in the EU is Springer
Nature Customer Service Centre GmbH, Europaplatz 3, 69115 Heidelberg,
Germany. If you have any concerns regarding our products, please
contact ProductSafety@springernature.com

Printed and bound by CPI Group (UK) Ltd, Croydon, CR0 4YY
27/04/2026
02097643-0008